Dorothee Baumann-Pellny

IM DAMENSATTEL

DOCUMENTA HIPPOLOGICA

Darstellungen und Quellen
zur Geschichte des Pferdes

Olms Presse

Dorothee Baumann-Pellny

IM DAMENSATTEL

NACH DER DEUTSCHEN REITLEHRE

Olms Presse

Pferde sind Fluchttiere und können unerwartet schreckhaft reagieren. Der Verlag weist ausdrücklich darauf hin, dass das Tragen eines Reithelms und ggfs.einer Sicherheitsweste gerade hei jungen Reitern und jungen Pferden zur eigenen Sicherheit empfohlen wird. Er übernimmt keine Haftung für Schäden, die durch Anwendung der hier gezeigten Techniken und im Umgang mit dem Pferd entstehen.

Bibliografische Information der Deutschen Nationalbibliothek
Die Deutsche Nationalbibliothek verzeichnet diese Publikation in der Deutschen Nationalbibliografie; detaillierte bibliografische Daten sind im Internet über http://dnb.d-nb.de abrufbar.

2., überarbeitete Auflage 2024

www.olms-presse.de
Printed in Lithuania
Gedruckt auf säurefreiem und alterungsbeständigem Papier
Umschlag: Anna Braungart, Tübingen
Satz: Satzstudio Winkens, Wegberg
Herstellung: UAB Balto Print, Litauen
ISBN 978-3-7582-0268-1

WIDMUNG

Dieses Buch widme ich meinen Eltern, die mir meine langjährige Reitausbildung ermöglicht und mich in meiner Passion immer liebevoll unterstützt haben.

Von Herzen danke ich meiner Familie, meinem Ehemann Peter Pellny sowie meinem Partner aus erster Ehe Thomas Faltejsek und unseren Söhnen Thore, Jan und Sven.

Ebenso herzlich danke ich Reitmeister Egon von Neindorff, der mir die längste und beste Ausbildung zuteilwerden ließ, die sich eine Reiterin wünschen kann, sowie den Reitlehrern Manfred Maier, der mich als junge Reiterin unterrichtete, und Hans Biener, der mich mit seinem Wissen und wichtiger Literatur über das Damenreiten unterstützte.

Das Titelbild zeigt die Verfasserin mit Sally-Ann.
Gemälde von Heinz J. Berchtold

Inhalt

V
DIE AUSBILDUNG DES PFERDES UNTER DEM DAMENSATTEL

VI
DIE HOHE SCHULE

VII
EINIGE MEINER PFERDE

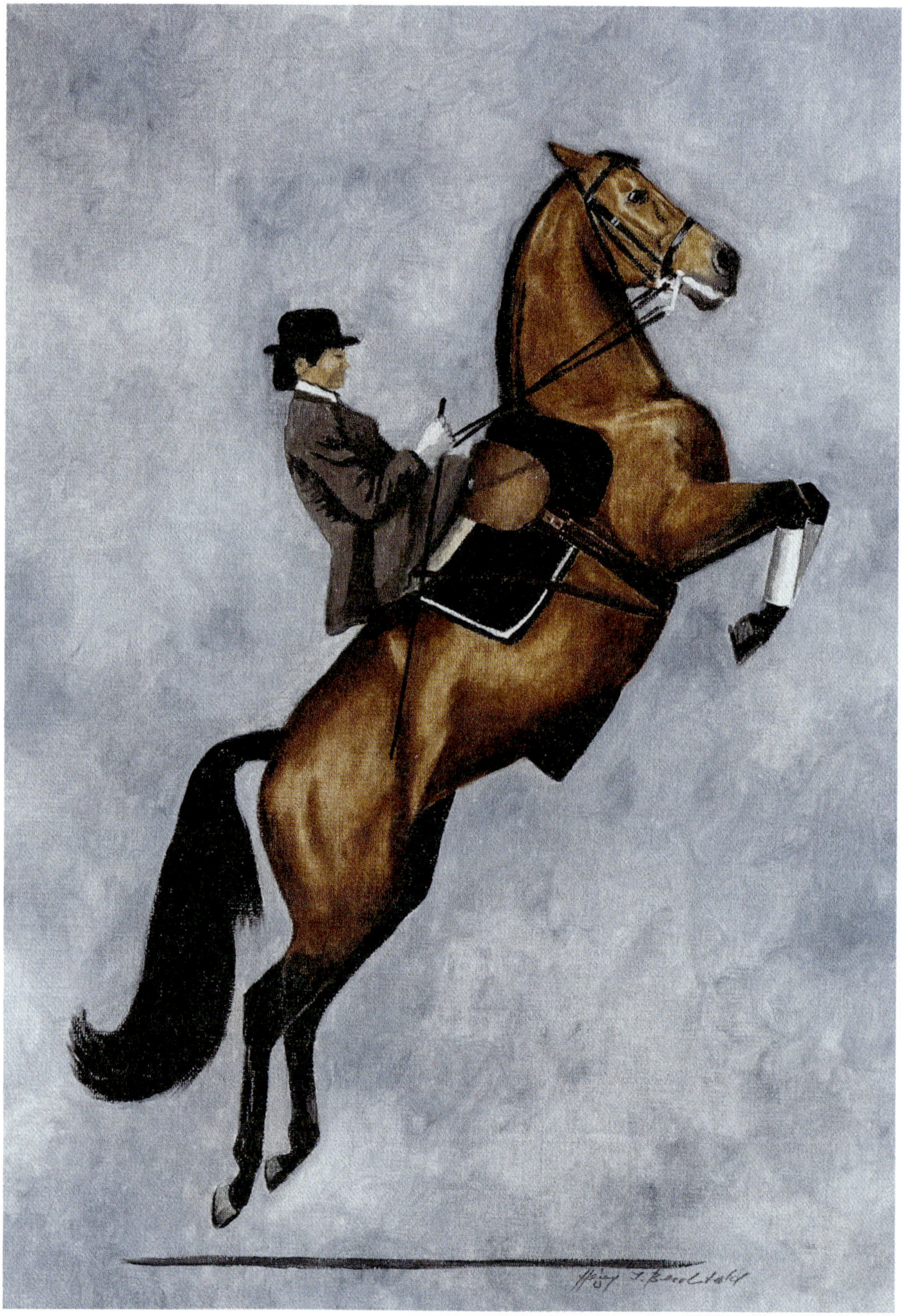

Abb 1: Die Verfasserin mit Sally-Ann in der Courbette. Gemälde von Heinz J. Berchtold

Vorwort des Verlegers zur zweiten Auflage

Hildesheim, 18. Juli 2023

Es ist stets eine Freude, mit begnadeten Autoren für die anspruchsvolle Reitkunst ebenso wie für die Wege dahin gemeinsam tätig sein zu können. Frau Dorothee Baumann-Pellny hat in einem klaren Stil sehr zu Ehren der deutschen Sprache mit eindrucksvollen Texten formuliert, wonach ein jeder Reiter, der Anfänger, der Fortgeschrittene, der Könner strebt. Bei diesen erfreut sich das Reiten im Damensattel einer besonderen Wertschätzung und es wird gelegentlich auch von Seiten der Herren bedauert, dass diese Domäne den Damen gehört. Wie schade, dass schon von Seiten der Reitlehrer für die Damen die Anregung nie oder selten gegeben ist. Umso mehr gilt es, auch durch Publikationen die hohe Kunst des Damensattelreitens in Erinnerung zu rufen bzw. bekannt zu machen. Kein Turnier sollte künftig stattfinden, bei dem nicht diese attraktive, auf feine Hilfen angewiesene Reitkunst überzeugend und beispielhaft gepflegt wird.

Ihnen, liebe Frau Baumann-Pellny, gebührt unsere Anerkennung, unser aller Dank, dass diese bedeutende Facette, die eindrucksvolle Kunst des Damensattelreitens in Vollendung vorgeführt wird, gestützt auf den Erkenntnissen der Schulbeispiele, die Sie nicht nur in der Praxis zeigen, sondern in Ihrem Klassiker *Im Damensattel.*

Haben Sie Dank, verehrte Frau Baumann-Pellny, es ist stets eine Freude, mit Ihnen zu tun zu haben.

Herzlich
Ihr Dr. h.c. mult. W. Georg Olms

Vorwort

Meine verehrten Leserinnen und Leser, mit diesem Buch möchte ich nicht nur die Reiterinnen, die im Damensattel reiten oder dies lernen wollen, ansprechen, sondern auch diejenigen unter Ihnen, die beruflich mit der Reiterei verbunden sind. Gerade die jüngere Generation hat immer seltener das Glück, noch alte Lehrmeister zu kennen und von ihnen manches heute fast Vergessene zu erfahren und zu lernen. Ob Sie nun in Ihrem Beruf als Reitlehrer anderen aus Passion reitenden Menschen in allen Fragen hilfreich zur Seite stehen müssen, ob Sie Interesse am kulturhistorischen Geschehen haben, ob Sie das Besondere lieben oder sich einfach nur an der Schönheit der Bilder erfreuen, das Thema Reiten im Damensitz wird Ihnen manch neue Perspektive eröffnen.

Neben ihren mehr oder weniger berühmten männlichen Zeitgenossen gab es auch viele Reiterinnen in der Geschichte, und die über Jahrhunderte gebräuchlichste Reitart der Frauen, das Reiten im Seitsitz, wurde ein Teil europäischer Reitkultur. Vieles, so ist es auch in der Geschichte der Reiterei, wird durch den jeweils herrschenden Zeitgeist verändert oder vergessen, erfährt dann aber eines Tages eine neue Blütezeit. Das theoretische Wissen und die praktische Ausführung dieser schönen und in vielerlei Hinsicht nützlichen Reitvariante sollte daher weiter gepflegt werden.

Zur üblichen Ausbildung im Herrensattel ist die Ausbildung im Damensattel ebenso wie die Ausbildung des Pferdes an der Hand für den Reiter eine wichtige Ergänzung. Durch gute Schulung und im Laufe der Zeit erlangte Erfahrung kann im Damensattel ebenso wie am Langen Zügel trotz minimaler Einwirkungsmöglichkeit eine so absolute Harmonie zwischen Mensch und Tier entstehen, dass die Reitkunst wohl kaum eindrücklicher demonstriert werden kann.

Dafür muss die Reiterin von Grund auf eine gute schulmäßige Ausbildung zuerst im Herren- und dann im Damensattel erhalten haben. Nur dann wird sie ein Pferd auf beide Arten ohne Schwierigkeiten reiten können. Die Arbeit im Damensattel fordert in erster Linie das gute Vertrauen zwischen Pferd und Reiterin und dient ganz besonders der Vertiefung des Gefühls, auch hinsichtlich der Feinabstimmung auf die Hilfen. Insgesamt stellt sie die Rittigkeit und die vielseitige Eignung des Pferdes unter Beweis.

Des einseitigen Sitzens wegen wird der Damensitz häufig für Reiter und Pferd als schädlich bezeichnet. Bedenken Sie jedoch, wie viele Reiter im Herrensattel einseitig und schief sitzen und damit im Laufe der Zeit sich selbst und ihrem Pferde schaden. Nein, es kommt auf das richtige Wissen um die Dinge und auf die in die Praxis umgesetzte richtige Anwendung des Wissens an. Wichtig ist das regelmäßige Üben, unterstützt durch eine fachlich richtige Anleitung. Leider wird eine korrekte Ausbildung, die ja so mühsam ist, in unserer schnellebigen Zeit aus Mangel an Geduld oft umgangen. Gerade der Damensitz ist, wenn man ihn regelmäßig übt, etwa auch für aufrechteres und geschmeidigeres Sitzen im Herrensattel dienlich, und manch eine Frau ist zudem veranlagt, besser im Damensitz zu reiten. Außerdem können Reiter mit Hüftbeschwerden oder anderen körperlichen Problemen oft besser oder nur noch ausschließlich im Damensattel reiten.

Auch das Spazierenreiten am Sonntagnachmittag im schicken Reitkleid ist für viele Reiterinnen gewiss ein reizvoller Gedanke. Sicher, vom ästhetischen Gesichtspunkt aus betrachtet, ist die Erscheinung einer Frau im Damensitz an Eleganz wohl kaum zu überbieten. Doch Vorsicht, dies allein darf nicht der Grund sein, diese Reitart auszuüben. Das Ganze könnte ansonsten schnell in eine eitle Laune ausarten, auf Kosten ehrlichen, korrekten Reitens.

Die letzten Schriften über das Reiten der Damen entstanden in Deutschland zu Anfang dieses Jahrhunderts. Von diesem Zeitpunkt ab wurde u. a. auch in England, Frankreich und Spanien das Reiten im Seitsitz nicht mehr weiterentwickelt. Immerhin wurde dort aber das zuletzt erreichte Stadium dieser Reitart bis heute weiter gepflegt und somit als Teil der reiterlichen Kultur des jeweiligen Landes erhalten. Der Zweite Weltkrieg brachte nicht nur einen sehr großen Einschnitt für die deutsche Reiterei, er unterbrach auch die reitsportlichen Aktivitäten im Ausland. Als nach dem Kriege der Pferdesport wiederauflebte, verlor das Reiten im Damensattel an Bedeutung. Schuld war aber nicht nur allein die Emanzipation der Frau, dass die Überlieferungen für diese Reitart bei uns fast verloren gingen. Nach und nach wurde alles, was Zeit benötigte oder schwierig erschien, als unnötiger Ballast abgeworfen und als veraltet abgetan. So ist es auch im Laufe der Zeit mit der korrekten Ausbildung von Reiter und Pferd geschehen. Das Verständnis für ehrliches Lernen mit all seinen Mühen ist in heutiger Zeit immer mehr verloren gegangen. Werte wie Pflichterfüllung, Arbeit an sich selbst, Übernahme von Verantwortung für ein Lebewesen sind vielen Menschen abhandengekommen. Leider wurden sie ersetzt durch negative Werte wie Erfolg um jeden Preis, und statt Fortschritte zu erarbeiten, sollen sie durch Aufwendung finanzieller Mittel erzielt werden. Das Schöne an der Arbeit mit dem Pferde ist doch gerade, dass man sich den wirklichen Erfolg selbst verdienen muss und ihn nicht kaufen kann.

Richard L. Wätjens Worte, die jeden Reiter und jede Reiterin immer begleiten sollten, seien an dieser Stelle gesagt:

»Nur ein Reiter, der sich selbst nicht belügt, für sich selbst nicht immer Entschuldigungen sucht, sondern der in unbeirrbarer Passion und Liebe zum Pferd und zur Reitkunst steht, wird nach langer mühevoller Arbeit seinem Ideal näherkommen. Die Erkenntnis eines Reiters, dass er nie ausgelernt hat, ist es, die ihn für sein Leben dieser Kunst verschreibt.«

Mein Partner aus erster Ehe, Thomas Faltejsek, wurde während seiner Ausbildung zum Berufsreiter bei Reitlehrer Hans Biener auch im Damensattel unterwiesen. Er erkannte in meiner eleganten *Sally-Ann* das geeignete Damenpferd und bestärkte mich darin, die Stute im Damensattel zu reiten.

Ohne Vorurteile begann ich mich dann Anfang der 80er Jahre eingehend mit dem Reiten im Seitsitz zu beschäftigen, mit dem Ziel, in diesem Sattel Vollkommenheit zu erreichen. Doch es gab kaum Information darüber und das Fachwissen musste man sich, von älteren noch lebenden Lehrmeistern und aus alter Literatur, mühsam zusammensuchen. Schnell wurde mir klar, dass man im Damensattel auf das Vertrauen und die ganze Mitarbeit seines Pferdes angewiesen ist. Es braucht den feinen Draht zum Pferd, geschulten Sitz und äußerst präzise Hilfen, damit das Reiten im Seitsitz zu einer Demonstration guten Reitens an sich wird. Dies war für mich eine Herausforderung, mehr darüber zu lernen und mein Pferd für den Damensattel auszubilden.

Bei meiner Bereitertätigkeit saß ich täglich viele Stunden im Herrensattel. Zusätzlich bildete ich mich im Damensattel weiter, verschaffte mir Kenntnis, worin sich die Vielzahl der Damensättel unterschied, probierte verschiedene Damensättel aus, fand den passenden für meine Stute und erarbeitete mir darin den korrekten Sitz und die Einwirkungen. Dabei verglich ich die Praxis im Damensattel mit den Aussagen aus der Literatur und unterrichtete Schülerinnen auf meinen Pferden.

Während meiner Recherchen über diese Reitart wurde mir klar, dass eine große Lücke zwischen den historischen Schriften zum Heute bestand und es hilfreich wäre, dieses Thema neu zu überarbeiten, um es mehr Reiterinnen zugänglich zu machen, aber auch, um an die Jahrhunderte alte Tradition des Reitens im Damensattel neu anzuknüpfen.

Parallel dazu folgte ich mit meinem Pferd Sally-Ann vielen Einladungen zu Reitveranstaltungen und ritt Dressurküren im Damensattel bis hin zu den Lektionen der Hohe Schule und den Schulen über der Erde. Dazu zählen 18 Jahre *Festabende Klassischer Reitkunst* im Reitinstitut Egon von Neindorff. Später ritt ich von mir ausgebildete Vollblutaraberhengste u. a. bei Europachampionaten für arabische Sportpferde in Holland und Österreich auch im Damensattel. Folgte vielen Einladungen zu Kürauftritten, etwa nach Frankreich zum Jubiläum der französischen Damensattelvereinigung am Nationalfeiertag sowie in die Schweiz oder nach Spanien, anlässlich der Weltreiterspiele. Allmählich wurde das Interesse am Reiten im Damensattel in Deutschland neu geweckt und die Leistungen meiner Stute und der arabischen Vollblüter fanden auch internationale Anerkennung. Zugleich stieg die Nachfrage nach entsprechender Literatur, was mich bewog, meine gesammelten praktischen Erfahrungen in einer auch für das Reiten im Herrensattel gültigen Reitlehre festzuhalten.

In historischen Rückblicken bezog ich darin die mir wichtigen, teils unterhaltsamen wie lehrreichen Erfahrungen alter Meister mit ein und konnte so den Reiterinnen eine neue Richtlinie geben, ohne den Faden der Überlieferungen abreißen zu lassen. In einer Zeit, in der häufig Stile vermischt werden, ist es wichtig, Sinn und Zweck eines speziellen Reitstils sowie die Ausrüstung und Kleidung jeder Geschichtsepoche genau zu kennen. Dies habe ich meinem Leser in den ersten drei Kapiteln übersichtlich dargelegt. Wie ich selbst schon erlebte, entstehen sonst aus Unkenntnis Peinlichkeiten, so dass etwa eine Reiterin bei einer Vorführung im Damensitz in mittelalterlicher Kleidung zu Barockmusik einen Haflinger reitet.

Wenn Sie also das Reiten im Damensitz in allen Details richtig betreiben wollen, so sind, bevor Sie mit der Praxis beginnen, eine reelle Reitausbildung, der Rückblick auf die Entwicklung des Damensattelreitens sowie umfassendes Wissen über Damensättel, Reitkleidung und Reitlehre notwendig.

Seitlich auf dem Pferde sitzend
auf der Umlaufbahn der Zeit die Erde umkreisend
durch die Geschichte, über die Gegenwart
mit der Zukunft im Sinn
durch die Zeit trabend
es gab sie immer schon
es gibt sie noch
es wird sie immer geben
die Frauen seitlich auf dem Pferde sitzend
auf der Umlaufbahn der Zeit
bis in die Unendlichkeit stolz die Erde umkreisend

Thomas Faltejsek

Vorwort zur zweiten Auflage

Seit dem Erscheinen meiner Reitlehre *Im Damensattel* im Jahr 1998 ist ein Vierteljahrhundert vergangen. Das Buch erreichte über Jahre viele Leser und wurde nun, da es vergriffen war, aufgrund der Nachfrage neu herausgegeben.

Ich habe den gesamten Text überarbeitet, ergänzt und aufgrund der fortschreitenden Entwicklungen entsprechend aktualisiert. Auch die Abbildungen der Damensättel sind von mir zum Teil neu gezeichnet und ergänzt worden. Hauptsächlich im Abschnitt über den modernen Damensattel kamen Textabschnitte und technische Details dazu.

Besonders herzlich danke ich:

Dietrich Olms und Dr. h. c. mult. W. Georg Olms für die Herausgabe der 2. Auflage dieser umfassenden Damenreitlehre.

Dem Schweizer Maler Heinz J. Berchtold für seine wundervollen Gemälde, welche sowohl mein Pferd Sally-Ann ehren als auch dem Damenreiten Glanz verleihen.

Thore Faltejsek für den stilistischen Beistand und die Bildbearbeitung.

Ulrike Böhmer für ihre Zeit und präzise Lektoratsarbeit.

Hans Winkens für sein durchdachtes, leichtes Satzbild.

Dem Verein *Reiten im Damensattel* und allen befreundeten Förderern und Freunden des Reitens im Damensattel aus dem In- und Ausland.

Durch das wachsende Interesse am Reiten im Damensattel entstand bereits im April 1997 der Verein *RID – Reiten im Damensattel,* an dessen Gründung einige meiner Schülerinnen gemeinsam mit mir maßgeblich beteiligt waren. Ein besonderes Anliegen war mir dabei, Kontakte zu Damensattelvereinigungen in unseren Nachbarländern zu knüpfen und somit den gegenseitigen fachlichen Gesprächsaustausch anzuregen. Noch im November 1997 gründeten auch in Wien engagierte Reiterinnen die *Interessengemeinschaft zur Erhaltung und Förderung des Reitens im Damensattel.*

Im Laufe der Jahre erweckten dann immer mehr Mitglieder sowohl des RID als auch der IG Damensattel in Österreich bei Messen, Kursen und gerittenen Demonstrationen Aufmerksamkeit für diese exklusive Reitart. Der RID organisierte Einladungen von Richtern und Ausbildern, etwa aus England, zu Kursen zum Zweck von Informationsaustausch und Weiterbildung. Auch Sattler bildeten sich weiter, veranstalteten Sattelkundeseminare und spezialisierten sich auf die Reparatur und die Neuanfertigung von Damensätteln. Kompetente Ansprechpartner sind etwa die Sattlerin Saskia von Ehrenkrook, die Sattlerei und Ledermanufaktur Kloose und Sattlermeister und Ausbilder Desmond O'Brien. Aufgrund des erweiterten Wissens und kontinuierlicher Recherche, was Sättel und Kleidung betraf, konnte man die Reiterinnen besser beraten. Heute ist der RID, dank kompetenten Managements, ein bundesweit tätiger Förderverein mit Anschlussverbandsfunktion an die Deutsche Reiterliche Vereinigung (FN), wodurch in Deutschland das alte Kulturgut Reiten im Damensattel erhalten bleibt.

Mit Hilfe dieser Institutionen möchten wir uns weiterhin bemühen, die Fäden der Überlieferungen über diese Reitart nicht abreißen zu lassen. Reiten im Damensattel zu lehren und zu lernen, bedeutet nicht nur, ein Stück Reitkultur zu erhalten, sondern durch eine technisch und stilgerecht perfektionierte Ausführung zum Wohl des Pferdes zu handeln und die Reitkunst wieder mehr in den Vordergrund zu rücken.

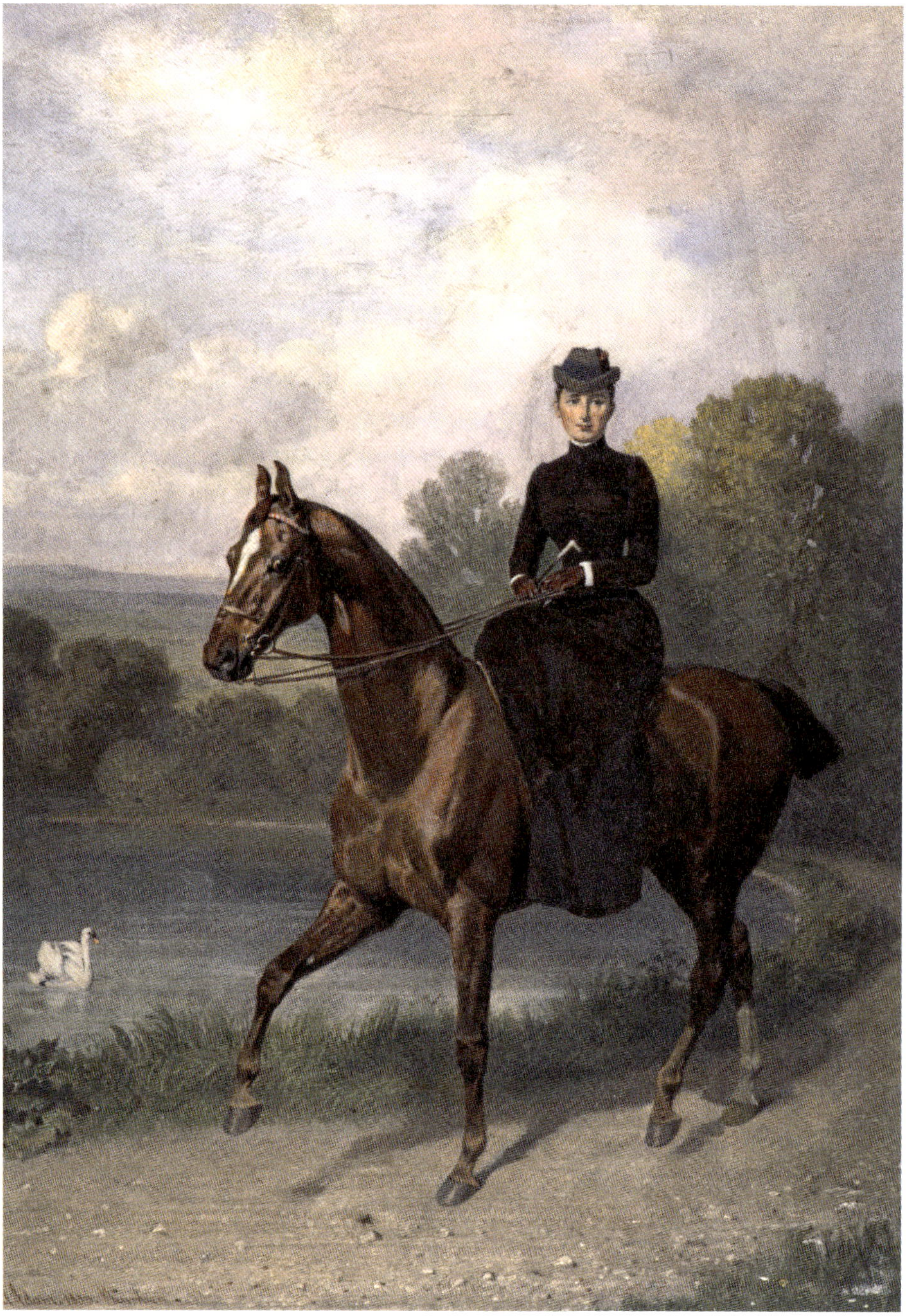

ABB. 2: Adelige Dame vom Ende des 19. Jhs. mit einem Vollblüter.

I
DIE FRAU IN DER REITGESCHICHTE

Im ersten Kapitel möchte ich den Leser zur Einstimmung auf eine Reise entführen, bei der er in Gedanken die reitenden Frauen durch die Zeiten begleitet ...

Im Wandel der Geschichte hatten Weltanschauung und kulturelle Entwicklung wesentlichen Einfluss auf die gesellschaftliche Stellung der Frau. So traten in den verschiedenen Kulturen der Völker die Frauen als Reiterinnen auch ganz unterschiedlich in Erscheinung. Unsere Reise beginnt bei den frühesten Zivilisationen. Auf Darstellungen der Sumerer im Zweistromland von Euphrat und Tigris sind zuerst nur männliche Reitergestalten überliefert.

Aus Ägypten und Mesopotamien stammen die ersten Abbildungen reitender Frauen. Man fand sie in Theben auf Tonbruchstücken, die um 1600 v. Chr. datiert werden, sowie auf assyrischen Reliefs aus der Zeit um 700 v. Chr. Diese Frauen saßen rittlings, oft auch mit ihren Kindern zu zweit und zu dritt hintereinander, auf ihren Reittieren.

In der Mythologie der Antike begegnen wir ihnen dann, den edlen Streiterinnen zu Pferde, den sagenhaften Amazonen, und vielleicht spiegelt dieser Mythos die Erinnerung an die ersten wirklichen Reiterinnen der Geschichte. In Berichten über diese Kriegerinnen und Jägerinnen vermischen sich jedoch in vielfältiger Weise Sage und Wirklichkeit. Die mythischen Amazonen werden jenseits von Troja und in Thrakien, im antiken Libyen (Nordafrika) oder in Kleinasien an der Südküste des Schwarzen Meeres oder in Skythien lokalisiert. Die im 20. Jahrhundert entdeckten archäologische Funde scheinen darauf hinzudeuten, dass diesen mythischen Erzählungen eine historische Wirklichkeit zugrunde liegt.

In Südrussland entdeckte man in Hügelgräbern, den sogenannten *Kurganen*, Kriegerinnen, die mit Waffen, Reitausrüstung und sogar mit ihren Pferden bestattet waren.

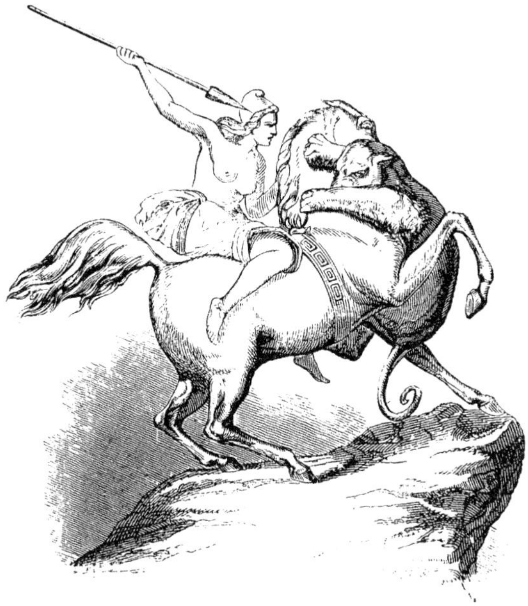

ABB. 3: Amazone auf der Jagd

1928 wurden in Zemo-Achvala bei Tiflis (Georgien) und 1980 nahe des moldauischen Dorfes Balabanij die Gräber von Frauen gefunden, die wohl den skythisch-sarmatischen Reitervölkern angehörten.

Schon in den Berichten von Herodot (griech. Geschichtsschreiber ca. 485–425 v. Chr.) finden wir einen Hinweis auf die Existenz dieser kriegerischen Frauen in Skythien. Er erzählt, dass nach einer Niederlage bei einem der zahlreichen Kämpfe mit den Hellenen etliche Amazonen auf deren Schiffe verschleppt wurden. Auf See konnten sich die mutigen Frauen dann zwar befreien und ihre Entführer töten, waren jedoch des Navigierens unkundig und landeten nach Irrfahrten an fremden Gestaden. Auf ihrer Wanderung ins Landesinnere trafen sie auf Stämme des Reiter- und Nomadenvolkes der Skythen. Die wehrhaften Frauen stimmten einer Verbindung mit deren männlichen Mitgliedern aber erst zu, als feststand, dass sie weiterhin Arbeiten wie Reiten und Jagen nachgehen durften.

Diese Ausführungen untermauern die Nachweise, dass weibliche Angehörige des skythischen und sarmatischen Adels ihren Männern bei der Jagd und kriegerischen Auseinandersetzungen zur Seite gestanden haben.

Für das Wort Amazone gibt es verschiedene Deutungen. Diese tragen jedoch nichts zur Klärung bei, da es sich nicht um lautgesetzliche Etymologien im modernen wissenschaftlichen Sinn handelt, sondern um assoziative, an der Gestalt des Namens

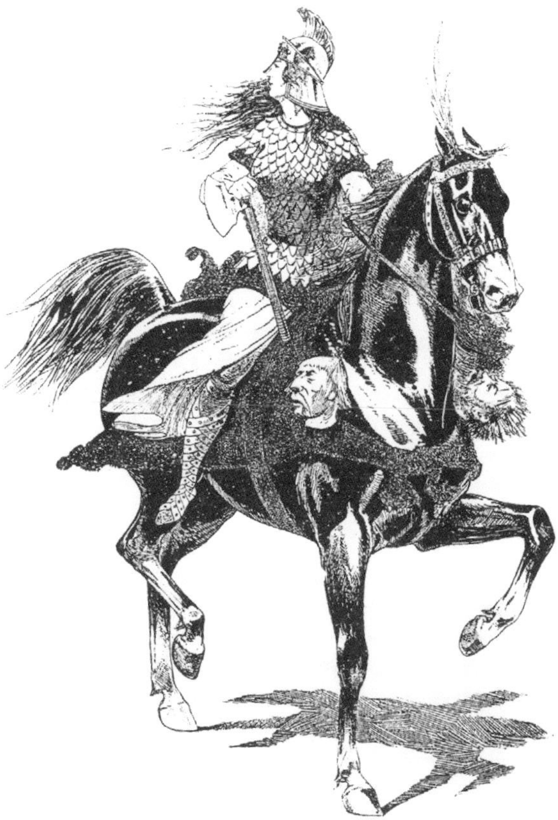

ABB. 4: So sah der Künstler Louis Vallet die vom Kampf zurückkehrende Amazone, gepanzert und abgeschlagene Männerköpfe mit sich führend.

gewonnene Herleitungen, wie sie bei den Griechen weithin üblich waren. Die älteste Ableitung *a-máza* heißt *ohne Gerstenbrot*; dieser Herleitung liegt die Vorstellung zugrunde, die Nomadenfrauen hätten sich nur von Stutenmilch und Fleisch ernährt. In anderen Quellen wird die Amazone als *a-mázos*, die *Brustlose*, bezeichnet. Den jungen Mädchen soll, so heißt es, die rechte Brust amputiert worden sein, damit diese ihnen später beim Spannen des Bogens nicht hinderlich war.

Weiter heißt es, dass jene in einem reinen Frauenstaat lebenden Amazonen sich der Fortpflanzung wegen nur einmal im Jahr mit den Männern benachbarter Stämme trafen, vorher jedoch einen Gegner im Kampf besiegt haben mussten. Es wurde dann nur der weibliche Nachwuchs aufgezogen und für den Jagd- und Kriegsdienst ausgebildet, der männliche den Vätern überlassen oder getötet.

Berühmt sind die Amazonenkönigin Myrine aus Libyen, Melanippe, die von Theseus nach Athen Entführte, und Hippolyte, die sich in Herakles verliebt haben soll. Nicht zu vergessen Königin Penthesilea, die auf Seiten der Trojaner kämpfte, wo sie im Zweikampf samt ihrem Pferd von Achilles' Lanze gefällt starb.

Ob Wahrheit oder Mythos, jedenfalls bleiben diese kämpferischen, im Spreizsitz reitenden Frauen, die auf griechischen Vasen, Münzen und als Skulpturen abgebildet sind oder die Friese von Sarkophagen und Tempeln zieren, für uns immer interessant und voller Rätsel.

Obwohl in vor- und nachchristlicher Zeit der Spreizsitz bei den Frauen weit verbreitet war, treffen wir immer wieder auch auf Reiterinnen im Quersitz. So ließen sich, wie ein Relief aus Mesopotamien um 700 v. Chr. zeigt, die vornehmeren und beleibteren Assyrerinnen von ihren Reittieren in sesselartigen Gestellen tragen, die zum Schutz gegen die Sonne mit einem geflochtenen Baldachin versehen waren.

Auch in China und Japan bewegten sich die Frauen auf diese Art zu Pferde fort.

Dieser im Altertum praktizierte *Quersitz* änderte sich dann im frühen Mittelalter allmählich zum seitlichen Sitz, der in späteren Epochen auch als *Amazonensitz* bezeichnet wurde. Der Ausdruck bezog sich aber lediglich auf die Frau und nicht auf die Art des Sitzes, ansonsten wäre diese Bezeichnung unlogisch gewesen, da die Amazonen ja, wie wir wissen, nur im Spreizsitz ritten. Feststellen wird man jedenfalls im Verlaufe der Geschichte, dass Göttinnen oder höhergestellte Frauenpersönlichkeiten meist seitlich, einfachere Frauen dagegen wie die Männer zu Pferde sitzend dargestellt sind.

Bei den Germanen saß man ebenfalls rittlings mit weit nach vorne weggestreckten Beinen zu Pferde, und aus ihren Sagen kennen wir die über den Himmel reitenden Walküren, die Streitjungfrauen Odins, eine Art Todesgöttinnen. In der Edda findet man unter Götterlieder »Der Seherin Weissagung«, Vers 31: »Weit umher sah ich die Walküren kommen, gerüstet zum Ritt in die Reihen der Helden. Skuld hielt den Schild, Skogul folgte, Gud, Hild, Gondul und Geirfkogul. Nun macht ich euch kund die Mädchen Herjans[1], bereit, zur Erde den Ritt zu lenken.«[2]

Von der keltischen und gallischen Fruchtbarkeitsgöttin *Epona*, was *die große Stute* heißt, gibt es etwa 60 Statuen. Diese später von den Römern übernommene Schutzgöttin der Pferdezüchter und Fohlen sieht man auf römischen Votivsteinen quer zu Pferde sitzen, die Zügel in einer Hand, das Pferd in passartigem Gang.

Aus dem europäischen Westen gibt es ansonsten bis zum Ende der Karolingerzeit keine Darstellungen reitender Frauen.

Um 400 v. Chr. entstand die Schrift des Sokratesschülers Xenophon, *Über die Reitkunst*, vor allem für den kriegführenden Reiter, der mit einem gut ausgebildeten und gymnastizierten Pferd bei Schlachten durch genaues Formationsreiten gezielter eingesetzt werden konnte.

1 Odin

2 Die Edda – (Die Lieder der sog. älteren Edda), übersetzt von Hugo Gering, Bibliographisches Institut, Leipzig, 1892.

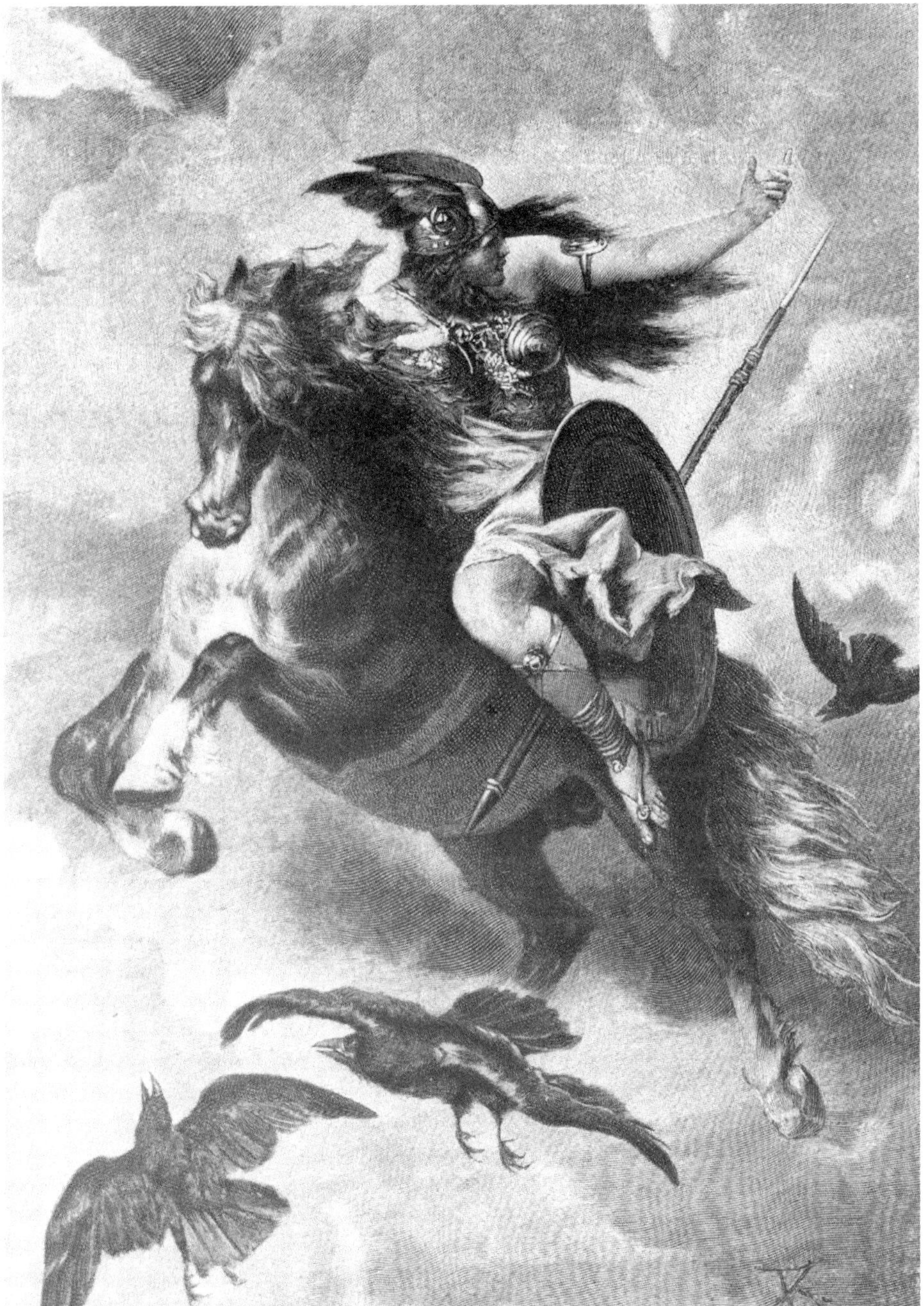

ABB. 5: Walkürenritt, von Ferdinand Keller

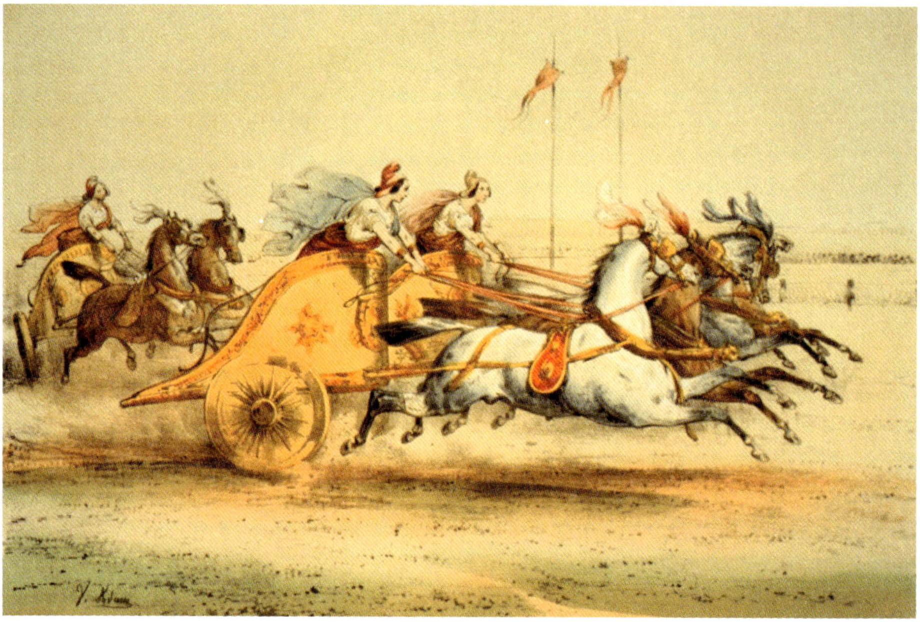

ABB. 6: Römisches Wagenrennen, von Viktor Adam 1830 nachempfunden.

Es gab aber auch schon pferdesportliche Veranstaltungen, bei denen Frauen, wenn auch in nicht so großer Zahl, in den Vordergrund traten. So bewog etwa Agesilaos, König von Sparta um 400 v. Chr., seine Schwester Kyniska dazu, mit einem Vierergespann in Olympia zu konkurrieren, um den männlichen Teilnehmern zu beweisen, dass auch eine Frau auf diesem Gebiet etwas zu leisten vermag. Nach Pausanias' Zeugnis siegte sie, und ihre Portraitstatue des Bildhauers Apelles wurde in Olympia aufgestellt. Andere Damen folgten ihr, Berestiche in der 128. Olympiade 268 v. Chr. und Berenike Euergetes, Gattin des Ptolemaios III., waren ebenfalls erfolgreich.

Von griechischen und römischen Frauen gibt es nur wenige Abbildungen zu Pferde und wenn, dann zeigten sich vor allem die vornehmeren Damen nur quersitzend auf dem Pferderücken. Wie Sueton berichtet, liebte es Caligula, wenn sich seine Gattin Caesonia zu Pferde in Helm, Umhang und Schild den kaiserlichen Truppen zeigte. Die aus Quellen um 200 n. Chr. bekannten römischen Jagdreiterinnen wurden jedoch wegen ihrer Leidenschaft auch stark getadelt. Eine römische Frau im Herrensitz, das wertete man später sogar als Zeichen argen Sittenverfalls. Anders dagegen wurde natürlich der Ritt der beherzten Römerin Cloelia betrachtet, der wohl aus ihrer Notlage heraus entstand. Eine Statue am palatinischen Tor erinnert an diese mutige Frau, die aus dem Etruskerlager Porsennas floh und mit ihrem Pferde schwimmend den Tiber überquerte.

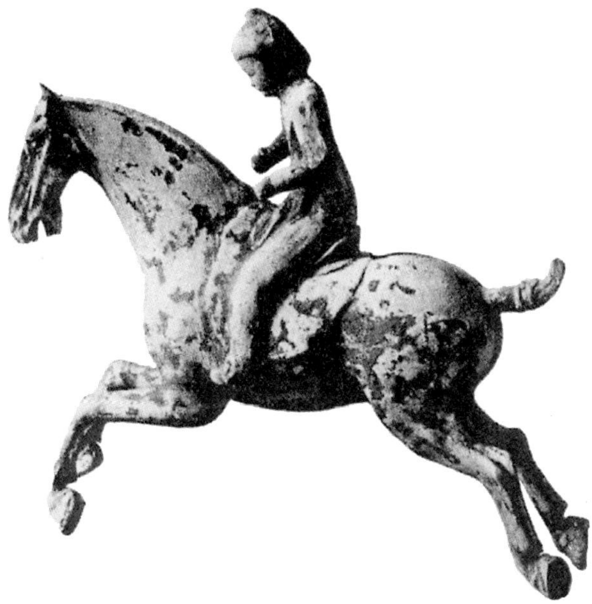

ABB. 7: Polospielerin, chinesische Tonfigur aus der Tang-Dynastie (618–906), Grabbeigabe

Sicher war in nachchristlicher Zeit eine gewisse Eigenständigkeit der Griechin, Römerin und Israelitin der Grund, dass sie von ihrer Gesellschaft zu Pferde toleriert wurden.

Nach einem byzantinischen Manuskript, der sog. *Wiener Genesis*, zogen es die Byzantinerinnen um 600 n. Chr. vor, sich weiterhin auf Holzgestellen quer sitzend auf ihren Reittieren fortzubewegen. Ansonsten findet man im mittleren und ferneren Orient, ob bei den Beduinenstämmen Arabiens oder in Persien, die Frauen vorwiegend nach Art der Männer reitend abgebildet.

Die Asiatinnen spielten unter anderem auch leidenschaftlich Polo, was viele schöne Plastiken und Malereien von chinesischen, aber auch von persischen Polospielerinnen belegen.

In China herrschte während der Suei- (6.–7. Jh. n. Chr.) und der Tang-Dynastie (7.–9. Jh. n. Chr.) eine kulturelle Blütezeit, wodurch auch die Reiterei höher entwickelt war. Figuren aus Terrakotta zeigen chinesische Frauen im Herrensitz auf flachen, brettartig abstehenden Sätteln mit kurzen Bügeln. Die stark abstehenden Seitenblätter der chinesischen Sättel machten es jedoch unmöglich, die Schenkel anzulegen. Der Steigbügel war in der Tang-Dynastie schon bekannt, im Gegensatz zu Europa, wo er erst später eingeführt wurde.

Wiederum ausnahmslos im Spreizsitz saßen die Frauen der Naturvölker Tataren, Mongolen, der nordamerikanischen Ureinwohner und Mexikaner. Der französische

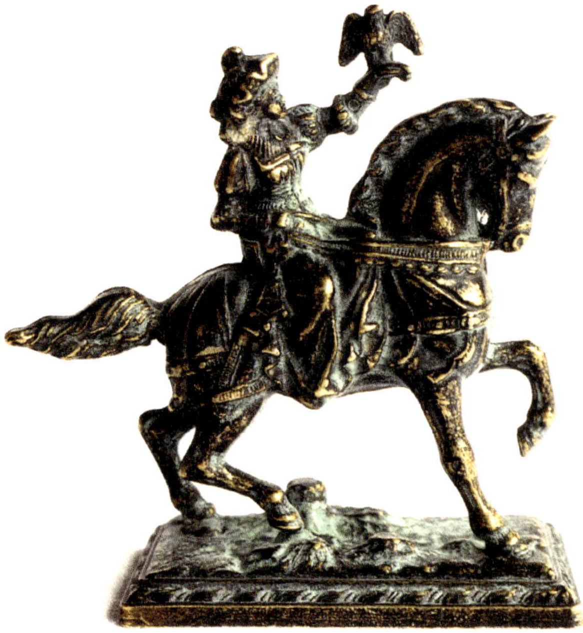

ABB. 8: Seltene Darstellung einer im Damensattel nach rechts sitzenden Reiterin, die ihren Falken korrekt auf der linken Faust trägt. Zu bedenken ist stets, dass es auch damals Rechts- und Linkshänder gab und dadurch abweichende Bilder zustande kamen. Bronzestatue, Privatbesitz

Missionar M. Huc schreibt um die Mitte des vorigen Jahrhunderts über die Mongolinnen:

> *»Reiten können sie so gut wie die Männer, und zu Pferde sitzen sie höchst mutig. Indessen besteigen sie das Ross nur in Ausnahmefällen, auf der Reise z. B. und wenn kein Mann da ist, der Tieren nachsetzt, die sich verlaufen haben.«*

Der älteste Beruf, die Jagd, erforderte Kraft, Gewandtheit, Unerschrockenheit und Mut. Aus der Notwendigkeit, zu jagen, entstanden Jagdveranstaltungen, die im Laufe der Geschichte auf der ganzen Welt, vorwiegend an den Fürstenhöfen, ein besonderes gesellschaftliches Ereignis wurden. Vor allem die Jagd mit dem Greifvogel/Beizvogel, die auch zu Pferde stattfand, erreichte im Mittelalter ihren Höhepunkt. Speziell bei der Beizjagd auf den Reiher (Reiherbeize), wahrscheinlich einem reinen Gesellschaftsspiel wie bis in unsere Gegenwart die Fuchsjagd, war das Pferd unentbehrlich. Da die viel kleineren Falken den Reiher erst nach etlichen Angriffen zu Boden brachten und die Jagd im Fluge sich oft über viele Kilometer hinzog, war ein Folgen zu Fuß unmöglich. Auf verschiedenen, auch zeitgenössischen Abbildungen tragen die Jäger ihren Beizvogel, zu Pferde meist Falken, korrekterweise auf der linken Faust, so dass die rechte zur Zügelhand wurde. Mit dem Beizvogel wurde deshalb auch von rechts aufgesessen, was in der Fachsprache *falkonieren* genannt wird.

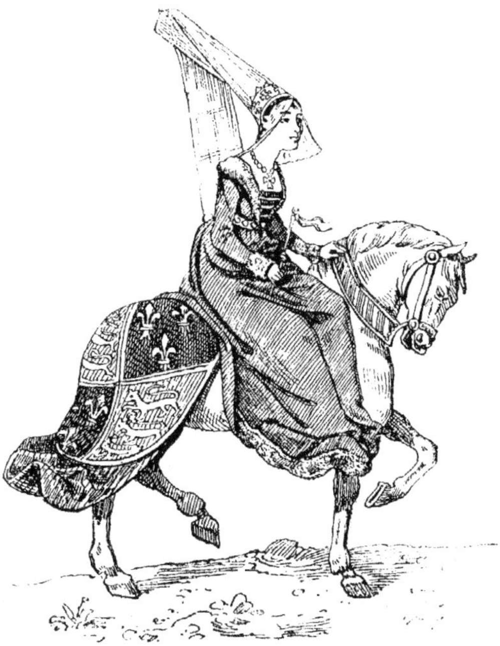

ABB. 9: Isabella von Frankreich ritt nach rechts sitzend nur auf einem Kissen.

Nach einigen Abbildungen zu urteilen, saß die Dame daher auf der Falkenjagd im Damensattel nach rechts und trug ihren Greifvogel auf der linken Faust. Es gibt aber auch Darstellungen, wo der Falke auf der rechten Faust getragen wurde. Es stellt sich die Frage, ob dies falsch überliefert ist oder aber der Greifvogel jeweils individuell getragen wurde und sich die heute als richtig bekannte Führung auf der linken Faust erst später durchsetzte.

Bei Beizjagden Karls des Großen um 800 n. Chr. und sogar bei der Jagd auf den Bären nahmen ebenfalls Frauen im Gefolge teil.

Manchmal saßen Mädchen und Frauen bei diesen Reitjagden oder auch nur bei Spazierritten quer auf der Kruppe des Pferdes, hinter dem im Sattel sitzenden Reiter. Sie hatten einen Arm um dessen Hüfte gelegt oder sie hielten sich an einem speziell dafür um die Taille des Mannes gebundenen Gürtel. Dieser *Kruppenquersitz* ist heute unter anderem in Spanien noch Brauch.

Dass es zu allen Zeiten immer wieder außergewöhnliche und mutige Frauen gab, beweist um 1190 die bemerkenswerte Berengaria, Prinzessin von Navarra. Während eines Kreuzzuges heiratete sie Richard Löwenherz auf der Insel Cypern und hatte sicher auch aus Liebe den Mut, ihn zu Pferde zu begleiten. Viel weniger aus Liebe zu ihrem Mann als zu den Einwohnern der Stadt Coventry fand dagegen der sagenumwobene Ritt der schönen Lady Godiva (Gräfin von Chester) im 11. Jahrhundert statt. Ihr Gatte, der Graf Leofriec von Mercie, hatte den Bewohnern eine schwere Buße

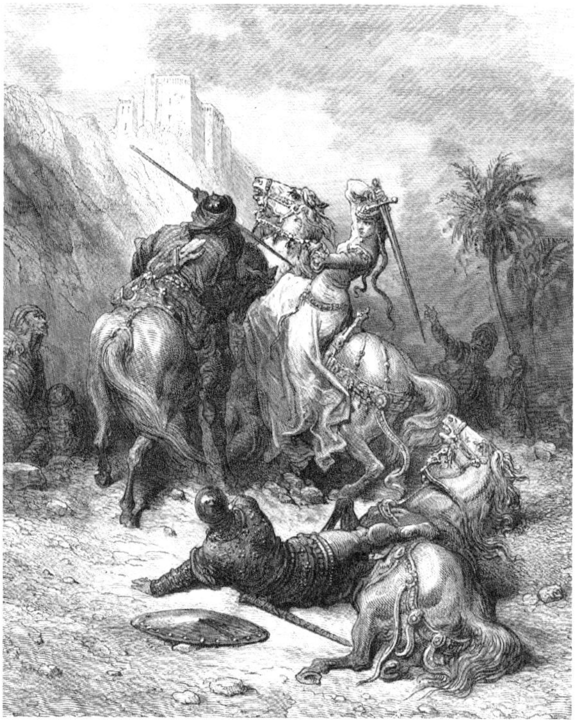

ABB. 10: Une Héroine du Moyen-Âge, d'après Gustave Doré

auferlegt. Der Bitte seiner Frau um Milde wollte er nur nachgeben, würde sie nackt durch die Straßen der Stadt reiten. Zu seinem Entsetzen tat sie es, mit ihren langen Haaren geschickt ihren Körper verhüllend, und bis heute werden ihr Mut und ihre Güte durch ein Fest am Jahrestag gefeiert.

In Westeuropa gab es im frühen Mittelalter viele gelehrte Frauen, bis etwa ab dem 13. Jahrhundert die Frauenverachtung und geringe Wertschätzung des Weibes durch den Einfluss der Kirche der Bildung der Frau ein vorläufiges Ende setzte. Die Ritterfrauen des Mittelalters, eine bekannte Dame darunter war Diane de Poitiers, unterstanden strengen höfischen Etiketten.

Frauen sollten in der Öffentlichkeit Zurückhaltung zeigen, beim Gehen nur kleine, langsame Schritte machen und dabei die Arme ruhig halten. Obwohl dem Manne rechtlich nicht gleichgestellt, genossen Frauen von Stand trotzdem gewisse gesellschaftliche Vorrechte. Die Turniere des Mittelalters waren ein solcher Treffpunkt der Gesellschaft, und mancher Ritter kämpfte noch verwegener, um der einen oder anderen hübschen Zuschauerin zu gefallen. In einzelnen Fällen gab es, laut verschiedenen Aussagen, auch weibliche Teilnehmerinnen, die in gleichem Harnisch und Reitsitz wie die Männer ritten. Auch ist bekannt, dass es ein allein von Frauen durchgeführtes Turnier in Abwesenheit der Männer gegeben haben soll.

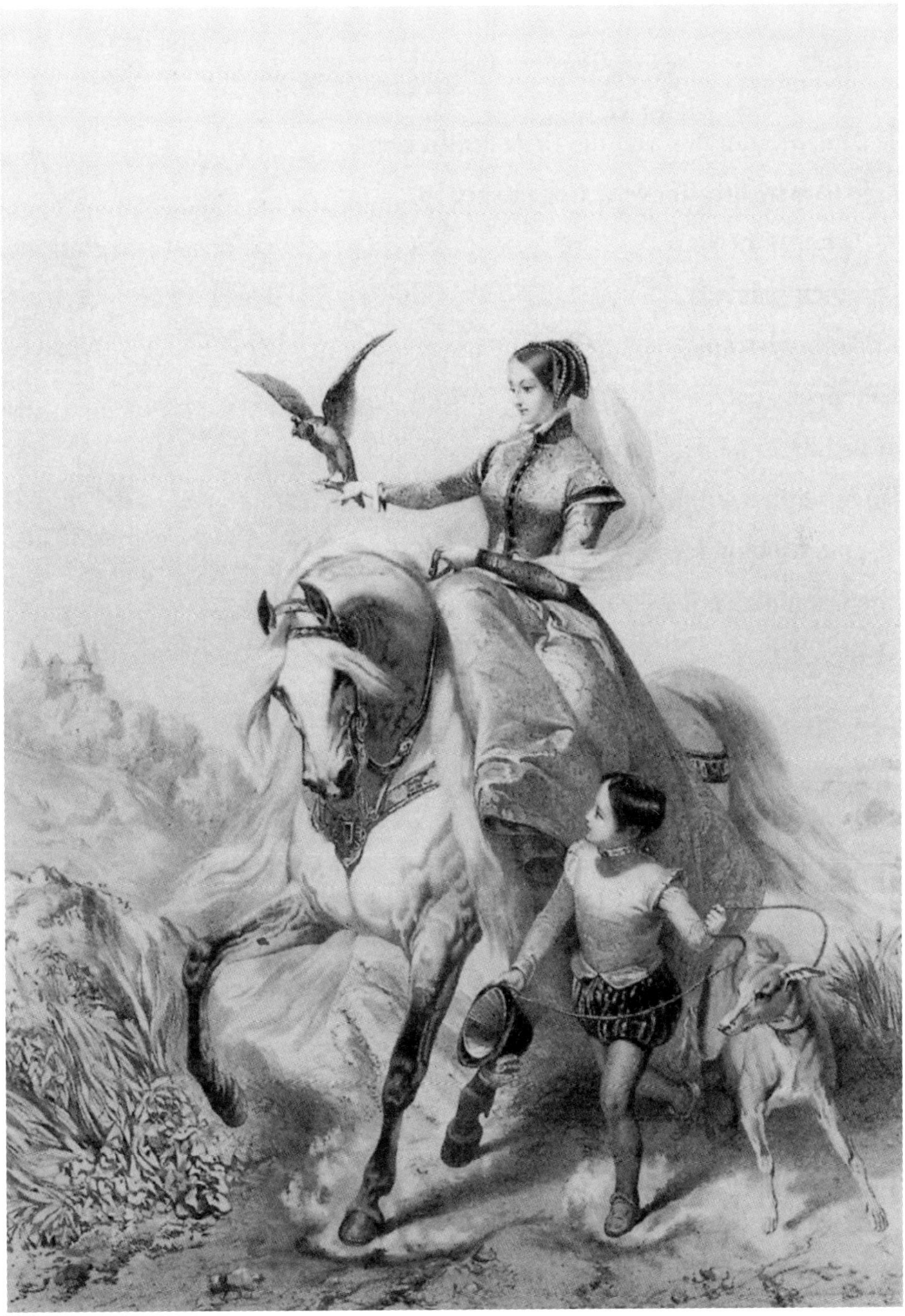

ABB. 11: Dame auf der Falkenjagd, nach A. C. Horace Vernet

Das Leben im Mittelalter und damit auch das Frauenreiten wurden dann jedoch mehr und mehr durch die Kirche beeinflusst und bald war es für Damen ganz und gar unschicklich, sich im Spreizsitz zu Pferde zu zeigen.

Interessant ist sicher ein Auszug aus den Anstandsregeln für Ritterfrauen, die schon zu Beginn des 13. Jahrhunderts von dem Kleriker Thomasin von Zerklaere herausgegeben wurden. Darin heißt es:

> *»Die höfische Frau sollte sich, sobald sie antritt, gegen des Pferdes Haupt kehren, ihre Hand nicht aus dem Gewand recken, Augen und Haupt fein stille halten.«*

Auch die Worte einer Ritterfrau in dem Gedicht *Vrouwen Turnei* aus dem 14. Jahrhundert: »*Wie begründ ich, des ich nie begann? Sold ich riten als ein man?*«, geben Aufschluss über die Unschicklichkeit, wie ein Mann zu reiten.

Vornehme englische und französische Damen bevorzugten daher immer häufiger den Sitz im Damensattel. Isabella von Frankreich ritt Anfang des 14. Jahrhunderts angeblich nach rechts und nur auf einem Kissen sitzend. Die große Ausnahme dagegen war Jeanne d'Arc, (1412–1431), die wiederum ausschließlich im Herrensattel für ihre heilige Sache kämpfte.

Den Wechsel vom Quer- zum Seitsitz (s. Kap. über den Sitz) soll Anna von Böhmen, die Gemahlin Richards II. von England, um 1380 eingeleitet haben.

Nunmehr in den ersten Damensätteln mit einem Horn sitzend, zogen die Frauen weiterhin mit zur Jagd, wie etwa Königin Maria von Ungarn, Frau des Luxemburgers Sigismund (1387–1437), oder Maria von Burgund, Tochter Karls des Kühnen von Burgund und Gattin des späteren Kaisers Maximilian I. (1493–1519), die allerdings 1482 bei einem Jagdunfall ums Leben kam, weil sich ihr damals noch unvollkommener Damensattel angeblich gedreht hatte. Sicher waren diese Jagden keineswegs ungefährlich und einige Frauen verunglückten wirklich so schwer, dass sie an ihren Verletzungen starben. Heute weiß man aber auch, dass damals höhergestellte Personen, vornehmlich Frauen, von Untergebenen nicht berührt werden durften. Unterlassene Hilfeleistung war demnach schuld daran, dass manche Unfälle tragisch endeten.

Katharina de Medici (1519–1589) wird ebenfalls oft als Erfinderin des Damensattels bezeichnet. Dies ist sicher nicht richtig, denn sie lebte ja später als Anna von Böhmen und früher als Maria de Medici (1573–1642), der die Einführung (Erfindung) des Gabelsattels zugeschrieben wird. Vielleicht entstand die Meinung auch deshalb, weil sie einen englischen Damensattel von England nach Frankreich mitgebracht und somit wahrscheinlich ein englisches Damensattelmodell, welches in Frankreich nicht bekannt war, dort eingeführt hat. Zudem hat es oft auch ähnliche Erfindungen unabhängig voneinander an verschiedenen Orten gegeben. Sicher ist, dass Katharina de Medici die ersten Hosen für Frauen in Mode brachte.

Sie war eine begeisterte Reiterin, ritt schon als Elfjährige, und als sie einige Zeit einsam am Monte Mario bei Rom leben musste, lernte sie, um ihren Geist zu beschäftigen, die Ilias auswendig. Zur Übung ihres Körpers ritt sie auf die Jagd, bis Pferde, Hunde, Falkner und Treiber vor Erschöpfung umsanken. Im Alter von 14 Jahren ritt sie von Florenz nach Livorno. Mit ihrem weißen Zelter brauchte sie für die 110 km sechs Tage. Nicht sie, sondern der Prunk des Aufzugs war schuld, dass sie nicht schneller war.

Der bedeutendste Reitmeister der Hochrenaissance war der neapolitanische Edelmann Federigo Grisone. Seine 1550 veröffentlichten *Reitvorschriften* hatten großen Einfluss auf die zukünftige Reitkunst und Reitliteratur. Auf Wandteppichen dieser Zeit sieht man die reitenden Frauen meistens im Spreizsitz abgebildet, die ranghöchsten Damen allerdings nur seitlich sitzend.

Chinesische Malereien aus der Ming-Zeit (14.–16. Jh.) zeigen ebenfalls Frauen rittlings zu Pferde. Ansonsten bewegten sich die Chinesinnen wegen ihrer durch Einbinden verkrüppelten Füße häufig nur noch in Sänften fort, bevor im 17. Jahrhundert ihrer Reiterei durch eine Tatareninvasion der T'sing vorerst ein Ende gesetzt wurde. Japanische Frauen saßen ebenfalls nach Männerart oder in einer Art Sesselchen auf ihren Maultieren, die als Saumtiere mitgeführt wurden.

Den großen Reitmeistern der Barockzeit wie Antoine de la Pluvinel, Reitlehrer Ludwigs XIII. (1601–1643), sowie dem Herzog W. Cavendish, Duke of Newcastle oder François Robichon de la Guérinière (1730–1751 Écuyer du Roy Ludwigs XV.) waren die Ausbildung der Streitrösser für den kriegführenden Mann ebenso übertragen wie die Ausbildung der Damenpferde für das schwache Geschlecht.

Die bedeutendste Frauenpersönlichkeit im Europa des 18. Jahrhunderts war wohl die Habsburgerin Maria Theresia (1717–1780), die ausschließlich im Damensattel ritt. Sie ist auf dem bekannten Gemälde von Eisen (Paris, Louvre) in prunkvoller Robe zu sehen. Ihre Füße ruhen jeweils auf einem eigenen Steigbügel und sind mit zierlichen Stöckelschuhen bekleidet.

Der österreichische Kaiserhof veranstaltete am 2. Jänner 1743, anlässlich der Kapitulation der Franzosen in Prag, ein prunkvolles Pferdekarussell. Dieses Schauspiel fand in der Reitbahn der Wiener Hofburg statt. Die junge Kaiserin selbst führte die Quadrille von acht Damen an und bestritt alle Übungen mit Pistole, Lanze und Degen ohne Fehler. In den acht schweren vergoldeten Muschelwagen (Biroccio) saßen ebenfalls Damen. Ihre Kutscher waren jedoch Männer.

Obwohl sich das Reiten im Damensattel im 18. Jahrhundert endgültig durchgesetzt hatte, gab es immer wieder Frauen, die auch den Herrensattel bevorzugten. So die

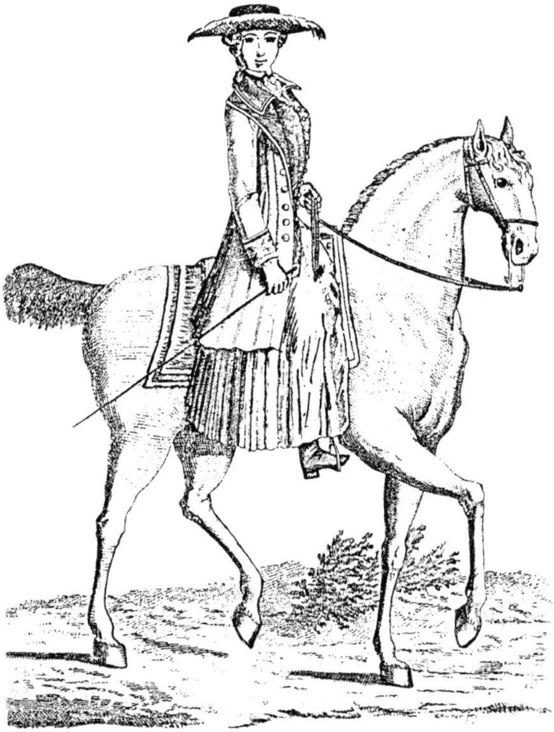

ABB. 12: Dame aus der Barockzeit im Herrensitz mit zweigeteiltem Rock

Tochter Maria Theresias, Marie Antoinette (1755–1793), ebenso wie ihre Zeitgenossin Katharina II. von Russland (1729–1796), die oft in der Uniform ihres Leibregiments im Herrensattel porträtiert wurde.

Dass manche damaligen Reitlehrer verständlicherweise gegen die teils noch unvollkommenen Damensättel auch Partei ergriffen, entnimmt man der Schrift *Etwas für Liebhaberinnen der Reiterey* von J.G. Prizelius: »*...Wissen Sie demnach, verehrungswürdige Leserinnen, daß der Quersattel sowohl als der mit dem Haken, gar nichts taugen; daß sie unbequem und gefährlich sind.*« Immer wieder drückt Prizelius auf charmante Art seine Sorge um die schönen Körper seiner Schülerinnen aus. Er befürchtet, dass sie beim Sturz vom Damensattel an dessen Lehne hängenbleiben und sich verletzen könnten, und rät ihnen auf ganz reizende Weise, zum Reiten den Herrensattel zu benutzen. »*...Ergeben Sie sich doch der Reiterey, um die Wünsche unseres Geschlechts nicht zu vereiteln! Außer allen den Vorteilen erwächset für Sie selbst noch der, daß Sie über Steine und Berge, durch Gründe und Thäler, bequem getragen werden, anstatt daß Sie sich in einem Wagen, der Discretion eines noch dazu unvernünftigen Kutschers übergeben, und die grausamsten Stöße empfangen, die Sie noch 14 Tage nachher empfinden. Reiten Sie! Reiten Sie! Sie werden einen gesunden starken Körper erhalten, und die häßlichen in der*

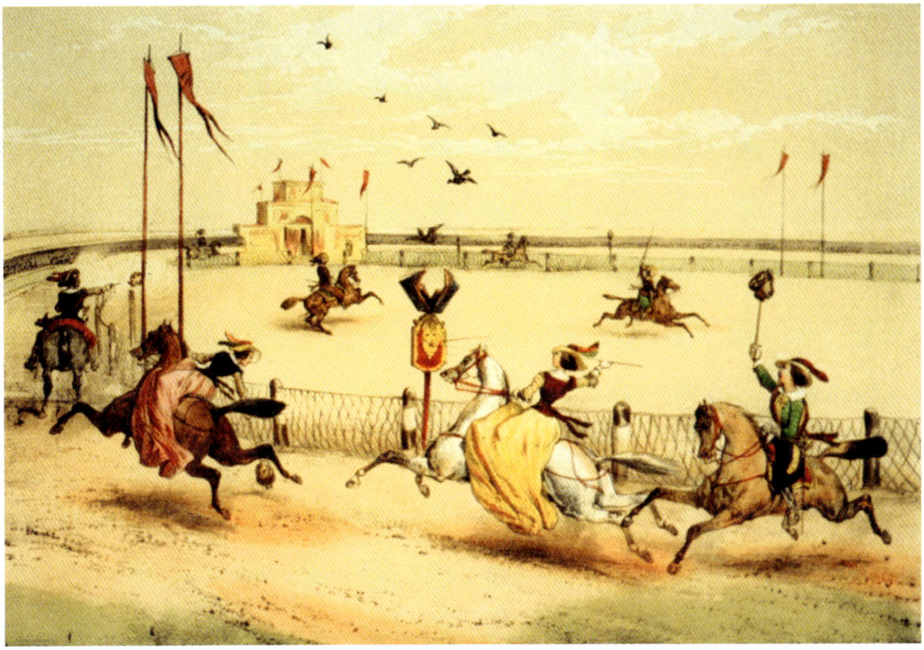

ABB. 13: Reiterspiel »*Stechen nach dem Türkenkopf*«. Nicht nur in Wien und Frankreich, sondern überall in Europa beliebtes Reiterspiel aus der Zeit nach den Türkenkriegen (um 1780). Lithographie aus dem Frankreich des 19. Jhs.

Mode seyenden Bapeuers auf dem Pferde ausschwitzen, ja eine längere Reihe von Jahren mit Ihren Geliebten verleben; welches doch wohl der Mühe werth ist.«

»...Die Natur der Reiterey erfordert es, daß die Beine zu beyden Seiten des Pferdes hangen; ein jeder anderer Sitz ist gezwungen, und streitet wider die regeln der Reiterey. Was kann bequemer seyn, als als daß man sich in einer senkrechten Stellung weg tragen läßt? Und ist es nicht am leichtesten und bequemsten, in dieser Stellung sein Gleichgewicht zu erhalten, worauf es bey dem Reiten am mehresten mit ankommt? Es ist also der Sitz der Mannspersonen der schönste und bequemste, welche ich meinen schönen Leserinnen empfehle, und aus Überzeugung empfehlen muß. Ich möchte wohl eine Gewissensfrage thun. Gefällt Ihnen nicht ein schöner Reiter? Die Antwort bleibt in Petto; doch versichere ich, daß es sich eben so mit den schönen Reiterinnen verhält.«

War doch das Reiten allgemein im Laufe der vielen Jahrhunderte fast ausschließlich ein Privileg der adeligen Gesellschaft, so änderte sich dies im 19. Jahrhundert allmählich. Immer mehr Bürgerinnen fanden Gefallen an der Reiterei. In den Großstädten entstanden etliche Tattersalls und Reitvereine, in denen man an Reitstunden teilnehmen konnte.

Trotzdem legte das Leben der damaligen Gesellschaft dem weiblichen Geschlecht noch viele Verbote auf. Die Etikette schrieb weiterhin den Damensitz vor. Frauen, die es bevorzugten, Reithosen zu tragen, sich wie ein Mann aufs Pferd zu setzen oder gar Hengste zu reiten, verhielten sich für damalige Begriffe unschicklich und verstießen damit gegen die guten Sitten. Um unabhängig zu sein oder einfach nur, um aufzufallen, hielt dies zumindest einige Persönlichkeiten wie Christine von Dänemark, Marie de Plessis und George Sand nicht davon ab, trotzdem im Herrensitz zu reiten, denn im Damensattel war man mit den immer noch langen Kleidern auf fremde Hilfe angewiesen.

Sportliche Engländerinnen nahmen Anfang des 19. Jahrhunderts sogar schon an Rennen teil, wie etwa Mrs. Thornton, die mit einer sechsjährigen Vollblutstute über den besten Jockey der damaligen Zeit siegte.

Im Allgemeinen waren die Frauen jedoch meist untrainiert und hatten deshalb neben Gesundheitsproblemen aus Bewegungsmangel auch nicht sehr viel Kraft. Kein Wunder, dass von fortschrittlichen Medizinern das Reiten allgemein als ein wohltätiger Einfluss auf das körperliche Befinden gewertet wurde, da es durchblutungsfördernd und anregend für die Darmtätigkeit war. Manche Ärzte rieten vom Herrensattel generell ab, da ihnen die Anatomie des Frauenkörpers für den Spreizsitz nicht geeignet erschien. Richard Schoenbeck spricht in seinem Buch *Der Damenreitsport* sogar von schädlicher Einwirkung auf die inneren Organe und von Zerrungen und Dehnungen der Verbindungsbänder im Unterleib. Man empfahl den Frauen eher den Damensattel, da sie durch ihre Beckenstellung, die meist dicken Oberschenkel und ausladenden Hinterpartien und auch ihrer geringen Kraft wegen in ihm besseren Halt fanden.

Manche Mediziner befürchteten wiederum im Damensattel Verkrümmungen des Rückens, vor allem bei jungen Mädchen im Wachstum, dem Reitmeister James Fillis später energisch widersprach. Bei richtiger Schulung von Sitz und Haltung sah er darin keine Gefahr. Beweis war seine Tochter, Anne Fillis, die eine hervorragende Reiterin im Damensattel war.

Die sportlichste Persönlichkeit des 19. Jahrhunderts war Kaiserin Elisabeth von Österreich (1837–1898). Sie war berühmt für ihre Kühnheit und Geschicklichkeit, mit der sie im Damensattel schwere Reitjagden auf irischem, englischem und italienischem Gelände bestritt. Bei den Hirschjagden der *Campagna Romana* ging es in Italien über hohe Koppelricks und Steinmauern, ebenso wie über irische Steinwälle bei den auf der grünen Insel stattfindenden Jagden auf den Fuchs. Zur Schonung ihrer Jagdpferde nahm die Kaiserin dabei bis zu dreimal einen Pferdewechsel vor.

Auf ihrem ungarischen Schloss Gödöllö bei Budapest widmete sich Elisabeth systematisch mehrere Stunden am Tag ganz der Jagd- und Schulreiterei. Frühmorgens pflegte sie ihre Pferde meist selbst, saß oft schon um fünf Uhr früh im Sattel und ritt

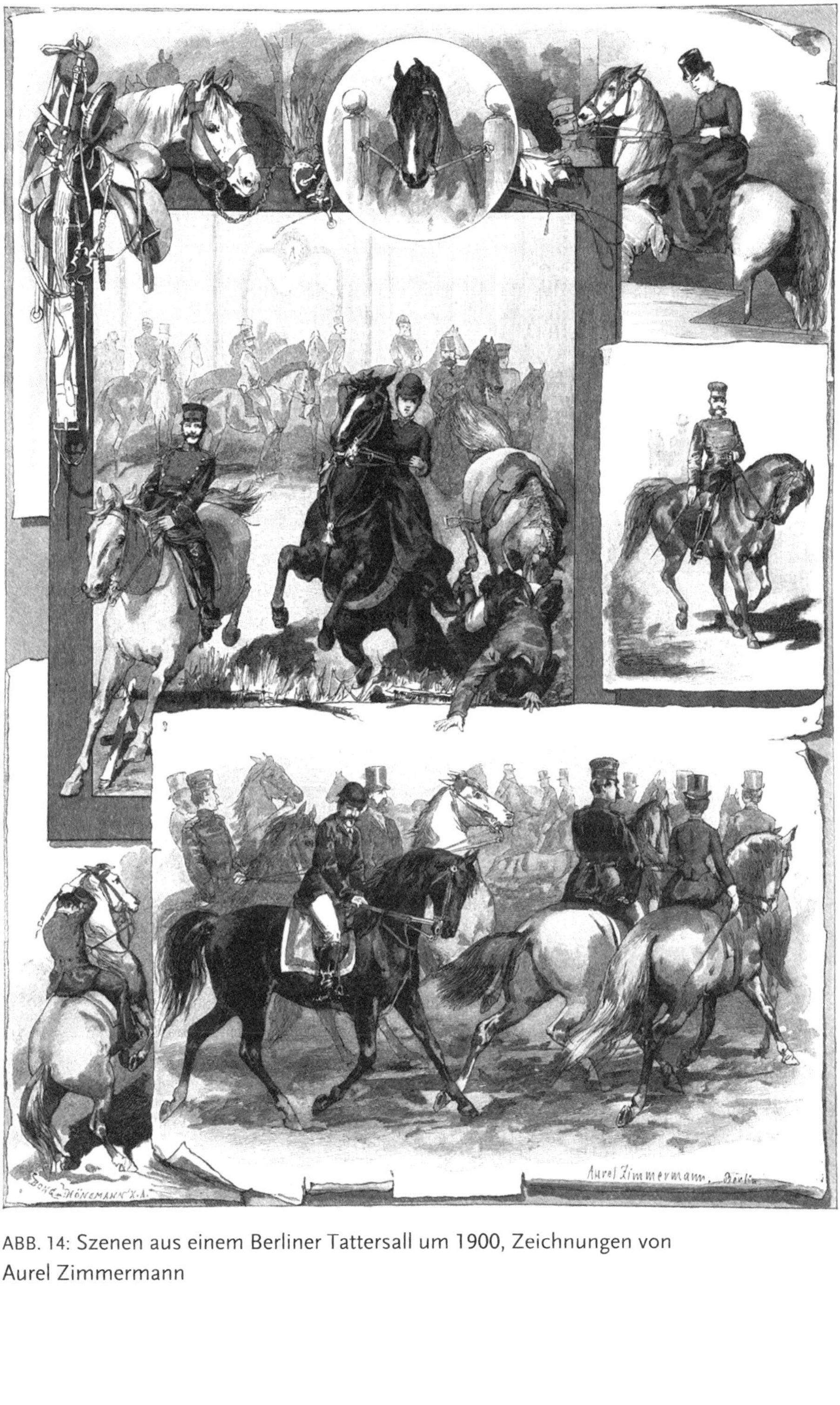

ABB. 14: Szenen aus einem Berliner Tattersall um 1900, Zeichnungen von Aurel Zimmermann

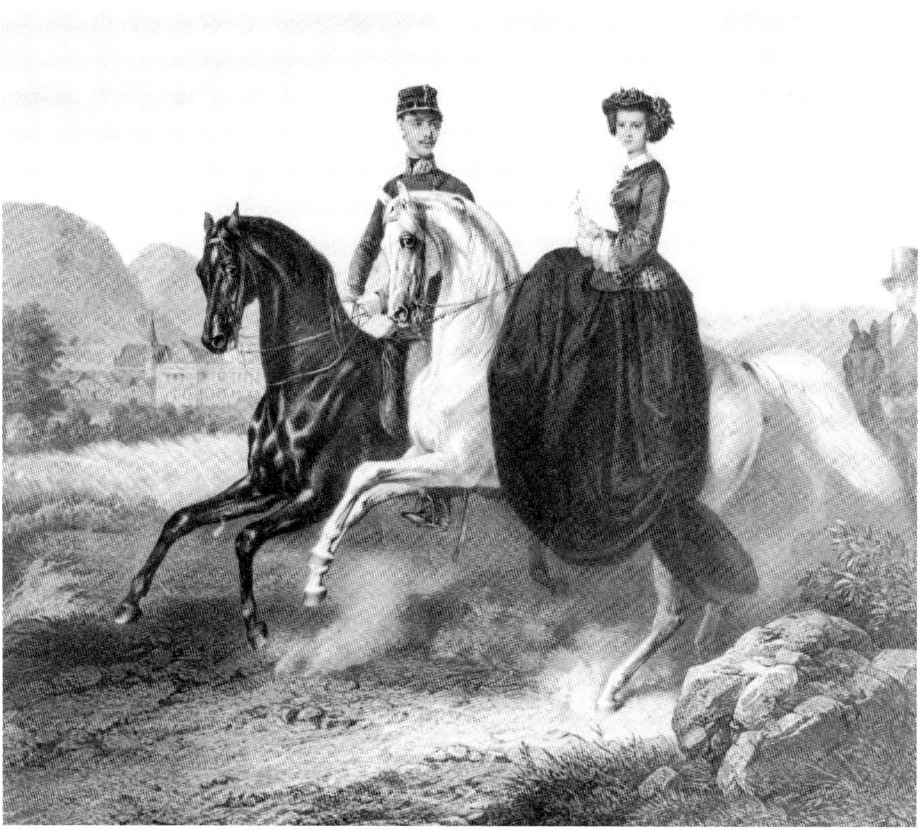

ABB. 15: Kaiserin Elisabeth und ihr Gemahl, Kaiser Franz Josef von Österreich, beim Ausritt in Ischl, Österreichische Nationalbibliothek, Wien

jagdmäßig bis zum Frühstück um elf Uhr. Nachmittags begab sie sich in die kleine Reitschule nahe dem Schloss, ritt ein Schulpferd nach dem anderen und studierte ihre Fehler, um sich in der Reitkunst immer mehr zu vervollkommnen. Auf ihrem Lipizzaner *Maestoso* übte sie sich in Lektionen der Hohen Schule, ja sogar in Lancaden und Ruaden, also in Übungen der Schulen über der Erde.

Als Ernst Jakob Renz, der Begründer des Weltzirkus Renz, in Wien gastierte, begeisterte sich auch Kaiserin Elisabeth an den herrlichen Pferdedressuren in der Manege. Bald zählten Pferde, die verschiedene Kunststücke beherrschten, zu ihren Reitpferden, und die Kaiserin ließ sich von der bei Renz angestellten Kunst- und Schulreiterin Elisa Petzold (Künstlername »Frl. Elisa«) und späteren Elisa Renz Reitunterricht erteilen. Der Künstler Wilhelm Richter porträtierte Elisabeth auf ihrem bekannten Zirkuspferd *Avolo,* wie es sich auf beide Karpalgelenke niederlässt.

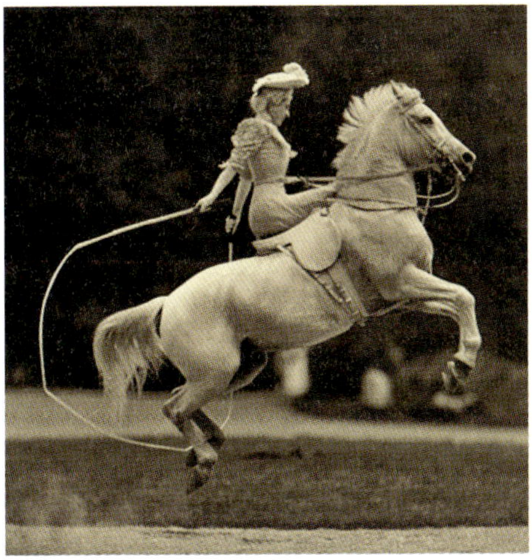

ABB. 16: Therese Renz als *Die weiße Dame* bei einem Gastspiel im Cirque Molier, der von 1880–1934 in Paris bestand.

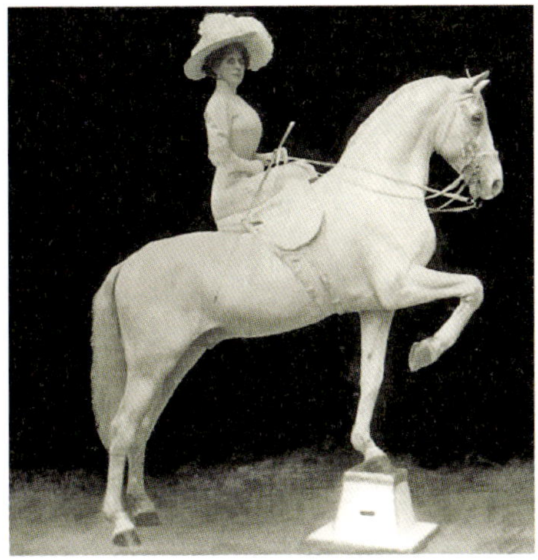

ABB. 17: Therese Renz mit ihrem Springpferd Blitz.

Neben Österreichs Kaiserin gab es natürlich auch noch andere couragierte weibliche Persönlichkeiten zu Pferde. Der junge Erzherzog Ferdinand Max, später Kaiser Maximilian von Mexiko, schrieb in seinem Reisetagebuch 1850 über die aus Oldenburg stammende griechische Königin Amalia:

> *»Sie reitet ganz vortrefflich, hat einen festen Sitz und führt das Pferd im schnellsten Galopp über Stellen, welche mancher berühmte Reiter bei uns kaum im Schritt passieren würde. Die Pferde des griechischen Hofes sind meist aus den asiatischen Gebirgen, haben einen schuhartigen Beschlag und klettern wie Gemsen über schwindelnde Höhen. Wenn sie keinen Fuß fassen können, rutschen sie auf den Hinterfüßen über Felsplatten. Auch macht die Königin ihre weitesten Reisen zu Pferde, da von einem Fortkommen zu Wagen bis jetzt noch keine Rede ist.«*

Das 19. Jahrhundert war auch die Zeit der großen Zirkusse, in denen vor allem gut ausgebildete Dressurpferde und Schulreiter die Hauptakteure waren. Die damaligen Reitmeister Louis Seeger, Gustav Steinbrecht und Paul Plinzner selbst oder ihre Schüler ritten in einem Programm oft verschiedene hervorragende Dressuren und Ausschnitte aus der Hohen Schule. Reiterinnen im Damensattel waren natürlich umjubelte Glanzpunkte einer Vorstellung. So errang Therese Renz auf Tourneen in England, Frankreich, Italien, Holland und allen großen Städten Deutschlands beispiellosen Erfolg mit ihrer Lichtnummer (Auftritt mit Spotlight) *Die weiße Dame* auf dem Lipizzaner *Conversana*. Diese Altmeisterin der Hohen Schule trat im November

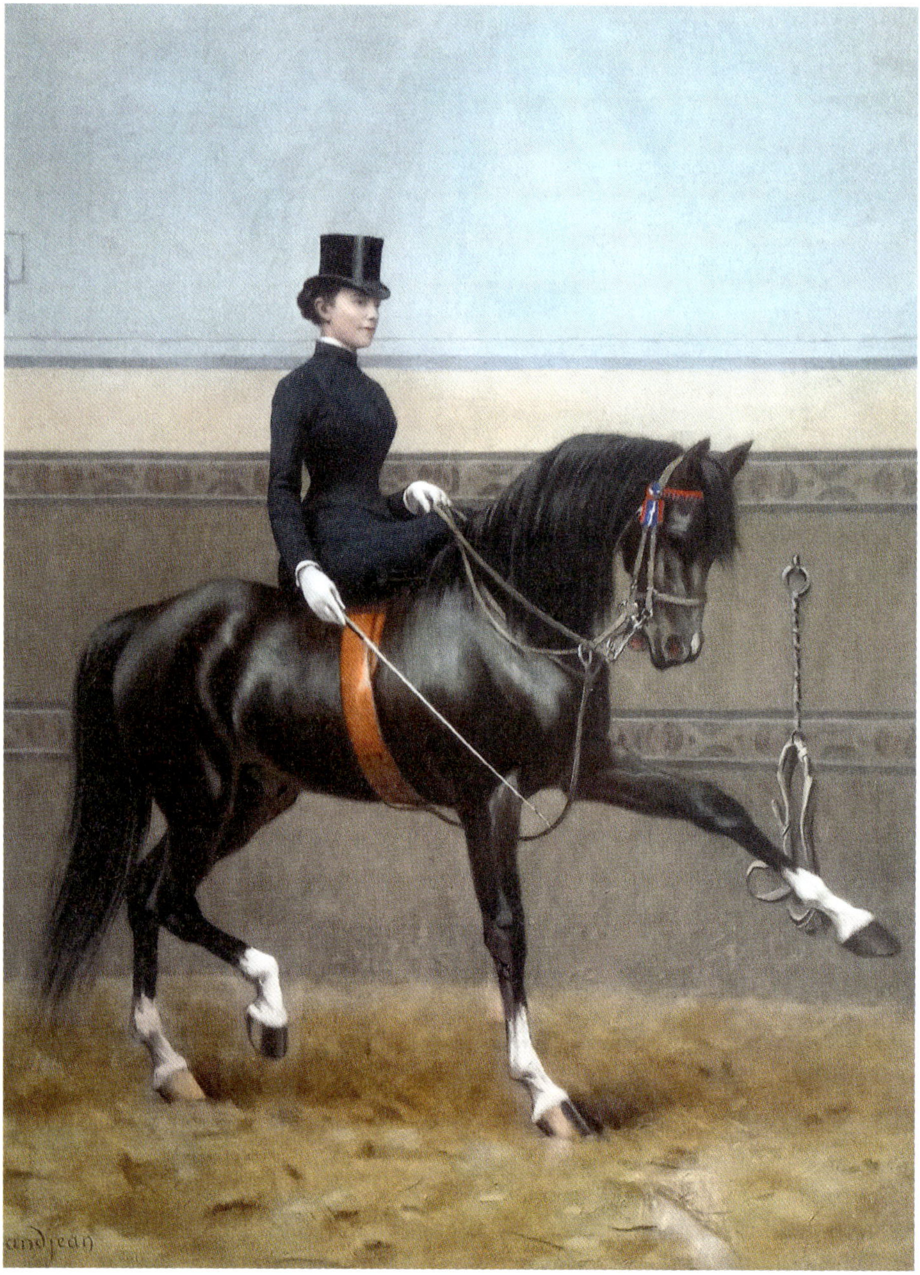

ABB. 18: Die Schulreiterin Elisa Petzold auf Kohinor. Hier nur mit einem Reitgurt in der gestreckten Passage, auch Zirkuspassage genannt.

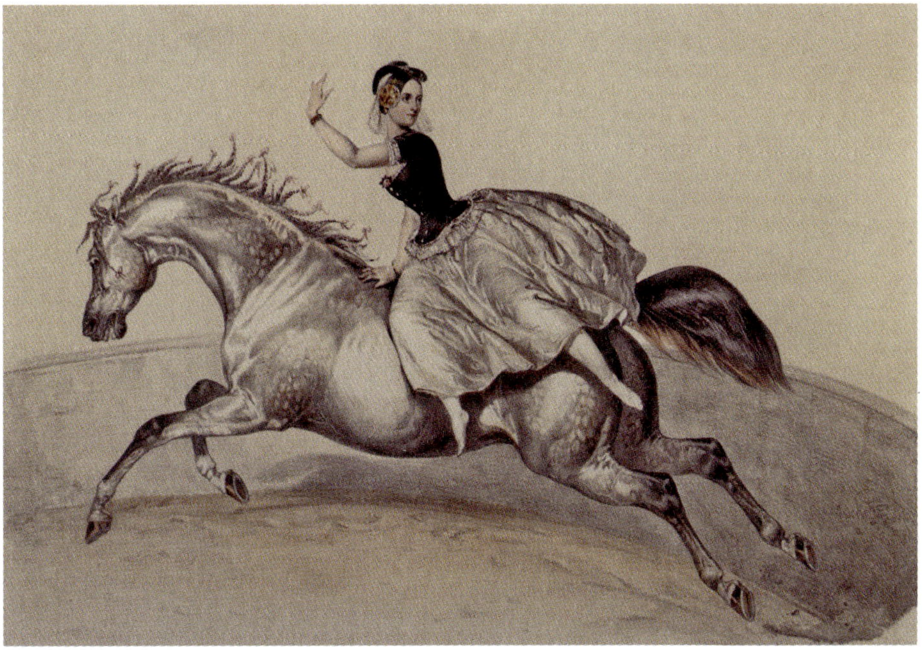

ABB. 19: Fantasiedarstellung einer Kunstreiterin (Artistin) auf freilaufendem Araberhengst

1931, noch mit 72 Jahren, mit ihren Vollblütern *Last Rose* und *Malachit* im Zirkus Busch in Berlin auf.

In der Manege des berühmten Zirkus Renz ritten außerdem Ozeana Renz, die auch als Kunstreiterin auftrat und den Ruf großer Schönheit genoss, sowie Clothilde Hager, die als eine der besten Reiterinnen Europas galt, Dressur und Hohe Schule im Damensattel. Schon die achtjährige Antoinette Renz sprang vor begeisterten Zuschauern mit der Stute *Elektra* im Damensitz auch über Hindernisse.

Aus dem tschechischen Roman von Eduard Bass über den Prager Zirkus Humberto übersetzte mir mein Mann eine nette Geschichte, die ich hier kurz wiedergeben möchte. Der im Zirkus Humberto angestellte Reitlehrer hatte eine Quadrille mit sechs Damen im Damensattel einstudiert. Diese war durch die gut reitenden Damen ein solcher Erfolg, dass binnen eines Jahres alle Reiterinnen verheiratet und damit aus dem Programm ausgeschieden waren. Worauf der seiner Schülerinnen beraubte Reitlehrer schwor, nie wieder eine Damenquadrille einzuüben.

In neuerer Zeit bildete Bereiter Bremer vom Zirkus Franz Althoff Pferde bis zu À-Tempo-Wechsel, Piaffe, Passage und Spanischen Schritt für den Damensattel aus.

Ende der 70er Jahre ritt die dänische Zirkusreiterin Katja Schumann im Damensattel auf einem Vollblutaraber das ganze Dressurprogramm, häufig aber auch zirzensische Lektionen.

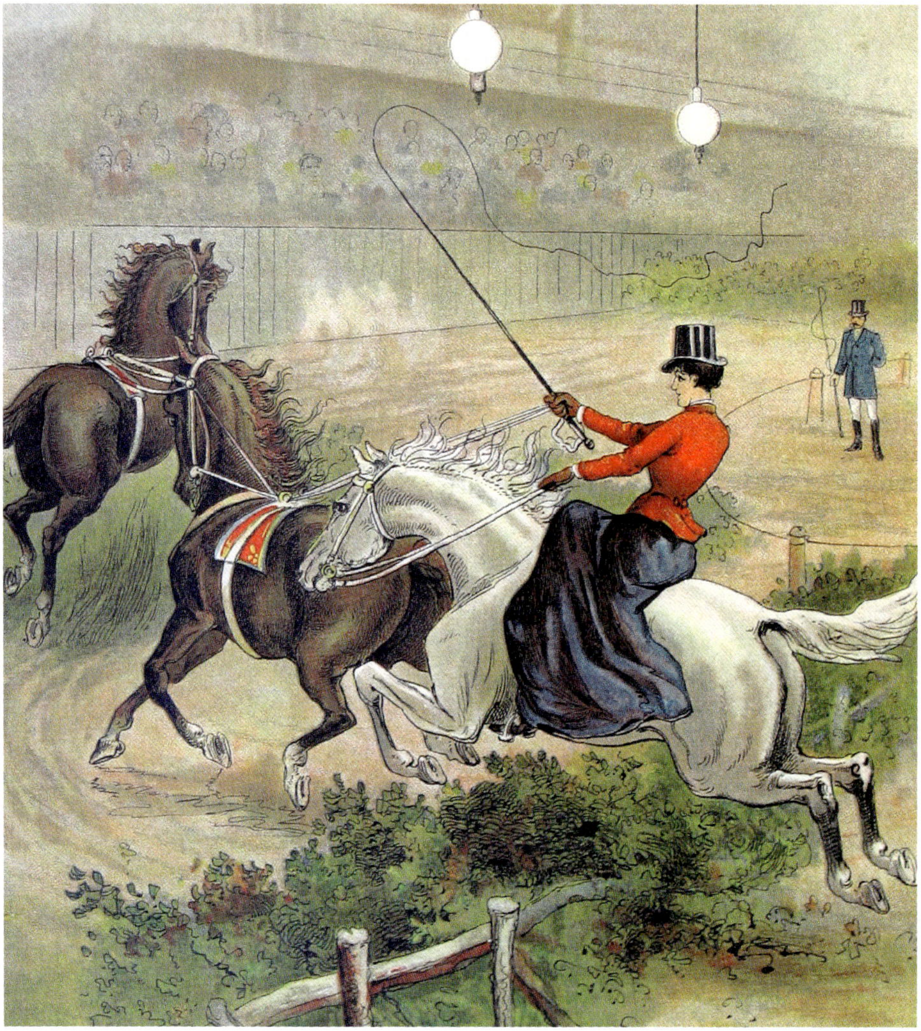

ABB. 20: Mlle Fatma, la première amazone de l'hippodrome, montée sur »Poil d'argent« et conduisant trois chevaux, fournit une course d'obstacle, fort applaudie

In Frankreich war die Blütezeit des Damensattelreitens zur Zeit der Belle Epoque (1850–1900). Es unterrichteten unter anderem die berühmten Reitlehrer Jules Pellier, François Baucher und Baron de Vaux.

Große französische Reiterinnen im Damensattel und teils auch Schülerinnen von Angehörigen der Militärreitschule Saumur waren Adele Drouin und Marie d'Embrun. Mlle Isabelle Chinon war Elevin von Gautier. Die Schülerin von Commandant Guérin, Mlle de Tillière, brillierte auch im Herrensitz. Einige dieser Reiterinnen, so

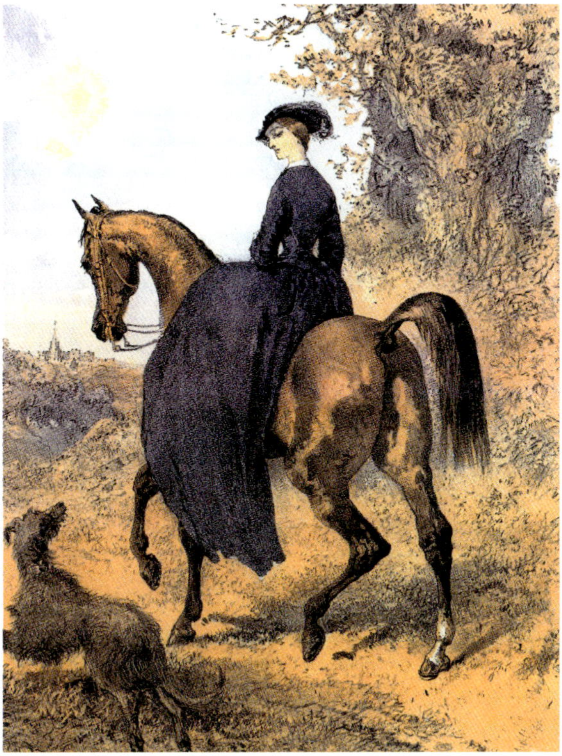

ABB. 21: So sahen die Künstler in der Epoche der Romantik die Reiterinnen des 19. Jhs.

Pauline Cuzent, eine Schülerin Bauchers, und Caroline Loyo, Pellier-Schülerin, traten unter anderem auch im großen Pariser Olympiazirkus auf.

Als Ende des 19. Jahrhunderts bei den Französinnen vereinzelt das Reiten im Herrensitz in Mode kam, löste dies große Entrüstung beim männlichen Geschlecht aus. Pellier schrieb dazu:

> *»Neuerdings haben einige exzentrische Damen versucht, das Reiten im Herrensitz in Mode zu bringen. Dazu müsste man aber die alten Stechsättel hervorholen oder den Herrensattel verwenden, auf dem sich eine Frau nur schwerlich zu halten vermöchte. Sie täten gut daran, auf diese üble Praktik zu verzichten, die für das schöne Geschlecht unziemlich und ungraziös ist. Es empfiehlt sich die Reitweise im Damensitz beizubehalten, die sich seit Jahrhunderten bewährt hat und für die man noch nichts besseres gefunden hat.«*

Anfang des 20. Jahrhunderts war Frau Hasselbach eine bekannte Reiterin im Seitsitz, die ebenfalls nach Saumurer Schule ritt, und die Duchesse d'Uzes nahm noch mit 86 Jahren an Jagden teil.

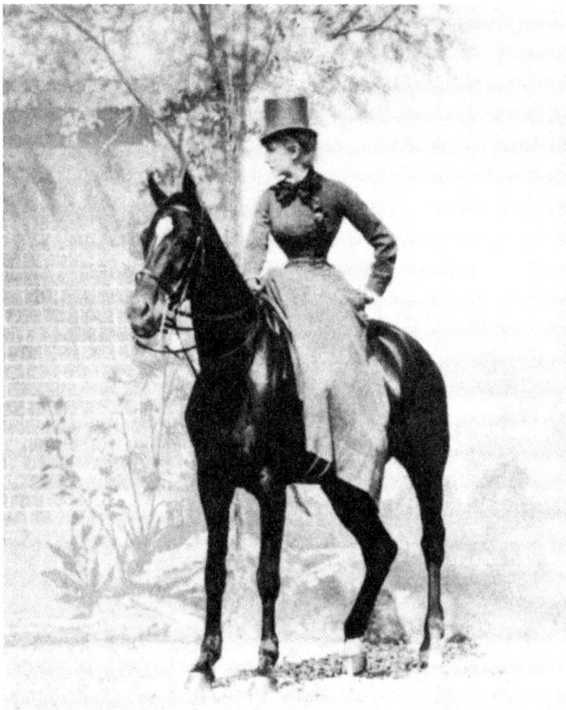

ABB. 22: Auch die französische Schauspielerin und Tragödin Sarah Bernhardt (1844–1923) sah man, neben anderen Damen der Gesellschaft, im Damensattel auf der Promenade des berühmten Bois de Boulogne.

Noch vor dem Zweiten Weltkrieg stagnierte jedoch das Damenreiten in Frankreich, und erst 1973 wurde wieder eine französische Damensattel-Association, die sogenannte *Anatra*, gegründet.

In England beteiligten sich die Bürgerinnen gegen Ende des 19. Jahrhunderts ebenfalls immer zahlreicher am Reitsport, wodurch dort auch das Sattelzeug schnell weiter verbessert wurde. Aus diesem Grund verwendete man, trotz unterschiedlicher Begeisterung an den einzelnen Reitdisziplinen, überall in Europa häufig den schon weiterentwickelten englischen Damensattel. Die meisten Engländerinnen ließen sich ja schon immer mehr für das Gelände- und Jagdreiten begeistern und hielten nicht so viel vom Reiten in der Bahn. Im Gegensatz zu den übrigen Frauen des Kontinents, die sich mehr den Schullektionen widmeten, und zu den Französinnen, die natürlich von Saumur beeinflusst, häufiger dressurmäßig ritten.

Der Höhepunkt der Damenreiterei in England war zwischen 1850 und 1900. Miss Power O'Donoghue war eine berühmte englische Jagdreiterin, die nur im Damensattel ritt und ein ausführliches Buch mit dem Titel *Riding for Ladies* schrieb. Ebenso Miss Hayes, die sich, als der Herrensattel immer beliebter wurde, sehr für das Reiten im Seitsitz einsetzte. John Adams sowie Archer Doreen Houblon mit *Side Saddle*

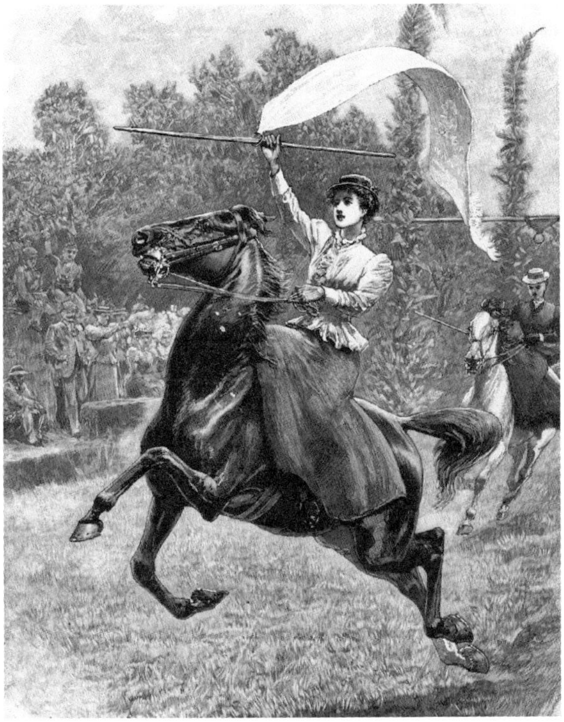

ABB. 23: Damen-Ringelstechen auf Teneriffa. Ende des 19. Jh. war dieses Reiterspiel, etwa bei den Engländern auf den Kanarischen Inseln, eine beliebte sportliche Betätigung, bei der die Reiterin einen an einer Lanze befestigten Ring auffangen musste.

sind weitere bekannte Verfasser englischer Damenreitlehren. In dem Buch *The Art of Side-Saddle* von Rosamund Owen, University Press Cambridge, sind die Historie und der korrekte Sitz im Damensattel nach englischem Vorbild hervorragend beschrieben. Bis heute gibt es auf englischen Turnieren Prüfungen, die von jugendlichen und erwachsenen Reiterinnen im Seitsattel zu reiten sind, und auch Königin Elisabeth II. nahm lange alljährlich anlässlich ihres Geburtstages die Parade der Garderegimenter zu Pferde im Seitsitz ab.

Trotz dieses Traditionsbewusstseins wurde zwischen 1920 und 1970 auch in England ein steter Niedergang dieser Reitart verzeichnet. Sie gewann aber seit 1974 wieder an Bedeutung, organisiert in der sogenannten *Side-Saddle Association*, die an die *British Horse Society* angeschlossen ist und von der im Jahr 1983 auf der Essener Pferdemesse Equitana eine wunderschöne Quadrille mit acht mausgrauen Pferden unter dem Damensattel präsentiert wurde.

In Spanien reiten die Frauen bis heute noch im Damensitz zu Ferias, Pferdeveranstaltungen und anderen gesellschaftlichen Ereignissen allein oder als Begleiterinnen der Männer. So gibt es in Anlehnung an den in der *Doma Vaquera* gebräuchlichen Herrensattel einen dazu passenden Damensattel für die Begleiterin.

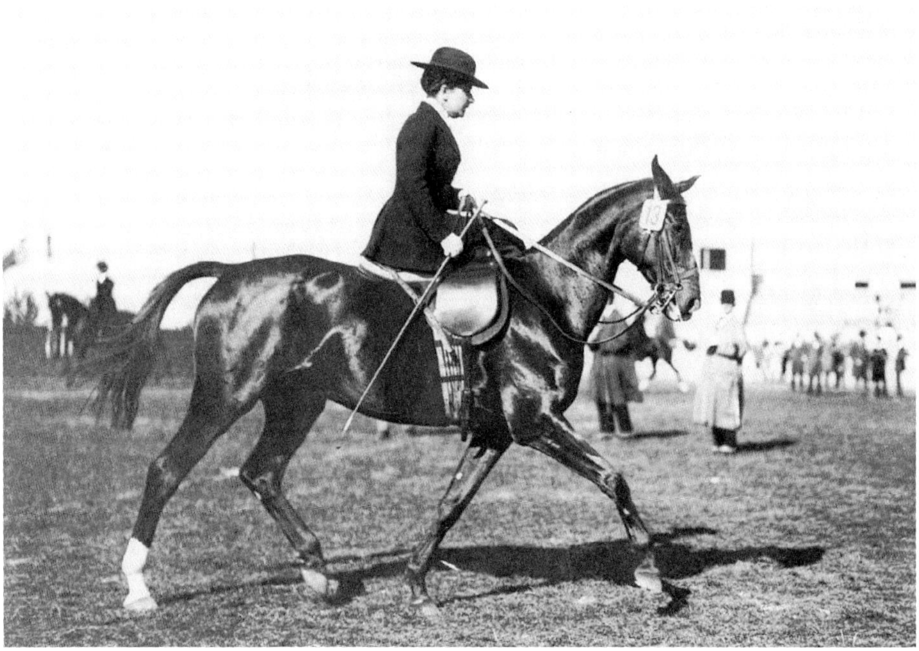

ABB. 24: Die deutsche Dressurreiterin Margot v. Gottberg 1920. Frau v. Gottberg führt mit einer Hand und reitet auf blanker Kandare, im Sitz leicht in den Gang geneigt.

Auch die Spanierin Marisol Lopez Candel aus Albacete gehört heute zu den wenigen Reiterinnen der Welt, die auch Hohe Schule im Seitsattel reiten. Anlässlich einer Deutschlandtournee sah ich Señora Lopez 1996 in Stuttgart auf ihrem spanischen Hengst *Salir,* den sie unter dem Damensattel in der *Doma Classica* vorstellte. Das Paar verkörperte Ruhe und Eleganz, die Kür wirkte wie keine andere durch ihren methodischen Aufbau, so dass ich ihre Vorstellung, verglichen mit denen der anderen Reiter, als allein wahrhaft klassisch bezeichnen konnte.

In Deutschland hatte das Reiten im Damensattel in den ersten vier Jahrzehnten des 20. Jahrhunderts einen sehr hohen Stand erreicht. Ihre Majestät Augusta Viktoria, deutsche Kaiserin, ritt als Chef des Kürassier-Regiments Nr. 2 ebenso im Damensattel wie ihre Tochter, die Herzogin von Braunschweig, Chef des 2. Leib-Husaren-Regiments. Diese beiden Damen sind nicht nur auf Gemälden in ihren Uniformen zu Pferde, sondern auch als Zinnfiguren abgebildet worden.

Es ist nicht möglich, alle damaligen guten Reiterinnen aufzuzählen, die zwischen den beiden Weltkriegen in Erscheinung getreten sind. Viele von ihnen, die ausgezeichnet im Damensattel ritten, sind auch auf Turnieren gestartet. Es waren dies, um nur einige zu nennen, Frau v. Gottberg, Frau Rau, Freifrau v. Langen, Freifrau

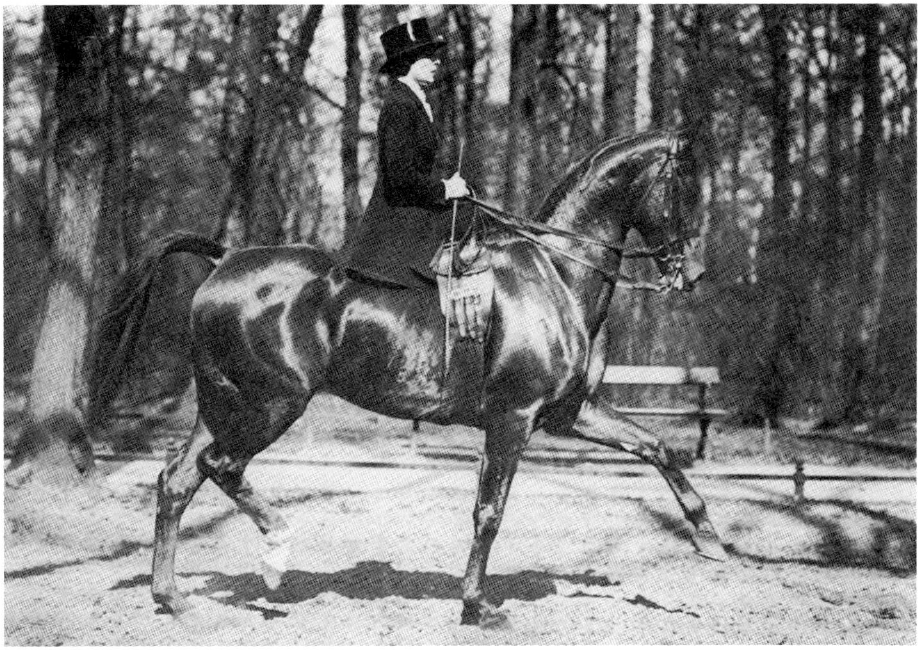

ABB. 25: Die Holländerin Mary van Lungen in korrektem Sitz, mit angefasster Trense (3:1), den Reitstock in vorwärtstreibender Position, auf Matador, Berlin 1926.

v. d. Decken, Frau v. Becker und Frau v. Opel. Nicht zu vergessen ist die sympathische Holländerin Mary van Lungen. Sie saß, so sagte man, so ausgezeichnet im Gleichgewicht, dass sie den Balanceriemen nicht benötigte.

Die berühmteste und eine der erfolgreichsten Turnierreiterinnen überhaupt war wohl Frau Käthe Franke-Cobau, Schülerin von August Staek. Sie ritt Dressur und Springprüfungen im Damensitz, und war, als die ersten Frauen in den Herrensattel umstiegen, auch in beiden Sätteln zu Hause.

Weitere bekannte Reiterinnen und Reiter waren die Autoren von deutschen Damenreitlehren wie Annie v. Biel – *Das Damen Reiten*, Hilda Dollmann – *Das Reiten der Dame*, Herta v. Knobloch – *Plauderei über Damenreitsport*, Freifrau Helene von Reiffen – *Die Dame zu Pferde*, Blanka von Wobeser – *Kleine Reit-Instruktion für Damen*, Leopold von Heydebrand und der Lasa – *Die Amazone. Reitkunst für Damen*, Adolf Schlaberg – *Die Dame als Reiterin* sowie Richard Schoenbeck – *Der Damenreitsport*. Anhand dieser Fülle an Literatur ist zu sehen, dass sich das Reiten im Damensattel in Deutschland damals großer Beliebtheit erfreute.

Das Frauenreiten und die Ära des Damensattelreitens wurden leider durch den Zweiten Weltkrieg in Deutschland vorerst beendet. Als die Reiterei nach dem Kriege

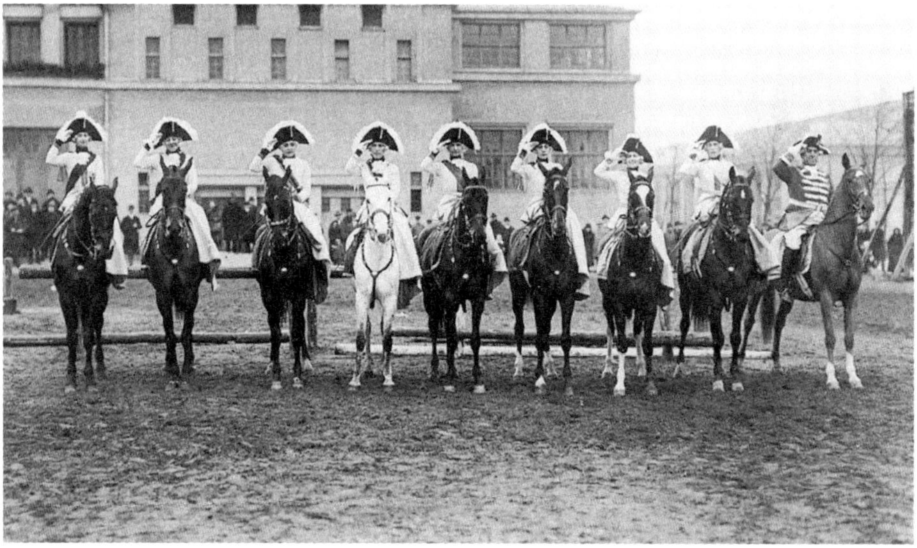

ABB. 26: Die Deutsche Damen-Schulquadrille 1926, einstudiert von Stallmeister Oskar Fritz, v. links: Marie Luise Prinzessin Friedrich Sigismund von Preussen, Frau Hertha Rau, Frau Holtz-Wojenthin, Frau Pferdmenges, Frau v. Gossler, Frau Freudling, Frl. Mary van Lungen, Frl. Annemarie Plate-Voigtsdorf, Oskar Fritz.

wiederauflebte, gab es auf Turnieren vereinzelt noch Prüfungen, die im Damensattel zu reiten waren, so etwa beim Turnier in Hamburg. Allmählich saßen sie dann ab, die Reiterinnen im Damensitz, sattelten um oder ritten davon und entschwanden für längere Zeit den Blicken der Zuschauer...

Hier sind wir am Ende unserer Reise angekommen und können rückblickend feststellen, dass im Laufe der Jahrhunderte sich je nach Land, Reitkultur und Stilepoche das Bild der reitenden Frau immer wieder verändert hat.

Ob sie nun um der Reitkunst willen oder aus rein sportlichen Gründen, ob sie ihrer Gesundheit oder gar nur des Prestiges wegen ritt, sie saß viele Jahrhunderte ihrer Reitgeschichte, bis auf wenige Ausnahmen, ausschließlich im Damensattel zu Pferde.

Warum diese Reitart bei uns dann aber fast ganz verloren ging, dafür kann es letztlich mehrere Gründe gegeben haben, und da diese nicht genau zurückzuverfolgen sind, mag man sich seine eigenen Gedanken darüber machen. Dies so sehr an Adel und Tradition erinnernde Bild einer Frau im eleganten Reitkleid verkörperte Werte, denen der neue Zeitgeist erst einmal keinen Platz mehr einräumte. Es fehlte vor allem auch an finanziellen Mitteln. Die Emanzipation drängte die Frauen immer mehr, dem Manne alles gleichzutun, und so setzten sie sich wie viele ihrer Vorfahrinnen wieder in den Herrensitz.

So wie sich die Frauen in fernerer Zukunft vielleicht wieder fast ausschließlich in eine Art Damensattel setzen werden, auf Pferde anderer Rassen vielleicht und in Kleidern, die wir heute noch nicht erahnen, nur zur Fortbewegung oder auch der guten alten Reitkunst wegen, die hoffentlich, solange es Reiter und Pferde gibt, nie in Vergessenheit gerät.

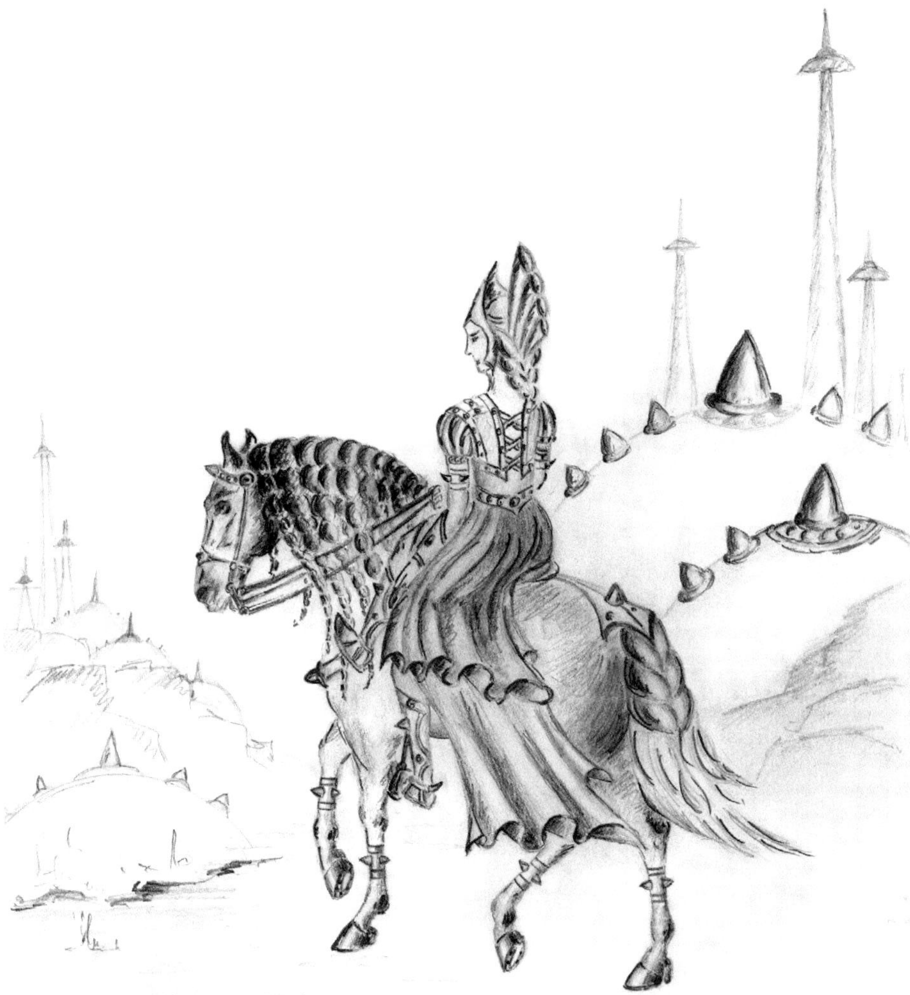

ABB. 27: Amazone der Zukunft, Zeichnung: DBP

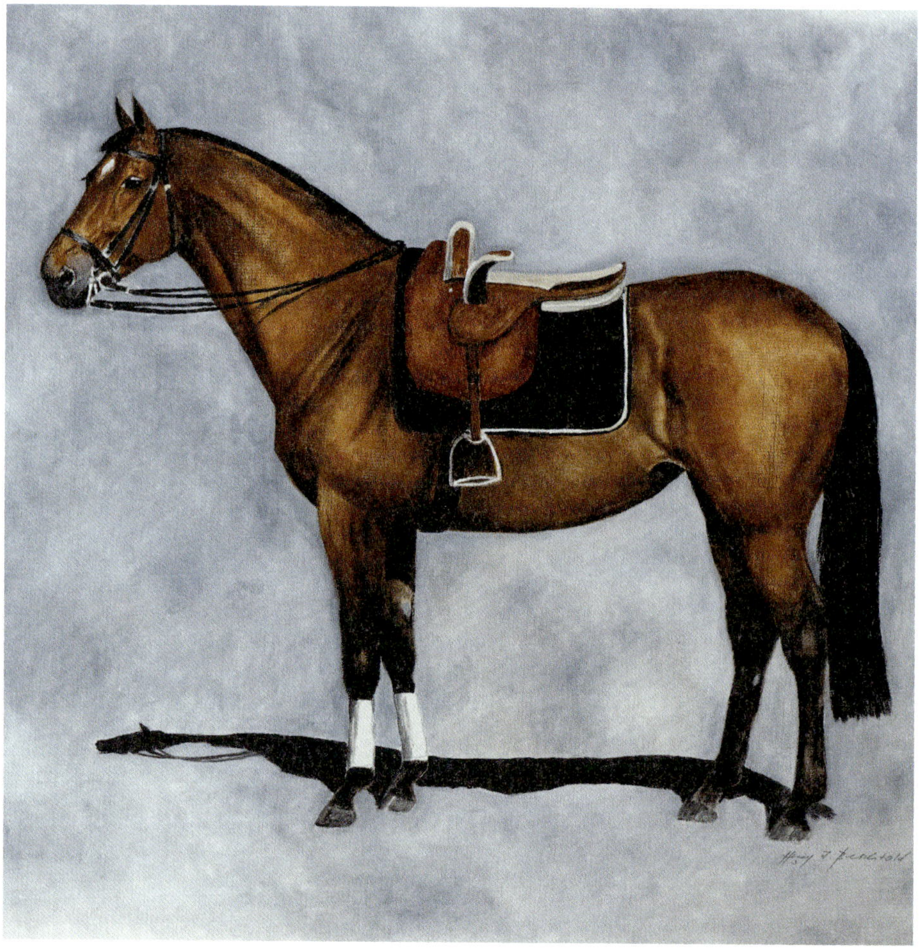

ABB. 28: Gemälde von Heinz J. Berchtold

II
DIE AUSRÜSTUNG FÜR DAS DAMENPFERD

Der Damensattel in den verschiedenen Geschichtsepochen

Im folgenden Kapitel über den Damensattel habe ich die interessantesten Damensattelmodelle, die im Zeitraum der letzten 900 Jahre aufgekommen sind, kurz beschrieben und so weit wie möglich mit Bildern ergänzt.

Ihre Konstruktion, ihre Vor- und Nachteile und die damit verbundene Weiterentwicklung und Verbesserung bis hin zum heute gebräuchlichen Damensattel sind hier aufgeführt.

Die Vorläufer der ersten Damensättel waren Sitzkissen mit Fußbrettchen oder stuhlartige Holzgestelle. Ein mittelalterliches Relief in einer Kölner Kirche zeigt die Jungfrau Maria auf einem Maultier quersitzend in einem Stuhlsattel mit Rückenlehne.

Es gibt die unterschiedlichsten Berichte darüber, wann und wo der Damensattel zuerst in Erscheinung trat. Der erste einfache Damensattel mit einem Sattelknauf, der sogenannte *Sambue*, entstand im Mittelalter, im 13. Jahrhundert. Dieser Meinung war zumindest auch der im 19. Jahrhundert lebende Reitlehrer Jules Pellier.

Damensättel im Mittelalter (800–1450 n. Chr.)

Der Sambue

Dieser Sattel war von einfacher Bauart. Er bestand aus einer Felldecke oder einem Lederstück, welches vorne an einem Sattelbaum mit hohem Sattelknauf befestigt war. Auf der linken Seite war mit zwei Riemen ein schmales Brett als Fußstütze

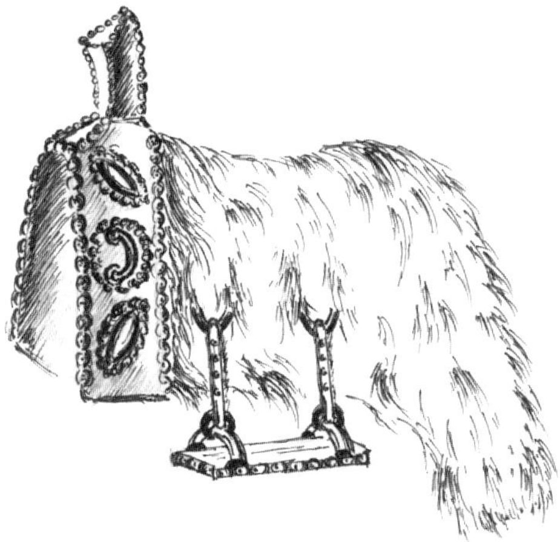

ABB. 29: Sambue, Zeichnung DBP, nach J. Pellier

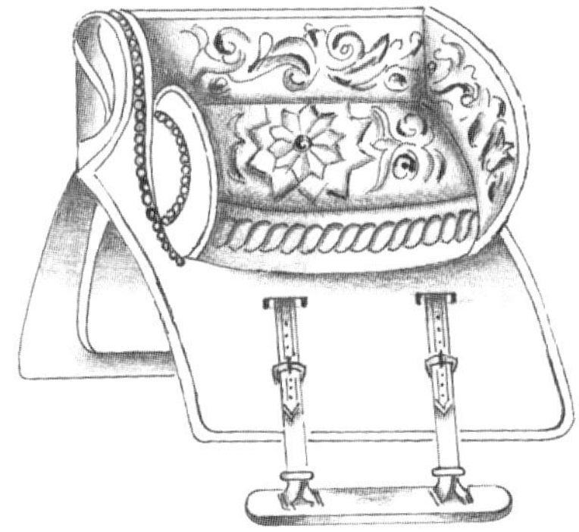

ABB. 30: Bäuerinnen- oder Pachtersattel, Zeichnung DBP nach Abbildung aus dem Handbuch: *Sattler, Riemer und Täschner* von K. Schlüter und W. Rausch

befestigt sowie ein langes Lederblatt, um die Kleidung der Reiterin vor Verschmutzung zu schützen. Die Seitenteile waren mit Stroh ausgepolstert.

Auf den ersten Modellen des Sambue ritten die Frauen vorerst immer noch im *Quersitz* und bevorzugten deshalb ruhige Gangarten des Pferdes. Für längere Wegstrecken und größere Reisen benutzten vor allem Damen und Geistliche daher Passgänger, auch *Zelter* genannt, da diese wegen ihrer geringen Rückenbewegung gut zu sitzen waren.

Auf dem Sambue konnte ohne das Fußbrett auch zu zweit aufgesessen werden. Der Mann vorne im Spreizsitz, die Frau hinter ihm quersitzend.

In Spanien ist diese Art, zu zweit zu reiten, bis heute erhalten geblieben. Hier sitzt die Dame allerdings hinter dem Sattel auf einem am Hinterzwiesel angeschnallten Kissen oder auf der blanken Pferdekruppe quer, den rechten Arm um die Hüften des Reiters vor ihr gelegt.

Im Quersitz wurde immer nach links geritten, weil dabei die rechte Schulter und der rechte Arm der Reiterin nach vorne in Richtung Pferdehals zeigten. Der Grund ist, dass die rechte Hand meist geschickter ist und es so in dieser Richtung leichter fällt, sich festzuhalten.

Im Schloss von Chantilly gibt es eine Schrift aus dem 14. Jahrhundert, in der Modelle vom Sambue und adelige Reiter abgebildet sind. Der Sattelknauf dieses Sattels hatte zum Teil auch einen Einschnitt zum Einstecken einer Spindel. Sowohl die Aristokratin als auch Frauen der ländlichen Bevölkerung fertigten Handarbeiten oder spannen, solange sie sich im Quersitz fortbewegten. Natürlich mussten die

Reittiere von entsprechend ruhigem Temperament sein. Bäuerinnen ritten bis ins 19. Jahrhundert oft auf diese Art zum Markt, ein Grund, weshalb später der Quersitz auch als *Bauernsitz* bezeichnet wurde.

Im städtischen Museum in Ulm (Donau) gibt es eine Rommelfigur (von etwa 1790) aus der Reichsstadtzeit, die einen reitenden Bauern mit seiner hinter ihm quersitzenden Frau darstellt.

Der Bäuerinnen- oder Pachtersattel

Dieser Sattel hat einen Quersitz nach Art eines Wagensitzes. Der Name *Pachtersattel* kommt aus der Normandie, wo ihn die Pachterfrauen benutzt haben. Er wird auch häufig als *Eselsattel* bezeichnet. Etwas ängstliche Frauen benutzten diesen recht bequemen Sitz oft für anstrengende Ausflüge in gebirgigem Gelände.

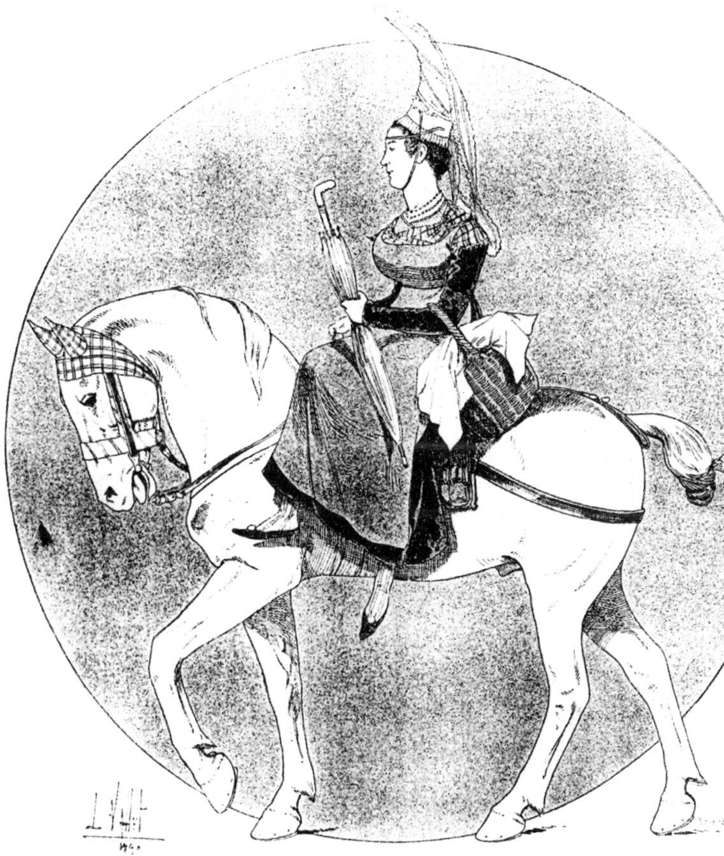

ABB. 31: Marktfrau im Bauernsitz, Stich von L. Vallet um 1890

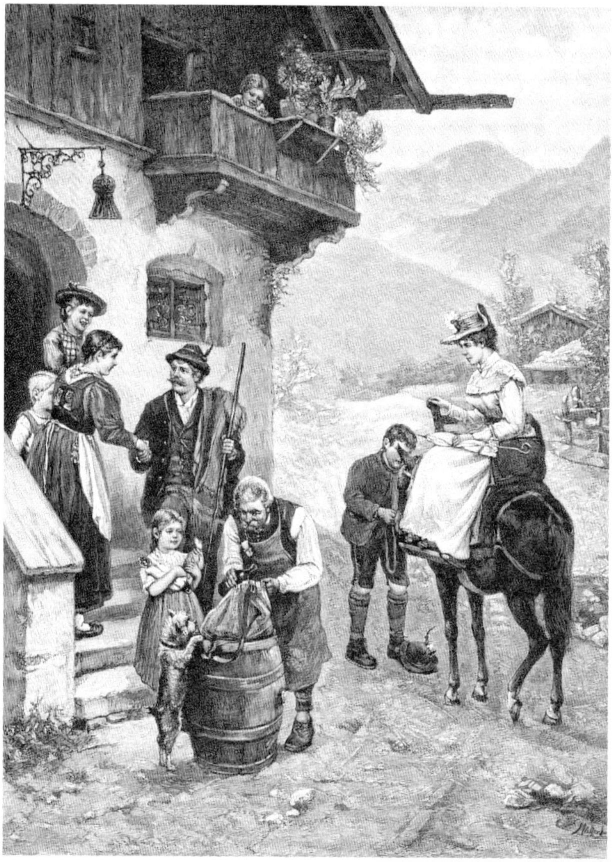

ABB. 32: Im Quersitz auf der Alpenreise

Nach der Überlieferung soll Ende des 14. Jahrhunderts etwa um 1380 durch Anna von Böhmen, die Gemahlin Richards II von England, ein neuer Sitz eingeführt worden sein. Die Frau hatte dabei nur noch das linke Bein auf dem noch vorhandenen Fußbrett. Die Vorderfront der Reiterin war somit etwas mehr dem Pferdehals zugewandt. Dieser neue, sogenannte *Amazonensitz*, setzte sich, wie aus verschiedenen Dokumenten zu schließen ist, in Frankreich erst im 15. Jahrhundert durch, kam dann nach Italien und verbreitete sich von dort über ganz Europa. Dadurch änderte sich auch allmählich der Bau des Damensattels.

Dieser hatte gegen Ende des Mittelalters einen hohen Sattelknauf, ähnlich den heutigen Westernsätteln, sowie einen abgesteppten Stoffsitz. Der Hinterzwiesel war zu einem gewölbten Sattelbogen ausgearbeitet. Die Sattelpolster waren mit Wolle oder Stroh gestopft. Er war mit zwei Steigbügeln versehen, die man aber auch gegen ein Fußbrett austauschen konnte. Somit war der Sattel sowohl für den Herrn als auch für die Amazone verwendbar.

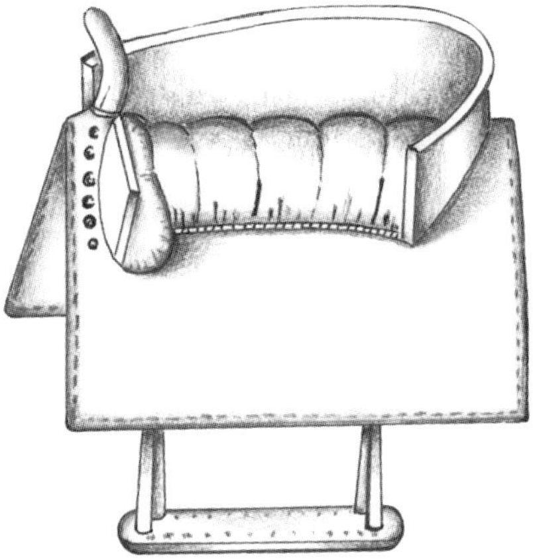

ABB. 33: Seitensattel mit Sitzlehne und Fußbrett (17. Jh.), Zeichnung DBP, nach Tafel X aus *L'Art du Bourrelier et du Sellier*, Sammlung Hermès, Paris

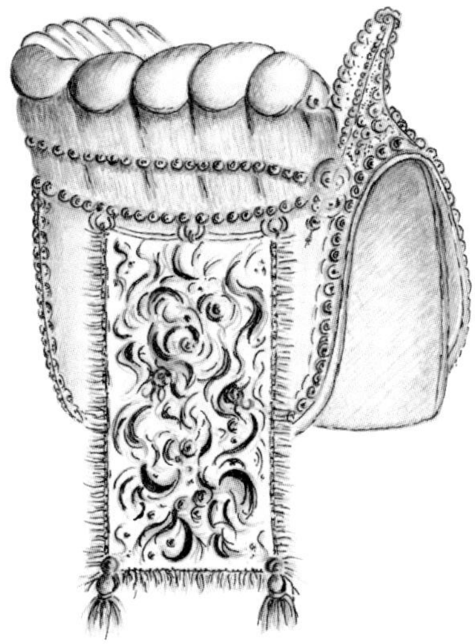

ABB. 34: Seitensattel vom Ende des 16. Jhs., Zeichnung DBP, nach J. Pellier

Das 16. und 17. Jahrhundert

In der Zeit der Renaissance entstanden drei neue Sattelmodelle: Der *Seitensattel*, der *Reisesattel* und der *Gabelsattel*.

Der Seitensattel

Dieser Sattel hatte eine korbförmige Rückenlehne, die vom Hinterzwiesel aus auf der rechten Seite bis vorne zum Sattelknauf und einem davon abstehenden Horn reichte. Der Sitz war auf unten abgerundeten, gepolsterten Blättern befestigt. Links am Steigriemen hing ein Brett. Vorderzeug und Kruppenriemen kamen auf, um zu verhindern, dass der schwere Sattel verrutschte, was vor allem leicht in unebenem Gelände vorkommen konnte. Dieses zusätzliche Lederzeug war meist herrlich bestickt und mit Zierbeschlägen und herabhängenden Lederriemen versehen.

Die Reittiere des Adels trugen bis zum Boden reichende Pferdeumhänge, die nicht nur sehr dekorativ waren, sondern auch dem praktischen Zweck dienten, die wertvollen, langen und schweren Brokatkleider vor der Berührung mit dem Pferdehaar zu schützen. Auch sollen sie das Pferd daran gehindert haben, unvermittelt auszuschlagen.

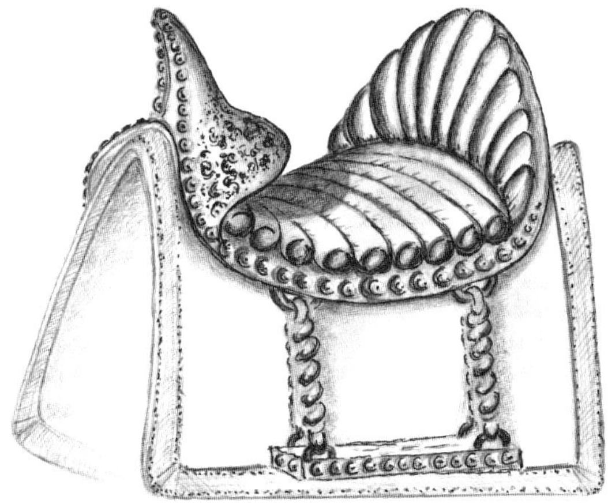

ABB. 35: Reisesattel, Zeichnung DBP, nach J. Pellier

Der Reisesattel

Ein von den zuvor beschriebenen Sätteln abgeleitetes Modell soll sehr vollkommen gewesen sein. Es entstand zur Zeit Heinrichs II. (1519–1559), des Gemahls von Katharina de Medici. Der Sattel wies die Besonderheit auf, dass man auf beiden Seiten aufsitzen konnte. Vorne hatte er einen hohen Sattelknauf. Der Vorder- und Hinterzwiesel waren zu Sattelbögen ausgearbeitet, die durch eine herausnehmbare Lehne miteinander verbunden waren. Der Sattel konnte also nach Wegnahme von Lehne und Fußbrett auch im Herrensitz benutzt werden. Er war vor allem für Reisen besonders geeignet. An den Sattelbögen waren Schlaufen und Haken angebracht, um daran das Gepäck festmachen zu können. Ähnliche Modelle sollen noch bis zum Ende des letzten Jahrhunderts angefertigt worden sein, so schildert es Christian Henry Tavard in seinem Buch *Sattel und Zäumung*.

Der Gabelsattel

Gegen Ende des 16. Jahrhunderts soll Maria de Medici (1573–1642) diesen Satteltyp erfunden haben. Man sagt, sie legte ihr Bein zwischen das vordere Sattelhorn und den seitlichen Steg. Bald entwickelte man einen Sattel, an dem der Sattelknauf durch eine Gabel ersetzt wurde, in der das Bein der Reiterin relativ fest eingerahmt lag. Der Oberkörper wurde dadurch mehr nach vorne gerichtet, was von großem Vorteil war. Die Reiterin konnte mit dieser Haltung sehr viel selbständiger auf ihr Pferd einwirken und es sogar allein traben und galoppieren lassen.

Auf seinem Kupferstich (um 1497) *Die Dame und der Landsknecht* hat Albrecht Dürer eine Frau im Damensattel abgebildet. Die Reiterin wendet ihre Vorderfront deutlich in Richtung Pferdekopf, und die hohe Kniehaltung lässt auf eine Gabel am

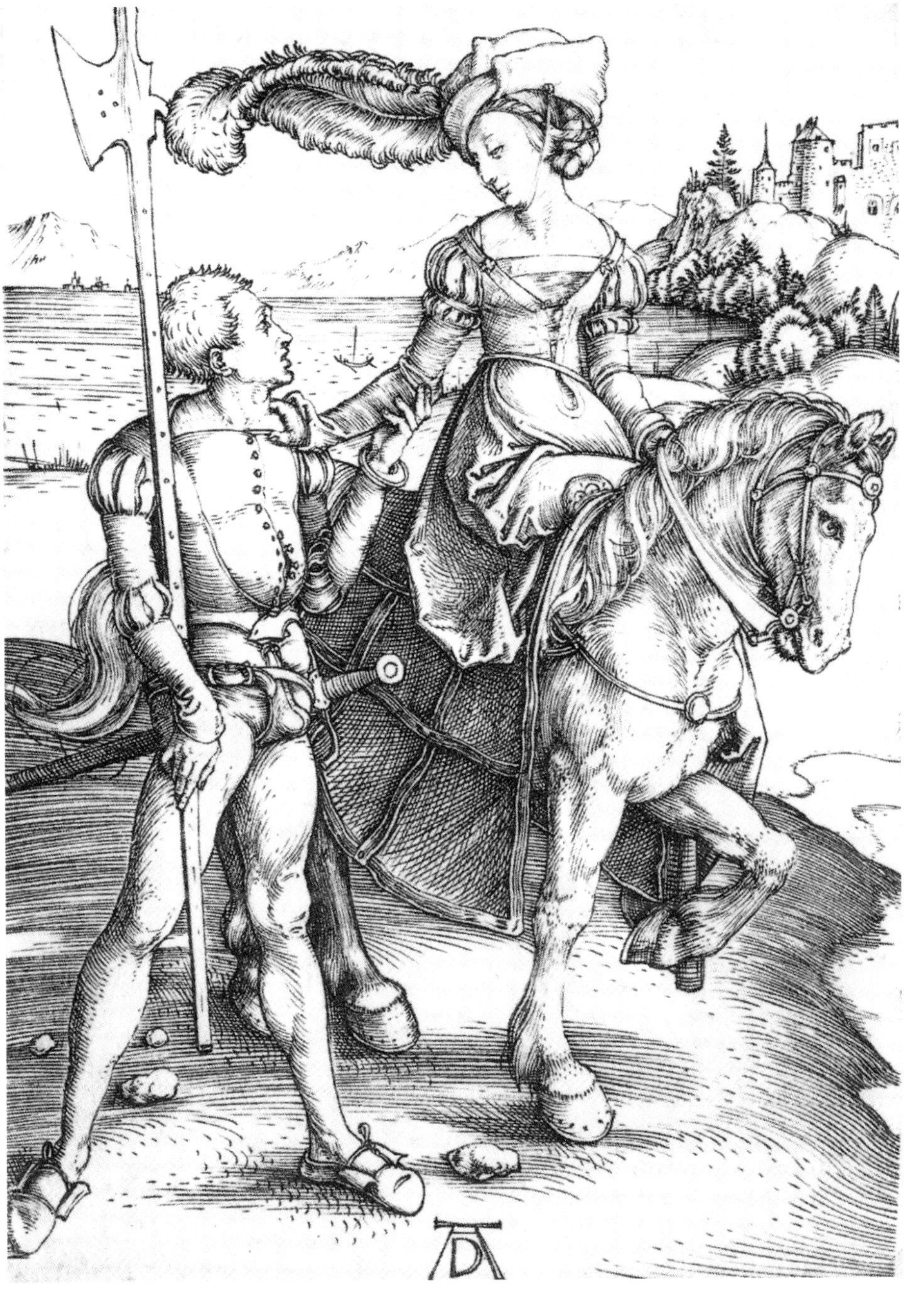

ABB. 36: Die Dame und der Landsknecht, Albrecht Dürer (1471–1528).

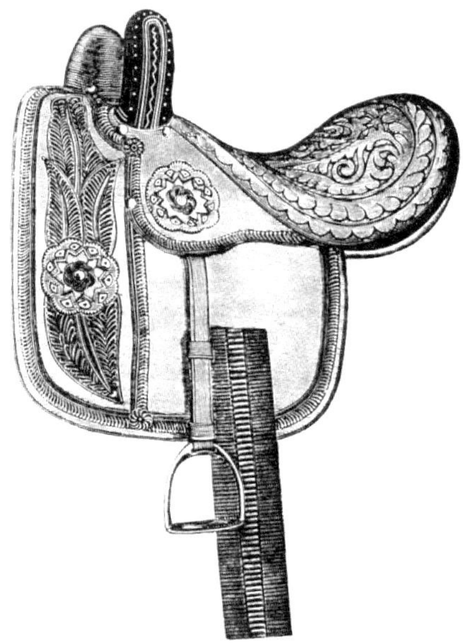

ABB. 37: Herrlich verzierter Gabelsattel. Manche Verzierungen sind *gepunzt*, d. h., sie sind mit Stahlstempeln (Schrot-, Musterpunzen) ins Leder geschlagen.

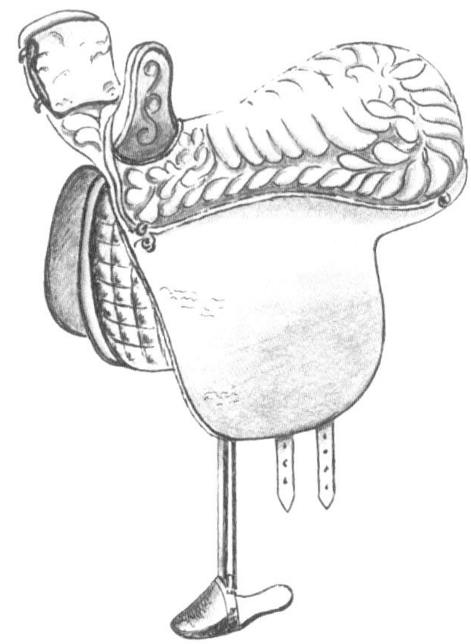

ABB. 38: Gabelsattel mit einer speziellen Polsterung für das rechte Bein, zu sehen im Fürstlichen Marstall-Museum zu Wallerstein, Zeichnung DBP

Sattel schließen. Mit ruhigen, gut ausgebildeten Pferden konnten im Gabelsattel auch schnelle Jagden geritten werden. Für das Springen über Hindernisse war er jedoch nicht so geeignet, da er zu wenig Halt bot. Dazu aus dem Buch von C. H. Tavard die Erklärung eines Reitlehrers aus dem 18. Jahrhundert, die besagt: »*Es sei kühn, Hindernisspringen im Damensattel zuzulassen.*« Er selbst habe im Gabelsattel den Sporen beim Sprung in das Vorderblatt einhaken oder schnell das Bein rechts herunterschlagen müssen, um nicht zu stürzen.

Trotzdem hat sich manche sportliche und mutige Edelfrau im Gabelsattel bis zum Ende des 18. Jahrhunderts am Jagdreiten beteiligt. Die anderen bevorzugten weiterhin den Quersitz.

Der Gabelsattel hatte einen gepolsterten Sitz, viereckige Blätter und auf der linken Seite ein Fußbrett, welches im Laufe der Zeit durch einen Steigbügel in Pantoffelform ersetzt wurde. Neu war ein vorne über den Sattel hinausragendes Vorderblatt zum Schutz der Kleidung vor der Berührung mit dem Pferdehaar.

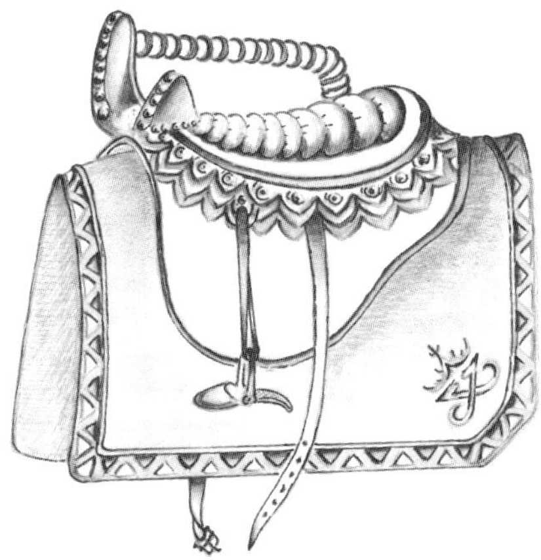

ABB. 39: Sattel um 1750 mit Rückenlehne und Pantoffelsteigbügel, Zeichnung DBP, nach J. Pellier

Das 18. Jahrhundert

Im Barock erlebte die Schulreiterei eine Blütezeit und auch die Damen begeisterten sich mehr und mehr an dieser Kunst. Die Engländerinnen benützten fast ausschließlich den Damensattel, im Gegensatz zu etlichen weiblichen Angehörigen des französischen und spanischen Hofes, die nach verschiedenen Aussagen fast ausschließlich im Herrensitz geritten sein sollen. Am Hofe Ludwigs XV. (1715–1774) trug die vornehme Frau in den Reitstunden oder bei Hetzjagden oft Männerkleidung und ritt nach Art der Herren im sogenannten *Stechsattel.*

Für offizielle Anlässe jedoch verwendete die Dame der Gesellschaft den für sie damals angemesseneren Damensattel. Sicherlich haben viele Frauen ihn ausschließlich benutzt, manche ihn nur gelegentlich bevorzugt, wie etwa Marie Antoinette, die Gemahlin Ludwigs XVI., die sehr schöne Damensättel besaß.

Katharina die Große von Russland musste anscheinend den Damensattel öfter gegen ihren Willen verwenden. Schuld daran war angeblich ihre Schwiegermutter, die sie lieber im gesitteteren Damensitz sah. Aus diesem Grund soll Katharina, um diese zu täuschen, das Horn zum Abschrauben erfunden haben. So konnte sie im Seitsitz mit weitem, geteiltem Rock von zu Hause losreiten, das Horn unterwegs abschrauben, in die Tasche stecken und dann wie ein Mann im Sattel sitzend weiterreiten. Eine interessante Geschichte, wenn man darüber nachdenkt, dass nach französischen Aussagen das dritte Horn, um das es sich hier handelt, erst im 19. Jahrhundert erfunden wurde, nach englischen Aussagen aber schon im 18. Jahrhundert, also zur Zeit Katharinas, existierte. Erwähnenswerte Sättel des Barock sind die beiden anschließend beschriebenen Sattelmodelle.

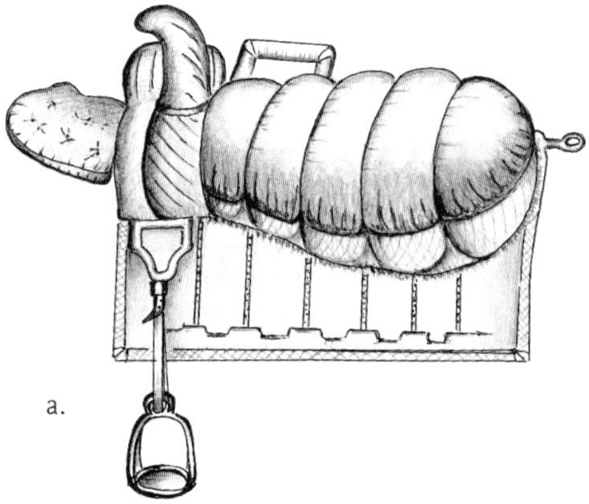

a.

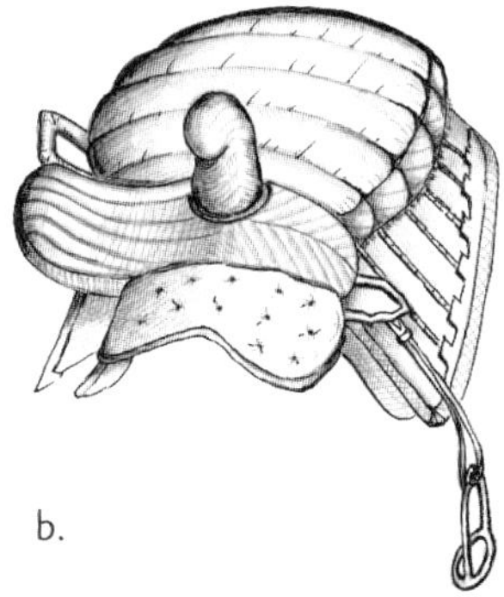

b.

ABB. 40: a. Seiten- und b. Vorderansicht des Sattels von Monsieur Garsault, Zeichnung DBP nach seinem Buch *Le Nouveau Parfait Marechal*, Tafel XI

Der Garsaultsattel

Der Hauptmann François-Alexandre de Garsault (1692–1778) schrieb in seinem Buch *Le Nouveau Parfait Marechal* 1739 das erste Mal in der Reitliteratur einige Abschnitte über das Reiten der Damen. Darin beschreibt er auch den von ihm entwickelten *Garsaultsattel.*

Dieser Sattel hatte einen hölzernen Sattelbaum, der vorne zu einem *Gänsehals* ausgebildet war, einen Eisengriff zum Festhalten sowie ein kleines Kissen vor dem Sattel zum Auflegen des Beines. Außerdem hatte er einen Überzug, der an Haken am Sattelbaum befestigt war, und einen weich gepolsterten Steigbügel. Garsault bezeichnete sein Modell als *vorderer Sattelbaum mit Gänsehals* und nicht als Gabelsattel. Er äußerte sich auch über die Haltung des Reiters im Kapitel *Allgemeine Regeln für die Haltung des Reiters und die Führung des Pferdes*:

> »*Ich habe nur deshalb eine auf einem Damensattel sitzende Frau gezeichnet, um zu zeigen, dass sie einer korrekten Haltung wegen den Ohren des Pferdes gegenübersitzen sollte, also wie ein Mann, und nicht quergesetzt, wie dies oft auf Gemälden zu sehen ist.*«

Wie man feststellt, versuchte Monsieur Garsault, bei seiner Sattelkonstruktion von der starren Gabel wegzukommen, und hat als Erster eine Art gebogenes Horn konstruiert. Da der Gänsehals jedoch nach vorne gebogen war, lag er nicht richtig in der Kniekehle und scheuerte am Bein. Daher auch die Kritik von Jules Pellier in seinem Buch *Sattel und Kleidung der Amazone*, die besagt, Monsieur Garsault habe mit sei-

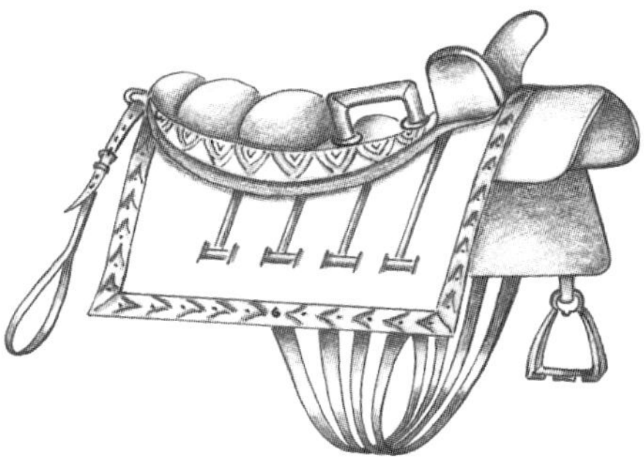

ABB. 41: Garsaultsattel, Zeichnung DBP, nach J. Pellier

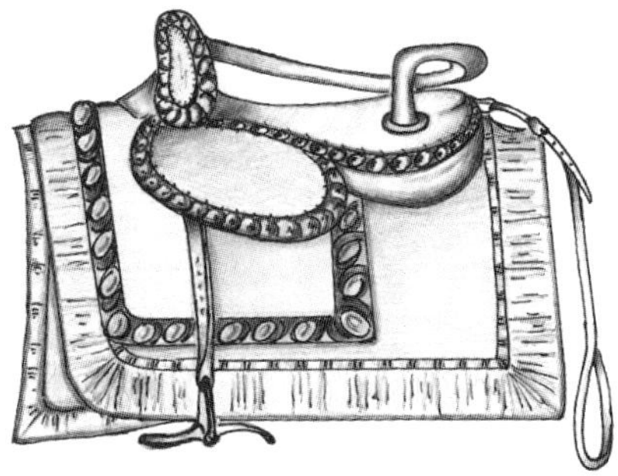

ABB. 42: Damensattel der Marie Antoinette, Zeichnung DBP, nach J. Pellier

nem Modell zwar der Damenreiterei gedient, jedoch sei der Sattel noch ziemlich unvollkommen. Der Garsaultsattel wurde kein Standardmodell, beeinflusste aber doch Einzelheiten der später gebauten Damensättel.

Der Damensattel der Marie Antoinette

Dieser besonders schöne Sattel aus karminrotem Samt ist vermutlich gegen Ende des 19. Jahrhunderts verloren gegangen. Er war mit einer Lehne ausgestattet, die an der rechten Gabel befestigt war und bis hinter den Sitz reichte. Wie die Herrensättel dieser Zeit war er mit einem goldbetressten Umhang versehen. Der Fortschritt daran war, dass die Gabeln höher lagen und richtig gebogen waren. Er hatte ebenfalls ein Vorderblatt zum Auflegen des rechten Unterschenkels. Der Umhang wurde durch viereckige Satteldecken ersetzt.

Reitmeister Aubert beschrieb die Gabelsättel des Barock wie folgt:

»Der Sitz ist mit Wildleder bespannt und in Bahnen gesteppt. Die Anordnung der Gabeln ist verschieden. Die kleine starre Gabel ist bedeutend besser ausgeführt. Der gepolsterte, leicht gewölbte Teil befindet sich rechts, wie bei unseren modernen Sätteln [d. h. um 1840]. Die rechte Gabel ist leichter, länger und schmäler und stark nach rechts geneigt. Die kleine Gabel dient als Stütze, die andere vervollständigt den Sattel und erlaubt der Amazone, sich in der Reitrichtung zu halten.«

Das 19. Jahrhundert

Ein von englischen Modellen beeinflusster Damensattel vom Anfang des 19. Jahrhunderts besaß keine Sattelbögen mehr. Auf Lehne und Handgriff zum Festhalten wurde verzichtet. Der Sattelbaum hatte genügend Halsfreiheit, um den Widerrist vor Reibung zu schützen. Dieser Sattel war oft mit Samt bezogen und mit Gold und Silberstickereien geschmückt. Er hatte etwa gleich große Blätter, die nicht festgeschnallt waren. Bei wechselnden Gangarten konnte er leicht verrutschen, weshalb der Kruppenriemen beibehalten wurde. Pellier meinte dazu: *»Mit einem solchen Sattel sitzt die Reiterin in einem Tal und mit dem rechten Knie auf einem Berg.«*

In der Empirezeit sind in Frankreich englischen Modellen nachgebaute Gabelsättel aufgetaucht, die einige Neuerungen aufwiesen, wie zahlreiche Steppstickereien, zwei Arten von Leder, bestimmte Teile wie Sitz, Gabeln, Blätter, Steigriemen und Vorderblatt aus Wildleder. Reiche Verzierungen und Täschchen deuten darauf hin, dass die Besitzerinnen solcher Sättel höhergestellte Persönlichkeiten waren.

Dazu schreibt Instructeur Lenoble in seinem *Lehrgang der Reitkunst für Damen*:

> *»Der Sitz und die Blätter sollen nicht aus Wildleder sein, da das meist aus Wollstoff bestehende Kleid darauf nicht gleitet, sondern Falten wirft, welche drücken. Auch am abgesteppten Vorderblatt, wo das Bein aufliegt, bilden sich leicht Knitterfalten, weshalb glattes Leder besser ist.«*

Pons d'Hostum dagegen zog Hirschleder vor und empfahl 1817:

> *»Der Sitz aus Hirschleder sollte nur leicht abgesteppt sein und das Vorderblatt soll ziemlich breit und gut gepolstert sein, damit das Bein nicht gedrückt und Strümpfe und Rock nicht beschmutzt werden.«*

Diese Damensättel waren aber immer noch sehr unvollkommen und lagen schlecht auf dem Pferderücken. Man musste sie während eines Rittes wiederholt zurechtrücken. Allerdings waren sie mit einem ausklinkbaren Pantoffelbügel ausgestattet, aus dem der Fuß im Falle eines Sturzes leicht freikam. Aubert äußert sich in seiner *Reitlehre für Damen*:

> *»Seit etwa 20 Jahren haben die Damensättel verschiedene Neuerungen erlebt. Die aus England stammenden Modelle, die in Frankreich kopiert werden, sind ganz aus Leder, sogar Sitz und Vorderblatt, was sie viel härter und rutschiger macht.«*

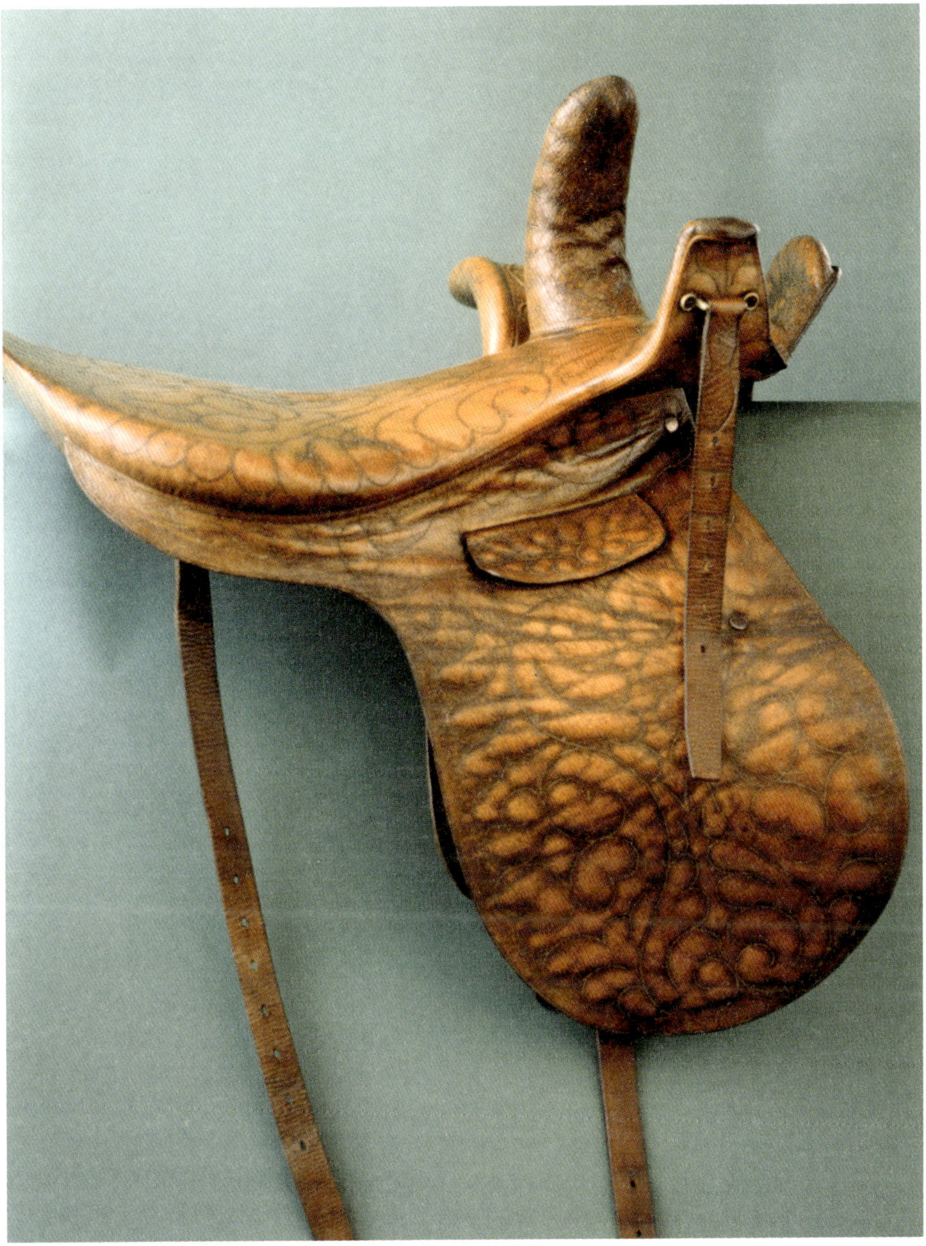

ABB. 43: a. Die beiden braunen *Dreihornsättel*, auch als *Horn-Gabel-Sättel* bezeichnet, sind im Besitz I. D. Fürstin Gloria von Thurn und Taxis. Sie sind im Fürstl. Marstall-Museum in Regensburg zu sehen. Die Sitzflächen und die Sattelblätter sind ganz mit Ziernähten, die Blumen und Blättermuster darstellen, versehen.

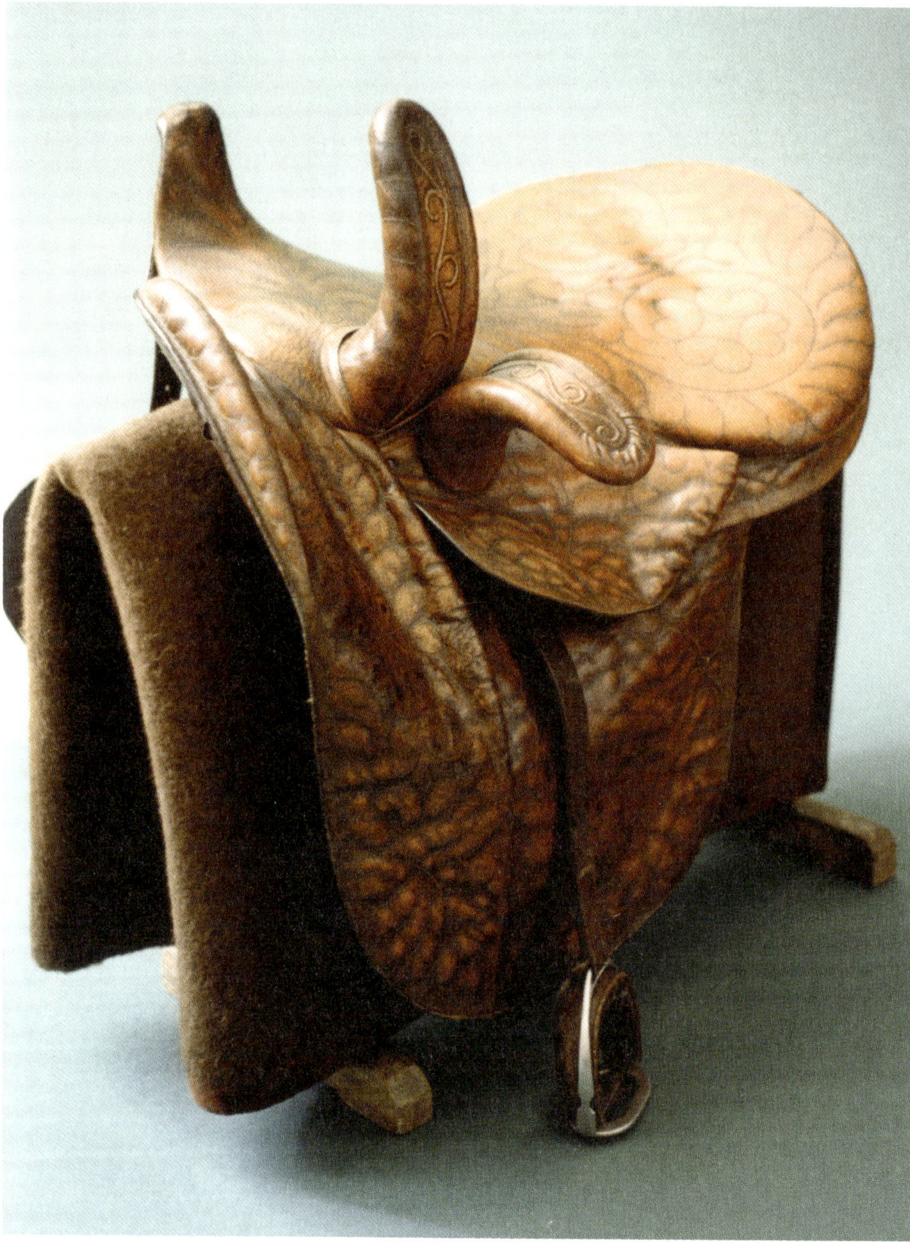

b. Auch die Hörner zieren an ihren nach außen gewölbten Seiten Jugendstilmotive. Die Sättel haben weder ein Sicherheitsschloss noch einen Sicherheitsbügel. Der Steigbügel ist mit einem Schuhschutz aus Samt versehen. Die Sättel stammen etwa aus der Zeit um 1850. Foto Thyl Engelhardt

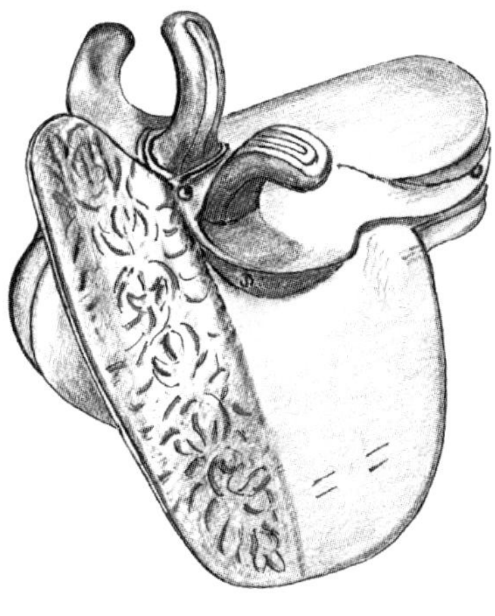

ABB. 44: Dreihornsattel, Zeichnung DBP

Etwa um 1820 tauchte dann der eigentliche englische Damensattel auf. Der Sattelbaum war besser an den Pferderücken angepasst. Er hatte einen langen gewölbten Knauf und ein besticktes Vorderblatt. Auf der linken Seite hatte er ein kleines abgerundetes Blatt, das den Ansatz des Steigriemens verdeckte. Auf der anderen Seite befand sich ein Blatt mit Täschchen für Taschentuch etc. Der Sattel war aus sehr glattem Leder, alles im selben Farbton gefertigt, hatte einen Pantoffelbügel und feine Schnallen, die mit gleichfarbigem Leder bezogen waren.

Das ganze Sattelzeug war einfacher geworden. Als Unterlage gab es Satteldecken in dunkler Farbe, die höchstens über den Sattelrand reichten.

Die Drei-Gabel-Sättel

In Charles Chenevix Trenchs Buch *Geschichte der Reitkunst* liest man in Kap. 9 *Frauen zu Pferde* dazu: Um 1780 wurde von Thomas Oldaker, einem englischen Jagdreiter und Berufsjäger, das sogenannte Jagdhorn oder *leaping-head* entwickelt. Da er nach einem Unfall nicht mehr im Spreizsitz reiten konnte, aber auf Jagden zu Pferde nicht verzichten wollte, nahm er im Damensattel teil. Für den notwendigen festen Sitz zum Springen erschien ihm aber die eine Gabel nicht genügend, und so erfand er das Jagdhorn, das dritte Horn, welches konkav nach unten gebogen ist. Von etlichen für gefährlich gehalten, bietet es jedoch beste Sicherheit im Sitz beim Reiten über feste Sprünge. Die rechte Gabel fiel im Laufe der Zeit weg. Sie ist später in anderer Form bei vielen Sätteln, um dem Oberschenkel besser Halt zu bieten, wieder entstanden. Tavard schreibt in seinem Werk *Sattel und Zaumzeug*, dass anlässlich der Pariser Weltausstellung 1855 Leo Gatayes in einem Artikel über das frühere Sattelzeug sage, Jules Pellier habe 1832 diese dritte Gabel erfunden. Pellier seinerseits schreibt 1897, er habe schon 1832 in seinem Werk dargelegt, dass es sein Vater Charles Pellier war, dem es einfiel, eine dritte Gabel hinzuzufügen. Baucher und Charles Pellier arbeiteten seit 1831 zusammen, deshalb schrieb der Sohn Jules Pellier später:

> *»Wir verdanken die Erfindung der 3. Gabel der fruchtbaren Zusammenarbeit meines Vaters, eines Reitkünstlers ersten Ranges, mit Herrn Baucher, einem großen Könner auf diesem Gebiet.«*

Die dritte Gabel war links am Sattelbaum auf dem kleinen Blatt über dem Schloss für den Steigriemen unter der oberen linken Gabel angeschraubt. Der Raum zwischen den beiden oberen Gabeln betrug etwa 12 cm. Die dritte Gabel war nach unten gebogen und der Rundung des Oberschenkels angepasst. Sie war beliebig verdreh- und blockierbar sowie für Beinlänge und -stärke einstellbar. Der Pantoffelbügel war zwar angenehm, bot aber keinen festen Halt. Deshalb wurde der bogenförmige Bügel, wie er bei den Herrensätteln üblich war, vorgezogen.

Die dritte Gabel war so nützlich, dass seit ihrer Erfindung Frauen im Zirkus Hindernisspringen, Übungen der Hohen Schule und Schulen über der Erde ausführten.

Der *Drei-Gabel-Sattel* soll durch die Pellierschülerin Caroline Loyo bekannt geworden sein, die als eine der ersten Reiterinnen die Hohe Schule im Damensattel ritt. Sie verwendete den Sattel bei ihren Auftritten im Pariser Olympia-Zirkus, bei denen sie mit ihrem Araberpferd *Mammut* große Triumphe feierte.

Mitte des 19. Jahrhunderts erfolgte eine zweckmäßigere Anordnung der drei Gabeln. Sie waren höher, näher zusammengerückt und ergaben eine bessere Beinstütze. Die dritte Gabel befand sich nun genau unter der linken oberen und stützte, ohne zu drücken, durch ihre an der richtigen Stelle befindlichen Rundungen das Bein der Reiterin gut. Der Sitz war nun nahezu horizontal und nicht mehr so nach hinten geneigt. Der vordere Sattelbogen und der Hinterzwiesel waren etwa gleich hoch. Nun verwendete man auch wieder Wildleder für Sitz und Sattelblatt. Der Bauchgurt war breiter. Darüber verlief ein zweiter zur Fixierung des Sattelblattes. Die Gurtstrupfen waren weit voneinander entfernt, damit sich der Sattel nicht verschob. Rechts war der Sattelbaum nun höher ausgebildet. Der Sitz war hinten mit dem sogenannten Balanceriemen versehen. Der Pantoffelbügel war verschwunden und wurde durch einen mit Leder oder Samt bezogenen eleganten Steigbügel ersetzt. Es gab erste Versuche, einen Sicherheitsbügel zu entwickeln.

Vom Drei-Gabel- zum Zwei-Horn-Sattel

Die vorher beschriebene letzte Ausführung des Drei-Gabel-Sattels war noch nicht zweckmäßig genug. Der Sattel wurde abermals abgeändert. Die Abschaffung der rechten sogenannten zweiten Gabel erfolgte etwa um 1870–1880. Sie wurde erst gekürzt, aber noch gepolstert. Es entstand auch eine neue Form des Sattelbaumes. Die

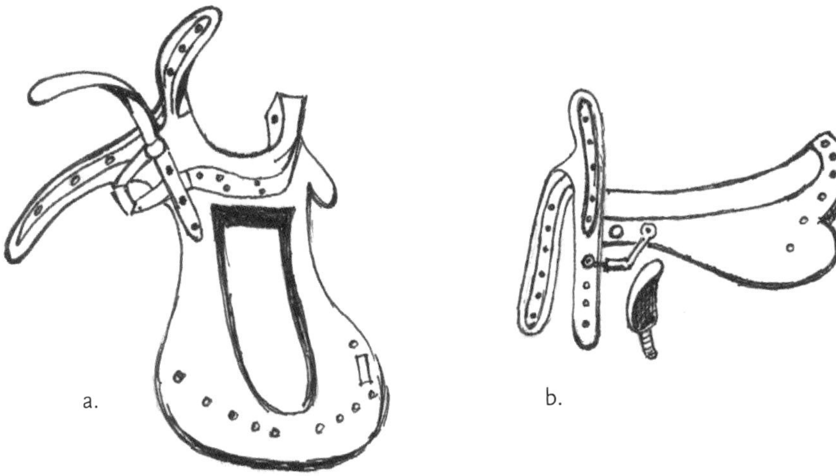

ABB. 45: a. Hornsattelbaum um 1870, von oben. b. linke Seite mit Einschraubhorn, Zeichnung DBP nach J. Pellier

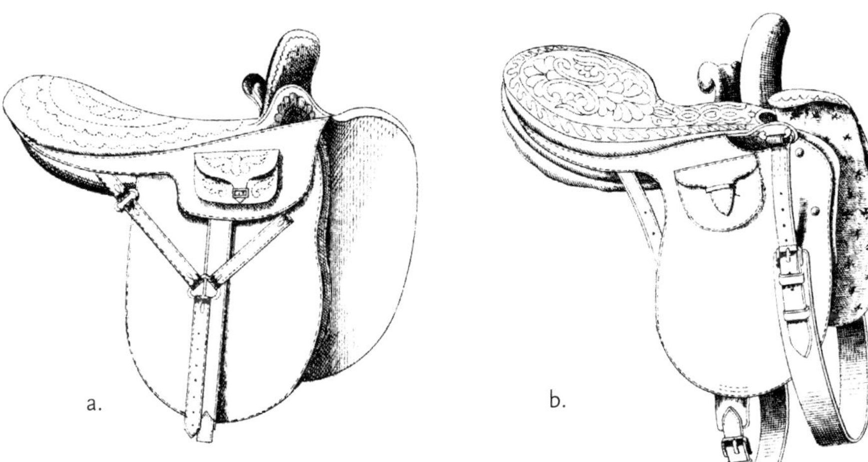

ABB. 46: a. Sattelmodel mit bereits gekürzter 2. Gabel. b. Hier ist diese nur noch angedeutet, mit einer Öse an der Unterseite, in die der unter dem Pferdebauch herumgeführte Bügelriemen eingeschnallt wird und somit leicht von rechts verstellbar ist. Zeichnungen: *Vollständiges Handbuch für Sattler, Riemer und Täschner* von K. Schlüter und W. Rausch

ABB. 47: Moderner Damensattel vom Anfang des 20. Jhs. der Fa. Beck & Bressel, Berlin. Hilda Dollman zu diesem Modell: »*Er stellt in seiner Verbindung von Zweckmäßigkeit und Eleganz das Beste dar, was wir zur Zeit haben.*« In diesem Sattel ist es der Reiterin möglich, selbst nachzugurten. Im Englischen wird diese Führung des Sattelgurtes als *Outside girthing system* bezeichnet. Der Turnier-Damensattel von J. Loesch hat drei Strippen, ist aber ansonsten fast identisch. Zeichnung DBP.

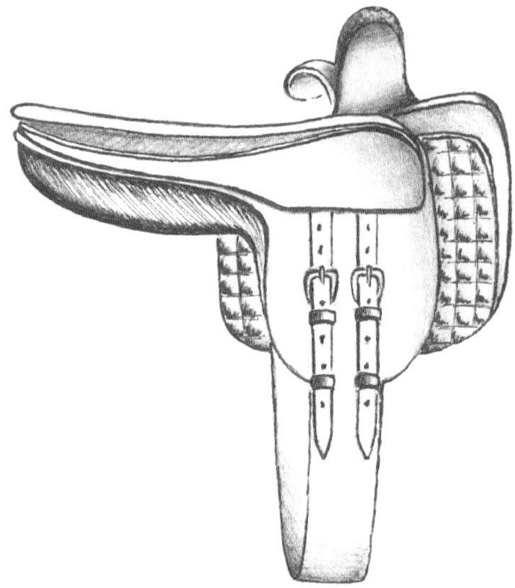

bisher geneigte Sitzfläche wurde horizontal, der Bogenteil über dem Widerrist und die rechte Gabel wurden fortgelassen. Der Sattel war leichter und verrutschte nicht ständig. Er verursachte auch keine Schürfwunden mehr und war für die Reiterin weniger ermüdend. Das Bein hatte zwei Haltepunkte, einen für die Kniekehle auf der oberen linken festen ersten Gabel und einen für das linke Bein unter der dritten Gabel. Den Steigbügel bezog man mit Wildleder statt mit Samt. Das Täschchen hatte man auf das große Blatt nach rechts versetzt, wo es kaum auffiel. Der Sattel war klassisch einfach, aus edlem Material; das Leder war oft in leuchtendem Gelb.

Der moderne Damensattel

Das Prinzip der zuletzt beschriebenen Sattelbauart, des *Hornsattels*, hat sich bis zur heutigen Zeit erhalten. Der bis heute gebräuchliche Damensattel erschien etwa um 1890. Die Hersteller hervorragender englischer Damensättel waren Campion and Wilton, Owen, Mayhew, Whippy and Martin und in Frankreich die Firma Hermès in Paris. Bekannte deutsche Firmen waren Julius Erb, Beck & Bressel und J. Loesch in Berlin.

Anfangs des 20. Jahrhunderts wurde der Damensattel noch einfacher und sportlicher. Die Polsterung der Blätter, Verzierungen und das Täschchen auf dem rechten Blatt sind nicht mehr vorhanden. Das Vorderblatt über dem Widerrist ist ganz flach. Der Sattel hat einen Balanceriemen, einen Fixierriemen für die Sattelblätter, ein Sicherheitsschloss (*Sturzfeder*) oder einen Sicherheitsbügel.

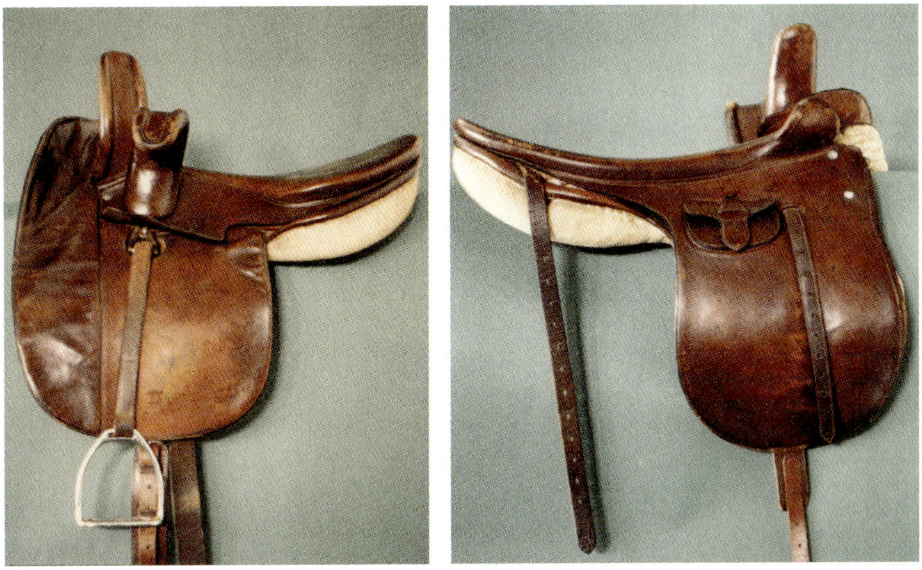

ABB. 48: Die Besonderheit bei diesem Sattel ist, dass der Steigbügelriemen mit dem Balanceriemen gekoppelt ist. Tritt man den Bügel aus, so zieht sich der Balanceriemen fest. Dies erfordert eine sehr geschickte und gut sitzende Reiterin. Foto T. Engelhardt

Die obere linke, ehemals *erste Gabel* ist zum Horn geworden. Es ist kürzer, breiter und leicht nach rechts gebogen. Es stand zuerst nicht über das Bein der Reiterin hinaus, wurde aber in seiner Länge korrigiert, da es, wenn es leicht über das Bein der Reiterin ragte, besseren Halt bot und sie nicht so leicht wegrutschte. Die *zweite Gabel* rechts, ist nicht mehr vorhanden. Die linke, untere *dritte Gabel* ist schräg nach unten gebogen. Sie wurde ebenfalls kürzer und breiter und da die entgegengesetzt gebogenen Gabeln wie Hörner wirkten, entstand die neue Bezeichnung *Sattelhörner*.

Dieses dritte Horn, auch *leaping-head*, *Jagdhorn* oder *Einschraubhorn* genannt, ist im Innenbogen gepolstert, um nicht zu drücken. Es kann feststehend oder in den Sattelbaum eingeschraubt sein und lässt sich bei Bedarf abnehmen.

Im St. Georg von 1925 schrieb J. Loesch, von der Firma Loesch, Berlin-Charlottenburg, einen Beitrag zu seinem neuen Turnier-Damensattel. Hier ein paar Auszüge daraus:

»Ich lieferte vor kurzem Ihrer Kgl. Hoheit Prinzessin Sigismund von Preußen diesen Turniersattel, welche derart zufrieden war, dass ich sofort eine Nachlieferung für einen zweiten Sattel erhielt. Desweitern belieferte ich Fr. von Gottberg zur äußersten Zufriedenheit und ich betone, dass ich durch die sachlichen Angaben dieser großen Reiterin meine Kenntnisse erweitern konnte. Für die bekannte Turnierreiterin Frl. Mary van

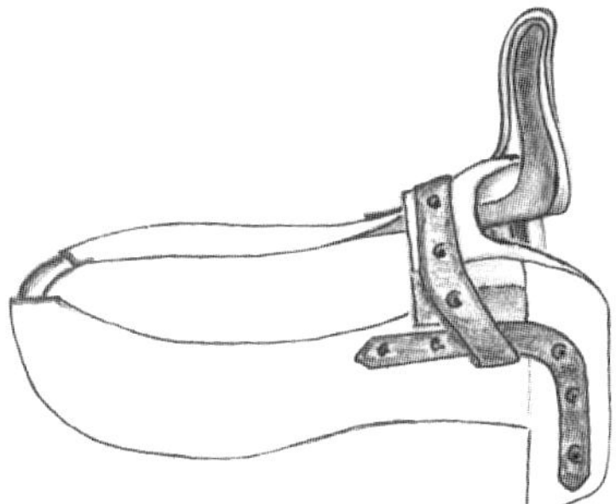

a. rechte Seite

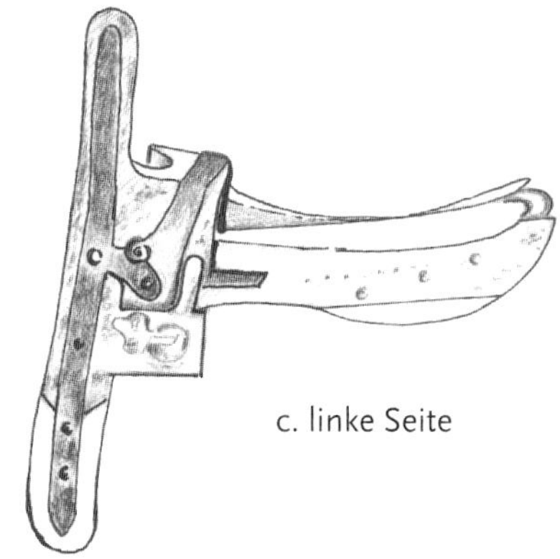

c. linke Seite

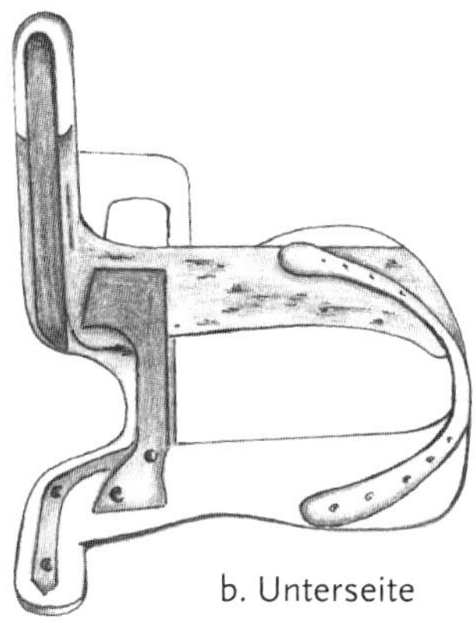

b. Unterseite

ABB. 49: Dieser Sattelbaum aus der Zeit um 1920 wurde von Sattlermeister Beat Niederberger aus Gossau Schweiz) 2011 vollkommen restauriert. Die hellen Bereiche sind neue Holzteile, die ersetzt wurden. Zeichnungen DBP

Lungen fertigte ich den ersten Damensattel dieser Art und wurde weiterempfohlen. Auch die Turnierreiterin Fr. Gräfin von Hohenau hat diesen Sommer Turniere im In- und Ausland mit diesem Damensattel bestritten und auch Fr. Major Kühlenthal, Berlin; Fr. Schmitz v. Vacano, Berlin; Fr. Gräfin v. Finckenstein, Schönberg (Westpreußen); Fr. Gräfin zu Dohna, Schloss Hiller-Gärtringen (Posen); Fr. Rittmeister Helms, Ober-Mützkow (Pommern); Fr. v. Heynitz, Rittergut Dreschkau bei Torgau usw. erwarben diesen Turniersattel.

Der Damensattelbau ist und bleibt ein besonderes Spezialgebiet in der Sattlerei und unterliegt der fachmännischen Herstellung einer jahrzehntelangen Erfahrung, wozu ein hochgeschultes und eingearbeitetes Arbeitspersonal gehört. Um Erfolge zu erreichen, darf man keine schablonenmäßige Ware herstellen, sondern muss individuell auf die Wünsche und Gewohnheiten der Reiterin eingehen. Es gibt Reiterinnen, für welche ein ganz gerader Sitz angebracht ist, während andere Damen unbedingt einen etwas tiefen Sitz bevorzugen und es ist Sache des Sattlers, die richtige Diagnose zu stellen.

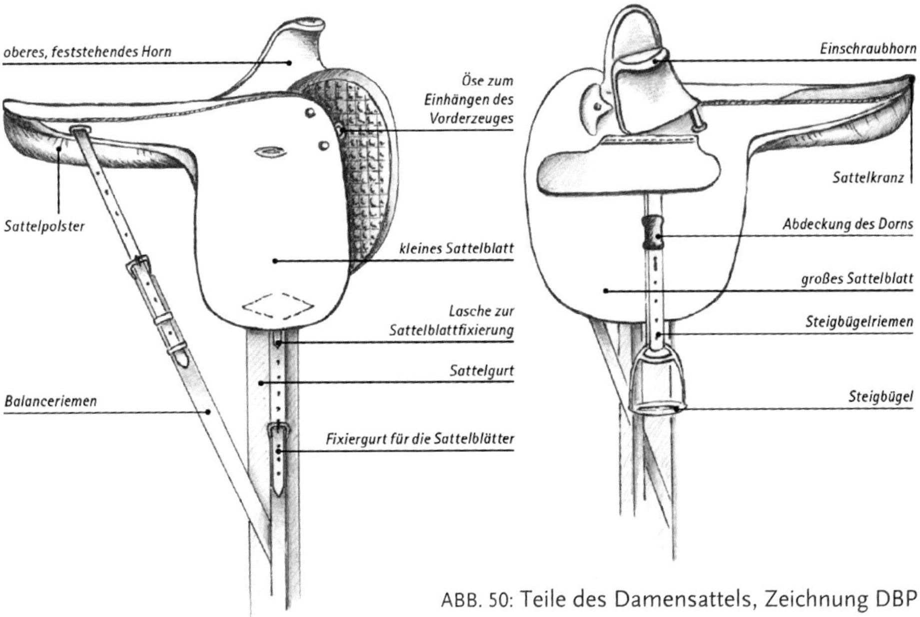

ABB. 50: Teile des Damensattels, Zeichnung DBP

Die Hornstellung ist individuell, allerdings bin ich durch die Anweisungen von Frau von Gottberg zu der Überzeugung gekommen, dass das linke Horn (Schraubhorn) besser etwas weiter hinten sitzen sollte, um möglichst über dem Oberschenkel zu liegen. Aus diesem Grunde fertige ich sämtliche Damensättel mit doppelter Hornmutter an, damit man das linke Horn verstellen kann. Bei Auswärtslieferungen gebe ich meiner Kundschaft stets den Rat, persönlich an Ort und Stelle Maß zu nehmen, um eine absolute Gewähr für tadellosen Sitz garantieren zu können. Vorbedingung für die sachgemäße Ausführung eines Turnier-Damensattels ist: 1. stark zurückgeschnittener Kopf zum Widerrist hin. 2. dünne Polsterung, damit der Sattel möglichst nahe am Pferderücken liegt und somit die Reiterin Fühlung mit dem Pferde behält. Hierzu ist es unbedingt erforderlich, dass die Damensättel leicht gearbeitet werden. Ein absoluter Nonsens ist, dass die Schnallen der offenen Gurtung auf der rechten Seite den begleitenden Reiter verletzen können. Es ist praktischer, wenn der Bügel auf der linken Seite eingeschnallt ist, aber fachlich richtiger, wenn der Bügelriemen im Bügelgurt um den Leib des Pferdes herumläuft und auf der rechten Seite geschnallt wird. Hierdurch wird beim Eintreten in den Bügel ein besserer Ausgleich der einseitigen Belastung geschaffen. Auf der rechten Seite ist eine schräge Strupfe besonders bei schweren Damen zu empfehlen. Diese sollte kurz sein, damit die Schnalle nicht an der Stelle liegt, wo die Reitgerte einwirkt.

Ein kompletter Turnier-Damensattel mit Schweinsledersitz und in Wildleder eingesetzten Hörnern, einschließlich dreifachem Vachetteledergurt, Bügelgurt, Bügelriemen und Damen-Sturzbügel kostet RM. 500.–, derselbe mit Wildleder-Einsatz RM. 550.–.«

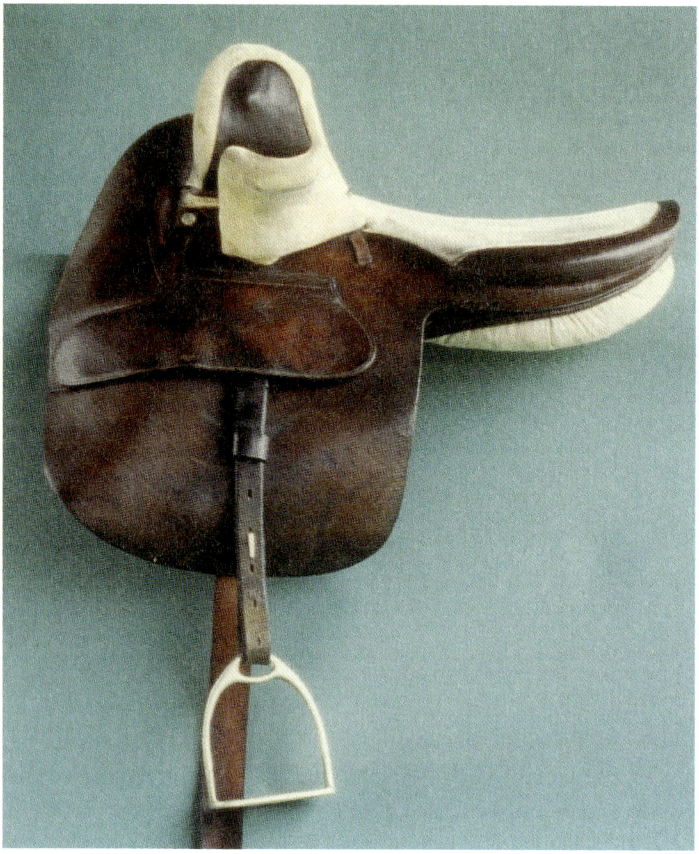

ABB. 51: Moderner Damensattel, Anfang des 20. Jhs., von der englischen Firma Champion & Wilton, London. Er wurde 1992 von Sattlermeister Siegfried Kohlross (Firma Max Benz, München) hervorragend restauriert. Foto T. Engelhardt

Damensättel in Spezialausführung

Der kombinierte, links wie rechts zu sitzende Damensattel

Seltener sind Damensättel zu finden, die sowohl nach links als auch nach rechts zu sitzen waren.

Ein solcher Sattel hat den Vorteil, Pferd und Reiterin nicht einseitig werden zu lassen. Durch die variable Sitzmöglichkeit erlangt sie mehr Geschicklichkeit, dadurch wird die Vorhand des Pferdes gleichmäßiger belastet. Im Kapitel über den Sitz ist darüber noch einiges gesagt.

Der beidseitig zu sitzende Damensattel ist ganz symmetrisch und daher sehr gut ausbalanciert. Er ist notfalls auch im Herrensitz zu gebrauchen.

Das obere Horn auf der linken Seite hat sein genaues Gegenstück auf der rechten Seite des Sattels. Diese beiden Hörner sind leicht gegeneinander gebogen, ähnlich

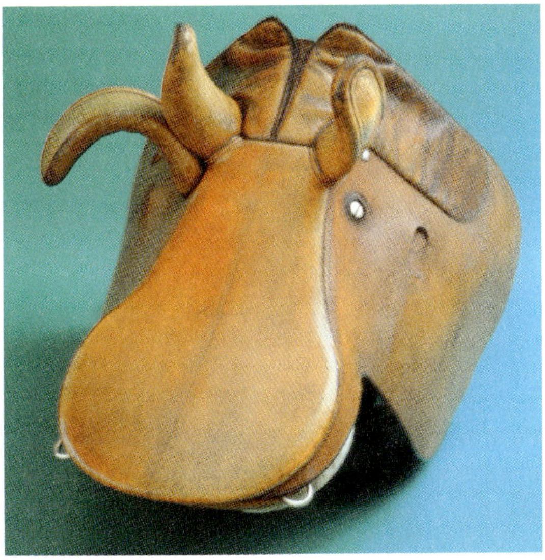

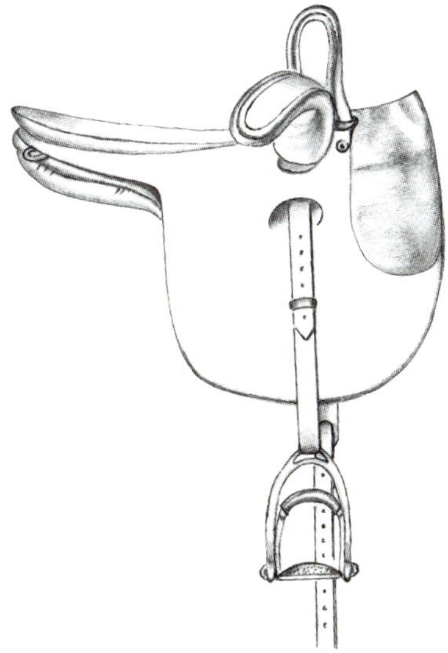

ABB. 52: a. Rechts wie links zu sitzender Damensattel von oben gesehen. Von der Fa. Waldhausen in Köln angefertigt, werden zwei dieser Sättel im Fürstl. Marstall-Museum zu Regensburg aufbewahrt. Foto T. Engelhardt

b. Rechts wie links zu sitzender Damensattel von der Seite gesehen, Zeichnung DBP

den früheren Gabeln. Darunter befindet sich jeweils ein Schraubloch, in welches das Jagdhorn eingeschraubt wird.

Der Sattel hat eine gerade Sitzfläche, kein Sicherheitsschloss, jedoch einen Sicherheitsbügel. Auf beiden Seiten des Hinterzwiesels befindet sich eine Öse, um dort jeweils den Balanceriemen einzuschnallen. Der Sattel ist aus glattem, kräftigem, gelblich gefärbtem Leder gefertigt.

Der Sicherheitssattel von Pellier

Bei diesem Sattel wurde das zweite Horn wiederverwendet. Zur Sicherheit der Reiterin, damit diese nicht nach rechts rutschen konnte, montierte man oben rechts an den Sattelbaum wieder ein kleines kurzes Horn an. Oft auch mit demselben Stoff des Reitkleides überzogen, sollte es so gut wie unsichtbar sein. Von vielen als überflüssig bezeichnet, war es ja auch schon einmal abgeschafft worden. Blanka von Wobeser plädierte ebenfalls für besseren Halt durch dieses Horn, vor allem bei einem überraschenden Wegspringen des Pferdes nach links. Diese Damensättel wurden wegen ihres sicheren Sitzes für ängstliche Reiterinnen, junge Pferde sowie auch von französischen Zirkusreiterinnen für die Schulen über der Erde verwendet.

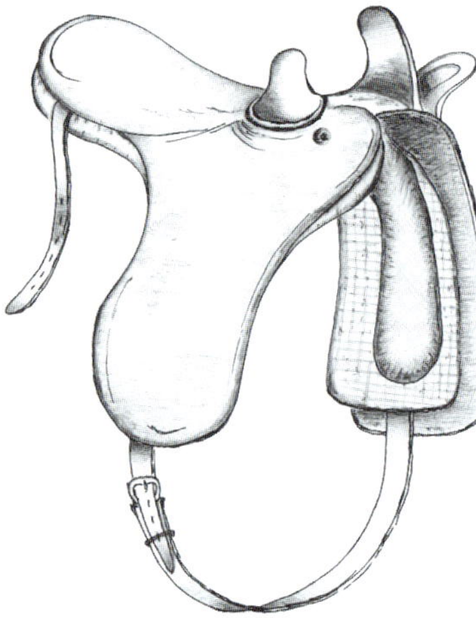

ABB. 53: Sicherheitssattel von Pellier erfunden und von Hermès in Paris angefertigt, Zeichnung DBP, nach J. Pellier

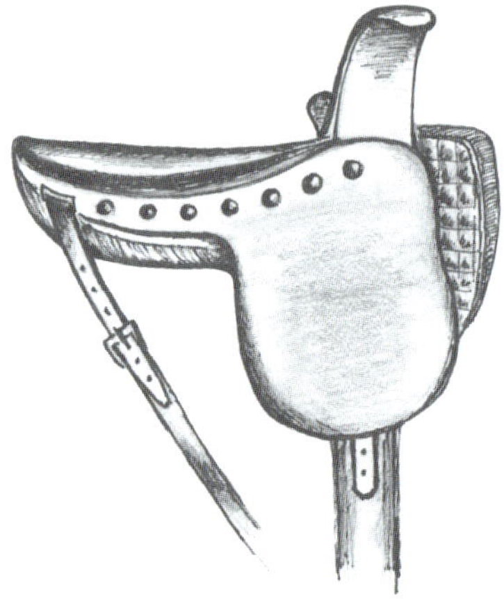

ABB. 54: Damensattel mit Ventilationsöffnungen, Zeichnung DBP nach einer Fotografie

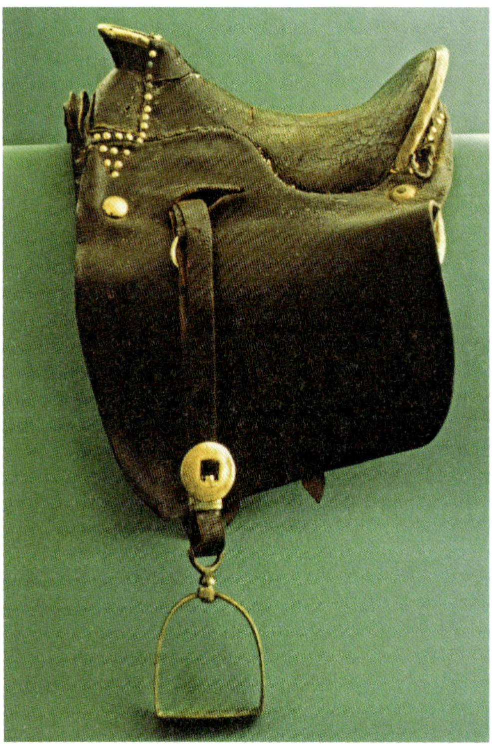

ABB. 55: Dieser französische *Postsattel* (um 1830) wurde von einer meiner Schülerinnen fälschlicherweise als Damensattel verwendet, da er einen hohen Sattelknauf (wie die ersten Damensättel) und aus nicht bekannten Gründen nur links einen Steigbügel hat. Bei Postsätteln verliefen die Steigbügelriemen normalerweise unter den Sattelblättern. Zudem wurde bei diesem Sattel der linke Bügelriemen durch einen Schnitt im Sattelblatt nach außen geführt, um die Bügellänge so bequemer verstellen zu können. Foto T. Engelhardt

Der Reitgurt für das Damenpferd

Als Ersatz für den Damensattel gibt es den *Reitgurt*, an dem die Hörner und der Steigbügel angebracht sind. Der Gurt besteht aus einem Eisengestell, welches in seiner Form der vorderen Partie eines Damensattels entspricht. Er ist mit den Gurtkissen aus Flanell so gepolstert, dass der Widerrist genügend Platz hat. Der Steigbügelriemen ist auf der linken, oft breiter gehaltenen Seite angebracht, oder aber er wird, wie bei manchen Damensätteln, über eine kleine Rolle innen im Gurt zur anderen Seite geführt, wo sich die Steigbügellänge problemlos einstellen lässt. Früher wurde der sogenannte *Clarke Sicherheitsbügel* (seit 1887) verwendet.

Als Unterlage dient eine starke Filzdecke oder eine spezielle Schabracke.

Der Reitgurt hat mehrere Vorzüge. Er ist billiger als ein Damensattel und leichter auf Reisen mitzunehmen. Das Sitzgefühl näher am Pferderücken ist bequemer als auf dem höheren Damensattel. Auch vermittelt eine größere, schlanke Reiterin damit einen optisch vorteilhafteren Eindruck als eine kleine, korpulente Dame, die besser einen Damensattel benutzt. Reitgurte wurden früher oft von Zirkusreiterinnen benutzt, die mit einem Gurt in der Farbe des Pferdes und bauschigen, gekonnt drapierten Röcken beim Zuschauer die Illusion erweckten, im Damensitz auf dem blanken Pferderücken zu sitzen. Blanka von Wobeser empfahl den Reitgurt der fortgeschrittenen, geschickten Reiterin, der Anfängerin aber erst einmal den Damensattel.

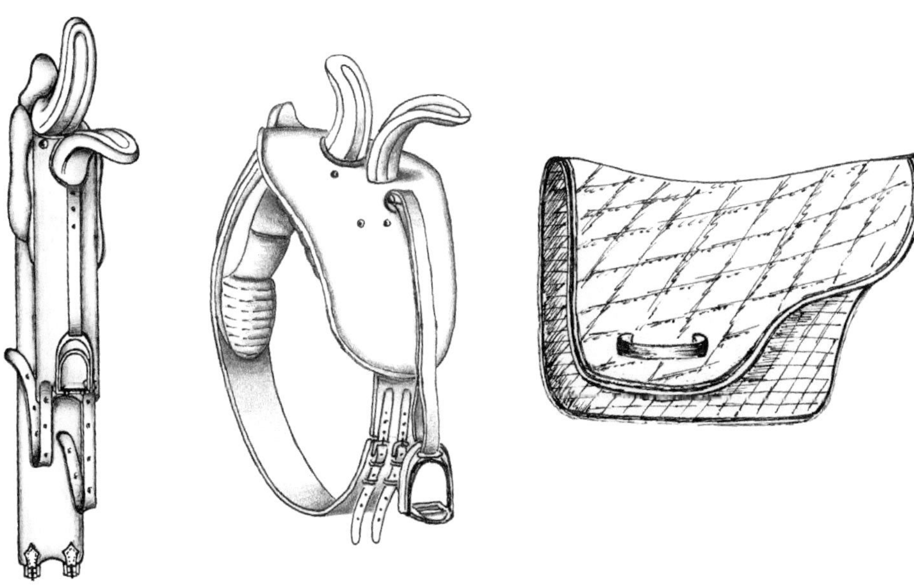

ABB. 56: a. Reitgurt b. Reitgurt in etwas anderer Ausführung (19. Jh.) c. Schabracke für den Reitgurt, Zeichnungen DBP

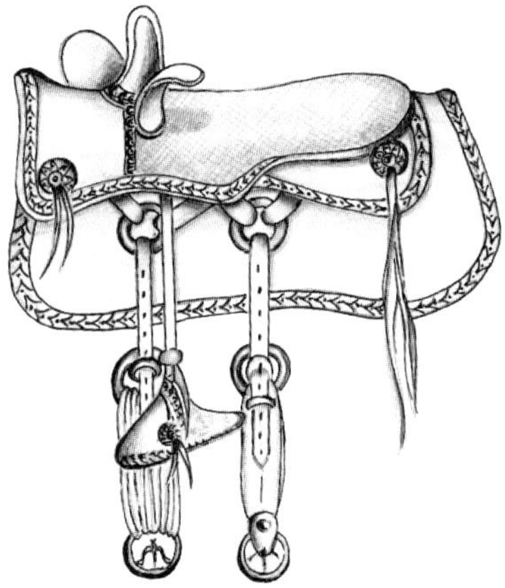

ABB. 57: *Special Cowgirl Colorado stock side saddle*, Zeichnung DBP, nach *Sears Roebuck Katalog*, 1902

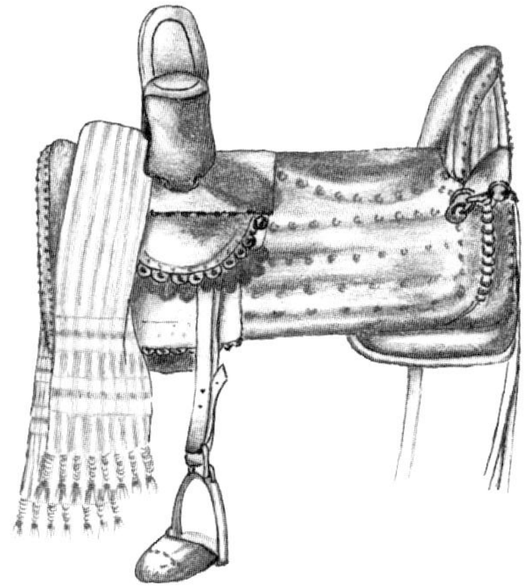

ABB. 58: *Portugiesischer Damensattel*, Ende 19. Jh., im Besitz der portugiesischen Königin, Zeichnung DBP nach einer Fotografie

Der amerikanische Damensattel

In Amerika wurde Ende des letzten Jahrhunderts ebenfalls der Damensattel verwendet. Er ist meist in verschiedenen Details von den Westernherrensätteln beeinflusst, was Blätter, Polsterung, Metallverzierungen und doppelten Bauchgurt betrifft.

Der *North-Dakota-Sattel* ist angeblich ein ganz besonderes Modell, welches heute noch bei Umzügen und historischen Filmen benutzt wird. Im Westen der USA und in Kalifornien wird der Damensattel seit 1890 als *Three-horn Cowgirl side saddle* bezeichnet. Diesen Sattel gibt es in vielen verschiedenen Ausführungen, die in den Katalogen der Jahrhundertwende zu sehen sind. Alle diese Damensättel haben doppelte Bauchgurte, die meist mit einem Riemen miteinander verbunden sind. Außerdem gibt es eine spezielle Vorrichtung zum Zugausgleich zwischen den Gurten, die das Verrutschen des Western-Damensattels verhindert.

Der Steigbügel des Damensattels

Die Damensättel des Mittelalters und der Renaissance waren noch mit Fußbrettchen ausgestattet, welche aber nach und nach durch einen Bügel in Pantoffelform ersetzt wurden.

Bis zu Beginn des 19. Jahrhunderts bedienten sich die Damen dann ausschließlich dieses *Pantoffelbügels*, bis man sich auf die ersten neu entwickelten Sicherheitsbügel *Patent Safety Lady's Stirrup* umstellte.

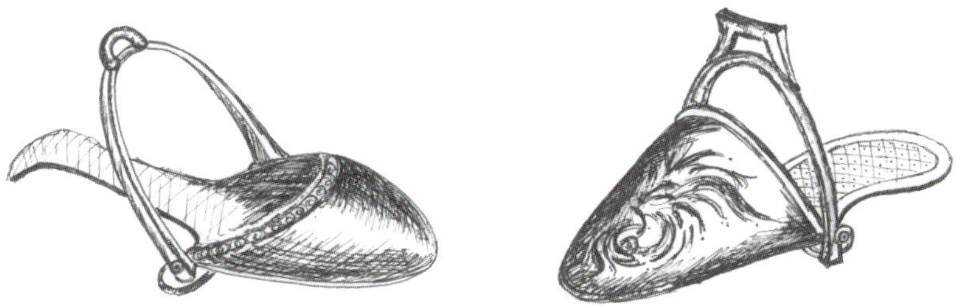

ABB. 59: Pantoffelsteigbügel, Zeichnung DBP

Weitverbreitet war der *Latschfordbügel* (nach C. G. Graf Wrangel, *Das Buch vom Pferde*, S. 338, Stuttgart 1927) oder *Lietfortbügel* (nach Tavard, *Sattel und Zäumung*, S. 260, Köln 1975), ebenso wie die etwas abgewandelten Modelle, *B. Cope's* und *Scott's Patent-Damensicherheitsbügel*. Diese Steigbügel werden auch als *Kippbügel* bezeichnet, da der innere kleinere Bügel bei falscher oder zu starker Belastung herauskippt und sich unten öffnet oder ganz herunterfällt.

Im Durchschnitt waren die Füße der Frauen früher kleiner als heutzutage, weshalb die Damenstiefel auch kleiner und zierlicher verarbeitet waren. Als Folge war der Damenbügel, besonders der Sicherheitsbügel durch den inneren Kippeinsatz, schmaler, als es der heutige Steigbügel ist. Von erfahrenen Reiterinnen wurde allerdings schon

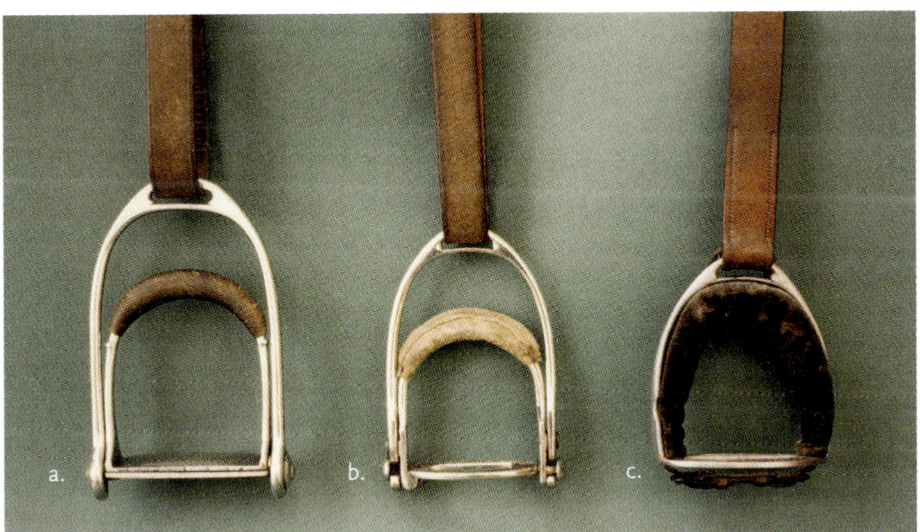

ABB. 60: Verschiedene Sicherheitsbügel, a. Latschfordkippbügel, b. Cope's Sicherheitsbügel, c. Bügel mit Schuhschutz aus Samt. Fürstl. Marstall-Museum Regensburg, Foto T. Engelhardt

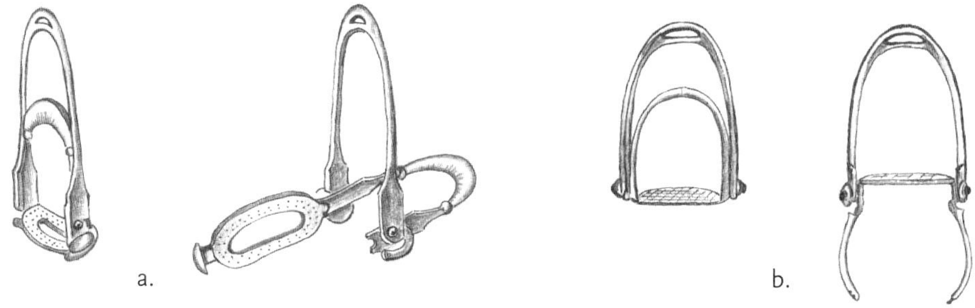

ABB. 61: a. Cope's Sicherheitskippbügel. b. Scott's Patent-Damen-Sicherheitsbügel. Auch die Firma F. B. Nicolls und Co. aus London erfand einen Sicherheitsbügel (s. Abb. 62), der sich bei Belastung einer Kante der Trittfläche nach unten öffnete, Zeichnungen DBP

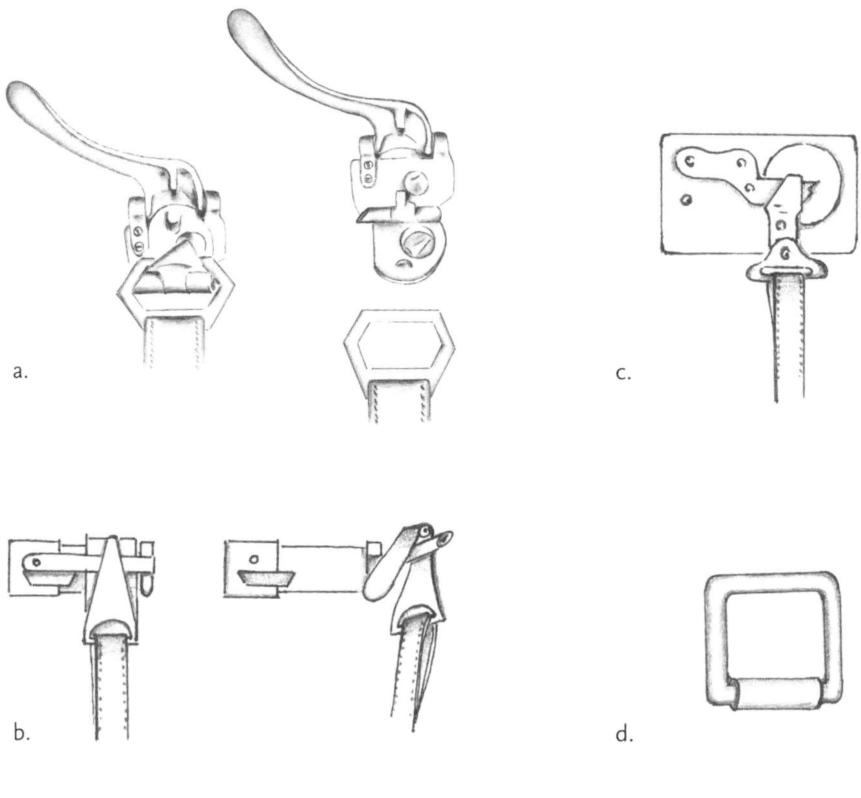

ABB. 62: Sicherheitsschlösser a. Champion & Wilton, b. Mayhew, c. Owen, d. Rollerbar, Zeichnungen DBP

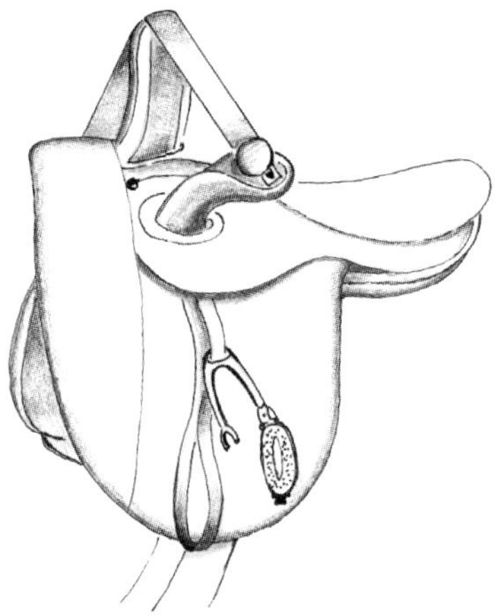

ABB. 63: Sicherheitsbänder
Die *Sicherheitsbänder* waren ebenfalls von der Firma Nicolls. Diese elastischen Bänder wurden über die Hörner gespannt und sollten so das Festhaken des Kleides an den Hörnern bei einem etwaigen Sturz verhindern.

damals der Sicherheitsbügel auch bemängelt. Der Fuß blieb, da er bei schnellerer Gangart, etwa im Jagdgalopp, weiter in den Bügel geschoben wurde, in dem oft gepolsterten Innenbogen hängen, was eine Gefahr darstellte. Auch ich habe dieselbe Feststellung gemacht. Allerdings sind die heute wesentlich größeren Reitstiefel der Grund des Hängenbleibens. Der Bügel kann auch durch die Unachtsamkeit der Reiterin, etwa bei falscher Belastung oder bei unerwarteten, heftigen Bewegungen des Pferdes, in einem Moment herauskippen und herunterfallen, in dem man es am wenigsten braucht.

Ich empfehle daher den alten Sicherheitsbügel nur gelegentlich, um die Reiterinnen den feinen Gebrauch des Bügels zu lehren – zuerst jedoch auf ruhigen Pferden. Geschickte Reiterinnen können ihn natürlich ohne weiteres benutzen, allerdings mit schmalen Stiefeln, die zum Bügel passen. Sicherheitsbügel dürfen nicht zum Aufsitzen verwendet werden, da sie bei Belastung ausklinken.

Damit die Kippvorrichtung am Sicherheitsbügel auch funktionieren kann, muss der Bügel richtig herum eingehängt sein. Der abgerundete Teil der Trittfläche zeigt dabei nach vorne. Auf manchen englischen Sicherheitsbügeln ist deshalb *Toe* und *Heel* eingraviert.

Doppelstöckige Sicherheitsbügel hat es nicht gegeben.[3] Der einzige mir bekannte Damensattel, der einen zweiten Bügel auch für das rechte, um das Horn liegende Bein besitzt, ist der Maria Theresias (Gemälde v. Eisen, Louvre Paris). Vermutlich waren die beiden Bügel dazu gedacht, dass die Kaiserin ihre hinten offenen Pantoffeln nicht verlor.

Sicher war die Problematik des Kippbügels mit ein Grund, das Sicherheitsschloss am Damensattel zu erfinden. Einige Sattlereien konstruierten für ihre Damensättel

3 Übersetzungsfehler in A. Gelbhaar, *Mittelalterliches und frühneuzeitliches Reitzubehör*, S. 137 u. 147.

ihr spezielles Sicherheitsschloss. So hatten die englischen Firmen *Champion & Wilton, Owen, Martin & Martin (Bull's Eye)* und *Mayhew* ihr eigenes Patent. Am Bügelriemen ist je nach Sicherheitsschloss-Modell eine sechseckige oder dreieckige Öse bzw. eine Metallplatte mit Loch angebracht, die ins Schloss eingeklinkt wird. Das Sicherheitsschloss darf beim Aufsitzen ebenfalls nicht belastet werden, da sich die Sturzfeder auf Dauer verbiegen und brechen würde. Der Bügelriemen samt Bügel klinkt nicht aus, solange das lederne Deckblatt dicht darüber liegt und er nicht hoch oder zur Seite gezogen wird, wie etwa bei einem Sturz. Dabei muss sich das Schloss, welches stets gut geölt sein sollte, leicht öffnen.

Genau wie der Herrensattel sollte auch der Damensattel einen schweren und etwas größeren Bügel besitzen und muss mit Sicherheitsschloss oder Sicherheitsbügel ausgestattet sein. Letzterer erfordert aber, wie schon gesagt, eine geübte Reiterin.

Wichtig: Da das Metall auf der Trittfläche des Damensteigbügels aufgeraut ist, darf dieser nicht über das Horn gehängt werden, da dessen Leder sonst verschleißt. Korrekt ist es, den Bügelriemen mit Bügel auf dem Weg zur Reitbahn separat in der Hand zu tragen und ihn erst vor dem Aufsitzen in das Schloss einzuklinken. Nach dem Reiten wird er wieder ausgehängt.

Technische Details zum modernen Damensattel

Der Damensattel muss überall gleichmäßig wie angegossen anliegen, da er sonst schaukelt. Ein schlecht konstruierter und verpasster Sattel wird immer verrutschen und dadurch dem Pferd am Widerrist drücken oder auf der Nierenpartie aufscheuern. Er muss so gebaut sein, dass er dem Widerrist genügend Platz lässt und mit möglichst flacher Polsterung seinen Platz am Pferderücken behält und somit die Reiterin näher an den Pferderücken setzt.

Das Gewicht eines Damensattels für eine mittelgroße Frau beträgt etwa 7 bis 8 kg. Weniger sollte er nicht wiegen, da sonst der Sattelbaum die notwendige Stabilität verliert. Annie v. Biel schrieb:

> *»Alle Damen, die nicht leichter als mit 63 kg reiten, dürfen keinen Sattel unter 9 kg gebrauchen.«*

Der Damensattelbaum besteht heute aus Holz oder Kunststoff. Der linke *Ort* ist länger als der rechte. Das linke Vorderblatt über dem Widerrist ist flach und der Vorderzwiesel ist deutlich zurückgeschnitten (*zurückgeputzt*). Das Vorderblatt darf nicht nach vorne abkippen und auf die Pferdeschulter drücken. Es muss so groß geschnitten sein, dass es dem rechten Unterschenkel eine gute Auflagefläche bietet. Der zum Springen geeignete Damensattel hat ein verstärktes Kopfeisen, Sattelkissen unter dem Vorderblatt und eine ganz wenig nach vorne abfallende Sitzfläche leichter Vertiefung *(Dipp)*.

Die Sitzfläche ist ganz gerade und mit Schafwolle ausgepolstert. Sie darf nicht nach links abfallen, da dies ein Abrutschen in diese Richtung bewirkt. Für einen guten, ausbalancierten Sitz ist es günstig, wenn die Sitzfläche hinten links ca. 1 cm höher ist. Vorteilhaft ist, wenn sie aus rutschfestem Wildleder beschaffen ist und die Sattelhörner auf ihrer Innenseite ebenfalls mit Wildleder bezogen sind. Damensättel der Firma Owen haben meist eine nach links ausgeprägte Sitzfläche, der Sitz ist links höher und es befindet sich kein Polster unter dem Vorderblatt.

> *»Das gänzliche Fehlen einer kleinen Erhöhung vorne rechts am Sattel, die Engländer nennen es gullet plate, ist nicht zu empfehlen, denn diese ist von großem Wert, wenn das Pferd kurz nach links herumspringt, wodurch man rechts leicht aus dem Sattel kommt.«* (Annie von Biel, *Das Damenreiten*, Berlin 1895).

Bei den Sattelkissen gibt es drei Varianten: Die gefüllten Kissen (80% Naturfasern und 20% synthetische Fasern) sind mit Leinen- (*Drell*) oder Wollstoff bezogen. Formkissen bestehen aus Leder oder Kunstleder. Das *Wykeham Pad* etwa ist ein Filzkissen, das am Ort festgemacht wird, links höher ist und ermöglicht, zusätzlich Polster (*Pads*) einzulegen. Die gefüllten Kissen setzen sich bei regelmäßigem Gebrauch des Sattels. Da sich das Stopfmaterial im Laufe der Zeit ineinander verfilzen soll, müssen die Kissen regelmäßig nachgepolstert werden.

Eine zu dicke, harte Polsterung kann besonders bei schlecht ausgeprägter Sattellage der Grund sein, dass der Sattel nicht satt am Rücken anliegt und so die Gefahr besteht, dass er sich dreht.

Für einen gut ausbalancierten Damensattel ist die Plazierung der Sattelhörner maßgebend. Ihre ideale Breite beträgt etwa eine Handbreit. Das obere Horn ist fest mit dem Sattelbaum verbunden. Eine Änderung der Stellung dieses Horns ist unrentabel, da der Sattel dafür ganz auseinander gebaut werden muss. Seine Position bestimmt den korrekten mittigen Sitz, so dass sich das rechte Bein parallel zur Wirbelsäule des Pferdes befindet. Zwischen rechte Kniekehle und oberes Horn sollten zwei Finger passen. Zwischen linkem Oberschenkel und Jagdhorn eine flache Hand.

Das Jagdhorn kann feststehend oder in den Sattelbaum eingeschraubt sein, so dass es bei Bedarf abnehmbar ist. Das Gewinde dafür muss stets gut geölt sein. Das Jagdhorn soll sich von links nach rechts ins Schraubloch des Sattels drehen lassen, damit das Horn durch den Kniedruck fester gedreht und nicht gelockert wird. Zu häufiges

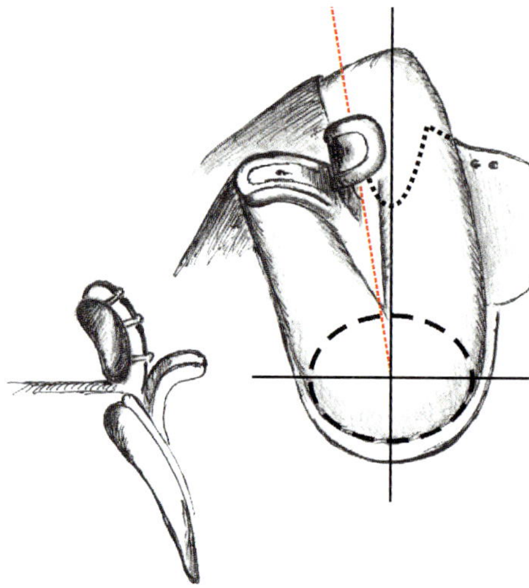

ABB. 64: Queen, Zeichnung DBP
Empfindet man das obere Horn als zu weit links, ist der Oberschenkel der Reiterin zu schmal. Durch ein zusätzliches Polster (*Queen*) kann das Knie weiter nach rechts gebracht werden.

Abschrauben, z. B. beim Putzen des Sattels, ist zu vermeiden, da sonst das Gewinde ausleiert. Zu lange und zu stark gebogene Hörner können bei der Zügelführung hinderlich sein oder der Reiterin bei einem etwaigen Sturz gefährlich werden.

Das Jagdhorn birgt in sich einen Metallbügel, auf den die Polsterung des Horns aufgesteckt wird. Manche davon besitzen an der gewölbten Außenseite eine Schraube (*Thumb Screw*), durch welche der Metallbügel im Innern und somit das Horn in der Länge verstellbar wird. Dadurch entsteht der Vorteil, dass Frauen mit nur leicht unterschiedlicher Beinstärke und -länge denselben Sattel benutzen können.

Im Sicherheitsschloss wird der Steigbügelriemen (früher auch Steigriemen) eingehängt. Bei Damensätteln, die kein Sicherheitsschloss haben, ist ein Sicherheitsbügel notwendig.

An Sätteln ohne Sicherheitsschloss finden sich ganz unterschiedliche Arten der Führung des Steigbügelriemens. Oft läuft der Bügelriemen über eine kleine Walze, die sich an Stelle des Schlosses befindet, und wird entweder außerhalb über den Bauchgurt oder oberhalb des Polsters auf die andere Seite des Sattels geführt. Dort kann der Bügelriemen dann leicht von der Reiterin selbst verstellt werden. Der Bügelriemen kann auch mit dem Balanceriemen gekoppelt sein. Tritt man den Bügel aus, wird dieser fester angezogen. Doch diese Art Bügelriemenführung verlangt von der Reiterin ebenfalls viel Geschicklichkeit.

Der Balance-, Balancier- oder Zugausgleichsriemen (*Sefton-Girth*) wird auf der linken Seite, vorne am Sattelbaum, an einer dort befestigten Schnalle oder einem festen Schloss eingehängt. Von da wird er über den Sattelgurt, schräg über den Pferde-

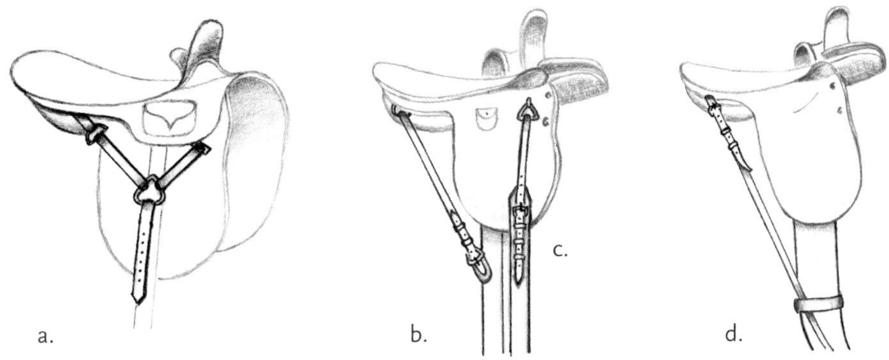

ABB. 65: Varianten der Balanceriemenführung. a. ältere Variante der Balanceriemenführung, b. Balanceriemen fest mit Sattelgurt verbunden, c. Riemen zum Verstellen des Steigbügels, d. heute gebräuchlichste Führung. Zeichnungen DBP

bauch nach hinten rechts zum Hinterzwiesel geführt und dort in einen fest am Hinterzwiesel verankerten Lederriemen geschnallt. Bei dieser Führung muss der Balanceriemen unten am Sattelgurt fixiert sein oder durch ein Vorderzeug geführt werden, damit er am Pferdebauch nicht zu weit nach hinten rutscht. Eine andere Variante ist ein kurzer Balanceriemen auf der rechten Seite, der in den Sattelgurt übergeht.

Der Sattelgurt besteht aus doppelt gefaltetem Leder oder aus Leinenmaterial. Der Übergurt (Fixierriemen für die Blätter) ist jeweils unten an den Sattelblättern befestigt. Er verläuft über den Sattelgurt und wird ebenfalls rechts geschlossen.

Die Farbe des Damensattels ist meist Dunkel-, Mittelbraun oder Schwarz.

Ratschläge zum Kauf, Verpassen, zur Pflege und zur Aufbewahrung des Damensattels

Will man das Reiten im Damensattel richtig betreiben, ist es empfehlenswert, sich einen eigenen Sattel zu kaufen, denn wer im Damensattel Übung bekommen will, muss ihn regelmäßig benutzen.

Er muss Pferd und Reiterin genau angepasst werden, denn ein guter Sitz ist nur in einem richtig gebauten und korrekt passenden Sattel möglich.

Da es Angebote unterschiedlichster Damensättel gibt und schnell ein Fehlkauf passiert ist, habe ich wichtige Hinweise aufgeschrieben, auf die Sie achten sollten.

Zum Kauf

Viele historische Sättel haben auf Grund ihrer soliden Verarbeitung Jahrhunderte überdauert. Mit so vielen Jahren auf dem Buckel können sie aber, je nach Behandlung und Pflege, durchaus schadhaft sein. Der Holzsattelbaum kann Risse haben oder gar gebrochen sein, und brüchige Gurtstrupfen können schnell abreißen. Insgesamt sollte sich der Damensattel in einem gut gepflegten Zustand befinden. Der Sattelbaum darf keine Instabilität aufweisen. Alle Sattelnägel und Schrauben müssen fest, das Polster darf nicht verschoben oder zerknautscht sein. Gurtstrupfen und Riemen dürfen nicht porös sein, die Sitzfläche sollte keine einseitig eingesessene Vertiefung aufweisen. Sicherheitsschloss und -bügel müssen geölt und funktionstüchtig sein.

Bevor man einen Damensattel kauft, sollte man ihn daher überprüfen oder ihn zur Kontrolle einem kundigen Sattler geben.

Ältere, gebrauchte Damensättel wurden meist einmal für ein bestimmtes Pferd und eine bestimmte Frau angefertigt. Daher müssen Sie eventuell länger suchen, bis Sie ein Modell finden, welches Ihnen selbst und Ihrem Pferd wirklich passt.

Mein Rat ist, entweder lassen Sie einen älteren, gebrauchten Marken-Sattel Ihrem Pferd anpassen oder Sie lassen sich einen neuen Sattel nach Maß anfertigen. Die Kosten für letzteren bewegen sich etwa im Bereich ab dreitausend Euro aufwärts. Ein Damensattel, der tadellos verarbeitet ist und aus gutem Leder besteht, hat einen bleibenden Wert.

Mangelhafte und ungeeignete Damensättel

Gravierende Mängel sind: zu geringe Wirbelsäulenfreiheit, geschwungene Sitzfläche oder zu tiefer Sitz mit weit nach hinten verlagertem Schwerpunkt, geschlossener Vorderzwiesel, zu lange, falsch geformte oder ungünstige Position der Sattelhörner.

Auch die preisgünstigen Importsättel sind nicht zu empfehlen. Sie liegen meistens nicht optimal auf dem Pferderücken, so dass Satteldruck entsteht, sie verrutschen oder sich drehen und so die Reiterin in Gefahr bringen. Die Hörner dieser Damensättel sind äußerst unbequem und man findet am oberen Horn auch keinen guten Schluss. Diese Sättel sind viel zu hoch, aus billigem Glattleder und dazu schlecht verarbeitet. Also keineswegs geeignet, um ein Pferd richtig zu arbeiten. Man kann sie, vorausgesetzt sie passen dem Pferd, höchstens zum Spazierenreiten im Schritt gebrauchen. Auch das wichtige Sicherheitsschloss oder ein Sicherheitssteigbügel sind nicht vorhanden. Ich erlebte vor kurzem, dass bei einem neu angefertigten Damensattel das Sicherheitsschloss stark klemmte. Bitte prüfen Sie daher bei jedem Sattel stets, ob das Schloss geölt ist und sich leicht öffnet!

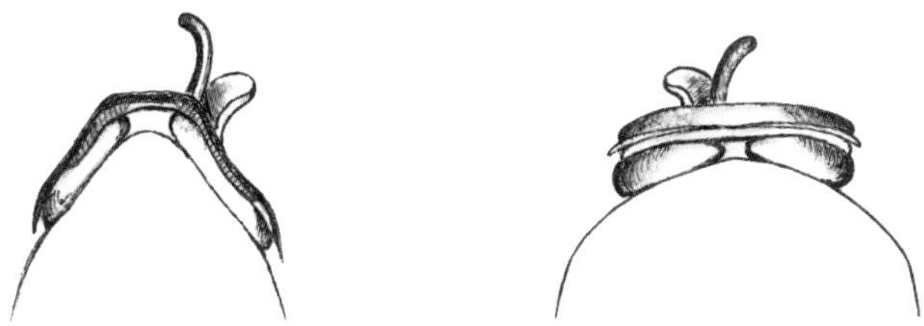

Passender Damensattel von vorn und hinten

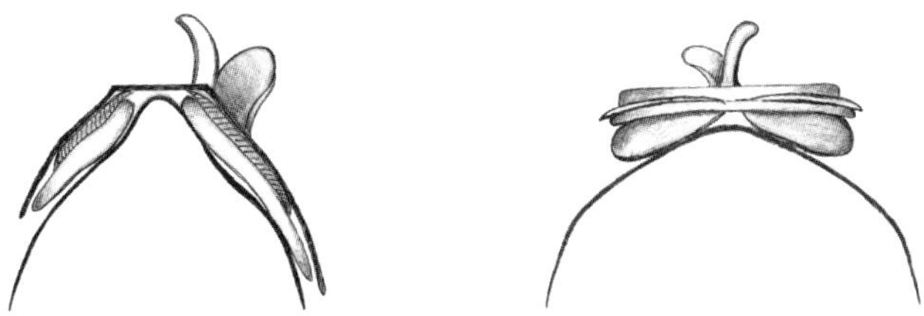

Zu großer Damensattel von vorne und hinten

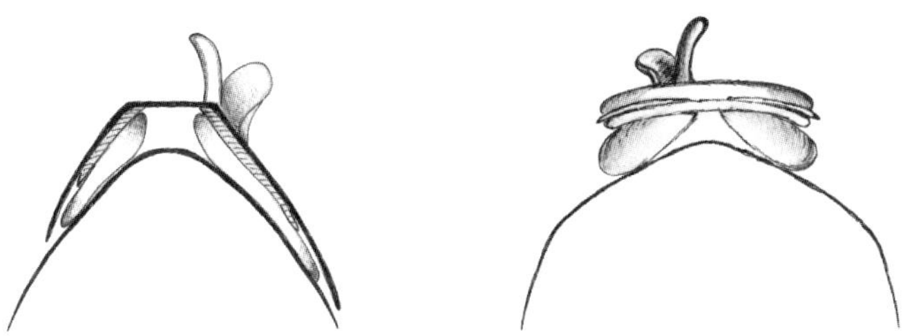

Zu kleiner Damensattel von vorn und hinten

ABB. 66: Passformen. Zeichnungen DBP

Das Verpassen des Damensattels für das Pferd

Dazu nimmt der Sattler die Maße des Pferderückens sowie Größe und Beinlänge der Reiterin. Er muss Gebäude und Besonderheiten die Rückenmuskulatur des Pferdes betreffend genau kennen, um dies bei der Herstellung des Sattels und seiner Polsterung zu berücksichtigen.

Damensättel müssen, wie Herrensättel, dem Pferderücken ohne Unterlage angepasst werden. Der Damensattel muss so gebaut sein, dass er im Gleichgewicht liegt und ohne zu viel Polsterung seinen Platz am Pferderücken behält. Eine zu dicke und harte Polsterung kann bei wenig ausgeprägter Sattellage bewirken, dass der Sattel schlecht liegt und somit die Gefahr besteht, dass er sich dreht. Er muss in seiner gesamten Länge wie angegossen am Pferderücken anliegen.

Ein schlecht konstruierter und verpasster Damensattel wird stets leicht verrutschen oder schaukeln, dem Pferd am Widerrist drücken oder seine Nierenpartie aufscheuern. Je flacher die Polsterung, desto besser, denn dadurch wird die Reiterin näher an den Pferderücken gesetzt.

Er muss genau im Schwerpunkt liegen, die Sitzfläche soll, von der Seite gesehen, dabei waagerecht verlaufen.

Die Kammerweite und die Form des Kopfeisens müssen genau passen. Der Sattel darf nicht zu lang sein, d. h., der hintere Sattelrand (*Efterkante*) darf nicht über die letzte Rippe hinausragen und das Sattelpolster muss überall gleichmäßig am Pferderücken aufliegen. Der Damensattel muss eine ausreichende Wirbelsäulenfreiheit besitzen und um die ungleiche Gewichtsbelastung zu kompensieren, asymmetrisch gepolstert sein.

Auch bei Gebäudemängeln gibt es Möglichkeiten, dem Damensattel eine bessere Lage zu geben.

Früher wurde bei überbauten Pferden oder solchen mit höherem Widerrist ein vorn Höherpolstern und ein Schweifriemen empfohlen. Pferde mit Senkrücken erhielten eine dicke Decke als Unterlage.

So Blanka v. Wobeser: »*Ist ein Pferd dünnleibig und aufgeschürzt, kommt es vor, dass der Sattel nach hinten rutscht.*« Ein *Vorderzeug* diente hier zur Stabilisierung. Pferde mit schmalen Schultern und einem dicken Bauch oder wenig Widerrist konnten einen Gurtdruck bekommen, weil der Sattel vorrutschte. Hier schafften *Schweifriemen* und ein Gurtfell Abhilfe.

Eine Überprüfung der Passform ist bei jedem Sattel ca. einmal jährlich nötig. Bei regelmäßigem Gebrauch setzen sich die Sattelkissen und müssen nachgepolstert werden. Durch fortschreitendes Alter des Pferdes, Futter-, Trainings- und Gesundheitszustand kann es sich in seiner Rückenmuskulatur verändern, so dass ein Auf- oder Umpolstern nötig wird.

Das Vermessen des Damensattels für die Reiterin

Durch eine schlechte Haltung der Reiterin wird auch der beste Sattel im Laufe der Zeit schief. Sitzt eine Reiterin in zu kleinem Sattel zu weit hinten, kann dies Scheuerstellen in der Lendenpartie des Pferdes verursachen. Eine kleine Reiterin rutscht auf einem zu großen Sattel hin und her und hat so keine Einwirkung. Bei schiefem Sitzen nach links kann das Pferd rechts am Widerrist einen Druck bekommen.

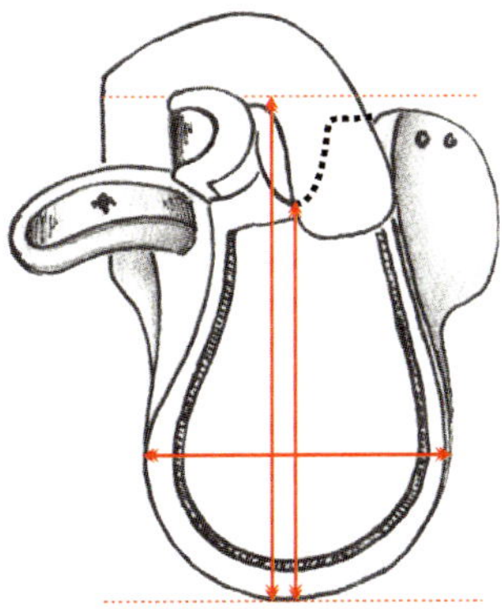

ABB. 67: Vermessen des Sattels für die Reiterin. Ihre Körpergröße bestimmt die Sattellänge. Beispiel: Eine 1,52 m große Reiterin benötigt einen Damensattel in 14,5 engl. Zoll = 36,8 cm Länge, Zeichnung DBP.

Der Damensattel wird nach europäischer Messung von Ende Kammer bis zum hinteren Sattelrand (Efterkante), nach amerikanischer Messung von der Vorderkante Horn bis zur Efterkante vermessen.

Der Sattler benötigt die Länge des Oberschenkels gemessen von der Kniekehle bis zum hinteren Rand des Gesäßes. Dazu setzt sich die Reiterin auf einen Stuhl und einen Zollstock. Nach diesem Maß wird die Länge der Sitzfläche bestimmt. Vom Gesäßende bis Efterkante dürfen 2 bis 3 cm Platz sein. Für die Breite der Sitzfläche wird das Gesäß quer gemessen, dazu fällt man eine Gerade seitlich beider Hüften. Der Knieumfang wird eine Handbreit oberhalb der Kniekehle gemessen.

Die Pflege des Damensattels

Die glatten Lederteile des Damensattels reinige ich selbst nur mit kaltem, bei starker Verschmutzung mit lauwarmem Wasser und englischer Sattelseife. Lederfett verwende ich sehr sparsam, da Leder bei zu häufigem Gebrauch gerne brüchig wird. Der Wildledersitz und die mit Wildleder bezogenen Hörner werden mit einem rauen Reinigungsleder speziell für Wildleder behandelt. Der helle Woll- oder Leinenstoff der Sattelkissen wird ausgebürstet, die Schmutzränder mit milder Naturseifenlauge (Kernseife) abgerieben und anschließend in einem luftigen, richtig temperierten (16 bis 18 Grad) Raum getrocknet.

Das Aufbewahren und Transportieren des Damensattels

Wichtig ist, dass Sie Ihre Damensättel richtig lagern. Einen Damensattel darf man nie auf einem schmalen Sattelhalter oder gar auf der Boxentüre balancieren, denn er kippt schnell, und fällt er herunter, kann der Sattelbaum brechen. Legen Sie ihn immer auf einem breiten Sattelbock oder einem speziellen, asymmetrischen Sattelhalter ab. Im Auto legen Sie ihn auf eine Decke auf seine rechte Seite. Zum Schutz vor Staub oder für den Transport gibt es auch für Damensättel spezielle Schutzhüllen.

Zusammenfassend ist zu sagen, dass der Damensattel allein schon Grund dafür ist, dass Pferd und Reiterin größenmäßig zusammenpassen müssen. Hält man sich daran und wird der Sattel dem Pferd genau angepasst, gibt es keinen Satteldruck, weniger Sitzprobleme, und die Disharmonie einer großen Reiterin auf zu kleinem Pferd oder umgekehrt kommt gar nicht zustande.

Ein Damensattel ist ein Stück Reitkultur. Er wird bei guter Behandlung, Pflege und Aufbewahrung erhalten bleiben und so auch den kommenden Generationen von Reiterinnen Freude bereiten.

Die Zäumung für das Damenpferd

Egon von Neindorff bezeichnet die Kandare[4] als »*...ein fein geschliffenes Instrument nur für Könner und Kenner*«.

Für das Reiten auf Kandare sind einige wichtige Vorbedingungen zu erfüllen. Erstens sollte der Reiter über ihren richtigen Einsatz, die verschiedenen Führungen und ihre unterschiedlichen Wirkungen Bescheid wissen, vor allem aber muss er die notwendige Reife und Fertigkeit haben, um sie richtig anwenden zu können. Zweitens sollte das Pferd reif sein, d. h. so weit dressurmäßig ausgebildet sein, dass es sie annimmt. Drittens muss die Kandare richtig verpasst sein, um genau wirken zu können.

Weshalb die Kandare die korrekte Zäumung für das Damenpferd ist, erfahren wir aus der Geschichte. Aus den recht harten Gebissen des Mittelalters und der Renaissance wurde im 16. Jahrhundert von dem in Neapel lebenden Pignatelli (der bedeutendste Schüler und Nachfolger des Reitmeisters Federigo Grisone) die Kandare entwickelt.

Dieses Stangengebiss ermöglichte durch seine Hebelwirkung schon bei leichtem Annehmen beider Zügel, ein gut durchgymnastiziertes und vollkommen durchlässiges Pferd mit minimalem Kraftaufwand mit einer Hand zu führen.

Da sowohl die damaligen Streitrösser als auch die Damenpferde einhändig zu reiten sein mussten, war die Kandare für sie die ideale Zäumung, denn der Soldat brauchte seine rechte Hand, um die Waffe zu führen, und die Dame hatte bei Jagden links den Falken zu tragen oder musste die Reitgerte unabhängig einsetzen können.

Die Kandaren der Kriegspferde allerdings wurden durch übermäßiges Verlängern der Anzüge noch schärfer gemacht, um die mächtigen und noch dazu gepan-

[4] In meinem Buch *Was die Reitbahn uns lehrt* schreibe ich ausführlich über die Kandare im Kap. *Über Zäumung und Gebiss*, S. 60.

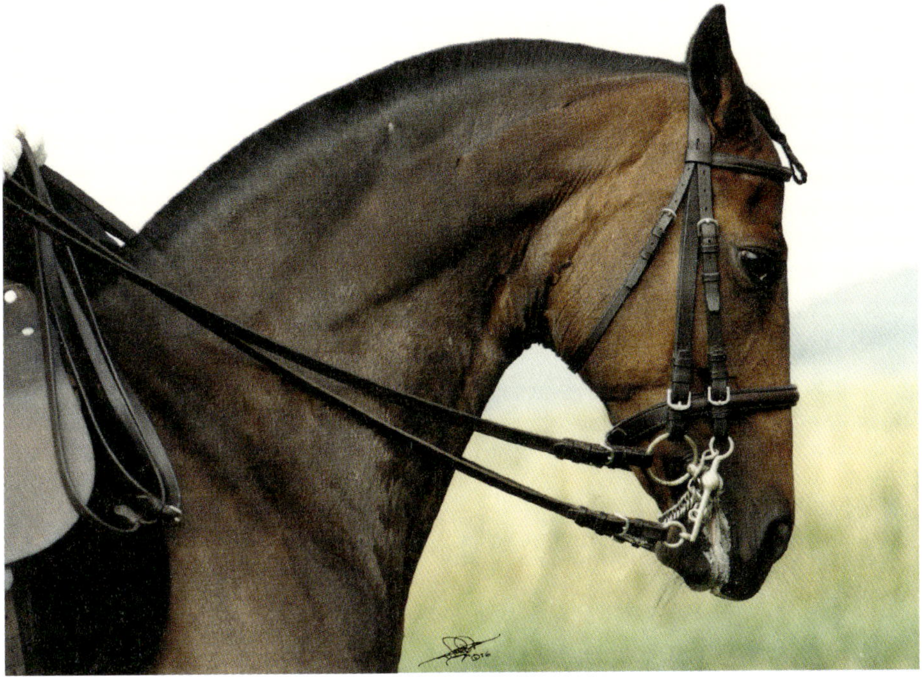

ABB. 68: Das korrekt auf Kandare gezäumte Pferd, aufmerksam, in feiner Anlehnung. Foto D. Schneider

zerten Hengste, die oft dem eher ruhigen Kaltblut entstammten, im Kampfgetümmel manövrierfähiger zu machen. Die gewichtigen Kolosse wären ansonsten nur sehr schwer oder gar nicht mehr lenkbar gewesen.

In harten Reiterfäusten wurden diese Gebisse daher oft zu wahren Marterwerkzeugen.

Später, als das Schießpulver allgemein gebräuchlich war, wurde es notwendig, schnellere, wendigere, also auch höher im Blut stehende Pferde einzusetzen, wodurch auch die Kandaren allmählich mehr und mehr entschärft wurden, man kürzere Hebel verwendete und auf übermäßig hohe Zungenfreiheiten verzichtete.

Beim ehrlich bis zur Hohen Schule durchgebildeten Pferd ist der Gebrauch der Kandare der Beweis, dass es auf feinste, unsichtbare Hilfen reagiert.

Wenn das Pferd auf Trense in systematisch aufgebauter Arbeit in allen Grundgangarten und ihren Gangmaßen in vollem Gleichgewicht auf geraden und gebogenen Linien durchgebildet ist und sich bei allen Tempounterschieden, halben wie ganzen Paraden, leicht aufnehmen lässt, d. h. vollkommen durchlässig ist, ist es reif geworden, auf den fein eingesetzten Hebel der Kandare zu reagieren. Man sagt, es hat die *Kandarenreife* erreicht.

Es ist die Kunst der Reiterin, die jeweilige Stärke der Einwirkungen mit diesem Gebiss so fein zu dosieren, dass dadurch Durchlässigkeit und Schönheit des Pferdes noch vollkommener entwickelt werden. Bis der Mensch aber lernte, mit dieser Zäumung fein auf sein Pferd einzuwirken, beschritt er im Laufe der Geschichte viele Irrwege bei ihrer Anwendung, und leider sieht man auch heute immer wieder traurige Bilder durch den Missbrauch bei der Verwendung des Kandarengebisses.

Auch wenn es heißt, im Damensattel könne die Reiterin schneller ruhig sitzen, sollte sie trotzdem nicht meinen, gleich die Kandare benützen zu können. Sie darf in der Kandare keine Notbremse sehen, das Pferd damit gehorsam machen, es vielleicht am Durchgehen hindern oder es in eine bestimmte Form und Haltung pressen wollen. Die Worte Egon v. Neindorffs über den falschen Einsatz des Kandarengebisses sind so trefflich, dass ich sie hier wiedergebe:

»Übt nämlich die Kandare, bei unruhiger oder grober Hand, einen womöglich ständigen schmerzhaften Druck auf Kiefer und Kinnladen aus, erreicht man genau das Gegenteil von dem Gewollten. Das Pferd wird sich mit seiner vollen Muskelkraft gegen diesen Schmerz wehren. Es kann dabei bis zum Absterben des Gefühls seiner Kinn- und Unterkiefergegend kommen. Das Pferd wird seinen Ziehkampf gegen die Reiterhand mit diesem »toten Maul« immer gewinnen. Es wird vor allem im Laufe der Zeit immer mehr Erfahrung bekommen im »Pullen«, d. h. sich auf die Hand legen und davonstürmen, was sich bis zum Durchgehen steigern kann. Hat das Pferd erst gelernt, sich so gegen den Reiter zu wehren, wird es, aus Angst vor diesem Schmerz, immer widersetzlicher hin bis zur Unreitbarkeit.«[5]

Sollten Sie die Wirkung einer Kandare noch nicht kennen, können Sie diese, indem Sie die Stange über Ihr Schienbein legen und die Kinnkette um die Wade führen und einhängen, an sich selbst probieren, wie schnell und wie sehr schmerzhaft eine falsche Einwirkung für das Pferd sein kann.

Vor allem in der heutigen Zeit sind Reiter und Pferd eigentlich erst dann verkehrssicher, wenn beide kandarenreif sind, d. h., wenn sie mindestens die Anforderungen einer Dressur der Kl. L beherrschen. Gerade im Gelände, auf viel befahrenen Straßen oder Wegen mit Spaziergängern oder auch bei Festzügen leistet die Kandare bei richtiger Anwendung gute Dienste und trägt wesentlich zur allgemeinen Sicherheit bei, denn das Pferd ist auch aufmerksamer damit.

Wechseln Sie trotzdem, gerade bei heftigen Pferden, immer wieder zwischen Trense und Kandare ab und reiten Sie bei der täglichen Arbeit mit einem leichten

[5] E. v. Neindorff – *Die Kandare – ein fein geschliffenes Instrument*, Artikel St. Georg aus den 70er Jahren.

Trensengebiss. Ich habe mir stets vorbehalten, etwa ein sehr feinfühliges oder jüngeres Pferd oder eines mit hohem Rittigkeitsgrad, auch bei Präsentationen, nur mit einfachem Trensenzaum zu reiten.

Wer das Glück hatte und es – wie ich selbst – erleben durfte, wie spielerisch leicht auch ein großkalibriges Pferd, ob im Herren- oder im Damensattel, nach richtiger Durchbildung und mit fein wirkender Kandare an den treibenden Hilfen des Reiters bleibt, sich in allen Figuren und Lektionen leicht führen und sofort parieren lässt, um gleich darauf willig der vorgehenden Zügelhand in schwungvollem Vorwärts zu folgen, der wird den Wert der Kandare richtig einschätzen.

Er wird darauf bedacht sein, sich vor ihrem groben oder vorzeitigen Gebrauch zu hüten. Bitte, meine Damen, erinnern Sie sich stets an den Schmerz, den ein Pferd bei falschem Gebrauch dieser Zäumung ertragen müsste, und denken Sie daran, dass die Kandare nur in die Hand einer reifen und gefühlvollen Reiterin gehört.

Die Beschaffenheit und die Teile der Kandare

Der Kandarenzaum sollte aus sauber verarbeitetem, gutem Leder, das Stangengebiss und die Unterlegtrense möglichst massiv sein und aus Argentan bestehen. Man kauft sich am besten einen einfachen, schlichten, in der Farbe zum Pferd passenden Zaum mit möglichst unauffälligen Schnallen. Er ist zwar teurer, dafür hält er aber bei guter Pflege sehr lange.

Er besteht aus dem *Genickstück* mit zwei *Backenstücken*, in die das *Stangengebiss* geschnallt wird und an denen man die Lage des Gebisses einstellt, sowie *Kehlriemen* und dem *Stirnband*.

Für die *Unterlegtrense* wird ein schmales separates Kopfstück mit einem verstellbaren Backenstück von rechts nach links unter dem Genickstück des Kandarenkopfstücks durchgezogen, ebenso wie das Kopfstück des *englischen Reithalfters*, an welchem der *Nasenriemen* befestigt ist. Die *Trensenzügel* sind breiter und am Ende mit einer Schnalle verbunden, die *Kandarenzügel* schmaler und an den Enden geschlossen. Korrekt verarbeitete Kandarenzügel haben am Ende eine Lederschlaufe, den Schieber, mit dem man beide Zügel verkürzen und zusammenhalten kann. Da die linken Zügel den längeren Weg über den Pferdehals beschreiben, sind diese bei jedem ordentlichen Zaum etwas länger, damit sie rechts geschmeidiger herunter hängen.

Das Verpassen der Kandare

Nur durch richtiges Verpassen kann die Kandare auch richtig wirken. Die Unterlegtrense muss über dem Kandarengebiss liegen und darf die Maulwinkel nicht hochziehen. Damit das Stangengebiss nicht gegen die Hakenzähne stößt, muss dieses wiede-

a.

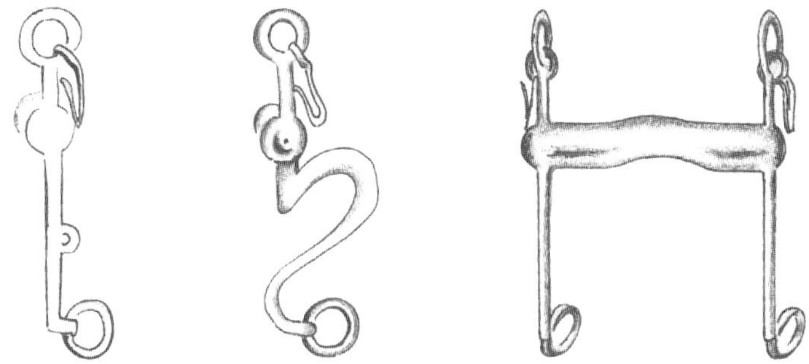

b.

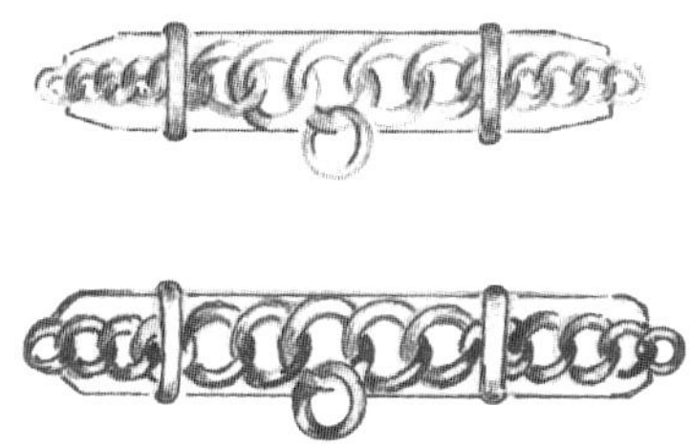

ABB. 69: a. Standard-Kandarengebiss und S-Kandare von der Seite und von vorne. b. Darunter Kinnkette mit Gummi- oder Lederunterlage. Der Ring für den Scherenriemen muss beim Einhängen der Kinnkette nach unten hängen. Zeichnung DBP

rum bei Hengsten und Wallachen eine Fingerbreite über diesen Zähnen platziert sein. Beide Gebisse dürfen seitlich am Maul etwa ½ cm herausragen, keinesfalls darf das *Ober-* und *Untergestell* das Maul einklemmen. Das Stangengebiss hat je nach Form, Länge der *Anzüge* und Länge der *Kinnkette* eine stärkere oder schwächere Hebelwirkung auf Unterkiefer und Zunge, die sich zwischen den Gebissen und der Kinnkette befinden. Dünne Gebisse wirken schärfer als dickere. Die vorgeschriebene Mindestdicke der Stange bei Dressurprüfungen ist 16 mm, die der Unterlegtrense 10 bis 12 mm. Bei Kandarengebissen mit hoher *Zungenfreiheit* kann beim Annehmen gegen den Gaumen drücken.

Zudem wirkt der Druck der Stange nur mehr seitlich und daher schärfer auf die Laden des Unterkiefers. Eine Stange mit flacher bzw. ohne Zungenfreiheit verteilt den Druck besser auf den ganzen Unterkiefer und wirkt daher weicher. Je länger die Anzüge sind, früher auch *Unterbäume* genannt, desto schärfer ist die Wirkung des Kandarengebisses.

Bei angenommenen Zügeln und richtig eingehängter Kinnkette – zwischen sie und die Kinnkettengrube sollen drei Finger passen – muss nach der H. Dv. 12 der Winkel von Maulspalte zu den Anzügen 45 Grad, nach Müseler 30 Grad betragen. Bei zu stramm eingehängter Kinnkette ist dieser Winkel spitz, man sagt, die Kandare *strotzt.* Bei zu lang eingehängter Kinnkette ergibt es einen stumpfen Winkel, man sagt, die Kandare *fällt durch.*

Normalerweise sind die Anzüge gerade. Früher, vorwiegend bei der Kavallerie, gab es Kandaren, deren Anzüge eine S-Form hatten; man nannte sie *S-Kandaren.* Diese S-förmigen Kandarenbäume benutzte man für Pferde, die gerne mit den Lippen oder mit den Zähnen nach den Unterbäumen griffen, diese festhielten und damit jegliche Einwirkung zunichtemachten. Aber auch beim Gebiss mit geraden Anzügen besteht die Möglichkeit, etwas gegen diese Untugend zu unternehmen. Es gibt hierzu den sogenannten *Scherenriemen,* auch *Festonriemen* genannt (*Feston = Girlande*). Früher nannte man die Anzüge oder Unterbäume auch *Scheren,* daher Scherenriemen. Er dient auch dazu, die Kinnkette besser an ihrem Platz zu halten, denn rutscht sie beim Anzug nach oben, kann sie die Unterkieferhaut schürfen. Der Scherenriemen wird in die kleine Öse, die in der Mitte des Anzugs liegt, eingeschnallt, durch den einzelnen, sich unten an der Kinnkette befindenden Ring gezogen und auf der anderen Seite wieder in die Öse des *Kandarenbaums* geschnallt.

Was das Verschnallen des englischen Reithalfters betrifft, so soll der Nasenriemen mit seiner Oberkante zwei Finger unter dem Jochbein liegen. Es wird so verschnallt, dass das Pferd noch kauen kann. Bei manchen Pferden ist der Abstand zwischen Maulwinkel und Jochbein relativ kurz, was ein Einklemmen oder Aufscheuern der Haut zwischen Unterlegtrense und der unteren Kante des Reithalfters verursachen kann. Als Abhilfe wählt man einen schmaleren Nasenriemen oder schnallt das Reithalfter etwas höher. Zwischen Kehlriemen und Kehle soll, wie bei Zäumung auf Trense, eine Handbreite Platz sein.

Spezielles Zubehör

Um die Ausrüstung des Damenpferdes zu vervollständigen, weise ich auch auf die speziell dafür benötigten Ausrüstungsgegenstände hin.

Sattelunterlagen gibt es viele verschiedene. Für den täglichen Gebrauch verwendete ich meist eine Woll- oder gesteppte Baumwolldecke. Filzunterlagen und Baumwollschabracken sind ebenfalls gut. Sie können rechteckig geschnitten oder der Form des Damensattels angepasst sein. Besonders feste Filz- oder Steppschabracken müssen am Widerrist höher geschnitten, also dem Pferderücken angepasst und gut *eingekammert* sein, damit sie sich nicht über dem Widerrist festziehen.

Früher gab es den sogenannten *Woilach* (reine Wolldecke), der als Sattelunterlage für die Militärpferde verwendet wurde. Er ist für mich mit die beste Unterlage, da er sich dem Pferderücken weich anpasst, Satteldruck verhindert und sehr pflegeleicht ist. Zudem kann man das Pferd bei der Rast auf langen Ritten auch damit eindecken. Wichtig ist, dass er regelmäßig ausgebürstet, getrocknet und von Zeit zu Zeit gereinigt wird. Das Falten eines Woilachs, einmal gelernt, ist gar nicht so schwer. Da heutzutage solche Unterlagen wenig benutzt werden, ist eine Zeichnung angefügt, auf der das Falten des Woilachs gezeigt wird (Abb. 121). Auch Lederdecken sind geeignete Unterlagen für einen Damensattel. Sie müssen aber gut gepflegt werden, da sie vom Pferdeschweiß sonst hart werden.

Für Vorstellungen verwendete ich eine gesteppte Samtschabracke, die links höher ausgeschnitten war, damit der Schenkel direkt am Pferd liegt. Sie soll so lang sein, dass sie etwas über den hinteren Sattelrand hinausragt. Ist die Schabracke rechts länger, wirkt sie attraktiver, kann jedoch die Einwirkung mit der Gerte erschweren. Von den vorderen Schlaufen, die zum Befestigen der Schabracke am Sattel in dafür vorgesehene Ösen oder die Gurtstrippen eingehängt werden, muss die linke länger sein als die rechte. Das Reitkostüm, die Schabracke und die Bandagen sollten in der Farbe harmonieren.

Das Vorderzeug kann neben dem Schaueffekt auch noch den Zweck erfüllen, das Zurückrutschen des Damensattels zu verhindern. Rechts und links der Sattelkammer befindet sich je eine Öse zum Einhängen des Vorderzeugs. Davon sollten beide an derselben Stelle liegen, da das Vorderzeug sonst schief hängt. Bei Damensätteln ist diese linke Öse oft weiter vorne angebracht, d. h., man muss den einzuhängenden Riemen dort kürzer schnallen. Zwischen der Lederschlaufe des Vorderzeugs, durch die Sattelgurt, Balanceriemen und Fixierriemen verlaufen, und der Unterbrust des Pferdes muss eine aufrecht stehende Hand Platz sein.

Der Schweifriemen dient dazu, das Vorrutschen des Sattels zu verhindern und ihn in gerader Position zu halten. Manche Damensättel besitzen hinten mittig, über dem Wirbelkanal, eine Öse zum Befestigen des Schweifriemens. Er darf nicht zu stramm sitzen, und der um die Schweifrübe laufende Teil muss rund genäht und aus glattem, weichem Leder sein, damit er nicht scheuert.

Pferde, die mit Schweifriemen geritten werden, müssen unter der Schweifrübe gut gepflegt und immer wieder auf Scheuerstellen kontrolliert werden. Die Reiterin sollte noch bewusster gerade sitzen, um den Sattel nicht unnötig nach vorne zu drücken.

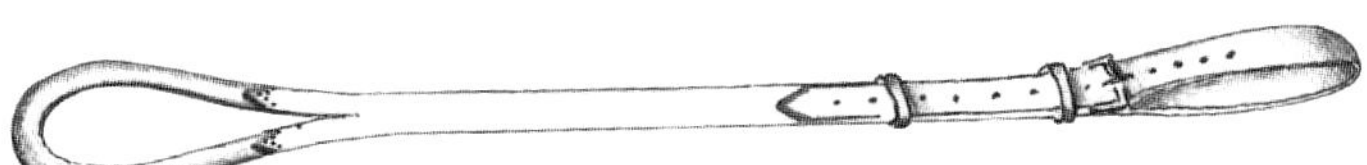

ABB. 70: Schweifriemen, Zeichnung DBP

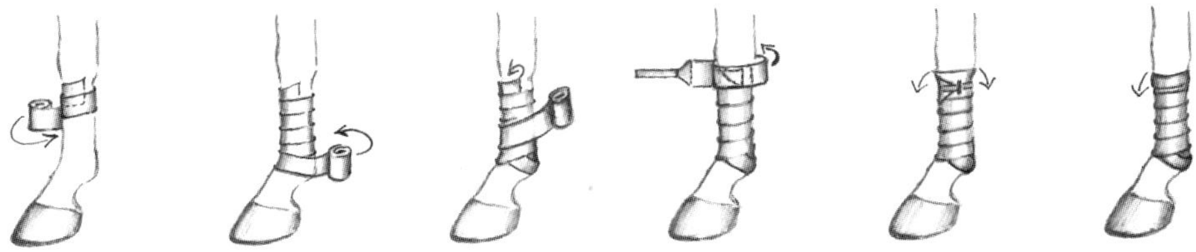

ABB. 71: Bandagieren, Zeichnung DBP

Zum Schutz der Pferdebeine benützt man zum Üben *Wollbandagen, elastische Bandagen* oder *Gamaschen*. Bandagen aus unelastischem Stoff (für Vorführungen) müssen fest gewickelt werden. Daher darf erst kurz vor dem Reiten bandagiert werden, und danach sind die Bandagen sofort zu entfernen. Sollen die Bandagen farblich zum Gesamtoutfit passen, ist es vorteilhaft, die vordere Hälfte elastischer Bandagen mit demselben Stoff der Schabracke oder des Reitkleides zu umnähen.

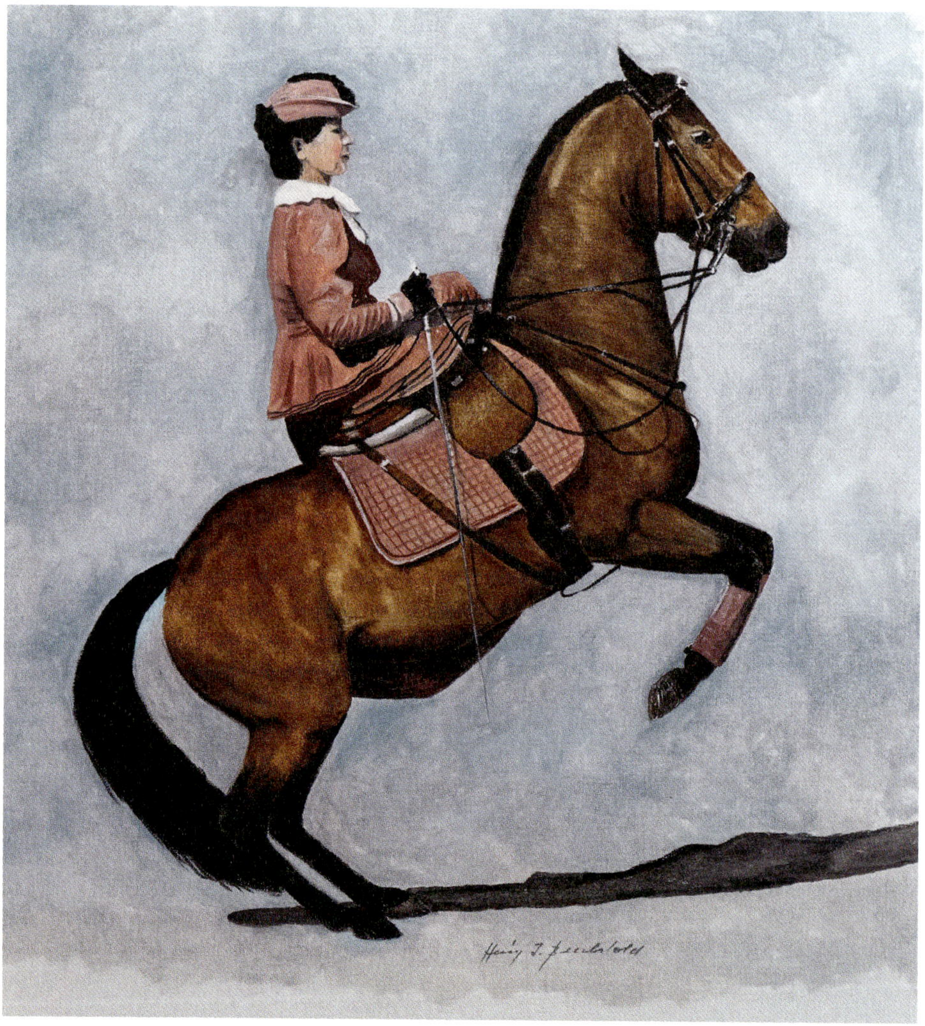

ABB. 72: Sally-Ann in der Levade. Gemälde von Heinz J. Berchtold

III
DIE REITKLEIDUNG

Geschichtlicher Rückblick auf die Reitkleidung der Damen

Im ersten Teil dieses Kapitels sind die Entwicklung der Damenreitkleidung und die für die entsprechenden Epochen charakteristischen Modestile beschrieben. Der zweite Teil behandelt die heutige Reitmode.

Betrachtet man die wichtigsten Stilepochen der vergangenen Jahrhunderte, so findet man immer eine von der gerade üblichen Mode abgeleitete, im Laufe der Zeit mehr und mehr verbesserte spezielle Reitmode. Sie erreichte in Zeiten, als die Frauen im Damen- wie im Herrensattel schulmäßig zu reiten begannen, ihren Höhepunkt an Stil und Eleganz.

Die Literatur des Altertums enthält kaum Aufzeichnungen über spezielle Frauenkleidung zum Reiten. Einigen Überlieferungen kann man entnehmen, dass die Frauen, vorwiegend die der Landbevölkerung, vor zweieinhalbtausend Jahren ganz einfach bekleidet zu Pferde saßen.

Im Mittelalter (800 bis etwa 1450 n. Chr.) war Frankreich schon tonangebend in der Mode des westlichen Europas. Die höfische Frau trug oft mehrere Kleider übereinander. Über ein Hemd kam ein enges, im Ganzen geschnittenes Kleid mit angebundenen auswechselbaren Ärmeln. Auf der Straße wurde darüber noch ein ärmelloses Überkleid getragen. Durch Abbildungen erhalten wir Aufschluss darüber, dass vorwiegend im Herrensitz geritten wurde und der Rock dafür als geteilter Rock geschnitten gewesen sein muss.

In einem Heldengedicht, verfasst von Angilbert, dem Kaplan Karls des Großen, sind die prunkvollen Garderoben der Frau und der Tochter Karls beschrieben, die mit Goldschmuck überladen gewesen sein sollen. Der englische Schriftsteller

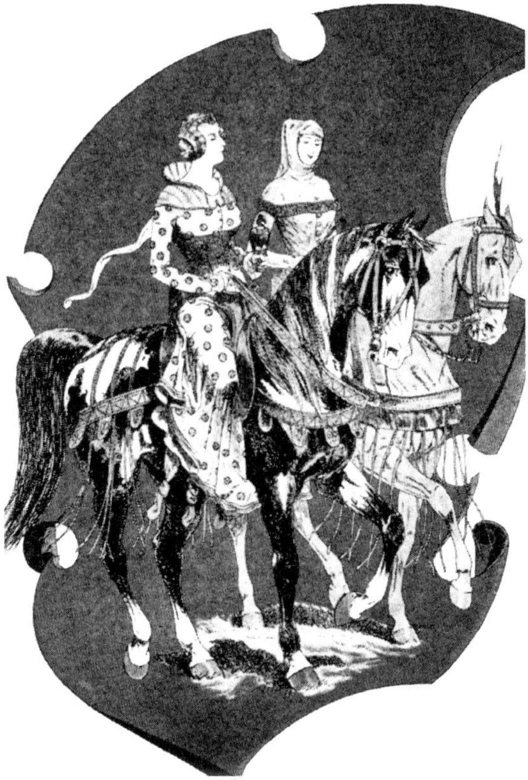

ABB. 73: Zwei Damen aus dem Mittelalter auf der Falkenjagd, Louis Vallet

Knighton erwähnte eine Anzahl Damen höchsten Ranges, die als Zuschauerinnen zu Pferde mit prachtvollem Sattel und Zaumzeug bei öffentlichen Festlichkeiten und Turnieren in verschiedenfarbigen Tuniken erschienen seien. Ihre sehr kleinen Hüte seien mit Schnüren am Kopf befestigt gewesen, und an ihren goldbestickten Gürteln trugen sie unter der Taille gestickte Börsen und kleine Dolche.

In der Zeit der Renaissance (1420–1600), vor allem in der Wende vom 15. zum 16. Jahrhundert kleidete sich die gute Gesellschaft eher willkürlich und ließ keine einheitliche Mode erkennen. Durch das Verschwinden der mittelalterlichen Lebensauffassungen und den aufkommenden Individualismus wurden Schnitt und Farbe der Laune überlassen, wodurch die eigene Persönlichkeit mehr betont wurde. Katharina von Medici (1519–1589), Frau Heinrichs II. von Frankreich, soll gerne sehr enge Seidenstrümpfe getragen haben. Seitlich zu Pferde sitzend, konnte sie ihre schönen Beine so besonders zur Geltung bringen. Doch beim Reiten wurde durch das Hochflattern der Röcke ihr Bein wohl zu gewagt zum Vorschein gebracht, weswegen sie dann enge lederne Hosen trug und diese, zumindest bei den adligen Damen, auch

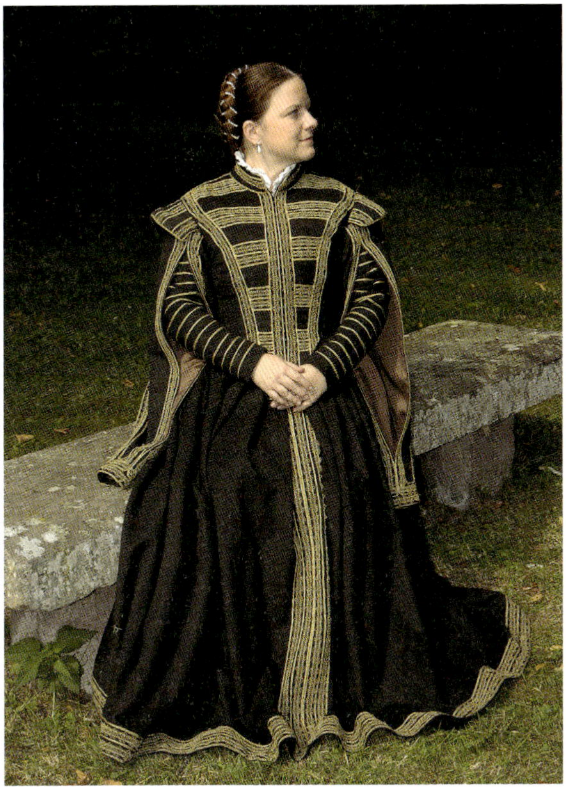

ABB. 74: Kleid der Pfalzgräfin Dorothea Sabina von Neuburg aus der Zeit der Renaissance, im spanischen Stil, der zu dieser Zeit überall in Europa Mode war. Foto Helga Seubert

eingeführt haben soll. Bei den Bürgerinnen setzten sich die Beinkleider aber erst Anfang des 19. Jahrhunderts endgültig durch, da die Hose für die Frau lange von der Kirche verdammt wurde.

Die Jägerinnen Königs Franz I. von Frankreich (1515–1547) bevorzugten den Damensitz. Sie mussten durchweg gute und ausdauernde Reiterinnen sein, da sie nach der langen Reitjagd auch bei den anschließenden abendlichen Gesellschaften keine Ermüdung zeigen durften.

Zum Kreise dieser jungen Hofdamen gehörte auch die beleibte Madame de Canaples, die für ein Reitkleid 18,5 Meter Stoff benötigte, während für die anderen 13 Meter genügten. Die Reitkleidung dieser Damen war auf die Livree der königlichen Jäger abgestimmt, so wie ihre Ballkleider zu den Tapetenfarben des jeweiligen Tanzsaales passen mussten.

In der Epoche des Barock um 1600 bis 1750 mit seinen berühmten Reitlehrern, wie etwa dem Deutschen Georg Engelhard Löhneysen, dem Franzosen Antoine de la Pluvinel und dem englischen Herzog v. Newcastle, entstand eine sehr üppige und

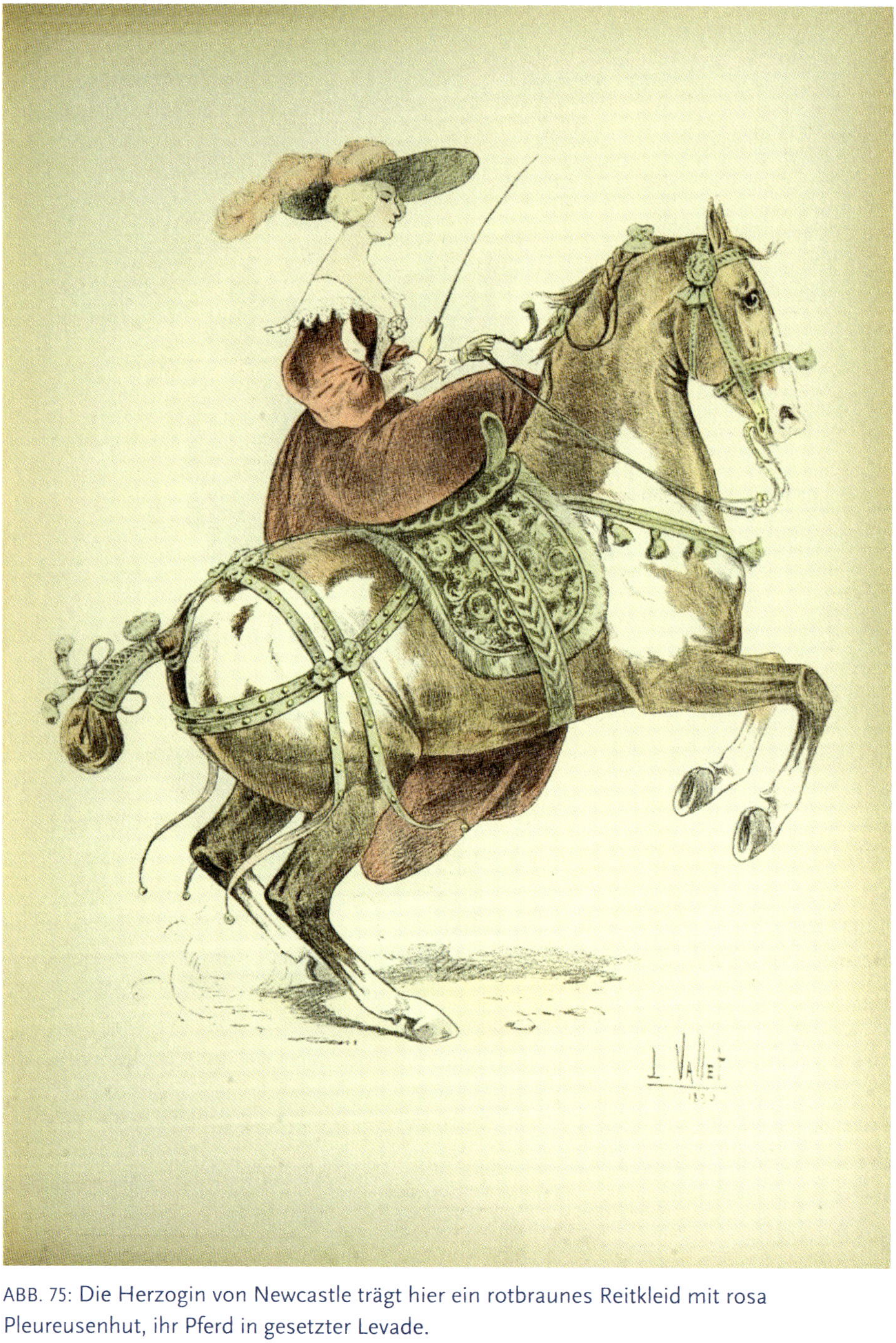

ABB. 75: Die Herzogin von Newcastle trägt hier ein rotbraunes Reitkleid mit rosa Pleureusenhut, ihr Pferd in gesetzter Levade.

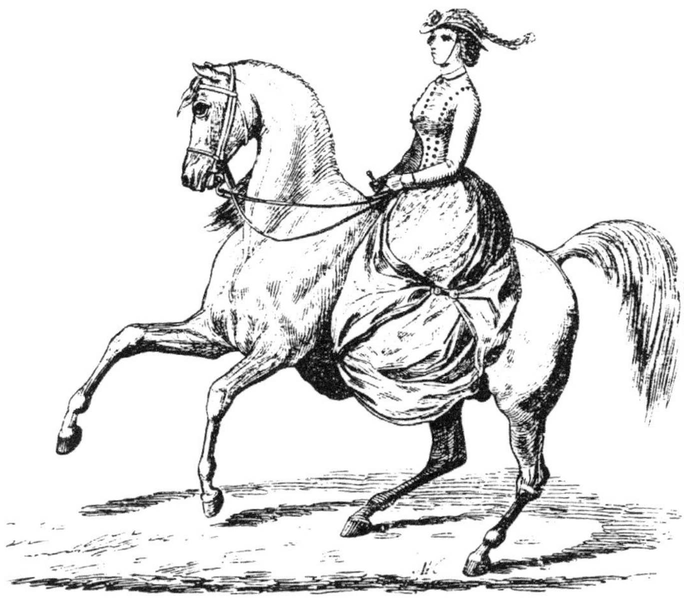

ABB. 76: Reiterin aus der Epoche des Barock mit zweigeteiltem Reitkleid

farbenfrohe Mode. Hier hielt sich die allgemeine Kleidung der Dame weitgehend an die Mode der Herren. Typische Barockreitkostüme zeigen uns etwa das Gemälde von Pierre Gobert um 1704, im Musée de Versailles, mit Duchesse de Bourgogne im hochgeschlossenen, scharlachroten Reitkleid mit golddurchwirkten Ärmelaufschlägen und mit Goldborten umsäumt sowie auch das Gemälde von John Wootan um 1750 von einer Dame mit langem Rock, weißer Weste und Herrenjacke und einem Dreispitz, dessen Rand Federn schmücken. Die Gravur von Louis Vallet zeigt uns, ganz im Gegensatz dazu, die Gemahlin von Cavendish Duke of Newcastle (1592–1676), Reitlehrer Ludwigs XIV., in einem tiefdekolletierten Kleid und einem großrandigen, mit Straußenfedern besetzten Hut.

Von Marie Antoinette weiß man, dass sie gerne in schönen Röcken und Kleidern, mit herrlichen Spitzen besetzt, im Damensitz zu Pferde saß. Jedoch bevorzugte sie häufig auch den Spreizsitz im Anzug der Herren oder in weitem, zweigeteiltem Hosenrock, der ihre Beine bis auf die Steigbügel hinab verdeckte. Eine Zeitgenossin der letzten französischen Königin Marie Antoinette war Zarin Katharina II., die oft in Uniform zu Pferde abgebildet wurde. Sie trug an der Seite geknöpfte Hosen und anliegende bis über die Knie reichende Stiefel.

Nach Pluvinels Tod soll die Reiterwelt wieder mehr Interesse an der Jagdreiterei gefunden haben. So sind die großen Parforcejagden, die in England, Frankreich, Deutschland und Italien zu dieser Zeit stattgefunden haben, genauso erwähnens-

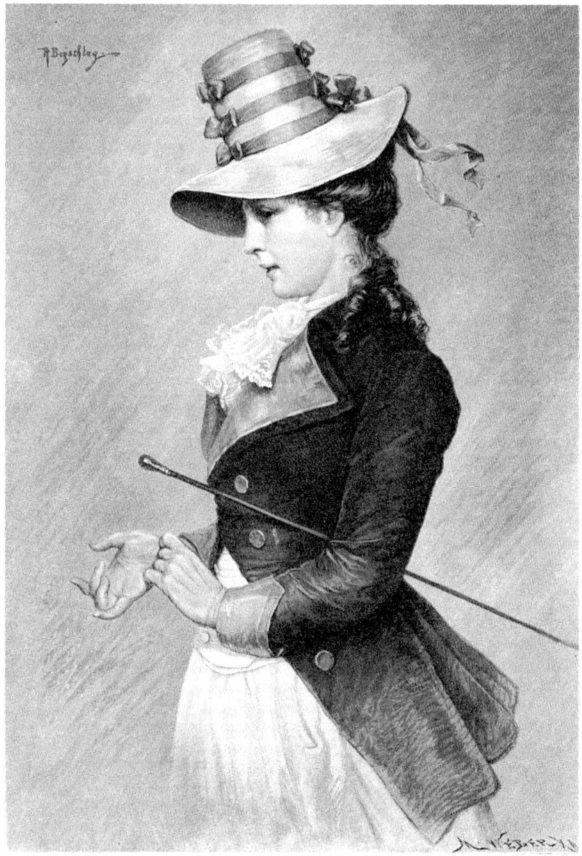

ABB. 77: Reitkostüm im Uniformstil vom Ende des 18. Jhs.

wert wie der Erfinder des grünen Jagdrocks, Caesare Auguste de Bellegarde, der spätere Marquis de Termes und Nachfolger Pluvinels.

Die Erbprinzessin Caroline von Hessen-Darmstadt (1720–1770), Gemahlin des Erbprinzen und späteren Landgrafen Ludwig IX., trug den Beinamen *die große Landgräfin.* Sie war bekannt für ihre Teilnahme an großen und schweren Parforcejagden.

Ab 1770 etwa wird statt Samt und Seide weniger empfindliches englisches Tuch für die Reitkleidung verwendet. Noch etwas später beginnen die Jagdreiter, den roten Rock zu tragen. Rot wurde für den Jagdanzug mitunter deshalb gewählt, um nach einem Sturz im Unterholz besser erkannt zu werden.

Stanleys Zylinder wurde ab 1785 Jagdetikette für die Herren. Die Bediensteten trugen Kappen ähnlich den späteren Jockeymützen.

Im Feld der Rotröcke ritten die Damen nunmehr im hochgeschlossenen Schwarz.

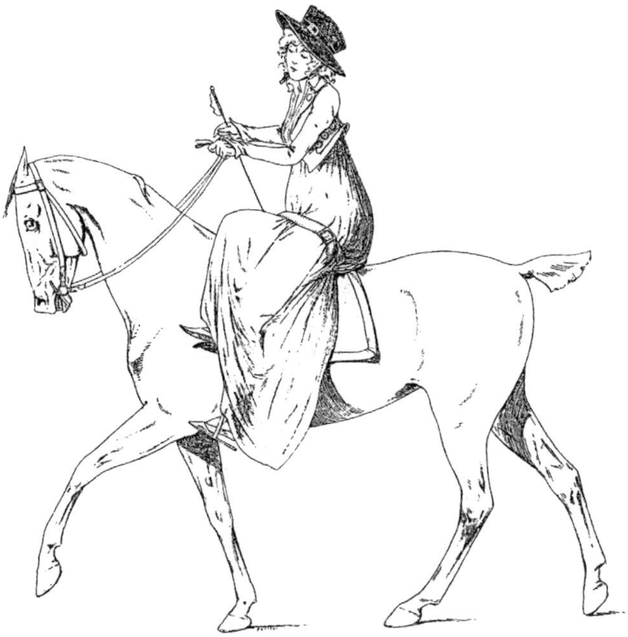

ABB. 78: Weichfließendes Empirekleid mit Beingürtel, Vallet

Der französische Klassizismus, das sogenannte Empire, dauerte von 1790 bis 1830. Teils parallel dazu verlief im übrigen Europa die Zeit des Biedermeier (1815–1848). Ab 1820, zur Zeit Georgs IV., diktierte England dann die westeuropäische Mode.

Ein schönes Beispiel des Übergangs vom Barock zum Empire finden wir in dem Kleid der Katharina von Württemberg (1783–1835), ab 1807 Königin von Westfalen, zu sehen auf dem Gemälde von Antoine Jean Gros, Schlossmuseum Versailles. Der Stoff des Kleides ist noch aus prunkvollem Samt wie in der Barockzeit, die hohe Taille aber ist schon charakteristisch für den Empirestil.

Im Empire sind die Kleider ausschließlich aus sehr feinem und leichtem Stoff gefertigt, mit hoher Taille an den klassischen griechischen Stil erinnernd. Dazu wurde im Damensattel teilweise der *Beingürtel* getragen, damit der leichte Stoff nicht hochflatterte.

Ab 1830 bis 1900, zur Zeit Pelliers und Bauchers, hatten die französischen Reitkleider eine enge Taille, der Rock war breit, das Oberteil und die Ärmel waren mit Spitzen verziert. Auch Unterröcke und Hosen waren aus Spitzen. Honoré de Balzac beschreibt das flaschengrüne Reitkleid einer Dame mit Hosen aus Spitzen und kleinen Stiefeln aus Velours. Diese Unterwäsche galt zwar als sehr schön, aber auch als sehr unpraktisch und wird daher von den damaligen Reitlehrern gelegentlich kritisiert.

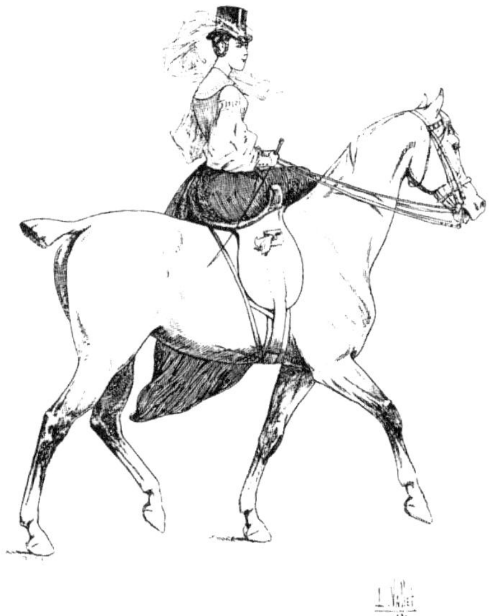

ABB. 79: Die klassische Reitkleidung der Damen im Biedermeier – Zylinder zu weißer Bluse und schwarzem Rock 1834, Vallet

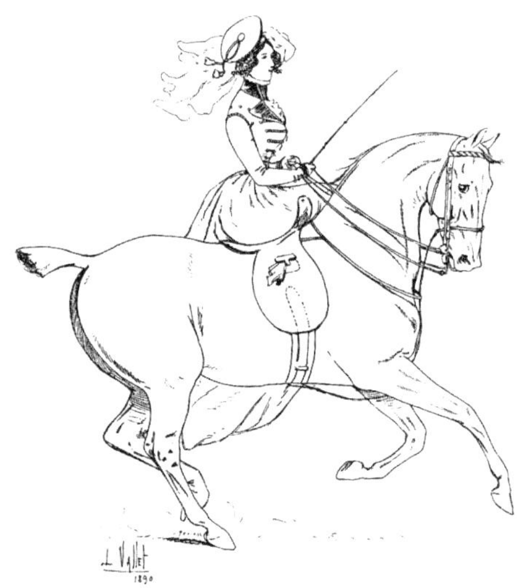

ABB. 80: Französisches Reitkleid im Uniformstil, eine damals besondere, neue Modeschöpfung, um 1850, Vallet

Im Biedermeier haben die Kleider bauschige Keulenärmel. Verwendet wurden meist helle, geblümte Stoffe. Zum Straßenkleid gehörte die Schute als Kopfbedeckung. Die Haare waren zu Zöpfen und Schillerlocken frisiert. Zu Pferde trug die Dame den neu aufgekommenen Zylinder mit schalartigem Schleier, der später auch zur Schleife gekürzt wurde. Der Zylinder bewährte sich als der am besten sitzende Hut bei Jagden. Die Haare wurden, passend zum Hut, später dann mehr nach hinten frisiert.

Das schwarze Reitkleid für die Frauen behielt man bei, mit Umlegekragen oder einer Schleife über der Halsbinde. Der Schleier am Zylinder, auch *Suivez-moi* genannt, war meist weiß, manchmal auch schwarz und durfte auf keinen Fall fehlen. Nach französischen Aussagen wurde dieser Schleier aber auch gerne von den demimondaines, den Halbweltdamen, getragen, denn der flatternde Schleier bedeutete so viel wie »folge mir...«.

Auf allen Bilddokumenten, besonders aber auf den Gemälden aus der Zeit zwischen dem 16. und 19. Jahrhundert, sind Frauen zu Pferde in sehr langen Kleidern abgebildet.

Obwohl schön anzusehen, so waren die bauschigen, langen Röcke und vor allem die Korsagen zum Reiten oft unzweckmäßig, unbequem, häufig gar gefährlich.

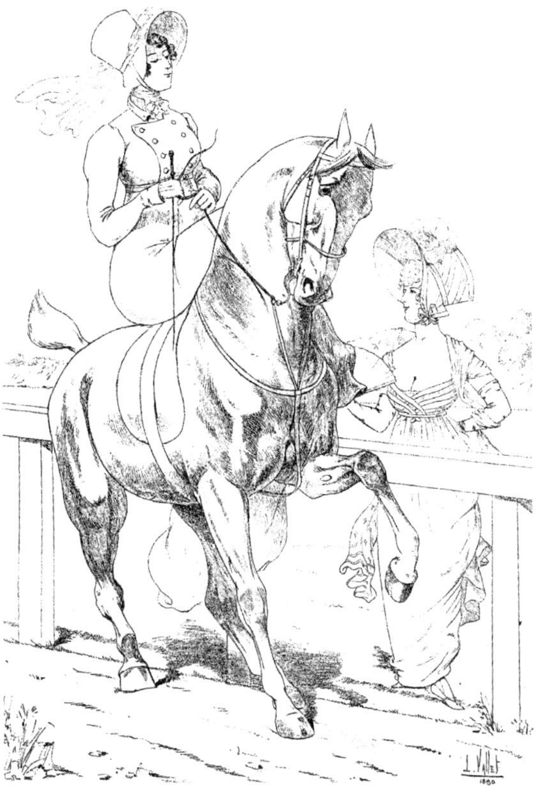

ABB. 81: Diese Reiterin trägt eine *Schute*, die charakteristische Kopfbedeckung der Biedermeierzeit, Vallet

Trotz mancher Behauptungen, lange Röcke würden speziell bei Jagden durchs Unterholz, bei Sprüngen oder bei Stürzen zerreißen und Geschichten vom Geschleiftwerden seien nur Märchen, wurden die Röcke später um Handbreiten gekürzt, eben um der Gefahr des Hängenbleibens zu entgehen. Meiner Meinung nach waren die Stoffe damals sehr fest und stabil, was sehr wohl ein schnelles Reißen des Kleides verhindern konnte. Mit Sicherheit gab es daher etliche schwere Jagdunfälle, eben weil sich die Kleider der Frauen beim Sturz verhakten, sie unters Pferd kamen oder von diesem geschleift wurden. Eine der ersten Damen mit gekürztem Rock war Gräfin Anna von Hohenau mit einem dem Huntingstil entsprechenden Zylinder.

So nahmen auch einige Verfasser bekannter damaliger Reitliteratur Stellung zu diesem Thema. Vicomte d'Aure (1799–1863), von 1847 bis 1855 Écuyer en chef in Saumur, beschreibt in seiner Reitlehre unter anderem die Kleidung der Amazone und weist auf die Gefahr hin, der sich eine unvorsichtig geschnürte Frau auf dem Pferde aussetzt, auch wenn der Anstand das Tragen eines engen Korsetts auf Kosten der Sicherheit vorschreibt; ebenso äußerte sich Reitmeister Pons d'Hostun in seiner *Damenreitlehre* (1817) oder den *Briefen über die Reitkunst* zum Anstand beim Reiten.

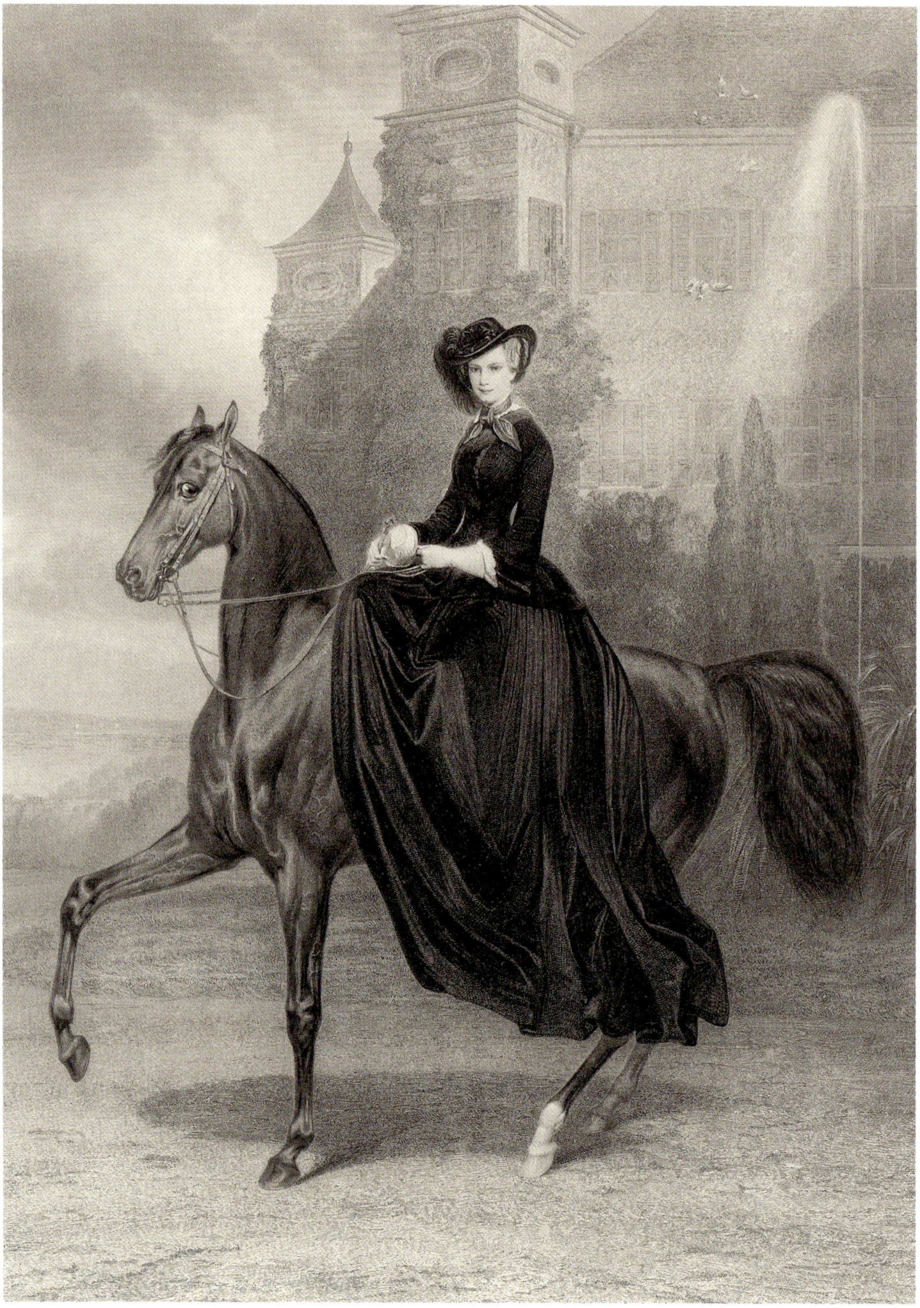

ABB. 82: Kaiserin Elisabeth von Österreich vor dem Schloss Possenhofen, in einem zweiteiligen Reitkostüm um 1865, Stich von A. Fleischmann

Der Wind fing sich sehr leicht in den Röcken und wehte sie hoch. Da meist noch keine Unterhosen oder Reithosen, sondern viele Unterröcke unter dem Kleid getragen wurden, war es notwendig, die Röcke festzumachen. Statt des damals üblichen, aber, so d'Hostun, gefährlichen Beingürtels oder Nadeln erfand er Schlaufen am Rock, um diesen zu fixieren.

Aubert spricht sich in seiner 1842 erschienenen Reitlehre für Damen ebenfalls gegen diese Tuchnadeln aus. Sie hätten den Nachteil, das Bein und den Fuß zu fesseln, den Rock zu zerreißen, und außerdem liefe die Reiterin Gefahr, im Falle eines Sturzes mitgeschleift zu werden.

Im Allgemeinen konnte man damals den Stand einer Person an der Kleidung erkennen. Je einfacher und klassischer der Schnitt und je abgetragener der Stoff, möglichst dunkel ohne Verzierung, desto vornehmer und passionierter war die jeweilige Trägerin. Dagegen kleidete sich die Bourgeoisie immer ganz neu und teuer

Im Jahre 1865, zur Zeit der Romantik und Napoleons III., kam mit den schlanken Prinzesskleidern ein strenger Kleiderstil auf. In der klassischen Periode waren sie hochgeschlossen, mit kleinem Stehkragen, eng geknöpft und mit engen Ärmeln. Die schmucklose Wespentaille und der Rock waren aus einem Stück. Der Schnitt wurde *Gabriele* genannt, das Kleid als *Amazone* bezeichnet. Man trug dazu den Zylinder, weiße Handschuhe und eine lange Reitgerte.

Das Tagebuch der Marie Bachkirtscheff beschreibt ein solches Amazonenkleid von dem Schneider Laferrière, in Schwarz aus einem Stück und wie eine Haut anliegend.

Kaiserin Elisabeth von Österreich sah man sehr schick in knapp auf Figur gearbeiteten langen Taillenkleidern. Wie auf der Lithographie von Melcher und Volkers (Abb. 15) zu sehen, war der Rock zum Reiten jedoch hochgebunden. Kaiserin Elisabeth trug bei Jagden nicht nur drei Paar Handschuhe über ihren zierlichen Händen, sondern sie ließ sich auch ihre Reitkleider von ihrer Schneiderin teilweise auf den Leib nähen, damit keine Falte die Wirkung ihrer schlanken Taille und ihrer schmalen Hüften verdarb. Die Farbe der Kleider war Dunkelblau oder Schwarz, mit weißem Schleier am Zylinder oder mit breitrandigem Hut, den Federn zierten.

Auf Anweisung von Mr. William Coke fertigte Thomas William Bowler 1851 den ersten steifen, runden Hut, der zuerst den Namen Coke erhielt. Erst nach Cokes Tod benannte man den Hut nach der Hutmacherfamilie Bowler. Die Kleidung der Damen war nach wie vor der Kleidung der Herren angepasst. So war bei Jagdgesellschaften, vor allem bei Privatmeuten, oft eine Kleiderordnung vorgeschrieben. Zum farbigen Rockkragen der Herren sollten etwa das Revers und die Ärmelmanschetten des Damenkleides genau passen. Die Herren trugen Westen und verschiedene steife Kragenformen.

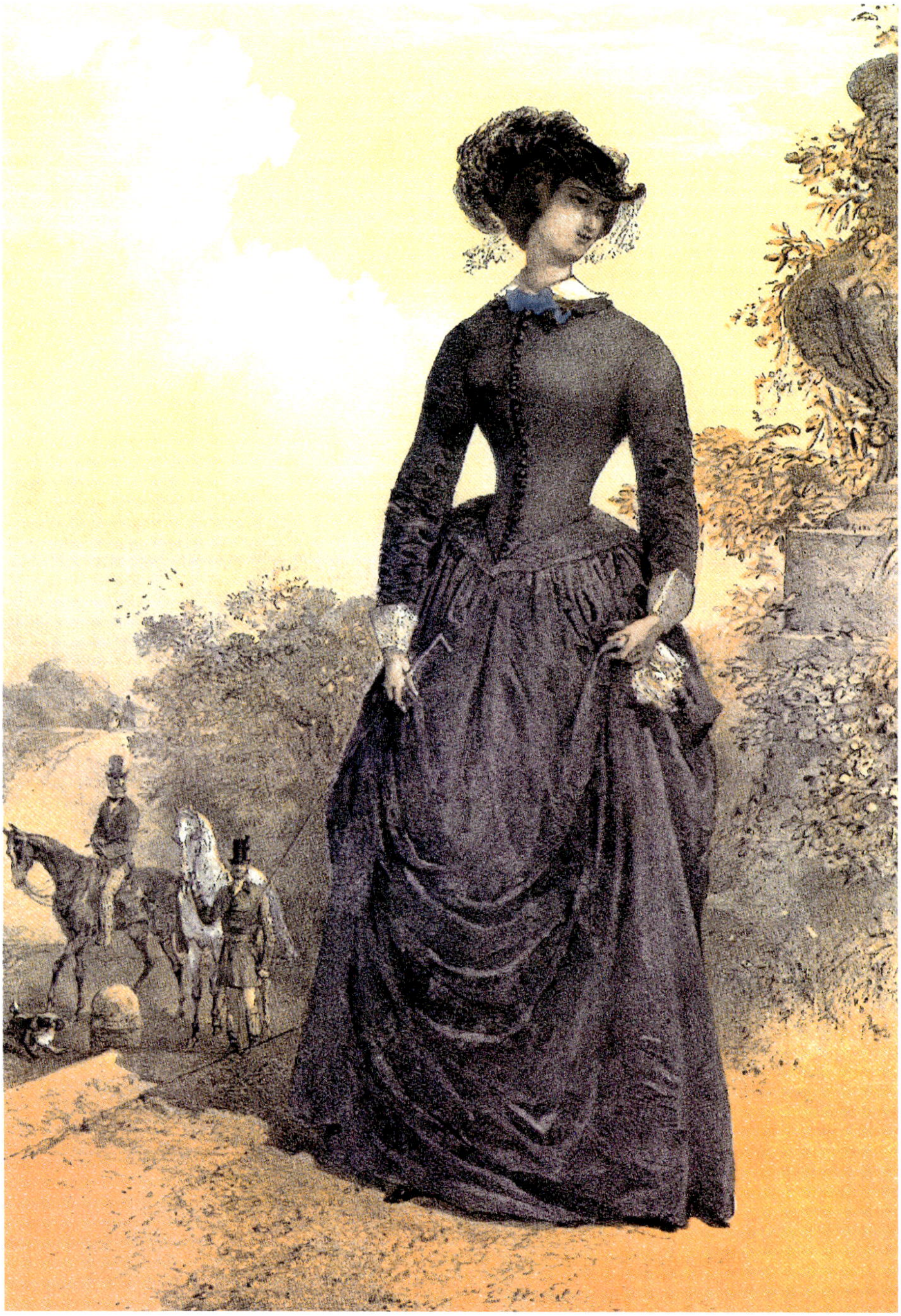

ABB. 83: Englisches Reitkleid um 1860

In Frankreich sah man als Abwechslung zur *schwarzen Amazone* zum Teil die Jagdreiterin auch in rotem Dress und hellem Zylinder. Auch war die Reitmelone schon neues Vorbild.

Das einteilige Reitkleid

An dieser Stelle möchte ich beschreiben, wie man sich um 1860 das einteilige Reitkleid mit allen dazugehörenden Details wünschte.

Man sollte auf eine dezente Passform des Reitkleides bedacht sein. Ein faltenreiches Kleid sei zwar sehr reizvoll, ein faltenloses enges Kleid lasse jedoch bei guter Figur die Formen des weiblichen Körpers besser zur Geltung kommen.

Es sollte einfach und elegant wirken, die Farbe wählte man möglichst gedeckt, keinesfalls grell. Zur Auswahl standen schwarz, dunkelblau oder dunkelgrün.

Der Stoff musste aus schwererem Tuch bestehen, im Sommer konnte leichteres Gewebe, etwa Sommerloden verwendet werden. Flatternde Röcke waren zu vermeiden, daher nähte man damals Schrotkugeln in den Rocksaum, heute kann man Bleiband verwenden.

Der Rock musste faltenfrei um den Körper sitzen. Nach unten sollte er weitfallend die Fußknöchel bedecken. Für das rechte, hochliegende Knie wurde er der erforderlichen Weite wegen länger geschnitten und beim Gehen hochgeknöpft. Die Taille war enganliegend und glatt, auch war sie kürzer geschnitten, da es sonst bei Bewegungen im Sitzen unschöne Falten gab.

Das Oberteil, vorne meist geknöpft, konnte einfach oder verziert sein und sollte die Brust nicht einengen. Bei hochgeschlossenen Kleidern wünschte man sich einfache, weiße Stehkragen, die jedoch den Hals nicht zu eng umschließen durften, um die ungezwungene und graziöse Haltung des Kopfes nicht zu stören. Wurde das Kleid am Hals offener getragen, so schloss es ein weißer Umlegekragen ab.

Die engen Ärmel trug man mit glatten, weißen Manschetten, die aber – zu knapp geschnitten – die Bewegungsfreiheit der Arme beeinträchtigt hätten. Zu weiten Ärmeln gehörten bauschige Unterärmel.

Die damalige Unterwäsche war in ihrer Machart unsportlich, zum Teil sogar gefährlich. Reitmeister Fillis hatte sich Gedanken darüber gemacht und äußerte sich in seinem Werk *Grundsätze der Dressur und Reitkunst* unter anderem dazu:

»Das Wohlbehagen der Reiterin kann durch fehlerhaften Schnitt, auch in der Unterwäsche, empfindlich gestört werden. Schon geringste Falten verursachen Druckstellen und Hautabschürfungen. Das Schnürleibchen muss sehr kurz und niedrig sein. Lange Corsettschienen aus Fischbein sind nicht nur unbequem, sondern wirklich gefährlich. Ich würde glauben, mich entschuldigen zu müssen, weil ich in die geheimen Einzelheiten

der Toilette eindringe, für welche meine Urteilsfähigkeit zweifelhaft erscheinen könnte, wenn es sich nur um eine Frage der Eleganz handelte, aber alles, was die Ausrüstung der Reiterin angeht, betrifft auch ihr Wohlbefinden und ihre Sicherheit zu Pferde.«

Reitmeister Fillis hatte seinen Aussagen nach so viele Damen schmerzerfüllt und leidend von Spazierritten zurückkommen sehen, die deshalb mehrere Tage auf der Chaiselongue zubringen mussten, dass er diesen anscheinend nebensächlichen Dingen größere Wichtigkeit beimaß. Die Frauen sollten auch keine langen Strümpfe tragen, denn das Strumpfband konnte ernsthafte Verletzungen hervorrufen. Am besten waren Socken und ein eng anliegendes Unterbeinkleid aus weichem dehnbaren Stoff, Trikot oder Jersey mit Seide oder Hirschleder gefüttert.

Das Beinkleid darüber musste schmale Gummistege haben, damit es keine Falten schlug.

Kurze Stiefel mit Gummizügen ohne Knöpfe, denn diese gaben Quetschungen auf dem Fußspann, wurden empfohlen. Hohe Stiefel konnten die Reiterin unterhalb des Knies verletzen und behinderten sie auch, ihr Pferd mit dem Bein richtig zu führen.

Was die Reitstiefel betraf, so hatten die der Männer einen steifen geraden Schaft bis zur Wade, meist aus Lackleder. Fillis wiederum empfahl mehr den weichschaftigen Stiefel aus Chevreauleder.

Die Reitstiefel der Damen durften wegen der Gefahr des Hängenbleibens keine hohen Absätze haben. Auch Knöpfe waren wie gesagt zu vermeiden. Am besten eigneten sich Halbstiefel zum Schnüren mit Gummizug oder die sogenannten *Husarenstiefel*.

Der Hut konnte nach Geschmack gewählt werden. Zum dunklen Reitkleid passte am besten der Zylinder mit Schleier, ein ziemlich hoher, schwarzer Seidenhut mit hochgewölbter Krempe. Ein elegantes Barett oder ein niederer runder Hut mit steifem Rand, mit Schleier oder Federn verziert, eignete sich besonders für jüngere Damen.

Die Haare wurden glatt nach hinten frisiert, zum Zopf geflochten oder als Knoten geschlungen. Das Wichtigste war dann das richtige Befestigen des Hutes. Nichts ist lächerlicher als ein herabhängender, verschobener Hut und eine danach greifende verzweifelte Dame. Um den Bewegungen des Pferdes in allen Gangarten, vor allem den Sprüngen und harten Stößen bei Jagden, standzuhalten, eignete sich am besten der fest am Kopf sitzende Zylinder oder ein melonenartiger steifer Herrenhut.

Hüte, die mehr oder weniger nur auf der Frisur saßen, konnten mit Bändern, Schnüren und Nadeln befestigt werden. Sie eigneten sich deshalb mehr für ruhige Bewegungen beim Spazierenreiten, wobei hier allein schon der Wind einen schlecht befestigten Hut wegwehen konnte.

Fillis empfahl daher den Damen nochmals, ihre Haare und den Hut sicher zu befestigen.

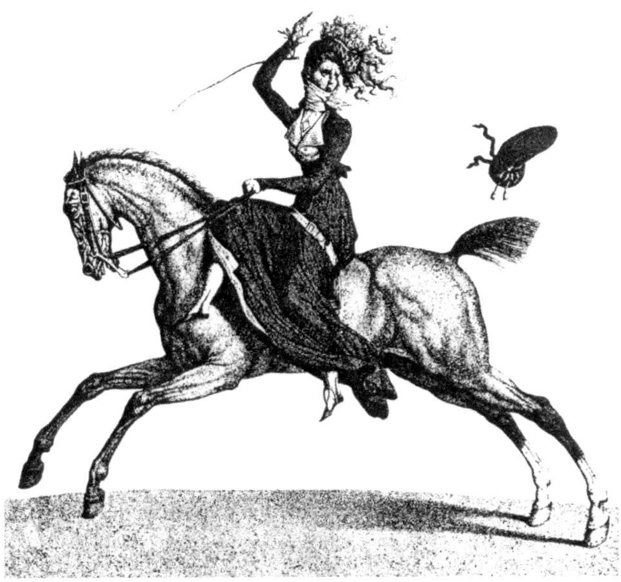

ABB. 84: L'inconvénient des perruques, Karikatur von A. C. H. Vernet, aus Pellier

»...denn wenn sie beschäftigt sind, ständig ihren Hut festzuhalten oder zurechtzurücken, denken sie zu wenig an ihr Pferd und wenn die Dame ihren Hut verliert, ist sie nahe daran, auch ihren Kopf zu verlieren.«

Die Handschuhe konnten kurz oder lang sein, möglichst zu der Farbe von Kragen, Revers und Ärmelaufschlägen passend.

Das zweiteilige Reitkostüm

Die Übergänge der Kleiderstile waren meist fließend. So kam etwa ab 1870 das zweiteilige Reitkostüm auf.

Das Jackett des geteilten Reitkostüms hat eine knapp anliegende Taille und lange, nicht angesetzte, glockig fallende, abgerundete Schöße. Die Taille muss wieder kürzer geschnitten sein, da sich sonst beim Sitzen Falten bilden. Der Rock ist glatt und reicht bei aufrechtem Stehen der Reiterin nicht über die Sporen. Auf der rechten Seite ist er der erforderlichen Weite wegen für Knie und Horn länger geschnitten und wird beim Gehen hochgeknöpft. Darunter trägt man ein kurzes, im Schenkel weites Beinkleid aus weißem Tuch. Der Rockstoff sollte ebenfalls nicht zu leicht sein, aus schwarzem, dunkelblauem oder dunkelgrünem Tuch.

Meister der Schneiderkunst für Reitkleider und Kostüme waren, so schreibt Baron von Eelking in seinem Buch *Gestiefelt und gespornt*, die Berliner Firmen Benedikt

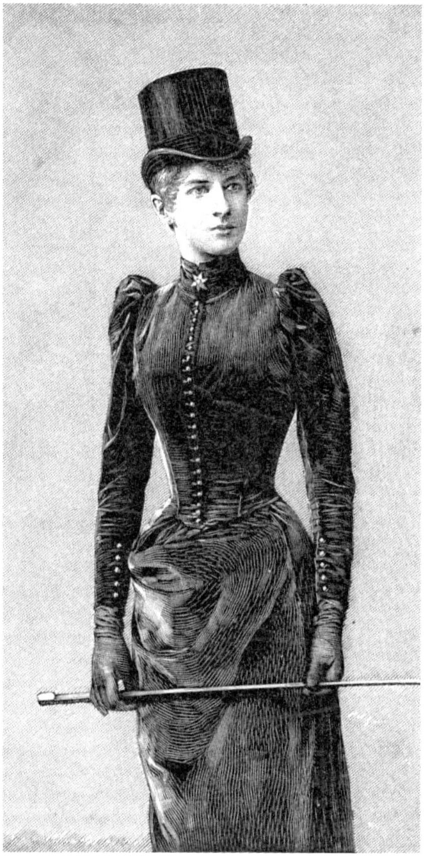

ABB. 85: Baronin von Rahden in einem eleganten schwarzen Reitkostüm um 1890

in der Königgrätzerstraße sowie Hoffmann in der Friedrichstraße. In London waren W. Shingleton in der Bond Street und Thomas and Sons in der Brookestreet Spezialisten für Damenreitkleidung.

Gesellschaftlicher Treffpunkt waren um die Wende zum 20. Jahrhundert die Tattersalls in Berlin. Bei den Herren kam die Steghose in Mode. Beim ersten deutschen Turnier im Juni 1899 in Frankfurt am Main war die Kleiderordnung noch völlig unterschiedlich. So ritt man unter anderem auch im Zivilanzug mit hohem Hut oder im roten Rock.

Für junge Mädchen sind nach 1900 nochmals weiße Reitkleider aus Leinen oder Sommerloden aufgekommen. Dazu war ein flacher Strohhut, mit einem Gummiband unter dem Kinn befestigt, gut passend für Promenaden oder Spazierritte.

Diese damals sehr beliebte Kopfbedeckung ist besser unter dem Namen *Kreissäge* (*franz. Canotier*) bekannt. Immer naturfarben, mit zylindrischem Kopf im Winkel

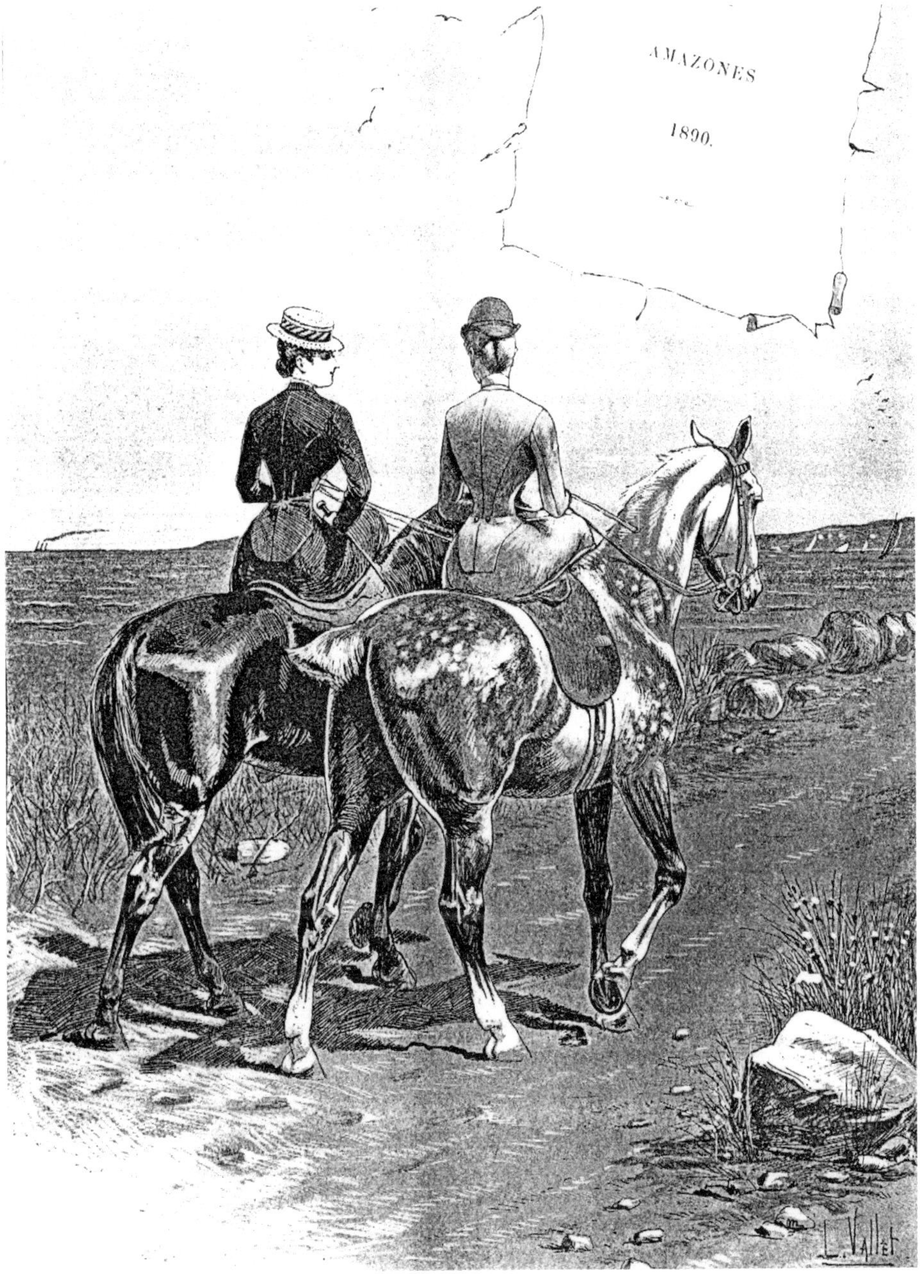

ABB. 86: Ausritt am Strand – Französinnen in zweiteiligen Reitkostümen und die dazu im Vergleich zu sehenden verschiedenen Kopfbedeckungen. Die linke Reiterin trägt einen *Canotier* (Kreissäge), die rechts reitende Dame einen englischen Bowler.

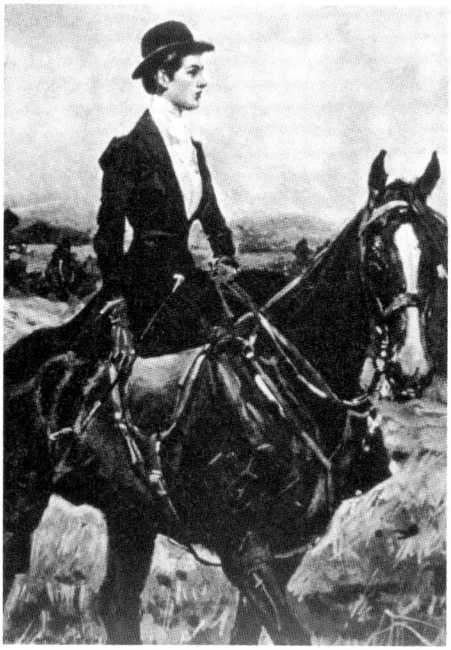

ABB. 87: Jagdreiterin im zweiteiligen Reitkostüm um 1907

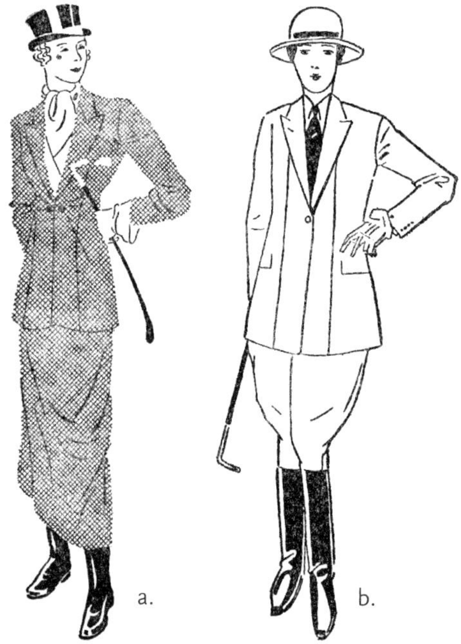

ABB. 88: a. Zweiteiliges Damenreitkostüm um 1920, b. Dame im Reitanzug, um 1920

von 90 Grad, schwarzem Hutband und schmaler Randbreite unterscheidet sich dieser Herrenhut etwas von einem ähnlichen Modell, dem *Matelot,* den die Reiterinnen im Damensattel sogar auch in Springprüfungen trugen. Der Matelot hat dieselbe Kopfform, besitzt aber oft einen breiteren, geraden Rand, ähnlich dem spanischen Hut, und kann modisch sehr verschieden getragen werden, etwa leicht schräg oder nur mit einer Hutnadel auf der Frisur befestigt.

Die deutsche Reiterin zeigte sich um 1909 nicht nur in vornehmem Schwarz, sondern auch in farblich verschieden kombinierten Reitkostümen. War der Kragen des Jacketts mit Tressen besetzt, so passte dazu der Dreispitz. Allerdings war er nicht mehr mit dem gefransten Federband des Rokoko versehen.

So sah man die Amazonen Frau v. Gottberg und Frau Krupp v. Bohlen und Halbach im schwarzen Reitrock, der noch den Fuß bedeckte und durch eine weiße Jacke ergänzt wurde. In anderer Farbkombination dagegen kleidete sich Frau v. Becker mit weißem Rock und schwarzem Jackett. Als Kopfbedeckung wurde der flachkrempige, steife Hut dem Zylinder vielfach vorgezogen.

Was turniergerechte Reitkleidung betrifft, so haben sich die erfolgreichen deutschen Turnierreiterinnen im Damensattel genau an die nun schon strenger festge-

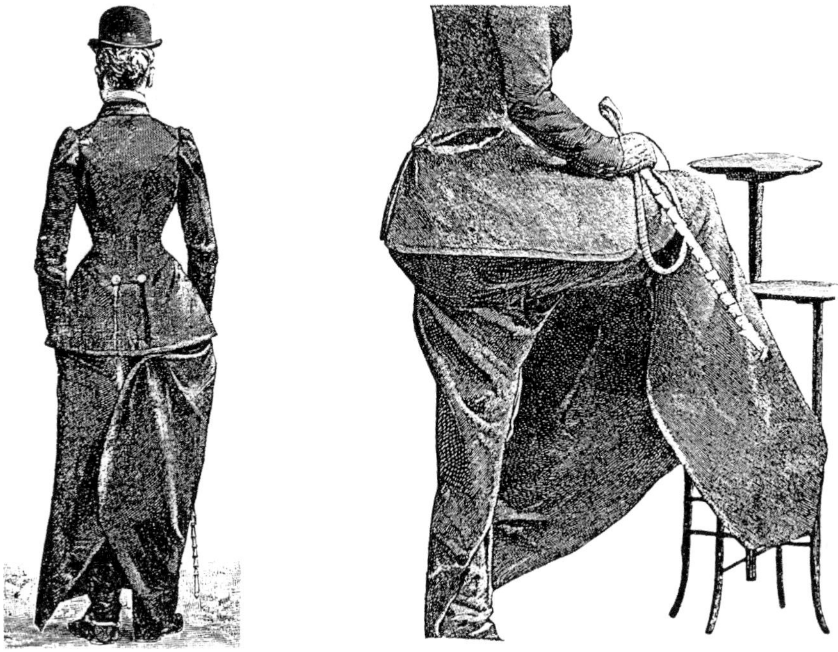

ABB. 89: Thomas Patent Safety Habit aus Graf Wrangel, *Das Buch vom Pferde*

legte Kleiderordnung gehalten und sich für die verschiedenen Prüfungen oft mehrmals umgezogen. Nach Baron v. Eelking soll Frl. Mary van Lungen beispielsweise in braunem Reitkleid mit rosa Nelke im Revers in der Springprüfung erschienen sein und kurz darauf ganz offiziell in schwarz an einer Dressur teilgenommen haben.

Die Engländerin trug auf den Turnieren zum nachtblauen Reitkostüm ein sektfarbenes Plastron (Halsbinde), das Revers mit einer Blume geschmückt und als persönliche Note, passend zur Farbe des Reitkostüms, eine hellblaue oder scarlettrote Weste mit Goldknöpfen. Dazu gehörten helle, etwas größere Handschuhe wegen der sicheren Führung und als Kopfbedeckung der bewährte Zylinder mit Gesichtsschleier. Dadurch, dass bei den Frauen der Herrensattel dann mehr an Bedeutung gewann, kam der als Kleid gearbeitete Hosenrock in Mode, entworfen vom französischen Schneider Monsieur Paul Poiret.

Auch in England gab es diesen praktischen Sicherheitsdress, den sogenannten *Safety habit* mit geteiltem Rock, welcher beim Sturz die Gefahr des Geschleiftwerdens verringerte. Die Idee kam von der Firma Shingleton und wurde beim großen Londoner Concours Hippique zum ersten Mal von Damen in der Springkonkurrenz getragen.

Hertha v. Knobloch empfahl zur Sicherheit den kurzen Taillenschoß bei kitzligen Pferden, den neuen geteilten Rockschnitt oder einen Reitrock, an dessen linker

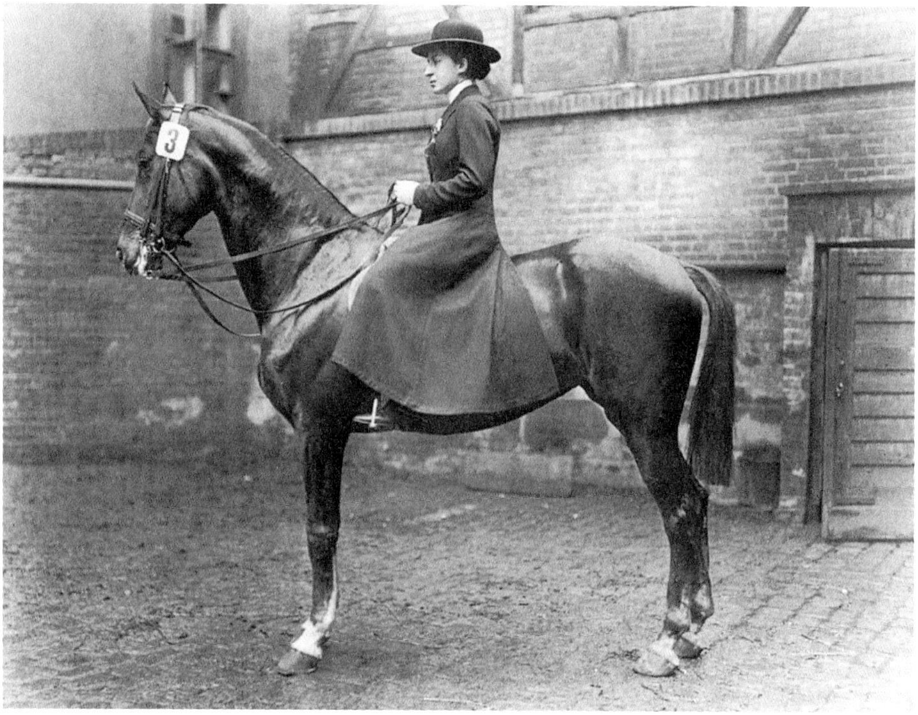

ABB. 90: Frau Käthe Franke im langen zweigeteilten Reitrock, 1920 auf Regina, Foto Menzendorf

Rocknaht Druckknöpfe in Verlängerung des Schlitzes angebracht sind, die sich beim Sturz öffnen. Ihrer Erfahrung nach solle man auch die Halteschlaufen des Rockes besser über den Stiefelabsatz ziehen, welcher sich leichter aus der Schlinge löst als die Stiefelspitze.

Durch den Ersten Weltkrieg stagnierte dann allerdings die Entwicklung der Damenreitkleidung, die für den Herrensattel gedacht war.

Auf den ersten Turnieren nach dem Krieg ritt Frl. Käthe Cobau, die spätere Frau Franke, mit einem die Stiefel noch ganz bedeckenden langen Reitrock, heute würden wir Reitmantel sagen, im Herrensitz. Bei den immer mehr gekürzten Reitröcken legte dann besonders Frau Franke großen Wert darauf, dass die Länge des Reitrockes und die sichtbare Reithose bis zum Stiefelansatz in der richtigen Proportion zueinander standen.

Als sich bei den Amazonen der Herrensitz dann fast ganz durchgesetzt hatte, trug die Reiterin schwarze, später beige, oberhalb des Knies ausgestellte Reithosen zum schlichten schwarzen Reitjackett, welches immer eleganter wirkt, wenn es ab der Taille nach unten leicht glockig fällt.

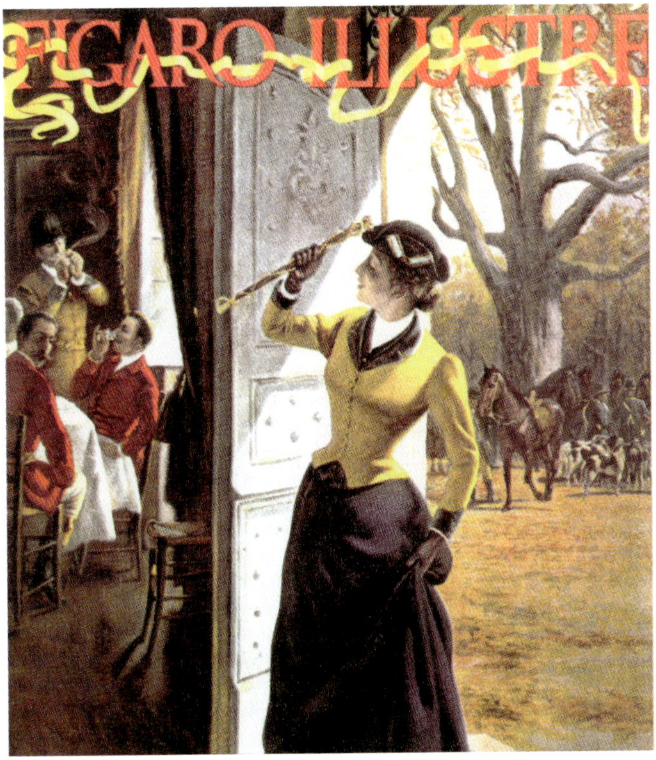

ABB 91: »*À la chasse, messieurs!*«, Illustration Figaro 1895. Diese französische Jagdreiterin trägt zum schwarzen Reitrock ein enges, senffarbenes Jäckchen mit in Schwarz abgesetztem Kragen und Mantelaufschlägen.

Die heutige Damensattel-Mode

Um den Frauen in Deutschland eine Richtlinie zu geben, welche Reitmode zu welcher Gelegenheit heutzutage im Damensattel passend ist, möchte ich die verschiedenen Möglichkeiten aufführen und zuerst die Reitmode aus unseren Nachbarländern erläutern. Dort gibt es heute noch eine spezielle Reitkleidung für Frauen, da in diesen Ländern diese Reitart traditionell weiter gepflegt wurde, anders als bei uns, wo die Kenntnis über die korrekte Damenreitkleidung in Vergessenheit geriet.

Der Französin empfiehlt die Verfasserin Mme. Jehanne Cabaud, geborene de la Tousche D'Avrigny, in ihrer Damenreitlehre *L'Equitation en Amazone* vier verschiedene Rockformen von einfach bis traditionell:

Der erste Rock besteht aus einem Halbkreis in drei Bahnen. Er ist an der Taille geschlossen wie eine Schürze und rechts offen. Es ist ein einfacher Rock, praktisch, pflegeleicht, gut für die tägliche Arbeit und nicht so teuer. Darunter Reithosen und nicht zu lange Stiefel. Bei der täglichen Arbeit trägt man dazu eine kürzere oder längere sportliche Reitjacke in braun, beige oder kariert, bei warmem Wetter nur eine sportliche Bluse. Passend dazu einen Filzhut oder eine Mütze und Handschuhe aus Baumwolle. Zum Spazierenreiten kann man zur weißen Bluse auch den Canotier tragen.

Der zweite Rock besteht aus einem kompletten Zirkel (sog. *Regenschirm*). Er ist schön, hat aber auch Nachteile. Er ist rechts ganz geschlossen, kann sich an den Hörnern verwickeln und fliegt im Galopp, wenn er aus zu leichtem Stoff gefertigt ist. Er ist aber leicht zu schneidern und gut für die füllige Dame. Diesen Rock kann man eventuell zu einem historischen Kostüm tragen, darunter einen Unterrock, dessen Spitzen unter dem oberen Rock hervorschauen. Beide Röcke sollen nur so lang sein, dass man die Stiefel bis zum Knöchel sieht.

Der dritte ist der traditionelle oder klassische Reitrock. Er ist korrekt für das Turnier und für das elegante Reitkostüm. Der Rock ist in der Taille ganz geschlossen, hat Falten am rechten Knie und ist links länger geschnitten. Auf der rechten Seite ist er, wenn man zu Pferde sitzt, durch einen Schlitz offen. Beim Gehen wird er hochgeknöpft in einen Knopf, der sich genau in der Mitte unter der Taille befindet. Der Schlitz ist nicht zu sehen. Der Stoff soll aus gutem schwarzen Tuch bestehen und nicht zu leicht sein. Die Jacke dazu ebenfalls in schwarz und eventuell, wenn sie bei einer Reitjagd getragen wird, Revers und Ärmelaufschläge in der Farbe, die im entsprechenden Jagdfeld vorgeschrieben ist. Darunter trägt man nur Strumpfhosen und Jodphurstiefel, für das Turnier den Halbzylinder (*Kronstadt*), für Kür- und Quadrillenreiten auch mit Schleier, dazu Handschuhe in Schwarz oder Weiß.

Als Viertes gibt es die *Schürze* (oder den *Jagdrock*), welche bei der Jagd von den Engländerinnen heute noch getragen wird. Sie ist kurz und praktisch. Vor allem beim Reiten durchs Unterholz kann man nicht hängenbleiben, auch ist sie praktisch für die tägliche Arbeit und sieht auf dem Pferd gut aus. Wenn man abgesessen ist, wirkt sie nicht mehr ganz so schön, da sie hinten offen ist. Man trägt darunter Reitstiefel und Reithosen und kann damit auch allein aufsitzen. Der Schnitt ist ähnlich dem dritten Rock, nur kürzer, so dass man den unteren Teil des Stiefels und den Sporn sieht. Als Kopfbedeckung für die Jagd passt der Dreispitz oder die Melone, dazu natürlich weiße Bluse, Plastron, schwarzes Jackett und unter der schwarzen Schürze schwarze Reithosen und Reitstiefel. Die weißen Handschuhe sollten aus Baumwolle oder Leder sein.

Historische Reitkleider sollten nur bei Schauvorführungen getragen werden.

Für die Engländerin ist der Turnieranzug für die heute stattfindenden *Damensattelprüfungen* genau vorgeschrieben. Der Rock, die Stiefelhose und das Reitjackett sind gleichfarbig. Es werden gedeckte Farben verwendet, wobei zwischen Schwarz, Dunkelgrau und Dunkelblau gewählt werden kann. Die Reitstiefel und der Zylinder sind schwarz, Hemd, Plastron und Handschuhe weiß.

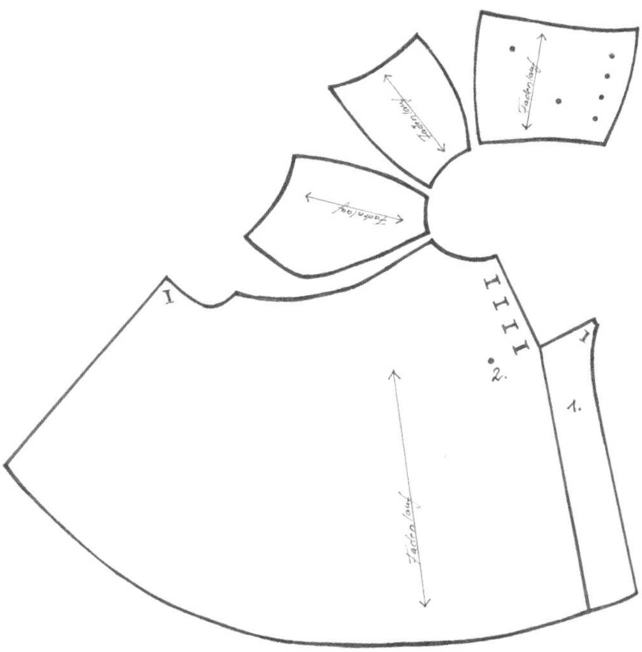

ABB. 92: Schnittmuster einer Reitschürze 1:10, Schnittgröße 38, Doppelter Zuschnitt, untere Kanten verstürzen und die Nähte aneinanderfügen, zusammennähen, Knopflöcher und Bund fertigstellen. Besatz (1) nach innen einschlagen, mit einem Knopfloch versehen und Knopf (2) innen annähen. Zeichnung DBP.

In der *Jagdpferdeklasse* können ein Jackett und Reitrock aus Tweed getragen werden. Dazu passen braune Stiefel, beiges Hemd und Krawatte oder Plastron, braune Lederhandschuhe und Bowler.

Die Farbe der Weste darf, passend zum Reitkostüm, eine persönliche Note ausdrücken, sie kann auch kanariengelb oder kariert sein. Trägt die Reiterin einen Bowler, so gehört die Krawatte dazu; zum Zylinder, immer noch mit Schleier, wird ein *Plastron* getragen. Der Zylinder ist nur für Finalprüfungen zugelassen.

In *Equitation classes* (Reiterprüfungen), in denen der Sitz bewertet wird, ist es vorgeschrieben, ohne Reitrock zu reiten. Dies wird auch im Reitunterricht, vor allem bei der Anfängerin, vom Reitlehrer verlangt, denn nur so sind eine genaue Beurteilung und Korrektur des Sitzes möglich. Aus stilistischen sowie ästhetischen Gründen sollte auf den Reitrock jedoch ausschließlich in diesen Fällen verzichtet werden.

Auf der iberischen Halbinsel tragen die im Vaquerodamensattel reitenden Señoras einen kurzen Reitrock. Im Übrigen ist ihre Kleidung der traditionellen spanischen Reitkleidung bzw. einer speziellen Landestracht angepasst.

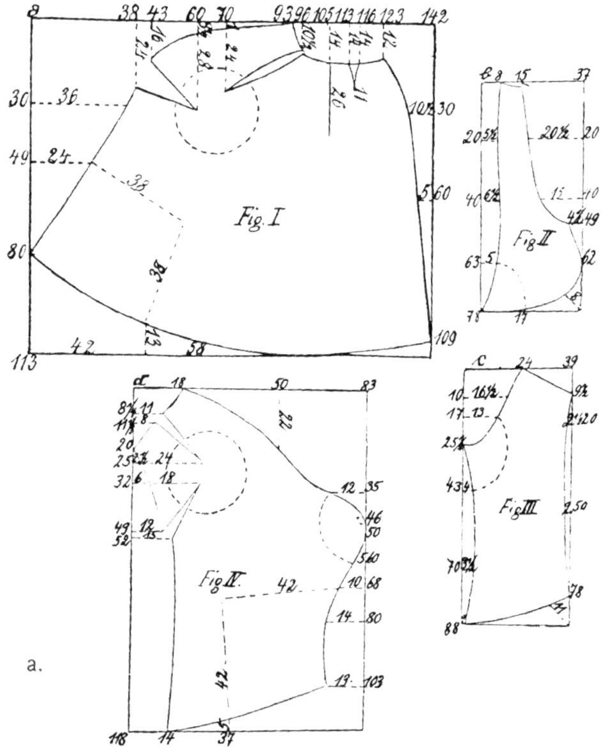

a.

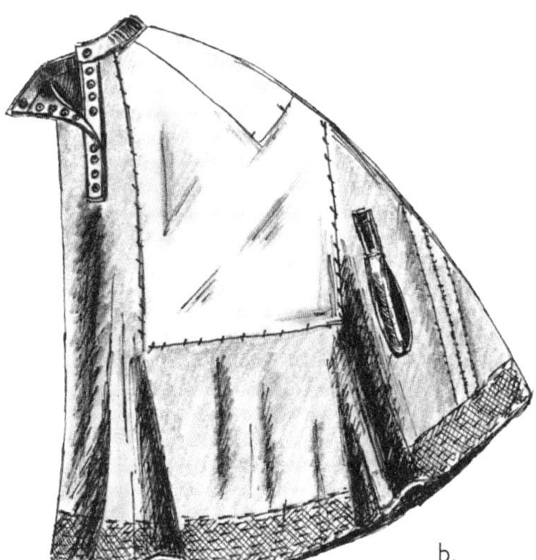

b.

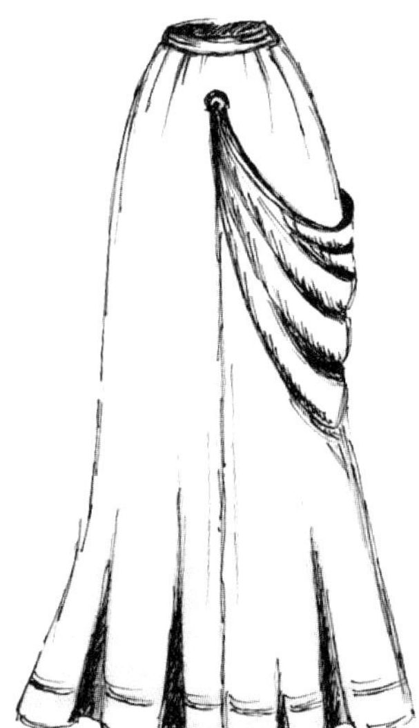

c.

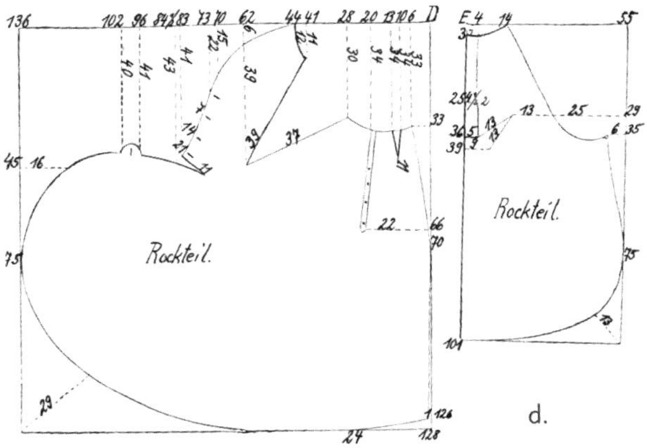

d.

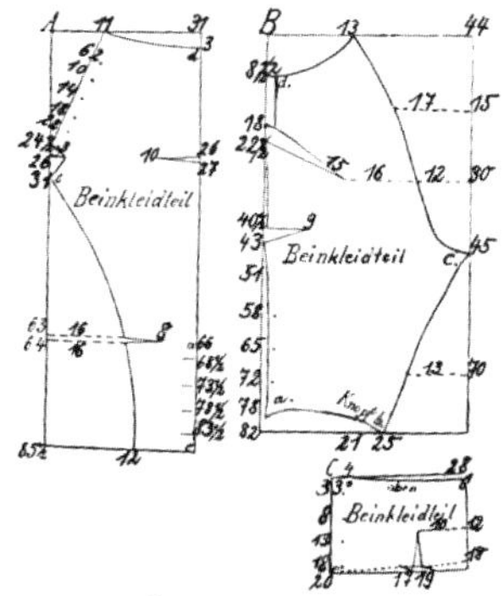

e.

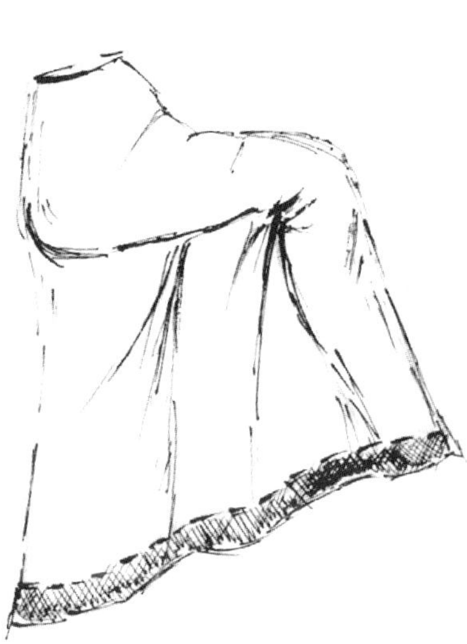

f.

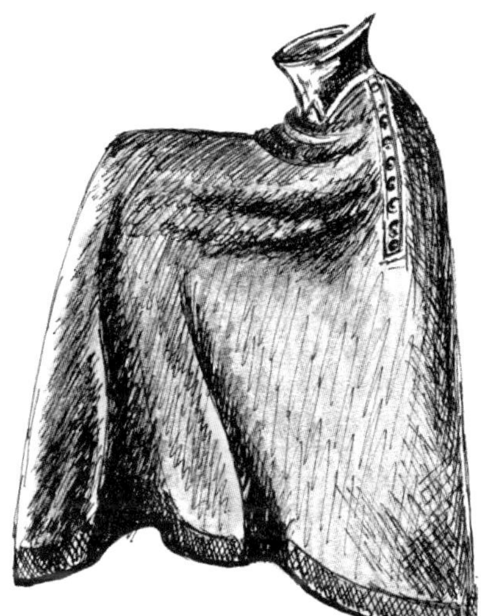

ABB. 93/94:

a) Schnittübersicht zum Reitrock mit ausgearbeitetem Knie. Fig. II und III zeigen die quer durchschnittene Mittelbahn.

b) Rechte innere Hälfte eines gewöhnlichen Reitrockes. Die Schlinge für das rechte Bein verhindert das Auffliegen des Rockes; Leinenfutterauflage.

c) Rückansicht des Reitrockes mit ausgearbeitetem Knie

d) Schnittübersicht zu den Rockteilen des Reitrockes mit eingearbeitetem Beinkleid

e) Schnittübersicht zu den Beinkleidteilen

f) Reitrock mit eingearbeitetem Beinkleid

Zeichnungen DBP

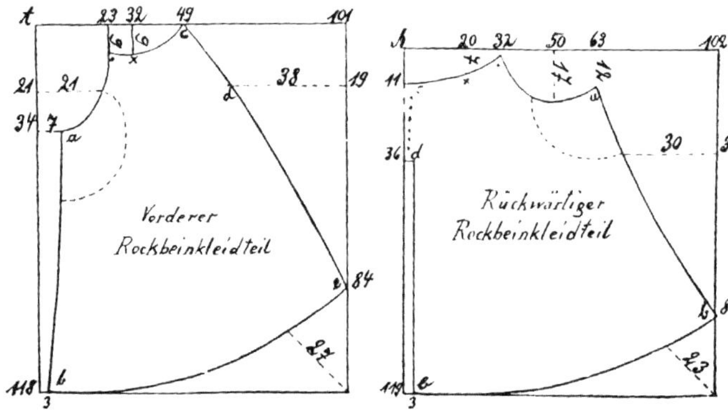

g.

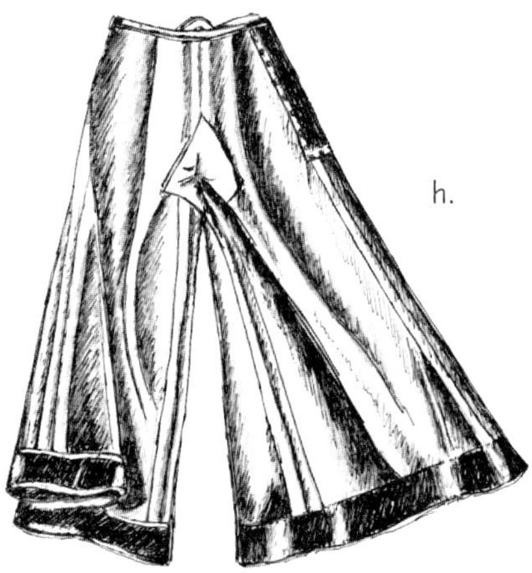

h.

ABB. 95:
g) Schnittübersicht zum geteilten Reitrock
h) Innenansicht des geteilten Reitrockes. Die Belederung im Schritt wird auch bei Fahrradröcken angebracht.
Zeichnungen DBP

Den deutschen Reiterinnen empfehle ich für das Reiten im Damensattel und den jeweils dafür entsprechenden Anlass die nachfolgend beschriebene Reitkleidung, Frisur und Kopfbedeckung:

Für die tägliche Arbeit mit dem Pferde wird in pflegeleichter Kleidung geritten. Hier ist die *praktische Schürze* in einer unempfindlichen Farbe, möglichst braun oder grau, am besten. Darunter sind normale Stiefelhosen mit Ganzlederbesatz oder kurze Stiefel empfehlenswert. Dazu im Sommer eine passende Bluse, an kühleren Tagen einen Pullover und ein farblich auf den Rock abgestimmtes kariertes oder einfarbiges Reitjackett. Lederhandschuhe und ein sportlicher Herrenhut oder eine Sportmütze vervollständigen den Arbeitsanzug.

Für das Turnier zu Reiterprüfungen, sowie im Reitunterricht kann zur besseren Beurteilung und Korrektur des Sitzes ohne Reitrock geritten werden. Stilistisch und ästhetisch korrekt ist es ansonsten, in der Öffentlichkeit stets einen Reitrock zu tragen.

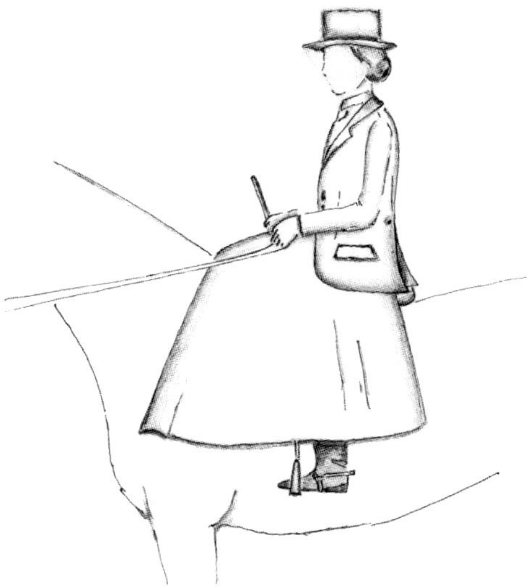

ABB. 96: Zum Side-Saddle-Outfit gehört im traditionellen England das Habit aus schwarzem Tuch und zum Zylinder das Gesichtsnetz. Zeichnung DBP

Für eine Dressurprüfung wählt man das klassische schwarze, zweiteilige Reitkostüm. Je nach Ausschreibung gehen auch gedeckte Farben, wie Dunkelgrau, -braun oder -blau. Als Rock nehmen wir wieder die Schürze, darunter Reithose und etwas kürzere Stiefel. Über der weißen Bluse das taillierte, ganz leicht glockig geschnittene schwarze Reitjackett. Weiße Handschuhe, weiße Krawatte und als Kopfbedeckung bis Kl. M den Bowler, ab Kl. S das Plastron und den Zylinder.

Für Jagdpferdeprüfungen können ein schwarzes, braunes oder dunkelgrünes Jackett und ein zum Jackett gleichfarbiger Rock getragen werden. Dazu schwarze oder braune Stiefel, beiges Hemd, die Krawatte zum Bowler oder das Plastron zum Zylinder und braune Lederhandschuhe. Die langen Plastrons zum Binden wurden auf Jagden auch als Notverband für Reiter und Pferd verwendet, etwa zum Abbinden von Wunden oder als Armschlinge bei Knochenbrüchen.

Zu einer Schauvorführung kann man entweder das klassische schwarze Kostüm wählen oder ein einteiliges historisches Reitkleid, aus einer Mode-Epoche bis einschließlich des 18. Jahrhunderts. Wählt man ein einteiliges Reitkleid, muss es im Stil der historischen Epoche entsprechen, aus der es stammt. Auch die Rasse, das Modell des Pferdes, seine Ausstattung sowie die Dressurübungen und die Musik sollten zum Stil passen.

Bei einer Vorführung sollte sich die Reiterin in ihrer Gesamtausstattung nur an die Zeitepochen halten, in denen auch schulmäßig geritten wurde (das wäre ab dem 18. Jahrhundert). Dazu sollte die Ausstattung harmonieren. Kostüme aus Zeiten, in denen Frauen nicht selbständig auf ihr Pferd einwirkten, passen besser bei historischen Schaubildern oder Umzügen. Eine Vorstellung in unvollständiger Reitkleidung, etwa ohne Reitrock, ist dilettantisch, und eine übertriebene oder kitschige Aufmachung verstärkt den Eindruck, sie solle vom mangelhaften Reiten ablenken.

Für Quadrillen gilt dieselbe Kleiderordnung wie für die Dressurprüfung. Je nach Anlass oder Ausschreibung (Wettbewerb) können auch historische Kostüme, etwa lange, wallende Kleider ebenso wie eng anliegende, getragen werden. Sie können in Schnitt und Farbe einheitlich oder verschiedenfarbig (wie etwa im Barockstil) gehalten sein. Schulterfreie Kostüme im Damensattel sind ein faux pas! Breitkrempige Hüte wirken elegant, müssen aber gut befestigt werden, da sie sonst davonfliegen.

Zur Frisur der Reiterin, ob für die Arbeit oder eine Vorführung, möchte ich Folgendes vorschlagen: Die Haare sind so zu frisieren, dass sie zur Hutform passen. Entweder trägt man einen Kurzhaarschnitt, von dem hinten unter dem Hutrand evtl. noch einige Locken zu sehen sind, oder lange Haare, die zu einem festen Knoten im Nacken geschlungen und festgesteckt werden. Der bewährte Knoten ist nach wie vor die haltbarste und schönste Frisur unter dem Reithut. In England gibt es sogar *künstliche Haarknoten*, die am Hut befestigt sind. Streng nach hinten gekämmte, festgesteckte Haare geben einem ein straffes, frisches Gefühl, was sich zudem günstig auf eine aufrechte Kopf- und Körperhaltung auswirkt.

Da wir heute im täglichen Leben oft legere Kleidung tragen, fällt vielen Menschen eine aufrechte Haltung schwer. Doch nur mit einer geschulten Körperhaltung kommt auch das Reitkostüm gut zur Geltung und nur so wird man zu Pferde hübsch anzusehen sein. Eine prima Motivation, die dazu auffordert, fortwährend mit Freude an sich selbst zu arbeiten, auf die Haltung zu Fuß und zu Pferde zu achten sowie Kondition durch Ausgleichssport zu trainieren.

Leider sind für manche Reiterinnen die eleganten Kleider, die man im Damensattel tragen kann, also die Eitelkeit, der Hauptgrund, weshalb sie sich für die Sache interessieren. In erster Linie sollten jedoch das korrekte Gerittensein des Pferdes und die aufrechte Haltung der Reiterin im Vordergrund stehen. Betrachtet man ein gut gymnastiziertes Pferd mit einer vorbildlich sitzenden und fein reitenden Frau, so ist dies allein schon Kunstwerk genug.

Die stilvolle Ausstattung von Pferd und Reiterin in allen Details soll nur die gelungene Abrundung des Bildes sein. So dürfen Erscheinung und Ausstrahlung einer Reiterin, durch schlichte Eleganz eines geschmackvoll gewählten Reitanzugs, ihr korrektes Reiten lediglich dezent unterstreichen.

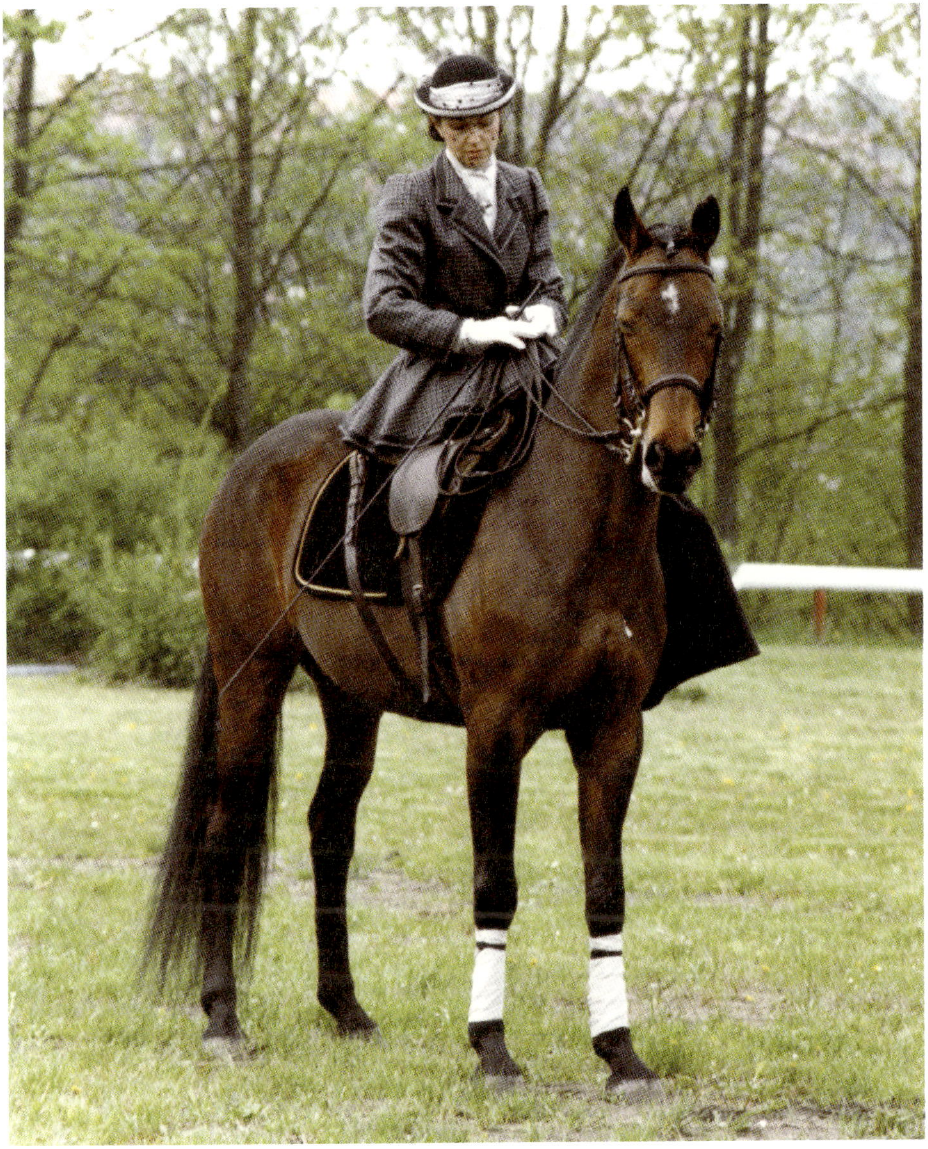

ABB. 97: Das *klassische schwarze, zweiteilige Reitkostüm*, mit Bowler oder Zylinder als Kopfbedeckung, wie Sie es auf Abb. 120 S. 168 sehen, kann beliebig kombiniert werden. In einem Brаunton wäre es sehr sportlich. Bei dem oben abgebildeten Modell wirkt es durch das graukarierte Jackett und den auffrischenden hellgrauen Farbton beim Hutband, der Bluse und den Handschuhen vielmehr sportlich-elegant. Foto Nieth
Das *zweiteilige Reitkostüm im klassizistischen Stil* (Abb. 72 S. 96) ist sehr elegant und wirkt gut bei künstlicher Beleuchtung.

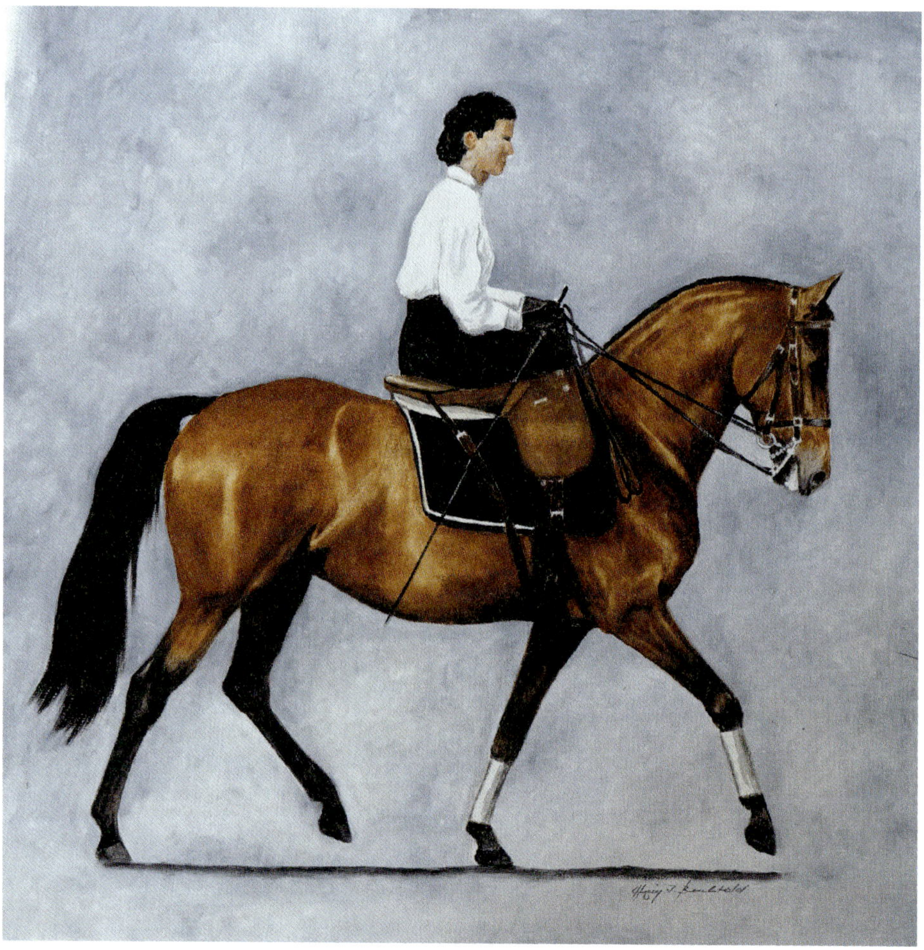

ABB. 98: Sally-Ann im Arbeitstrab. Gemälde von Heinz J. Berchtold

IV
DIE AUSBILDUNG DER REITERIN IM DAMENSATTEL

Die Reiterin

Im Büro des Reitinstituts Egon v. Neindorff hing eingerahmt ein Zitat von Richard L. Wätjen, das mich als Leitfaden bei meiner Arbeit mit den Pferden immer begleitet hat und das auch am Anfang dieses Buches zu lesen ist (S. 16). Im Laufe der vielen Jahre ist mir ständig bewusster geworden, wie viel Wahrheit doch in diesen Worten steckt, und meine eigene Auslegung der wichtigsten Grundsätze einer Reiterin lautet in Kurzform daher wie folgt:

- Mein Pferd arbeitet nur dann gerne mit mir zusammen, wenn ich gut zu ihm bin und es mir vertraut. Wenn ich Achtung vor der Kreatur habe und Verantwortung für ein Lebewesen tragen kann.
- Wenn die Haltung, das Futter und die Pflege seinen persönlichen Bedürfnissen entsprechen.
- Wenn ich bei seiner Ausbildung bestimmte Naturgesetze beachte.
- Wenn ich mich selbst zurücknehme und mich in Disziplin und Körperbeherrschung übe.
- Wenn ich durch regelmäßiges Arbeiten in meiner eigenen und dadurch auch in meines Pferdes Ausbildung kleinere und im Laufe der Zeit größere Erfolge erreiche und verstehe, dass auch sportliche Erfolge dabei nur Teilerfolge sind, solange ich den langen Weg beschreite, der zur vollendeten Reitkunst führt.
- Nur wenn ich alle diese Voraussetzungen erfülle, werde ich von jenen, die dies erkennen, später einmal als eine gute Reiterin bezeichnet werden. Wenn ich immer ehrlich gearbeitet habe, dann wird mich mein Pferd bis ans Ende der Welt tragen.

Heutzutage wird oft allzu schnell gelobt, und manche Reiterinnen und Reiter werden allzu früh als gut bezeichnet, ohne zu berücksichtigen, ob sie all jene wichtigen Bedingungen auch beachten und erfüllen.

Früher, als die pferdesportlichen Veranstaltungen noch kleinere Starterfelder aufwiesen, war das Alter der Teilnehmer im Schnitt höher. Ein wichtiger Aspekt, denn je älter und menschlich reifer die Reiterinnen und Reiter sind, desto mehr Verständnis sind für das Pferd und vor allem für die Arbeit mit ihm vorhanden. Die Bezeichnung *Turnierreiter* war damals ein besonderes Prädikat für einen Reiter, so sagte mir mein Lehrer Egon v. Neindorff. Dies ist leider heute oft nicht mehr zutreffend.

Um eine wirkliche Reiterin zu werden, muss sich demnach die junge Frau erst einer möglichst intensiven, körperlich und geistig oftmals anstrengenden Schulung unterziehen.

Hilda Dollmann sagte es kurz: »*Wer wirklich reiten lernen will, muss Jahre hindurch täglich reiten.*« Die Schülerin muss bereit dazu sein, die Grundsätze der Reiterei verstehen zu lernen. Sie muss erkennen, ob ihr diese Arbeit trotz Anstrengungen und vielleicht manchem Misserfolg Freude macht und ob sie das Geforderte im Laufe der Zeit erfüllen kann. Vor allem muss sie ehrlich zu sich selbst sein und sich den Gesetzen auch unterstellen können, die bei der Arbeit mit dem Pferde eingehalten werden müssen.

Für eine richtige Ausbildung genügen nicht nur ein guter Reitlehrer und gut ausgebildete Lehrpferde, auch die Schülerin sollte gleich zu Beginn bestimmte Voraussetzungen erfüllen, da sonst nur ein frühzeitiger Verbrauch der Pferde die Folge wäre.

Die wichtigste und wohl selbstverständlichste Voraussetzung ist die Liebe, die Achtung und das Verantwortungsbewusstsein für ein Lebewesen. Eine weitere ist, Selbstbeherrschung und Genügsamkeit zu üben. Etwas Talent sollte ebenfalls mitgebracht werden sowie eine gewisse Persönlichkeit, die sich im Laufe der Ausbildungszeit aber noch entsprechend entwickeln muss. Wird der Mensch schon als Kind in dieser Hinsicht erzogen, so wird es für ihn später als Reiter einfacher sein, wenn nämlich das Pferd im Umgang mit dem Menschen diese Dinge wiederum von ihm fordert.

Aufgabe des Reitlehrers ist es, die Eignung der Schülerinnen und Schüler zu erkennen und die fürs Reiten notwendigen Eigenschaften zu fördern.

Ein guter Reitlehrer unterrichtet nicht nur über den Umgang mit dem Pferd sowie in der Technik des Reitens und gibt Korrekturen, sondern er wird seine Schüler immer wieder darauf hinweisen, dass für das Erlangen des Gefühls die besten Lehrmeister immer nur die Pferde sind. In sie hineinhören, ihre Sprache verstehen lernen, ist der wichtigste und wohl auch längste Lernprozess bei der Ausbildung des Reiters.

Jedoch nützen die besten Lehrer, ob Mensch oder Tier, nichts, wenn die Schüler nicht über eine gewisse geistige Einstellung verfügen, vor allem über die nötige Einsicht, eigene Fehler bald selbst schnell zu erkennen und auch zu bekämpfen, also Selbstkontrolle, Selbstkritik und Selbstbeherrschung zu erlangen. Regelmäßiges fleißiges Üben und das Erlangen von Gefühl einerseits, Ausdauer andererseits sind von großer Wichtigkeit. Es darf aber niemals falscher Ehrgeiz zustande kommen, der wiederum nur auf Kosten der Pferde ginge.

Sich mit dem Pferde zu befassen, von Anfang an Vertrauen aufzubauen, seine Verhaltensweise zu studieren, ihm eine möglichst artgerechte Haltung zuteilwerden zu lassen und es als Freund und Partner zu betrachten, sind Voraussetzungen, um mit ihm konfliktfrei leben zu können. Die Reiterin sollte in ihrem Auftreten ihm gegenüber ein beherrschtes Wesen zeigen. Wichtig ist dabei ihre entspannte, aber aufrechte Körperhaltung. Im richtigen Moment loben, aber auch, wenn nötig, energisch sein können, alles im richtigen Maß, ohne zu verhätscheln oder grob zu sein. Findet sie immer den richtigen Ton in ihrer Sprache mit dem Pferde, wird sie bald eine von ihm akzeptierte Persönlichkeit darstellen.

Die Pferdepersönlichkeit verlangt die Konzentration der Reiterin. Sie muss ein bestimmtes Verhalten und daraus folgende Reaktionen voraussehen; deshalb, wenn nötig, schnell reagieren können und, ich möchte es nochmals betonen, dabei immer die richtige Art und den richtigen Umgangston für die gegebene Situation finden.

Bestimmt, gefühlvoll und sanft sollte man sein, jedoch nicht zimperlich oder gar ängstlich. Man hat hierfür Gefühl oder man hat es nicht, und es kann, wenn überhaupt, dann immer nur bis zu einem gewissen Grad erlernt werden.

Neben der ethischen Einstellung der Reiterin nimmt die körperliche Veranlagung und Sportlichkeit einen hohen Stellenwert ein. Vorteilhaft ist eine schlanke, mittelgroße Figur, mit harmonischen Körperproportionen und eine möglichst schon von Natur aus gute Haltung.

Eine sportliche Frau, die Betätigungen wie Gymnastik, Schwimmen oder Tanzen nachgeht, hat bereits einen Körper mit einer gewissen Elastizität und Geschicklichkeit. Dies sind eigentlich schon ideale Voraussetzungen für das Reiten überhaupt, nicht nur speziell für das Reiten im Damensattel.

Empfiehlt doch schon Reitmeister Fillis in seinem Werk *Grundsätze der Dressur und Reitkunst*, Kap. *Gedanken und Ratschläge für das Reiten im Damensattel*, den Damen seiner Zeit:

> *»Geschmeidigkeit ist eine unerlässliche Eigenschaft der Reiterin und wird durch die Gewohnheit des Reitens erlangt sowie durch vorausgegangene Übungen, am besten dem Tanz.«*

Da ich über 50 Jahre selbst täglich viele Stunden im Sattel verachte, haben mir persönlich Schwimmen, Yoga und Qigong als Ausgleich immer gutgetan.

Mit wachsender Erfahrung, Reife und richtiger Schulung wird die persönliche Ausstrahlung der Reiterin mehr und mehr gefestigt. Ein wichtiger Punkt, was Ihre äußere Erscheinung angeht, ist aber nicht nur die gute Haltung, sondern auch die Kleidung, die, richtig gewählt, zum korrekten Gesamtbild beiträgt. Tragen Sie möglichst gedeckte Farben, die auch angenehm für das Pferdeauge sind, und verwenden Sie, meine Damen, der Nase Ihres Pferdes zuliebe, bitte, wenn überhaupt, nicht jeden Tag ein anderes Parfüm.

Abschließen soll diesen Abschnitt über die Reiterin ein oft ausgesprochener Satz meines Lehrmeisters Herrn v. Neindorff. Ich möchte die Leser damit anregen, darüber nachzudenken:

»Reiten fordert den ganzen Menschen.«

Das Auf- und Absitzen

Aufsitzen

Ruhiges Stehenbleiben des Pferdes ist Grundbedingung für das Aufsitzen in den Damensattel. Um das Tier zum ruhigen, gehorsamen Stehen zu erziehen, ist das gute Vertrauensverhältnis zwischen Reiterin und Pferd unerlässlich.

Normalerweise werden zum Aufsitzen zwei Helfer benötigt. In früheren Zeiten trug die Reiterin der jeweiligen Mode entsprechend meist füllige Röcke, welche ihre Beweglichkeit einschränkten, und auch das Ordnen des Reitkleides nahm Zeit in Anspruch. Zum anderen konnte und kann auch heute noch ein jüngeres oder unruhiges Pferd der Grund dafür sein, dass zusätzliche Hilfe notwendig ist.

Früher war es der Pferdebursche, der sich vor das Pferd stellte und es am Kopf festhielt, denn nur der Begleiter der Dame, der ihr auch gesellschaftlich entsprach, etwa der Ehemann oder der Reitlehrer, durfte ihr aufs Pferd helfen.

Zum korrekten Aufsitzen stellt sich die Reiterin links neben ihr Pferd, so dass sie in Richtung Pferdekopf schaut. Ihre rechte Hand liegt auf dem oberen Sattelhorn, um sich darauf abzustützen. Mit der linken stützt sie sich auf die Schulter des Helfers.

Das Aufnehmen des Zügels ist im Falle, dass das Pferd vorne gehalten wird, nicht erforderlich. Die Person, die beim Aufsitzen hilft, stellt sich der Reiterin gegenüber mit dem Rücken zum Pferdekopf und hält die verschränkten Hände so, dass die Frau mit dem linken Fuß darauf steigen kann wie auf eine Treppenstufe. Auf ein gemeinsames Zeichen stößt sich die Reiterin mit dem rechten Bein vom Boden ab, streckt das linke Bein, das in den Händen des Helfers ruht, gerade durch und lässt sich mit leichtem Schwung zunächst quer in den Sattel setzen. Es ist wichtig, dass das linke Bein gerade und im Knie durchgedrückt ist, so wie auch das Kreuz gerade

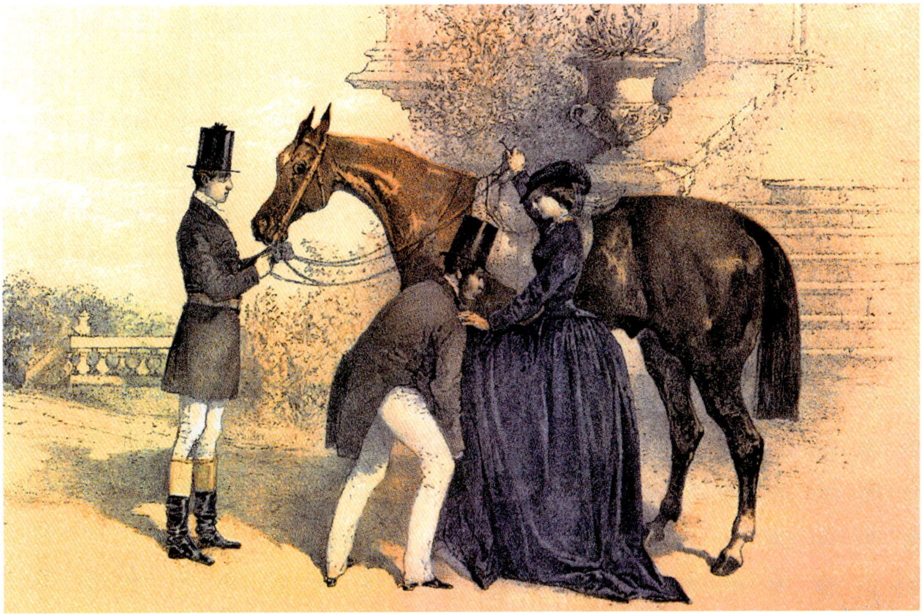

ABB. 99: Aufsitzen, Lithographie Pferdemuseum Verden

und ganz leicht nach hinten geneigt sein soll. Eigentlich führt man dieselbe Bewegung aus, wie wenn man eine etwas hohe Treppenstufe ersteigt.

Hat die Reiterin Platz genommen, dreht sie sich nach vorne, legt das rechte Bein über das Horn, nimmt den Bügel auf und befestigt ihren Reitrock. Dazu wird der vordere, längere Rockteil um den rechten Unterschenkel geknöpft und die Gummischlaufe, die sich innen am Rock, auf Höhe des rechten Fußes befindet, wird um den Absatz desselben Stiefels gelegt. Ihre beruhigenden Worte müssen genügen, um das Pferd bei eventueller Unruhe zum Stillstehen zu veranlassen. Erst wenn das Sattelzeug kontrolliert und die Reitkleidung in Ordnung ist, nimmt sie die Zügel auf, lässt sich die Reitgerte geben und reitet dann im ruhigen Schritt an.

Reitmeister James Fillis beschreibt in seinem Buch noch eine andere Version des Aufsitzens. Er bezeichnet es als schlechte Gewohnheit der Reiterinnen, den linken Fuß zu geben. Dies sei ein alter Brauch, dessen Ursprung und Fortdauer er sich nicht erklären könne, weil Herr und Dame dabei eine *doppelt verkehrte* Haltung einnehmen müssten. Gebe die Dame hingegen ihren rechten Fuß, so genüge ein kleiner Abstoß mit dem linken Bein und ein Steifmachen des rechten Knies, um sich ungezwungen längs des Sattels hochzuziehen und sich ohne Verschiebung sofort im richtigen Sitz zu befinden. Diese einfache Entdeckung sei jedoch nicht sein Verdienst, sondern sei schon länger von vielen guten Reiterinnen angewandt worden. Selbst Fürstinnen seien nicht anders verfahren und, so Fillis:

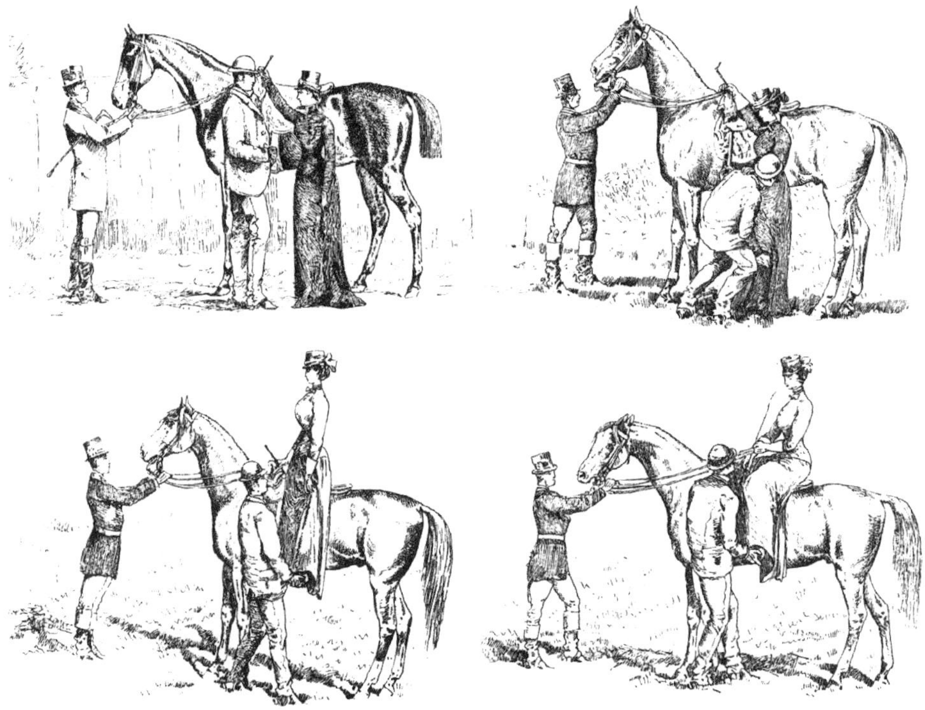

ABB. 100: Vier Phasen des Aufsitzens, aus L. v. Heydebrand und der Lasa, *Die Amazone, Reitkunst für Damen*

> *»Versuchen Sie es, meine Damen, auf diese Weise ohne Vorurteil acht Tage hindurch und ich bin sicher, dass Sie diese Art aufzusitzen annehmen werden.«*

Ich habe deshalb diese beiden Möglichkeiten aufgeschrieben, damit Sie beide Arten des Aufsitzens ausprobieren können, und ich denke, Sie werden die Ihnen persönlich geschicktere dann auch praktizieren.

Im Alltag sind Helfer leider nicht immer vorhanden und so gibt es für die sportliche Frau von heute, welche moderne Reitkleidung trägt, noch eine dritte Variante, in den Damensattel zu steigen.

Mit Reithosen unter dem einfachen Arbeitsrock oder der Schürze ist sie wesentlich unabhängiger und kann, vorausgesetzt, sie hat ihr Pferd zum Stillstehen erzogen, auch allein aufsitzen.

Dazu ist jedoch eine stabile Aufsteigevorrichtung nötig. Dies kann eine sich am Stallgebäude befindende kleine Treppe mit Plattform oder ein günstig platzierter höherer Stein sein. Früher gab es an manchen Häusern so genannte *Steigsteine* für Reiter, vor allem wohl auch für Damen. Vor vielen Jahren waren solche Aufstiegshilfen noch in der Vanderstraat-Manege in Amsterdam zu sehen. Auch in Basel am Schlüsselberg gibt es noch alte Häuser, an denen sich Tritte befinden, die früher dazu gedient haben, aufs Pferd zu steigen.

Bevor man nun allein aufsteigt, wird zuerst der Bügelriemen ins Sicherheitsschloss eingehängt. Dieses darf beim Aufsitzen nicht belastet werden, die Sturzfeder würde sich auf Dauer verbiegen und brechen. Dann wird, wenn auch noch nicht zu fest, so viel nachgegurtet, dass der Sattel nicht rutscht. Das Pferd muss in gutem Gehorsam seiner Reiterin stehen, sich an die Aufsteigevorrichtung führen lassen und dort ruhig stehen. Mit etwas Übung und Geduld ist dies mit fast allen Pferden möglich. Sitzt man auf, nimmt man den Rock seitlich etwas hoch und legt den längeren Teil der Schürze über den linken Arm. Die Zügel werden mit der linken Hand aufgenommen, und nun setzt man sich zuerst entweder quer oder in den Herrensitz. Dann wird das rechte Bein um das Horn gelegt, der Bügel aufgenommen, nachgegurtet und der Rock geordnet und befestigt. Bei Pferden, die sich beim Aufsitzen doch etwas anspannen, sollte man diese Handgriffe auch mit einer Hand erledigen können. Die Reitgerte kann man dabei unter dem Oberarm halten. Beim Aufsitzen sollte alles stets in derselben Reihenfolge ablaufen, mit viel Ruhe und einem Lob für das Pferd. Es wird sich im Laufe der Zeit an diese Zeremonie gewöhnen und ruhig stehenbleiben, so dass die Reiterin durchaus auch die Zügel auf den Pferdehals legen kann, sollte sie einmal beide Hände benötigen.

Absitzen

Früher hatte die Frau, eben wegen ihrer umständlichen Garderobe, auch zum Absitzen ihren Gehilfen. Natürlich war es äußerst unschicklich, sich diesem in die Arme zu werfen. Man reichte dem Kavalier dazu lediglich eine oder auch beide Hände und glitt dann leicht und behende vom Pferd, ohne mit der anderen Person weiter in Berührung zu kommen.

Heutzutage müssen wir zum Absitzen nicht unbedingt Hilfe in Anspruch nehmen. Das Pferd wird zuvor geschlossen aufgestellt und muss so ruhig stehenbleiben. Man löst dann die Schlaufe, mit welcher der Rock am Stiefel befestigt ist. Der Rock wird wieder über den linken Arm gelegt, damit er nicht stört. Dann hebt man das rechte Bein über die Hörner, nimmt das linke Bein aus dem Bügel und rutscht etwas weg von den Hörnern nach links.

Das Absitzen sollte ein ruhiges Heruntergleiten vom Sattel sein. Die Zügel werden vorher stark verlängert, aber in der rechten Hand behalten. Vorsicht, nicht beim Verlassen des Pferderückens am oberen Horn hängenbleiben. Bei großen Pferden besteht die Gefahr, dass man am Zügel reißt, weil man unten stehend nicht mehr ganz zum Widerrist hoch greifen kann. Auch wenn man einen weiten, geschlosse-

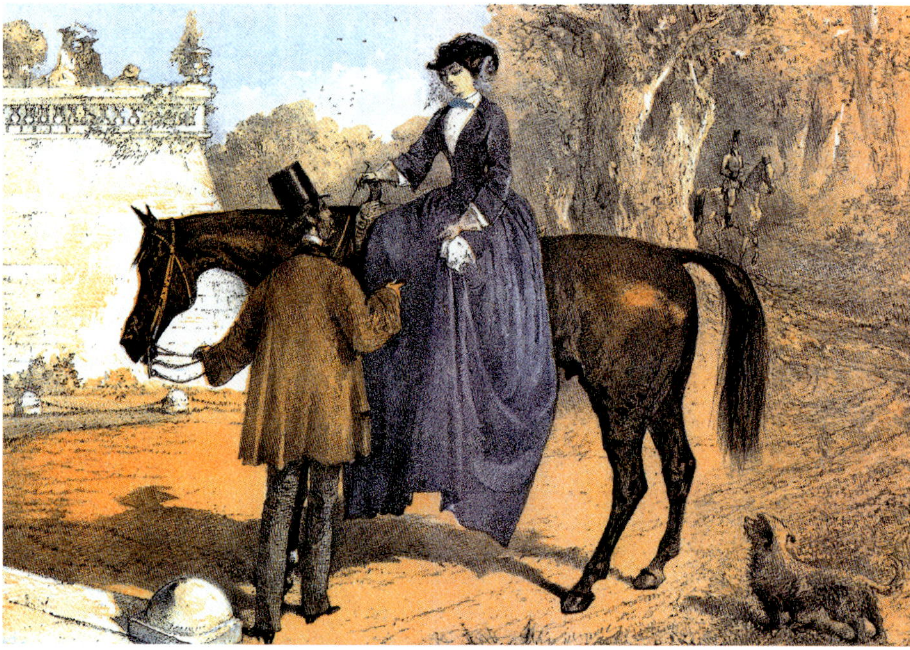

ABB. 101: Absitzen, Lithographie Pferdemuseum Verden

nen Rock trägt, ist es wichtig, dass sich dieser nicht an den Hörnern verhakt und dadurch beim Absitzen zerrissen wird.

Steht die Reiterin dann neben ihrem Pferd, gibt sie ihm eine kleine Belohnung, knöpft ihren Reitrock hoch und führt das Tier ruhig zum Stall.

Als nett gemeinte Anmerkung noch ein kleiner Rat an Sie, meine Damen. Sollten Sie sich in heutiger Zeit trotz Gleichberechtigung noch nach ein bisschen Romantik sehnen, so bitten Sie doch zur Abwechslung einen charmanten Herrn, Ihnen beim Auf- oder Absitzen zu helfen. Er wird sicher nicht »*Nein*« sagen.

Das Begleiten der Dame beim Ausritt

War die Reiterin in früherer Zeit schon beim Aufsitzen auf die Hilfe einer anderen Person angewiesen, so benötigte sie in den meisten Fällen auch für unterwegs einen Begleiter. Auch heutzutage halte ich eine Begleitung durchaus für sinnvoll, wenn man im Damensattel reitet.

Zu den Pflichten des Begleiters zählten, vor dem Aufsitzen Sattel und Zäumung des Damenpferdes zu überprüfen, die Dame hochzuheben, ihren Fuß in den Bügel zu setzen und ihr eventuell beim Ordnen des Rockes zu helfen. Während des Ausrit-

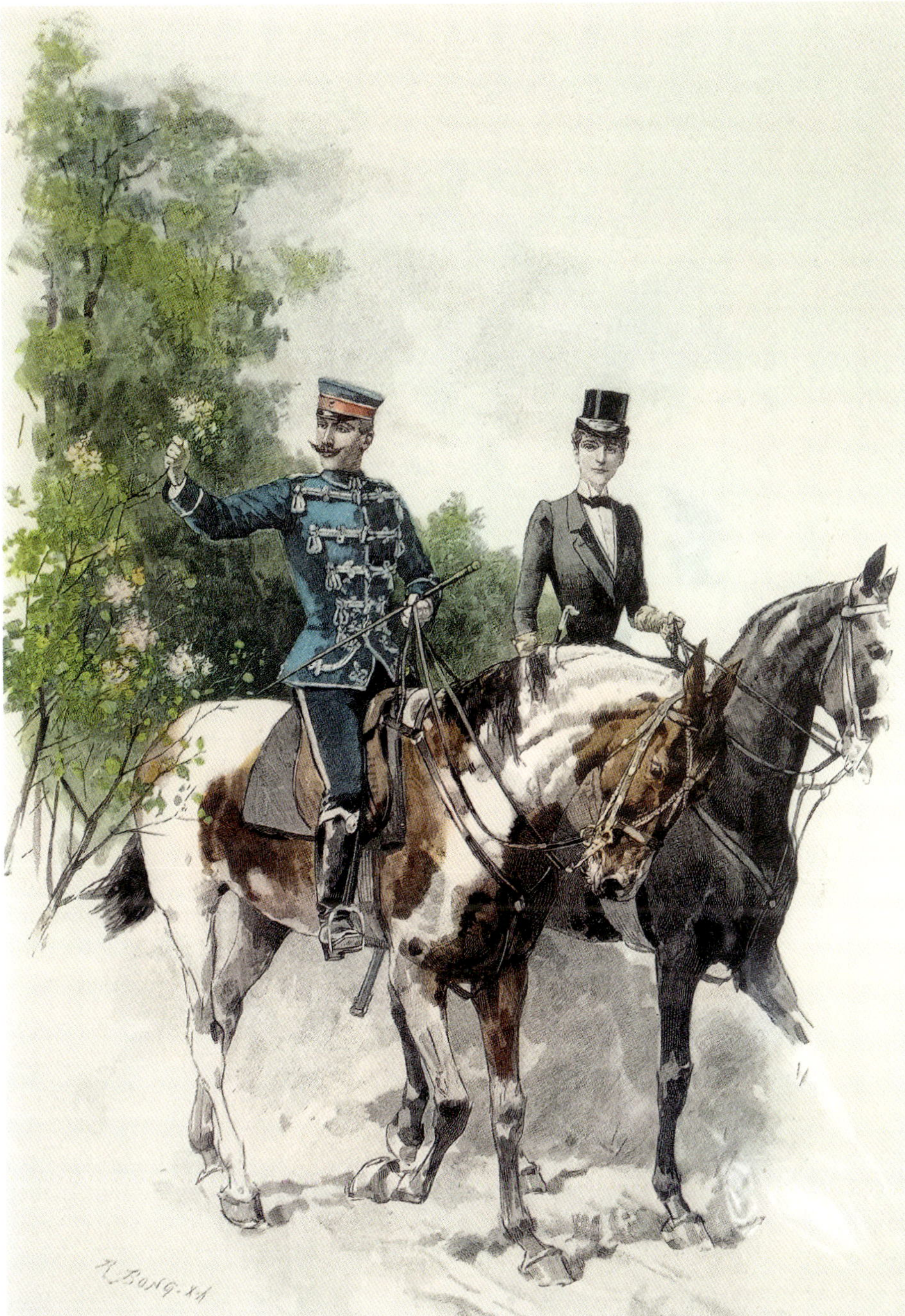

ABB. 102: Ausritt am Sonntagmorgen – hier ritt der Herr schon rechts der Dame.

tes war er der Frau beim Nachgurten, bei notwendigem Ab- und Aufsitzen oder nach einem Sturz behilflich. Sichere Reiterinnen, die ihr Pferd gut beherrschten, ritten oft auch ohne standesgemäße Herrenbegleitung. Sie ließen sich aber trotzdem, der Hilfe wegen, von einem Reitburschen begleiten. Dieser musste der Dame, der Etikette entsprechend, in einem vorgeschriebenen Abstand von 50 Schritt folgen.

Im Allgemeinen jedoch ritt der dem Stand der Dame entsprechende Herr neben ihr, auch um bei eventuellem Heftigwerden ihres Pferdes in dessen Zügel greifen zu können. Da die Reiterinnen meist nach links saßen, ritt der Begleiter rechts. So konnte er näher an das Damenpferd heranreiten.

Es wurde jedoch offenbar erst Mitte des 19. Jahrhunderts allgemein üblich, dass der Herr rechts von der Dame ritt, da viele Abbildungen zuvor besagen, dass es keine einheitliche Regelung diesbezüglich gab.

Im Jagdfeld war es lange üblich, wenn auch oft schwer durchführbar, dass Reiterinnen rechts vom Master die Hindernisse übersprangen. Als mein Mann 1988 an einer Hirschjagd in Frankreich teilnahm, erlebte ich selbst, dass die mitreitenden Herren die Reiterinnen höflich um Erlaubnis fragten, an ihnen vorbeireiten zu dürfen.

Der Sitz

Die Bedeutung des korrekten Sitzes

In den klassischen Reitlehren, etwa von F. R. de la Guérinière, Armand Du Paty de Clam, Alexis François L'Hotte, G. Steinbrecht, Wilhelm Müseler, A. Podhajsky und R. L. Wätjen, ist auch ausführlich über den richtigen Sitz des Reiters geschrieben und seine Bedeutung betont worden.

Trotzdem wird ihm in der heutigen Zeit allzu oft zu wenig Beachtung geschenkt. Aus diesem Grunde möchte ich, bevor ich auf den Damensitz zu sprechen komme, mit meinen Worten und im Sinne der alten Meister nochmals an die Wichtigkeit der richtigen Schulung des Sitzes im Herrensattel erinnern.

Der korrekte Sitz ist das Eingangstor zur Reiterei. Nach den Aussagen vieler erfahrener Reitmeister sowie aus eigener Erkenntnis erfordert es im Schnitt etwa zehn Jahre, bis ein Reiter ein ausgebildetes Lehrpferd gut nachreiten kann und wiederum zehn Jahre, bis dieser Schüler dann ein Pferd selbst so weit fördern kann. Sie sehen, es ist ein langer Weg. Wenn Sie ihn beschreiten wollen, müssen Geduld, Ausdauer und Gefühl sowie Selbstkontrolle und Härte zu sich selbst Ihre Grundsätze werden. Nur dann werden Sie den Weg in Richtung Vollkommenheit zu Ende gehen.

Erst wenn ein Reiter ausbalanciert und locker in die Bewegung seines Pferdes einzugehen vermag und ruhig, ja bewegungslos, ohne jedoch steif zu sein, sitzen gelernt hat, wird er mittels seines Gefühls mit Gewicht, Schenkel und Händen auch richtig auf das Pferd einwirken können, ohne es zu stören. Schon die ersten Grundübungen, wie das Einhalten des gleichmäßigen Tempos und das Reiten auf exakten Hufschlagfiguren, setzen präzises Anwenden der Hilfen voraus, die aber ohne einen von der Hand unabhängigen Sitz nicht möglich sind. Allein das Wirkenlassen der verschiedenen Gewichtshilfen, die im Damensattel noch an Bedeutung gewinnen, erfordert ein vollkommen ausbalanciertes, ruhiges Sitzen.

Die ideale Körpergestalt eines Reiters wünscht man sich schlank, mittelgroß und harmonisch in den Körperproportionen, zudem nicht zu lang im Oberkörper, die Ellbogen sollten sich in etwa in Hüfthöhe befinden. Auch die Beine sollten weder zu kurz und dick noch zu lang und dünn sein. Natürlich kann auch der mit nicht so idealen Maßen ausgestattete Mensch richtig zu Pferde sitzen lernen und ein guter Reiter werden, vorausgesetzt, er hat das richtige Einfühlungsvermögen und erkennt, dass auf die Schulung des Körpers und Entwicklung des Gefühls besonderer Wert gelegt werden muss. Grundbedingung, um richtig sitzen zu lernen, sind also Körpertraining und vor allem Körperbeherrschung, was man zuerst durch Sitzübungen an der Longe gewinnt. Diese Sitzübungen erfordern Energie, Selbstkontrolle und Härte zu sich selbst, also psychische und physische Kondition. Wichtig ist regelmäßiges Üben möglichst auf verschiedenen Pferden in unterschiedlichem Ausbildungsstand und ein guter Reitlehrer.

Ich denke an einen Grundsatz Wilhelm Müselers, den korrekten Sitz nicht abzubilden, da man Balance, Losgelassenheit und Eingehen in die Bewegungen des Pferdes nicht abbilden kann. Er sieht die Gefahr, dass das Hineinpressen in eine äußere Form zu Steifheiten führt, die diese drei wichtigen Dinge nicht mehr zulassen, und somit ein richtiges Einwirken auf das Pferd verhindert wird. Dieser Grundsatz ist einerseits richtig, doch er könnte auch dazu verleiten, sich vom richtigen Sitz zu entfernen.

Es gibt Bilder und lebende Vorbilder vom idealen Sitz, die sich der Reitschüler einprägen sollte. Dieser Sitz sieht in seiner – wenn auch äußeren – Form so und nicht anders aus, und nur mit diesem Sitz sind die optimalen Einwirkungen möglich.

Dem denkenden Menschen dürfte es nicht schwerfallen zu verstehen, dass der Idealsitz die unsichtbaren Punkte Balance, Losgelassenheit und Eingehen in die Bewegung des Pferdes enthält.

Jeder Reiter sollte bestrebt sein, im Rahmen seiner Fähigkeiten seinen Körper allmählich in die geforderte Haltung zu bringen. Er muss durch möglichst häufiges Üben der richtigen Körperhaltung, bei allen Bewegungen des Pferdes, in dieser nach und nach locker werden.

Der beste Lehrer, das feinste Pferd und die perfektesten Vorbilder nützen indes nichts, wenn der Reiter nicht durch genügend eigene Energie und Lernwillen, Genügsamkeit, hartes Körpertraining und vor allem durch Mitdenken dazu beiträgt, auch der Schonung des Pferdes wegen, mehr und mehr Geschicklichkeit zu erlan-

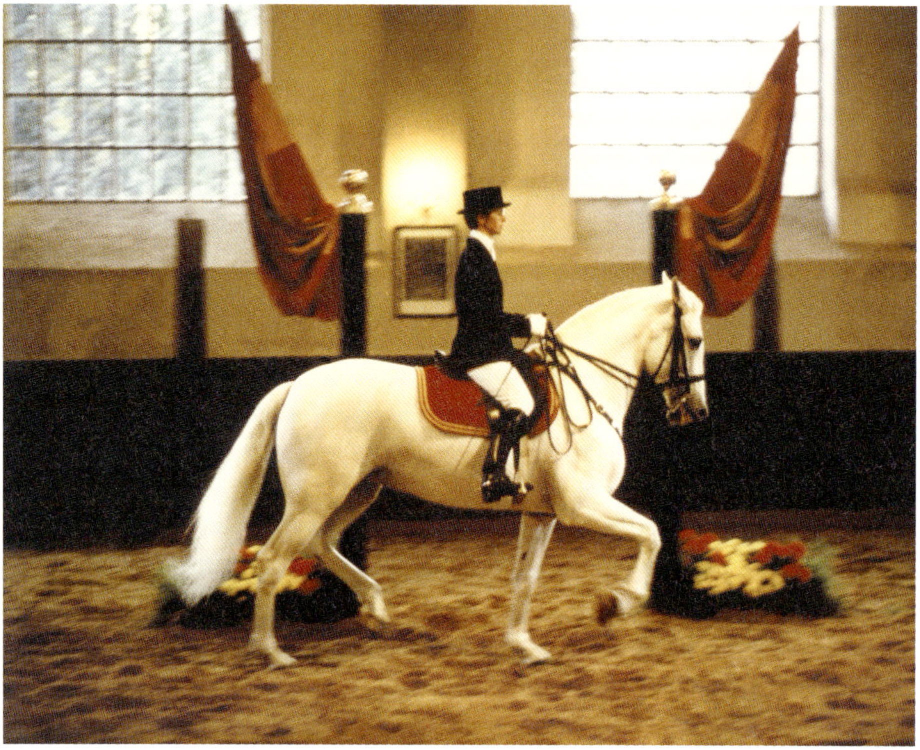

ABB. 103: Der korrekte Sitz; die Verfasserin auf der spanischen Stute Quinella im versammelten Trab, Foto Bettina Herzner

gen. Der Schüler muss sich selbst immer wieder an seine häufigsten Fehler erinnern. Letztlich soll er diese Fehler mit seinem Geist, der ja seinen Körper steuert, beheben können.

Das anzustrebende Ziel ist es, durch geschmeidigen Sitz und feinste Einwirkung ohne sichtbare Hilfen die vollkommene Harmonie zwischen Reiter und Pferd zustande kommen zu lassen.

Obwohl heutzutage der Damensitz weniger praktiziert und teils sogar negativ beurteilt wird, bleibt er bei näherer Betrachtung eine nicht nur für Frauen zweckmäßige Alternative und sinnvolle Ergänzung zum Herrensitz.

Bei der Ausbildung im Damensitz wird das Gleichgewichtsgefühl und die Geschicklichkeit zu Pferde gefördert. Später ist das abwechselnde Reiten im Herren- wie im Damensitz eine gute Schulung des Gefühls und um das Gleichgewicht in der Mitte des Sattels zu finden.

Manche Menschen, die an körperlichen Gebrechen, etwa Erkrankungen der Hüfte, leiden, können oft besser oder nur noch im Damensattel sitzen. Frauen, die täglich im Sattel sitzen und auch den Damensitz beherrschen, empfinden diesen bei ihrem periodisch auftretenden Unwohlsein als wesentlich angenehmer als das Reiten im Spreizsitz.

Reiten im Damensattel wird wegen der vermeintlichen Einseitigkeit manchmal auch als eine für Pferd und Reiter schädliche Reitart bezeichnet. Das kann bei mangelhaft ausgebildeten und daher meist schiefen Pferden, bei zu jungen, ungekräftigten Pferden, bei schlechtem Sattel und schiefem Sitz und bei unkundigem und schlecht ausgebildetem Reiter auch der Fall sein. Früher war ein gewisser Verschleiß der Damenpferde, die vor allem Anfängerinnen trugen, sicher gegeben, da Frauen damals ja ausschließlich im Damensattel ritten. Hält man sich aber an die in diesem Buch beschriebene Korrektheit des Reitens im Damensitz, so werden gesundheitliche Schäden weder bei der Reiterin noch bei ihrem Pferd auftreten.

Im Seitsitz können höchste reiterliche Ziele wohl am eindrucksvollsten demonstriert werden. Das ehrlich gearbeitete Pferd führt hier unter der Könnerin, trotz begrenzter Einwirkungsmöglichkeit, auch schwere Übungen ohne sichtbare Hilfen spielerisch leicht aus und stellt dabei sein Vertrauen und seine Rittigkeit unter Beweis. Allein aus diesen Gründen sollte man die allgemeine reiterliche Ausbildung durch eine Ausbildung im Seitsitz ergänzen.

In England gehört Reiten im Seitsattel noch zur Grundausbildung eines Berufsreiters. Bei uns in Deutschland besitzen nur wenige Reitlehrer das Wissen und Können, um diese Art des Reitens zu unterrichten. So ließ Hans Biener, der Lehrmeister meines Mannes, seinen Lehrlingen noch eine Einweisung für das Reiten im Damensattel zuteilwerden, so dass ich wiederum diese Reitart von meinem Mann erlernen konnte.

Heutzutage sind Reiterinnen, welche den Seitsitz lernen wollen, alle schon mehr oder weniger im Herrensitz geschult. Ich halte es für vorteilhaft, neue Schülerinnen erst im Herrensattel vorreiten zu lassen, um ihre Reitfertigkeit zu überprüfen und um über ihr Verhältnis zum Pferd mehr zu erfahren.

Selbst wenn eine gewisse Fertigkeit und Erfahrung im Herrensattel schon vorhanden ist, wird man doch im Seitsitz wieder Anfängerin sein. Es muss wieder mit Sitzübungen an der Longe begonnen werden, um einen sicheren, unabhängigen Sitz zu erreichen, ohne den es kein Weiterkommen gibt. Durch häufiges Reiten ohne Zügel und Bügel gewöhnt sich die Reiterin an die veränderte Sitzposition. Mit verschiedenen Übungen wie etwa Ballspielen wird sie die vollkommene Balance, das Gefühl für die Mitte des Pferdes sowie eine lockere Haltung erlangen. Möglich ist dies natürlich nur auf gut ausgebildeten, ehrlich gerittenen Pferden, die sicher unter dem Damensattel gehen. Die Anfängerin braucht genügend Ausdauer und Energie, bis sich ihre Haltung verbessert hat. Mit verkrampftem, festgeklemmten Sitz ist kaum Einwirkung möglich und es entstehen falsche Hilfen, durch welche die

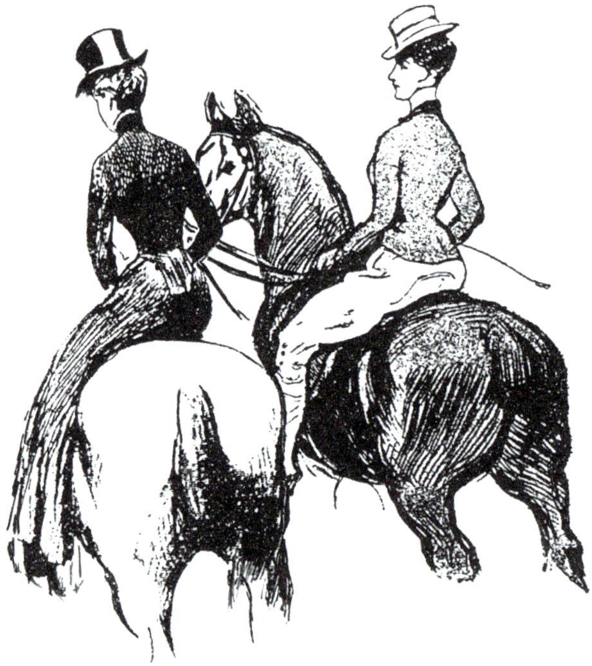

ABB. 104: Collage aus Zeichnungen von Paul Rieth, aus Richard Keller, *Kavalkade*, Bd. 7, Verden/Aller (o. J.)

Pferde schnell abgestumpft und verritten werden. So sollte auch der Reitlehrer mit genügend Verständnis seinen Schülerinnen über manche Schwierigkeiten hinweghelfen, damit sie für die ersten Übungsphasen das nötige Durchhaltevermögen aufbringen.

Es kann im Damensattel nicht nur nach links, sondern auch nach rechts sitzend geritten werden. Die englische Königin Alexandra ritt vorwiegend nach rechts sitzend und die Tochter Kaiser Wilhelms II. schrieb in ihren Memoiren, dass sie, um mehr Geschicklichkeit zu erlangen, ebenfalls im Damensitz nach rechts unterwiesen wurde.

Fillis betonte allerdings in seinem Werk *Grundsätze der Dressur und Reitkunst*, wer nach links sitzend schlecht ritt, den habe er nach rechts sitzend auch nicht besser reiten sehen. Sicherlich ist das Reiten nach beiden Seiten eine Übung gegen die Einseitigkeit. Vor allem, wie schon erwähnt, gegen einen einseitigen Verschleiß des Pferdes, dessen linkes Vorderbein durch schiefes Sitzen der Anfängerinnen gefährdet sein kann. Zu bedenken ist auch, dass man beim Reiten nach rechts die Gertenhilfen mit der meist ungeschickteren linken Hand ausführt. Trotz allem Für und Wider blieb der Damensitz nach links die allgemein gebräuchlichere Variante.

Und die damals wie auch heute gestellte Frage, was die äußere Erscheinung betrifft, ob nun der Herren- oder der Damensitz ästhetischer sei, bleibt dem Betrachter und seinem persönlichen Geschmack überlassen. Fest steht, bilden Pferd und Reiterin in Gestalt und Können eine Einheit, so werden sie immer eine harmonische, persönlichen Charme versprühende Ausstrahlung besitzen – welch Langeweile, wären wir alle gleich und makellos!

Gleichgültig nach welcher Seite, oder ob man im Herrensattel sitzt, man muss sich im Laufe der Zeit einen anschmiegsamen, geschmeidigen Sitz erarbeiten. Die allmähliche Entwicklung eines feinen, gefühlvollen Reitstils, bei dem Einwirkungen kaum mit Kraft, sondern fast nur noch durch Denken erfolgen, ist im Damen- wie im Herrensitz eines der höchsten reiterlichen Ziele.

Der korrekte Sitz im Damensattel

Der seitliche Sitz zu Pferde, bei uns Damensitz genannt, hat sich vom Quer- zum Seitsitz, der früher auch als *Amazonensitz* bezeichnet wurde, über Jahrhunderte entwickelt. Das Gewicht der Reiterin wurde immer mehr in die Mitte des Sattels verlegt, ihre Schultern und Hüften verliefen mehr und mehr parallel zu denen des Pferdes. Ende des 18. Jahrhunderts hatte der Damensitz seine ideale Form erreicht. Oberkörper und Hüften der Reiterin waren nun ganz der Haltung des Reiters im Herrensitz angepasst.

Voraussetzung für das Erlangen des korrekten Sitzes ist, wie schon erwähnt, der dem Pferd und der Reiterin richtig verpasste Sattel. Die Reiterin muss in der Mitte des Sattels sitzen. Es ist eine Sache der Geschicklichkeit und des Gefühls, sein Gewicht genau in der Mitte zu halten, und wie im Spreizsitz müssen auch die beiden Gesäßknochen (Sitzbeine) gleichmäßig auf den Sattel treffen.

Beim allgemein üblichen Damensitz nach links wird das rechte Bein um das obere Horn gelegt.

Zwischen vorderer Kante des Horns und der Kniekehle sollten etwa zwei Finger Platz sein. Der rechte Oberschenkel und das Knie sind leicht nach außen gedreht. Das rechte Hüftgelenk wird dabei also leicht von außen nach innen gedreht, im Gegensatz zur Haltung im Herrensitz, wo man den Oberschenkel einwärts und dabei das Hüftgelenk nach außen dreht.

Anfangs hat man das Gefühl, zu viel auf dem rechten Sitzbein zu sitzen. Dies liegt daran, dass man mit dem rechten Bein die ganze Kraft übernehmen muss, um ruhig sitzen zu können. Man sollte sich mit dem rechten Oberschenkel im wahrsten Sinne am Sattel *ansaugen*. Je lockerer man dann wird, desto gleichmäßiger kann man beide Sitzknochen am Sattel lassen.

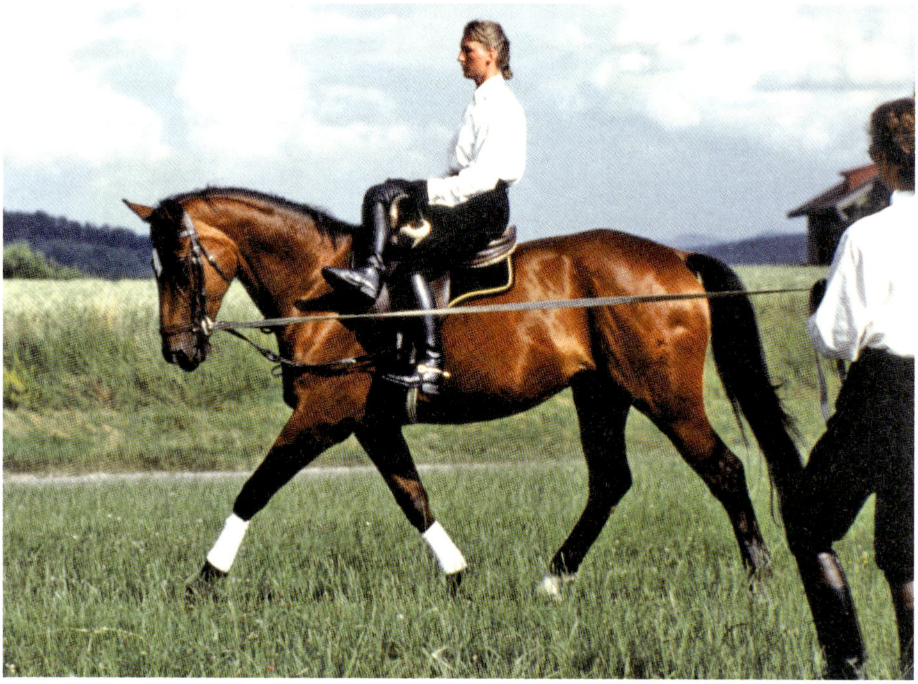

ABB. 105: Sitzübungen ohne Zügel und Bügel fördern die Balance und einen von der Hand unabhängigen Sitz. Den Reitrock lässt man weg, damit die Haltung besser korrigiert werden kann. Foto Daisuke Schneider

Auch neigt man anfangs dazu, schräg zur Seite zu sitzen oder, vor allem in Wendungen, in den Hüften einzuknicken und dadurch mit dem Gesäß, beim Einknicken links, zu weit nach rechts oder, was häufiger vorkommt, beim Einknicken rechts zu viel nach links zu rutschen. Ein Abrutschen nach links kann auch durch eine nach links abfallende Sitzfläche des Sattels verursacht werden. Diese kann durch den Bau des Sattels bedingt oder durch fehlerhaftes Sitzen entstanden sein.

Deshalb muss darauf geachtet werden, dass die Reiterin die rechte Hüfte und rechte Schulter etwas zurück, die linke Hüfte und Schulter etwas nach vorne nimmt. Der linke Sitzknochen darf nicht angehoben, sondern muss am Sattel gelassen werden. Man soll ihn nur etwas nach vorne bringen und den rechten etwas zurücknehmen, um wirklich gerade zu sein. Es gilt auch hier der Grundsatz:

»Die Hüften und Schultern des Reiters stehen parallel zu den Hüften und Schultern des Pferdes.«

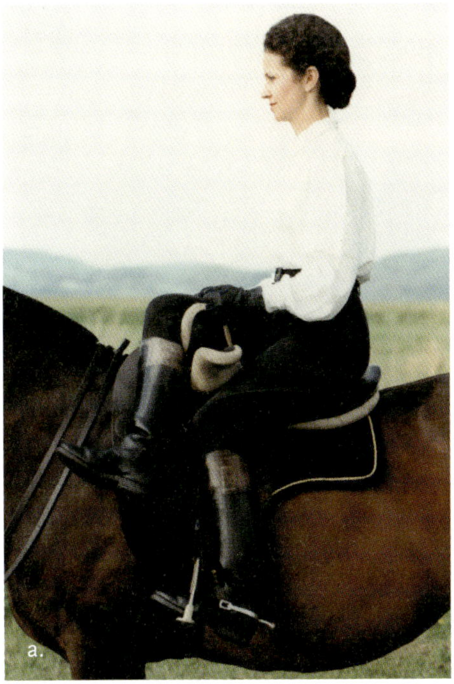

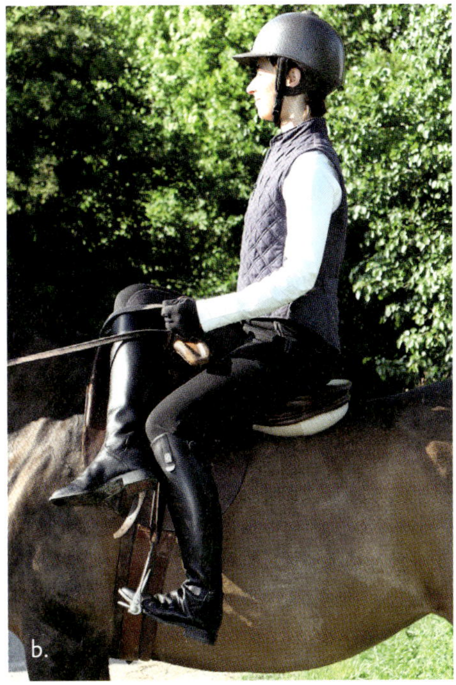

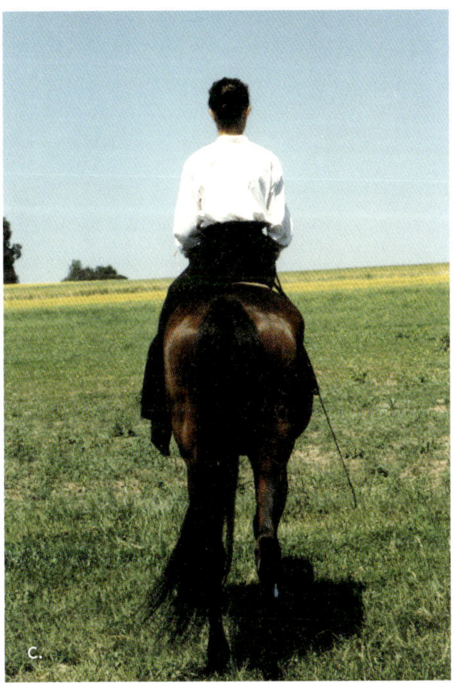

ABB. 106: Korrekter Sitz im Damensattel
a. von der Seite mit angehobener Fußspitze, Foto Ulrike Stanger
b. von der Seite mit fallengelassener Fußspitze, Foto Johannes Lächele
c. Korrekter Sitz im Damensattel – von hinten, Foto U. Stanger

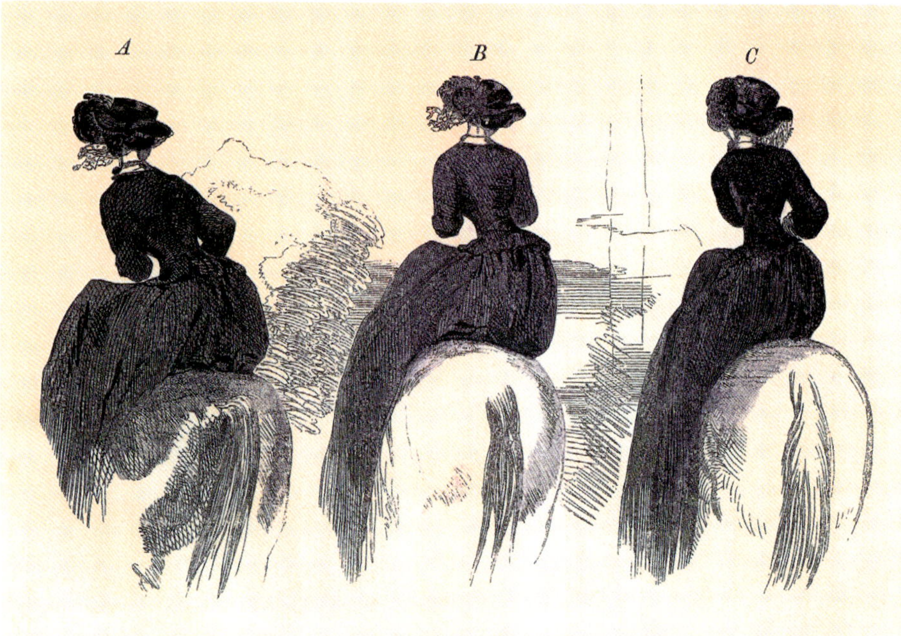

ABB. 107: Sitzfehler, wie sie ein Künstler des 19. Jhs. sah. a. Die Reiterin knickt links in der Hüfte ein und lehnt sich nach vorn. b. Die Reiterin sitzt zu weit nach rechts. c. Gerader Sitz.

Der Unterschenkel des rechten Beins liegt, bei einer geübten Reiterin, leicht nach außen gedreht, mit fallengelassener Fußspitze, an dem dafür vorstehenden *linken Sattelblatt* an. Er darf nicht nach vorne weggestreckt sein, sondern er wird leicht herangezogen, um den nötigen Schluss zu erhalten.

Generell wird verlangt, die Fußspitze des rechten Beins nach unten zu halten. Mit dieser Haltung hat man aber vor allem anfangs weniger Kraft, wenn man die Gewichtshilfe einsetzt, d. h. Bauch- und Rückenmuskeln anspannt. Ich habe beide Haltungen des rechten Fußes ausprobiert und für die Anfängerin die mit leicht angehobener Fußspitze gehaltene Position als die bessere empfunden. Der zu tiefe Absatz wiederum führt dazu, das rechte Bein hochzuziehen und so vom Horn nach oben wegzurutschen.

Für die Haltung des rechten Fußes gebe ich daher folgende Empfehlung:

Wer sehr viel im Herrensattel reitet und dabei seine Absätze stets elastisch nach unten federt, dessen Wadenmuskulatur ist auf diese Haltung eingestellt. Bei tiefer Fußspitze dagegen wird die Muskulatur ganz anders angespannt. Befördert die Reiterin im Damensattel die Fußspitze nun plötzlich nach unten und spannt dabei beim Heranziehen des Beins ans Horn die Wade an, bekommt sie unter Umständen einen Wadenkrampf. Da ich auch sehr viel im Herrensattel reite, habe ich dies festgestellt, besonders wenn ich nur ab und zu im Damensattel saß. Da ich annehme, dass die meisten Reiterinnen ebenfalls mehr im Herren- als im Damensattel reiten, empfinde ich es als richtig, für die Haltung des rechten Unterschenkels im Damensattel für den Anfang ein Mittelmaß zu empfehlen.

Die Haltung des linken Beins ist dieselbe wie im Herrensitz. Die linke Fußspitze wird in Richtung Schienbein gerade angehoben, das Knie leicht angewinkelt. Dann wird das ganze Bein aus dem Hüftgelenk eingedreht und locker fallengelassen. Dadurch liegen die Innenseite des Oberschenkels, das Knie und die Wade flach am Sattel an. Wichtig ist, das linke Knie, je nach Gangart und Hilfengebung, vermehrt ans Sattelblatt heranzuschließen. Der Fuß hält den Steigbügel leicht am Fußballen. Die Fußsohle zeigt zum Boden, mit geradem, federndem Knöchelgelenk, ohne das Fußgelenk zu verdrehen, den Absatz als tiefsten Punkt.

Meine Erfahrung ist, wer viel und lange im Damensattel reitet, entspannt nach einiger Zeit seine Beinhaltung immer mehr und die rechte Fußspitze senkt sich von selbst. Auch kommt es darauf an, wie gut ich mit meinem Pferd eingespielt bin. Alles entwickelt sich. Bevor man also über das Richtig oder Falsch einer empfohlenen Haltung urteilt, sollte man diese selbst ausprobieren und hinterfragen. Erst dann begreift und erkennt man die Vor- und Nachteile, was das eine oder andere technische Detail im Damensitz betrifft.

Der Bügel soll so verschnallt sein, dass der Abstand vom linken Oberschenkel zum Horn 2,5 cm, also eine flache Hand beträgt. Das Bein darf nicht unter dem Horn eingeklemmt sein. Auch darf die Reiterin nicht zu viel Halt im Bügel suchen. Es muss möglich sein, bei ungeregelten Bewegungen des Pferdes durch Vorschieben des linken Knies den Oberschenkel gegen das Horn zu drücken, um so vermehrt Halt zu finden. Mitunter auch für guten linken Knieschluss empfahl bereits Blanka v. Wobeser der Anfängerin: »*...nachdem sie einige Male geritten hat, das linke Horn abschrauben zu lassen, um so einen leichten sicheren Sitz zu erringen.*«

Auch Herta von Knobloch sei Dank für ihre genialen Zeilen zum Sitze:

> »*Viele Damen mit tadellosem Adjüstement sitzen zu Pferde mit ängstlich gespreizten Ellenbogen, nur um ihre dünne Taille bewundern zu lassen. Die Zügel sind zierlich und lose wie ein Blumenstrauß in den in viel zu knappen Handschuhen steckenden Händen. Die Augen werden nach allen Seiten geworfen, um sich an den bewundernden Blicken der Menge zu erfreuen. Zuweilen ahnen diese Damen wohl nicht, ob sie auf einem Schimmel oder auf einem Rappen sitzen, ihr einziger Gedanke ist nur: ›Ach wie bin ich niedlich!‹ Derartige Damen, nennen wir sie ›Reitdamen‹, haben wohl wenig Begriff von Einwirkung und gutem Sitz zu Pferde, sie reiten eben nur um sagen zu können: ›Ich reite.‹ Für wirkliche Reiterinnen aber sind ein gutes Adjüstement und ein guter Sitz un-*

zertrennbare Begriffe. Solche wirklich gut reitende Damen sitzen nicht lose auf dem Sattel, sondern fest und ruhig im Sattel, wie angegossen; sie reiten mit Kreuz, dass es ein Vergnügen ist, sie zu betrachten.«

Dabei erhebt sich der Oberkörper senkrecht aus den Hüften. Hals und Kopf werden gerade und aufrecht getragen. Der Blick ist über die Pferdeohren nach vorne gerichtet.

Die Schultern werden zurückgenommen und locker fallengelassen. Die Brust wölbt sich leicht nach vorne. Die Oberarme hängen locker herab und halten, ebenso wie die Ellbogen, leichte Fühlung mit dem Oberkörper. Unterarme, Handgelenke, Hände und Zügel bilden eine Linie. Schulter-, Ellbogen- und Handgelenke müssen ruhig gehalten werden, dürfen aber nicht steif sein. Diese Gelenke müssen, bei unabhängigem Sitz, noch die letzten Körperbewegungen leicht federnd abfangen, um eine völlig ruhige Handhaltung zu erreichen.

Die Handhaltung im Damensattel

Auf der geraden Sitzfläche eines guten Damensattels kann die Rückenbewegung des Pferdes oft besser ausgesessen werden als im Herrensattel. *»Die Vorbedingung für Hand und geschlossenen Sitz heißt: Ruhe. Man muss zu Pferde die verkörperte Gelassenheit sein«*, so H. v. Knobloch.

Bei regelmäßigen Sitzübungen findet die geschickte Reiterin schnell einen festen Schluss am Sattelhorn und kann daher ihre Hände bald ruhig und unabhängig tragen. Dies hat zur Folge, dass die Pferde viel problemloser an diese ruhige Hand herantreten. Aus diesem Grunde gehen in der Anlehnung unstete sowie schwierige Pferde oft viel williger unter dem Damensattel, da sie mit Sitz und Hand mehr in Ruhe gelassen werden.

Sicher kommt von dieser ruhigen, weicheren Hand im Damensattel auch der oft gehörte Ausspruch von der *weichen, leichten Damenhand*. Dies sollte manchen Reiterinnen und Reitern, ihren Sitz, ihre Handhaltung und Zügelführung betreffend, auch im Herrensattel zu denken geben.

Das Üben einer ruhigen, entspannten Handhaltung geschieht zuerst ohne Zügel, bei Sitzübungen an der Longe. Erst im Schritt, dann im Trab und Galopp. Wichtig ist, dass die Reiterin die Bewegungen des Pferdes in der Mittelpositur (Gesäß, Becken, Hüfte) elastisch ausschwingt und mit entspannt fallengelassenen Schultern, lockeren Ellbogen- und Handgelenken die Körperbewegung abfängt, sozusagen filtert, so dass die Arme unabhängig und ruhig gehalten werden können. Festgehaltene Schultern haben in der Regel steife Ellbogen- und Handgelenke zur Folge. Richtig ist, wenn die Oberarme aus den Schultergelenken entspannt herabhängen und leichte Fühlung mit dem Oberkörper haben. Die Unterarme werden in den Ellbogengelenken abgewinkelt und waagerecht, mit senkrechten, leicht geschlossenen Händen vor sich her getragen.

Als intensive Übung, etwa bei der Sitzschulung, dreht man die leicht angewinkelten Unterarme so nach außen, dass die Innenseite der Unterarme, Handgelenke und Hände flach nach oben zeigen, als böte man auf seinen Handflächen einen Gegenstand dar. Die Finger sind geschlossen und bis in die Spitzen ausgestreckt. Jetzt dreht man die Hände und Unterarme so viel nach außen wie möglich, als wollte man den Gegenstand nach außen wegkippen. Diese Position einige Sekunden in Spannung halten, dann Arme und Hände zurückdrehen, bis die Hände wieder flach nach oben zeigen. Jetzt die Hände langsam zu fast geschlossenen Fäusten sanft schließen, so dass die Fingernägel nach oben zeigen. Nun die Fäuste mehrfach auf und zu machen und die Finger dabei bewegen. Abschließend die Fäuste langsam gegeneinander drehen, bis sie sich in senkrechter Position befinden. Diese halten und alle Bewegungsabläufe einige Male wiederholen.

Wenn beim Reiten auf Kandare die geteilte Zügelführung dazukommt, ist die senkrechte Haltung der Hände, bei gleichzeitigem Einwirken mit den Zügeln, anfangs anstrengend. Man wird aber nur durch das unbedingte Einhalten der senkrechten Handhaltung, auch während der Einwirkungen mit den Zügeln, die Muskulatur der Unterarme richtig trainieren, so dass Hände, Arme und die dabei beanspruchten Gelenke in dieser Position allmählich locker werden.

Die Hände müssen, im Damensattel, in gleicher Höhe nebeneinander, links und rechts des Knies getragen werden, ohne sie darauf aufzustützen. Der Abstand zwischen den Händen ist dadurch etwas breiter als im Herrensattel. Senkrecht, ruhig, mit locker aufgesetztem Daumen, sind die leicht zu Fäusten geschlossenen Hände so in der richtigen Stellung, aus der allein eine unabhängige und präzise Zügelführung und Einwirkung möglich ist.

Je nach Gebäude, Halsansatz und Ausbildungsstand des Pferdes bemessen, werden die Hände tiefer, höher, breiter oder mehr zusammengestellt nebeneinander getragen.

Zu Beginn der Ausbildung sollte, um das Pferd im Hals und in den Schultern mehr einzurahmen, auch breiter geführt werden.

Bei längerem Zügelmaß stehen sie im Schoß vor dem Leib der Reiterin dichter nebeneinander. Diese Handposition ist auch beim Reiten im Gelände sehr vorteilhaft.

Die heute oft verbreitete falsche Lehre, die äußere oder innere Hand generell höher oder tiefer zu stellen, schafft Verwirrung und verhindert eine korrekte Einwirkung.

Das einseitige Höher- oder Tiefer-Stellen einer Hand ist eine Korrekturhaltung bei Ausbildungsfehlern, die nur von Könnern praktiziert werden sollte.

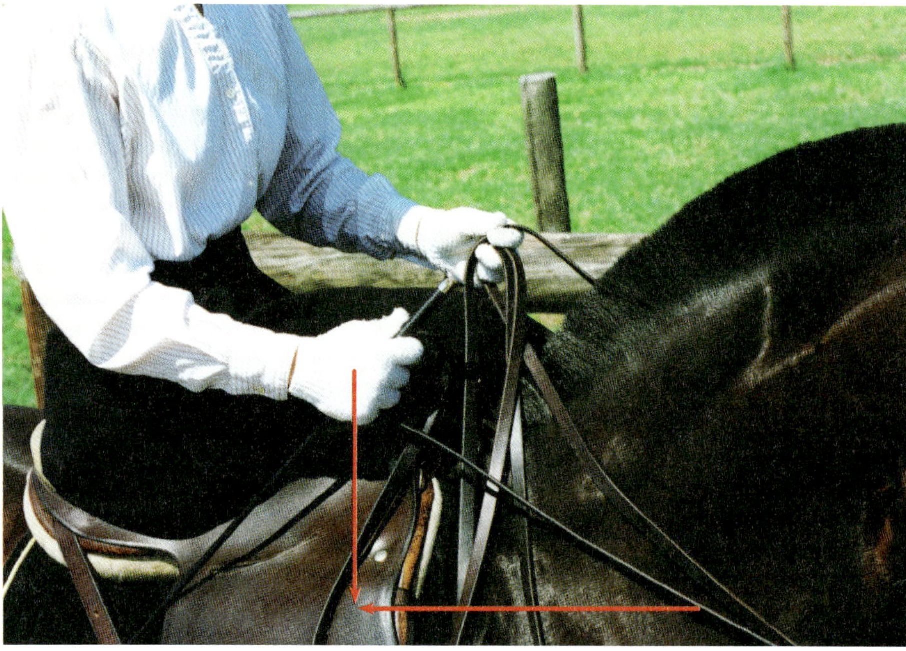

ABB. 108: Die rechte Hand kann bei 3:1-Führung (angefasste Trense) auch tiefer neben dem Sattelblatt gehalten werden. Grund: bessere Begrenzung der rechten Pferdeschulter, um das *Ausfallen über die Schulter* zu vermeiden. Foto U. Stanger

Verwirft sich ein Pferd beispielsweise im Genick, so ist die bessere Lösung, mit vortreibender Kreuz- und Schenkelhilfe bei tiefer gestellten, in gleicher Höhe getragenen Händen freieres Tempo und flüssige Übergänge zu reiten und damit Losgelassenheit, gleichmäßige Anlehnung und Stabilisierung von Genickbiegung und seitlicher Abstellung in den Ganaschen zu erreichen.

Die Handhaltung mit der Reitgerte

Die Führung der den meist rechten Schenkel ersetzenden Reitgerte erfordert im Damensattel viel Geschick mit der Hand, die dafür einerseits stabil und doch locker im Handgelenk sein sollte. Die Gerte liegt leicht und etwas schräg in der fast geschlossenen Hand, die nicht verkrampft sein darf. Sie wird nur mit Daumen, Zeige- und wenig mit dem Mittelfinger gehalten, damit mit den letzten beiden Fingern das unabhängige Einwirken auf die Zügel möglich ist.

Bei Zügelführung mit einer Hand hat die Reiterin die rechte Hand völlig frei für die hin und wieder notwendigen leichten *Touchés* mit der Reitgerte.

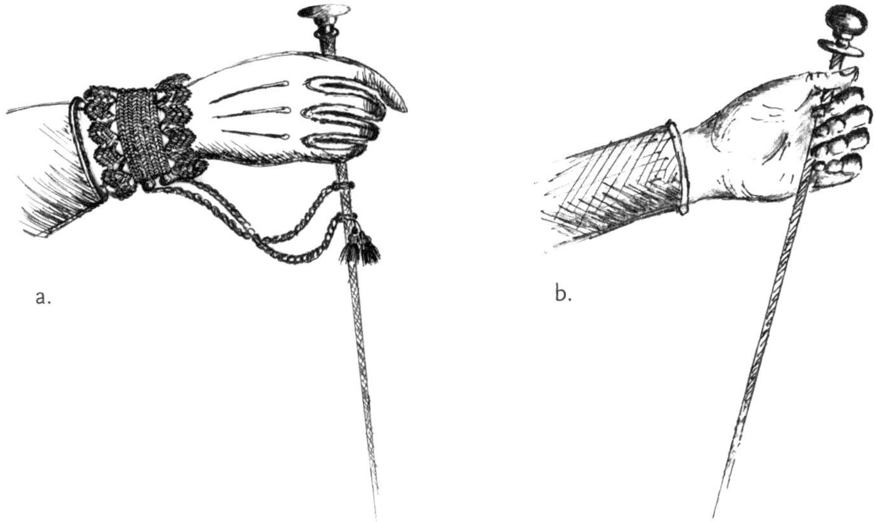

ABB. 109: a. Diese Manschette für das Handgelenk, aus Seide gehäkelt, ist ein dekoratives wie praktisches Detail aus dem Reitzubehör der Damen des 19. Jhs. An ihr wurde mittels zweier Kordeln der Reitstock befestigt, damit er der Reiterin, besonders im Gelände und bei Jagden, nicht herunterfallen konnte. Zeichnung DBP nach Heidi Marsh, *Riding Habits of the Era of the Hoop*, 1987, Greenville CA, USA. b Handhaltung mit Reitgerte, Zeichnung DBP

Die Hilfengebung der Reiterin im Damensattel

Im Grunde genommen benützt man vom Damensattel aus fast dieselben Hilfen, mit denen man auch im Herrensattel gelernt hat, auf das Pferd einzuwirken. Es sind dies die Einwirkungen mit dem Gewicht, den Schenkeln und den Zügeln. Auf der offenen Seite (off side) wird der fehlende Schenkel durch die Reitgerte ersetzt.

Je besser das Pferd auf das Gewicht abgestimmt ist, also *am Kreuz steht*, und je feiner es auf die Schenkel- und Gerteneinwirkungen reagiert, desto leichter wird es im Seitsitz zu reiten sein. Schon auf die geringste Berührung mit der Reitgerte soll das Pferd willig reagieren. Ebenso fein soll ich es mit leichten Zügelhilfen in die gewünschte Stellung bringen können. Mit dem Zügel auf der Seite des fehlenden Schenkels achte ich vermehrt auf die Begrenzung des Halses und der Schulter.

Die Grundlage für eine gute Zusammenarbeit zwischen Mensch und Tier ist immer ein gutes Vertrauensverhältnis. Dies gewinnt beim Reiten im Damensattel noch mehr an Bedeutung, da die Einwirkungsmöglichkeit hier begrenzter ist.

Neben dem richtigen Zusammenwirken der Gewichts-, Schenkel-, Gerten- und Zügelhilfen ist die Stimme ein nicht außer Acht zu lassendes unterstützendes Hilfsmittel, ihr sollte das Pferd bereits vertrauen, bevor wir uns überhaupt auf seinen Rücken setzen.

Im Damensitz, wo man mehr auf dem Pferde sitzt, fällt es der Reiterin am Anfang oft schwer, sich mit ihrer Körpereinwirkung beim Pferd sofort durchzusetzen. Daher kann die vertraute leise Stimmhilfe am Anfang der Ausbildungszeit gelegentlich sehr von Vorteil sein.

Die Gewichtshilfen

Bei den Einwirkungen mit dem Gewicht kennen wir die beidseitig belastende, die einseitig belastende sowie die entlastende Gewichtshilfe im Aussitzen oder beim Leicht- oder Englisch-Traben.

Die beidseitig belastende Gewichtshilfe

Bei dieser Gewichtseinwirkung sind auch im Seitsitz beide Gesäßknochen am Sattel. Soll diese Einwirkung korrekt zur Anwendung kommen, sollte die Reiterin zuerst das Gefühl für das Sitzen in der Mitte des Sattels erlangt haben. Dafür sollte sie ausbalanciert und losgelassen sein. Hilfen mit dem Gewicht, ob beidseitig oder einseitig, können verschieden stark gegeben werden. Einerseits kann man nur sein eigenes Gewicht wirken lassen, also passiv sitzen.

Verstärkt man andererseits aufrecht sitzend, durch Anspannen des Bauches und Schwererwerden, den Druck der Gesäßknochen, bei gleichzeitig stärkerem Schließen des rechten Beins um das obere Horn und Schließen des linken Knies, so sprechen wir vom mehr oder weniger deutlichen Anspannen des Kreuzes.

Ein starkes Vor- oder Zurückneigen des Oberkörpers, ein Buckel oder ein Hohlkreuz würden eine korrekte beidseitige Gewichtseinwirkung verpuffen lassen. Auch verspürt man durch falsches Aussitzen im Trab bald einen Schmerz im Genick.

Die einseitig belastende Gewichtshilfe

Diese Gewichtshilfe birgt im Damensitz die Gefahr, zu weit nach links oder zu schräg zu sitzen und in der Hüfte einzuknicken. Bei der einseitigen Gewichtshilfe links, wo auch im Normalfall die Beine der Reiterin liegen, achte man darauf, nicht zu viel Gewicht dorthin zu verlegen. Oft wird auch der Oberkörper dabei zu viel nach links gedreht. Die Korrektur hierfür ist, wieder den Ausgangspunkt Geradeaussitz mit Gewicht genau in der Mitte zu suchen und die rechte Schulter zurückzunehmen, so dass die Reiterschultern parallel zu den Pferdeschultern stehen.

Bei der einseitigen Gewichtshilfe rechts entsteht häufig ein Einknicken der rechten Hüfte, was im Damensitz ein stärkeres Wegrutschen des Gewichts nach links verursacht. Um dies zu verhindern, ist es wichtig, im Oberkörper ganz gerade und in der Hüfte stabil zu bleiben. Der Anfängerin rate ich, davor mit dem ganzen Körper leicht nach rechts zu sitzen, dann lediglich das rechte Sitzbein fallen zu lassen und die rechte Schulter betont zurückzunehmen.

Die einseitige Gewichtsverlagerung wirkt richtig, wenn man bei geradem Oberkörper jeweils das innere Sitzbein mehr belastet, ohne das andere dabei hochzuheben. Der Fehler durch Anheben und damit Ausschalten des äußeren Sitzbeins wird bei Anwendung der einseitigen Gewichtshilfe auch oft im Herrensattel begangen. Wird dabei auch noch die äußere Schenkelhilfe außer Acht gelassen, missachtet das Pferd in kürzester Zeit die so wichtigen begrenzenden äußeren Hilfen, fällt dadurch über die äußere Schulter und wird schnell nach außen wegdrängen.

Die entlastende Gewichtshilfe

Neben dem leichten Sitz für das Reiten über Hindernisse kennen wir noch das Leichttraben, früher auch als *Leicht-Reiten* oder *Englisch-Traben* bezeichnet, das Aussitzen des Trabes hingegen wurde *Deutsch-Reiten* oder *Deutsch-Traben* genannt.

Das Leichttraben im Damensattel ist nicht ganz einfach und anfangs ziemlich anstrengend, was ja auch der Anfänger im Herrensattel oft so empfindet. Freifrau v. Rheiffen gibt in ihrem Buch *Das Reiten der Dame* die Empfehlungen ihres alten Reitlehrers weiter, der bezüglich des Leichttrabens eine hervorragende Technik schildert. Nachdem ich sie ausprobiert und als die beste empfunden habe, möchte ich sie hier kurz erklären.

Das Trabtempo sollte etwas freier gewählt werden, und ich gehe in die Bewegung des Pferdes hinein mit dem Oberkörper nach vorne, es wird hier als *sich in den Gang neigen* bezeichnet. Sich nach links wegzuheben und links in der Hüfte einzuknicken, ist ein starker Fehler. Richtig ist, fester in den Bügel zu treten und den linken Unterschenkel etwas nach vorne zu federn. Der Oberkörper muss gerade hochgehoben werden, so dass das Gewicht der Reiterin genau in der Mitte des Pferdes bleibt, wobei dabei aber ein leichtes Schwingen nach links der Mittelpositur wichtig ist, welches das Einknicken in der linken Hüfte verhindert. Versuchen Sie, diese Technik durch viel Übung im frischen Trab auf gerader Linie herauszubekommen, und das Leichttraben, welches Sie vor allem im Gelände benötigen, wird Ihnen bald leichter fallen.

Die Schenkelhilfen und die den fehlenden Schenkel ersetzenden Hilfen mit der Reitgerte

Wir kennen die Hilfen des vorwärtstreibenden, des seitwärtstreibenden und des verwahrenden Schenkels. Diese drei Schenkelhilfen werden im Damensattel fast genauso eingesetzt wie im Herrensattel. Gehört die Reitgerte im Herrensattel nur zu den unterstützenden Hilfen, so dient sie uns im Damensattel als sogenannter *Ersatzschenkel.*

Es ist wichtig, dass ich das Pferd vorher im Herrensitz auf die Einwirkung mit der Reitgerte gut vorbereite, um es dann im Damensattel sofort mit einer feinen Gertenhilfe ansprechen zu können.

Der gefühlvolle Umgang mit der Reitgerte erfordert eine ruhige und lockere Handhaltung sowie Geschicklichkeit und ihren präzisen Einsatz an den verschiedenen Einwirkungspunkten.

Die vorwärtstreibende Schenkelhilfe

Die vorwärtstreibende Position des linken Schenkels ist wie im Herrensattel genau am Sattelgurt, d. h., der vordere Stiefelrand schließt mit dem hinteren Rand des Gurtes ab.

Auf der rechten Seite hat die Reitgerte die vorwärtstreibende Wirkung ebenfalls genau hinter dem Gurt, etwa beim Geradeausreiten, in der Rechtsbiegung und im Rechtsgalopp. Ein Ausweichen des Pferdes nach der rechten Seite verhindert man, indem man jeweils rechts knapp hinter dem Gurt mit der Reitgerte energisch vortreibt und gleichzeitig nicht zu stark mit dem linken Schenkel treibt oder, auf dem Bogen, mit diesem verwahrt.

Die seitwärtstreibende Schenkelhilfe

Die seitwärtstreibende Position des linken Schenkels liegt eine halbe Handbreit hinter dem Gurt.

Auf der rechten Seite wirkt die Gerte anfangs etwa zwei Handbreiten hinter dem Gurt seitwärtstreibend. Ist das Pferd besser abgestimmt, kann die Gerte, gleich wie der linke Schenkel, ebenfalls eine halbe Handbreit hinter dem Gurt wirken.

Seitwärtstreibende Einwirkungen kommen je nach Übung und Biegung zum Einsatz, und zwar mit dem jeweiligen äußeren Schenkel oder der Gerte. Bei der Vorhandwendung wirkt Schenkel oder Gerte jeweils innen seitwärtstreibend. Beim Schenkelweichen, etwa beim Viereckverkleinern und -vergrößern, wirkt Schenkel oder Gerte jedoch innen vorwärts-seitwärts-treibend. Bei allen Seitengängen (Biegen auf zwei Hufschlägen) wirken Schenkel oder Gerte innen vorwärts- und außen seitwärtstreibend.

Die verwahrende Schenkelhilfe

Der linke verwahrende Schenkel liegt eine Handbreit hinter dem Gurt. Auf der rechten Seite liegt die Reitgerte etwa drei Handbreiten hinter dem Gurt in verwahrender Position. Die verwahrende Funktion übernimmt immer der äußere Schenkel, etwa im Galopp, bei Wendungen im Halten und im Gang oder im Schulterherein.

Eine Gertenhilfe am Hinterschenkel dient dazu, das Hinterbein aktiver werden zu lassen. Sie muss allerdings fein dosiert sein, da sie das Pferd sonst zum Ausschlagen oder Dagegengehen herausfordert. Auf der Kruppe eingesetzt, wirken die Touchés aktivierend auf die gesamte Hinterhand, so etwa bei Piaffetritten. In Saumur wird für die *französische Croupade* ebenfalls die Kruppe touchiert. Bei der *französischen Courbette* erfolgt die Gertenhilfe an der Schulter. Beim Levieren nach der Wiener Schule wirkt die Gerte an Stelle des verwahrenden Schenkels.

Wichtig ist jedoch, gleichgültig welche Übungen geritten werden, von Anfang an so zu arbeiten, dass die Einwirkungen mit der Reitgerte im Laufe der Ausbildung immer seltener und letztlich unsichtbar werden.

Die Reitgerte

Für den Damensattel sollte die Reitgerte[6] mindestens 90 cm, höchstens 1,10 m lang und vorne mit einem Knopf versehen sein, damit sie nicht so leicht aus der Hand rutschen kann.

Die Gerte muss sich einfach handhaben lassen. Dies ist nicht der Fall, wenn sie sehr lang, schwer oder zu dick ist. Sie sollte eine gewisse Festigkeit haben, also nicht zu stark federn. Eine zu nachgiebige Gerte oder ein fester Stock wird vom Pferd oft nicht akzeptiert. In der Praxis stellte ich fest, dass der spezielle Damenreitstock meist viel zu dick ist. Er liegt unangenehm in der Hand und ist durch seine steife Beschaffenheit nicht variabel einsetzbar. Aus diesem Grund reagieren viele Pferde überhaupt nicht gut darauf. Bei schreckhaften, sehr ängstlichen und äußerst empfindlichen Pferden habe ich wiederum einen kurzen, steifen Stock für hilfreich befunden, da sie auf diesen, schon bei ganz leichtem Druck, sofort reagierten.

Ob also mein Ersatzschenkel ganz fest (Reitstock) oder stabil mit leichter Elastizität (Reitgerte) ist, ob er steif, weich und biegsam, lang oder kurz ist, entscheide ich als erfahrene Reiterin selbst und wähle denjenigen, welchen das einzelne Pferd am besten annimmt. Besonders bei fremden Pferden, frage ich nach und verwende immer zuerst das Hilfsmittel, an welches das Pferd gewöhnt ist.

6 In der Reitlehre wird für die einzelnen Begriffe immer dieselbe Bezeichnung verwendet. Eine Reitgerte ist in der Regel weder zu dick noch zu dünn und besitzt eine leichte Elastizität. Aus diesem Grund habe ich für den Ersatzschenkel ganz bewusst den Begriff Reitgerte gewählt.

Früher gab es spezielle Reitpeitschen bzw. Reitstöcke für den Damensattel und an manchen befand sich an deren Ende sogar ein Sporenrad. Hertha von Knobloch benutzte und empfahl einen solchen *Peitschensporn*. Ich lehne ein solches Hilfsmittel ab. Für Reitjagden gab es kürzere Reitpeitschen, die mit einem krückstockartigen Knauf zum Öffnen der Gatter versehen waren. Erfunden haben soll diesen *Parforce-Krückstock* die englische Herzogin von Portland. Bei spanischen und französischen Damenreitpeitschen findet man das eine oder andere historische Exemplar mit funktionellen Verzierungen am Ende, wie etwa ein kleines Holzfüßchen oder Kügelchen.

ABB. 110: Die Reitgerte der Kaiserin Elisabeth (zu sehen in der Wagenburg des Schlosses Schönbrunn, Wien). In den Elfenbeingriff sind Jugendstilmuster geschnitzt, die vergoldeten Fassungen zieren Granate. Oben am Griff befinden sich ein Miniaturbild des Kaisers Franz Joseph sowie die Initialen der Kaiserin. Zeichnung DBP

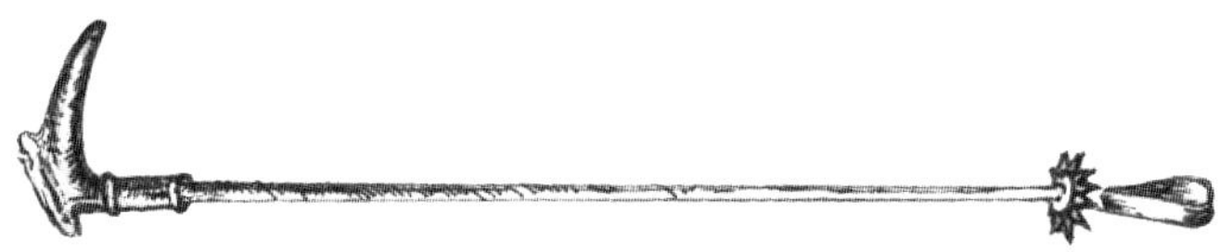

ABB. 111: Reitpeitsche mit Sporn. Zeichnung DBP

Die Stimme und der Sporn als unterstützende Hilfen

Die Stimme

In einer Reitbahn, in der ernsthaft gearbeitet wird, ist es in der Regel ruhig, fast wie in einer Kirche. Tier und Mensch strahlen in ihrer Erscheinung und in ihren Bewegungen Ruhe und Ausgeglichenheit aus. Hörbar sind höchstens einmal einzelne Erklärungen des Reitlehrers, der stärkere Atem und die deutlichen taktmäßigen Tritte oder Galoppsprünge eines arbeitenden Pferdes. Man könnte sagen, man hört, wie geritten wird, auch wenn man nicht hinsieht.

Trotz dieser gewollten Ruhe kann bei der Ausbildung des Pferdes auf die wertvolle Unterstützung der Stimme nicht verzichtet werden. Der Ausbilder hat nur mittels seiner Körperhaltung, seiner Gestik, durch seine Berührung und mit der Stimme die Möglichkeit, sich den Tieren verständlich zu machen. Denn auch im Gespräch mit ihnen ist es wichtig, den der Situation entsprechenden richtigen Ton zu finden. Ein tieferer Ton wirkt immer beruhigender, hellere, höhere Töne aufmunternder. Ruhiges, leises Reden oder auch ein begeistertes *Brav* sind als Lob, scharfe, kurze Worte als Tadel zu wählen. Bei der Ausbildung eines jungen Pferdes ist es wichtig, viel mit Stimme zu arbeiten. Hier und auch später kann sie beim Heranführen an neue Aufgaben oder in schwierigen Situationen eine entscheidende Hilfe sein.

Die natürlichen Veranlagungen des Pferdes sind unter anderem schnelle Reflexe auf bestimmte Ereignisse, gutes Erinnerungsvermögen und ein sehr feines Gehör. So verbinden sie mit der Gestalt, dem Benehmen und gerade der Stimme von Menschen immer auch eine positive oder negative mit ihnen erlebte Situation. Wurde etwa ein Pferd in Verbindung mit lauter Stimme einmal überfordert oder gar einem Schmerz ausgesetzt, so wird es bei lauter Stimme immer in Unruhe und Angst geraten.

Wurde es hingegen, wenn es etwas richtig gemacht hat, sei es nur mit der Stimme, gelobt, so wird es die Übung das nächste Mal gleich wieder richtig machen wollen, weil es sich auf das Lob freut und sich an die darauf folgende Entspannung erinnert. Bei der Ausbildung junger Pferde an der Longe gebraucht man für bestimmte Übungen zuerst immer nur dasselbe Wort. Voraussetzung etwa vor dem Angaloppieren an der Longe ist, dass die Verbindung zwischen Hand und Pferdemaul weich und sicher ist; man hebt die Hand dazu leicht an, sagt gleichzeitig *Galopp* und treibt mit der Longierpeitsche etwas nach. Oft versteht das Pferd nicht gleich und läuft in stärkerem Trabe weg. Man pariert dann in Ruhe zurück ins Arbeitstempo und versucht das Ganze wieder, mit etwas mehr Nachdruck. Falsch ist, ständig »Galopp« oder ähnliches zu rufen und dabei immer lauter zu werden. Dadurch wird nicht nur das Pferd nervös und abgestumpft, sondern es werden auch alle anderen Reiter gestört.

Schon in einigen Tagen wird es auf dieses Anheben der Hand angaloppieren, und man kann die Stimme immer mehr weglassen. Je besser die Zwiesprache und das Vertrauen zwischen Mensch und Tier, desto feiner und unsichtbarer wird die Hilfe sein. Im Laufe der Ausbildung sollte man dann auch verschiedene Worte für ein und dasselbe einsetzen, um keine Abrichtung und kein Dressieren auf die Stimme zu erreichen. Genau wie die Hilfen von Gewicht, Schenkel und Zügel verfeinert werden, so tritt auch die Stimmhilfe mehr und mehr zurück, bis nur noch ein wortloses Verstehen stattfindet. Beim ausgebildeten Pferd benötigt man im Großen und Ganzen die Stimme zwar nicht mehr, das Pferd freut sich aber trotzdem immer über ein leises *Brav* oder *Gut* oder nimmt sich bei einem *Pass auf* zusammen und strengt sich mehr an. Zur Stimme und auf die feinen Ohren des Pferdes anspielend, bemerkte Hilda Dollmann einst ganz reizend: »*Es ist manchmal einfach unmöglich, dem Versuch zu widerstehen, ihnen ganz leise und heimlich etwas zuzuflüstern.*«

Es liegt hier einzig und allein an der Geschicklichkeit und dem Gefühl des Menschen, wie gut er sein Pferd mit Unterstützung der Stimmhilfe schulen kann und wie schnell es ihm gelingt, es so fein abzustimmen, also wortlose Zwiesprache zu halten, dass er sie kaum oder gar nicht mehr benötigt.

Der Sporn

Zum Reiten im Damensattel ist nur ein Sporn am linken Stiefel notwendig. Generell müssen Sporen immer gerade angeschnallt werden. Sie dürfen weder herunterhängen noch nach oben zeigen. Bei Reiterinnen mit kürzeren Unterschenkeln wird der Sporn etwas tiefer am Stiefel getragen, bei längeren Beinen dagegen etwas höher.

Da im Damensattel der linke Unterschenkel, je nach dessen Länge, manchmal etwas höher am Pferdebauch liegt, muss der Sporn so angebracht sein, dass man mit ihm etwa an derselben Stelle einwirkt wie im Herrensitz. Zu beachten ist, dass durch ein Hochziehen des Schenkels der Sporn nicht ungewollt zu weit hinten und oben am Pferdekörper wirkt und das Pferd durch die dort ungewohnte Einwirkung erheblich gestört wird.

Früher gab es *Anschlagsporen*, die für einen festen Halt in der Mitte einen kleinen Nagel hatten und seitlich noch mit kleinen Schrauben am Stiefelabsatz befestigt wurden. Für eine kleine Reiterin wäre für das Reiten im Damensitz ein solcher Anschlagsporn von Nutzen. Für die Stiefeletten gab es auch sogenannte *Kastensporen*, die in eine Aushöhlung im Absatz gesteckt und durch eine Feder festgehalten wurden.

Der Sporn darf das Pferd nur berühren, wenn er benötigt wird, was einzig und allein durch einen korrekt gehaltenen tiefen Absatz und ruhigen Schenkel möglich ist. Er ist lediglich eine unterstützende Hilfe, die nur bei Missachtung der Schenkelhilfe und zur Feinabstimmung auf den Schenkel verwendet werden darf. Hilda Dollmann dazu: *»Wer in ihm nur ein Werkzeug zum Strafen sieht, beraubt sich seiner feinen Ausdrucksmöglichkeiten zum Pferd.«*

Die Zügelhilfen

Um Zügelhilfen korrekt anzuwenden, ist eine beidseitig gleichmäßige Anlehnung an beiden Zügeln Voraussetzung. Im Damensattel, bei Führung mit beiden Händen, unterscheiden wir, wie für das Reiten im Herrensattel, die vier Einwirkungen der nachgebenden, der durchhaltenden, der annehmenden und der verwahrenden Zügelhilfe.

Die Einwirkungen mit den Zügeln wirken naturgemäß verhaltend und müssen daher stets mit treibenden Hilfen verbunden sein.

> *»Die Hand ist stet und bestimmt, wenn sie ihre vorgeschriebene Haltung nicht verlässt, ruhig bleibt und das Pferd nicht unangenehm belästigt. Eine leichte Hand ist, wenn sie nicht beschwert, und eine weiche Hand, die sanft annimmt und nachgibt, wirkt stets belebend auf das Maul« (A. Schlaberg).*

Je durchlässiger das Pferd ist, d. h. je feiner im Maul und je lockerer Genick-, Hals-, Rücken- und Hinterhandmuskulatur werden, desto schneller, sicherer und sensibler achtet es auf die Einwirkungen mit der Hand und desto besser lässt das Pferd die Zügelhilfen bis zum Hinterfuß durch. Dieser darf nie durch zu häufige Einwirkungen mit den Zügeln am Vortreten gehindert werden.

Die nachgebende Zügelhilfe

Die *nachgebende* (nach Wätjen *nachlassende*) Zügelhilfe folgt immer einer durchhaltenden oder annehmenden. Die Spanne erstreckt sich vom Entspannen des Fingers, dem leichten Öffnen der Zügelhand bis zum weniger oder mehr deutlichen Vorgehen des ganzen Armes.

Beim Nachgeben darf die weiche, sichere Verbindung zwischen Reiterhand und Pferdemaul nicht aufgegeben werden. Soll sich das Pferd im Hals weniger oder mehr nach vorne dehnen, so muss die Hand bzw. der ganze Arm weniger oder mehr nach vorne gehen, wobei das Pferd der vorgehenden Reiterhand bis zu dem ihm erlaubten Dehnungsgrad folgen soll. Bei ganzer Dehnung des Pferdehalses nach vorwärts-abwärts wird ein langsames Herauslassen der Zügel aus der Hand erforderlich.

Die durchhaltende Zügelhilfe

Die *durchhaltende* (nach Wätjen *aushaltende*) Zügelhilfe wird bei den halben und ganzen Paraden gebraucht.

Es gibt einseitig und beidseitig durchhaltende Zügelhilfen. Die einseitig durchhaltende, auch als halbe Parade bezeichnete Zügelhilfe wird meist am äußeren Zügel gegeben und darf stets nur ganz kurz sein. Angewendet wird sie beim Abwenden, zum Einleiten einer Lektion, bei Gangart- oder Tempowechseln sowie um Haltung und Tempo des Pferdes zu erhalten, zu verbessern oder zu erneuern.

Bei der beidseitig durchhaltenden Zügeleinwirkung bleiben beide Hände nebeneinander in gleicher Höhe kurz ruhig stehen und werden bei gleichzeitig stärker vortreibenden Kreuz- und Schenkelhilfen fest geschlossen. Sie findet u. a. ihre Anwendung bei der Parade zum Halten. Es ist sehr wichtig, dass, bevor das Pferd ganz steht, schon wieder nachgegeben wird und die Parade eigentlich durch den vortreibenden Kreuz- und Schenkeldruck beendet wird. So kann das Pferd, die Nase leicht vor der Senkrechten, mit den Hinterbeinen unter das Gewicht treten, ohne von der Hand abgeblockt zu werden. Ein starres Durchhalten im Gange bei gleichzeitigem Vortreiben würde das Vortreten des Hinterfußes abbremsen und ein Gehen gegen oder hinter die Hand bewirken.

Im Halten, beim Abkauenlassen, wendet man ebenfalls kurz eine durchhaltende Zügelhilfe an. Sie soll einen möglichen vermehrten Druck des Pferdes gegen das Gebiss leicht federnd aushalten, bis es leicht in der Hand wird und zu kauen beginnt. Dann gibt man sofort nach.

Die annehmende Zügelhilfe

Wenn eine *durchhaltende* Zügelhilfe nicht ausreicht, wird eine *annehmende* eingesetzt. Die feinste annehmende (nach Wätjen *rückwirkende*) Zügelhilfe wird nur durch etwas mehr Schließen der Hand, durch leichten Druck des Ringfingers auf den Zügel gegeben. Etwas stärker wird die Einwirkung durch schraubenartiges Eindrehen des Handgelenks, bei dem sich Daumen und kleiner Finger der linken Hand Richtung Körper drehen. Das stärkste Annehmen des Zügels wird mit dem ganzen Arm gegeben. Jede annehmende Zügelhilfe muss vor und nach dem Annehmen durch eine richtig dosierte Gewichts- und Schenkelhilfe unterstützt werden.

Das Annehmen des Zügels darf nur sehr kurz sein und darf nie in ein Zurückziehen ausarten. Nach dem Annehmen wird sofort nachgegeben. Annehmende Zügelhilfen müssen, je nachdem wie fein das Pferd auf sie reagiert, ein- oder auch mehrmals kurz hintereinander erfolgen. Dazwischen wird kurz nachgegeben.

Die verwahrende Zügelhilfe

Beim Stellen des Pferdes mit dem inneren Zügel gibt man ihm, durch das Eindrehen der Hand, kurz eine leicht annehmende Zügelhilfe. Dabei wird zur Begrenzung des Halses und korrekten Ausführung der Wendung eine Gegenwirkung des äußeren Zügels notwendig, andernfalls fällt das Pferd über die äußere Schulter aus. Diese äußere Zügelhilfe besteht aus einer halben Parade, zur Ankündigung der Wendung, die dann in die *verwahrende* Zügelhilfe, d. h. in ein *passives Verharren* der Hand, übergeht. Mit anderen Worten: Der innere Zügel sorgt für Stellung und Biegung, der äußere begrenzt diese.

Die seitwärtsweisende Zügelhilfe

Beim Abwenden junger Pferde, etwa auf den Zirkel, kann die *seitwärtsweisende* Zügelhilfe angewandt werden. Die innere Hand wird dabei etwas vom Pferdehals weg seitlich nach innen geführt, um das Pferd so besser in die Wendung einzuweisen. Der Oberarm und Ellbogen sollten dabei aber weiterhin Fühlung mit dem Oberkörper behalten. Im Damensattel kann es anfangs hilfreich sein, beim Abwenden oder beim Ansatz zur Traversale mit dem inneren Zügel eine seitwärtsweisende Zügelhilfe anzuwenden und vor allem beim Traversieren nach links, nach der einleitenden halben Parade, am äußeren Zügel nachzugeben.

Insgesamt sind für die Zügelhilfen folgende wichtige Regeln zu beachten: Zügelhilfen können annehmend, also von vorne nach hinten, nachgebend, also von hinten nach vorne, aufwärts- oder seitwärtsweisend, aber nie zur Seite wirken. Die treibende Hilfe mit Kreuz und Schenkel soll immer weit über der verhaltenden Zügelhilfe stehen.

Die sogenannten *Arrêts* (kurze, energische Zügelanzüge) dürfen lediglich zur Ermahnung oder als Strafmittel angewendet werden, etwa wenn das Pferd auf das Gebiss drückt. Ein Arrêt darf immer nur ganz kurz sein und nur gegeben werden, wenn das Pferd mit Anlehnung geht. Danach gibt die Hand sofort nach. Bei herunterhängendem Zügel würde es nur ein Reißen im Maul bedeuten, vor dem das Pferd Angst bekommt.

Hilda Dollmann berichtet in ihrem Buch, um der so häufigen Überbewertung der Zügelhilfen entgegenzuwirken, über eine eindrucksvolle Vorführung auf dem Berliner Jubiläumsturnier 1930:

»Der spanische Leutnant Xifra ritt dort seinen braunen Wallach Morisco ohne Kopfstück und Zügel als Campagnepferd und in allen Lektionen der ›Hohen Schule‹ vor. Es waren keine mechanisch eingelernten Lektionen, deren Reihenfolge er einhalten musste, sondern er konnte wo, wann und was er wollte, reiten. Hiermit wurde die Nebensächlichkeit der aktiven Zügeleinwirkungen bei einem ausgebildeten Pferd wohl aufs Eindrücklichste bewiesen.«

Die Zügelführung auf Kandare

Immer wieder wurde auf den ruhigen unabhängigen Sitz hingewiesen, der Voraussetzung für eine ruhige Haltung der Hände und diese wiederum für eine unabhängige Zügelführung notwendig ist.

Im Damensattel ist es anfangs schwierig, gleich das richtige Gefühl für die Kopf- und Halseinstellung des Pferdes zu haben. Wie schon gesagt, sitzt man in diesem Sattel mehr auf als im Pferde und sogar etwas weiter hinten. Deshalb ist auch der Abstand zwischen Reiterhand und Pferdemaul etwas größer und daher auch das Zügelmaß etwas länger, als dies im Herrensattel der Fall ist. Trotzdem dürfen die Zügel nicht zu lang werden, weshalb immer wieder an ein Nachfassen zu denken ist. Die Arme dürfen dabei nicht nach vorne gestreckt oder der Oberkörper nach vorne gebeugt werden. Beim Zügel-Verkürzen ist darauf zu achten, dass die Reiterin möglichst schnell und für das Pferd unmerklich am Zügel entlang nachfasst, ohne zum anderen Zügel hinüber greifen zu müssen. Bei einem ungeschickten Hinübergreifen geschieht sonst, dass die Reiterin das Pferd vorne *aufreißt*, was heißt, dass Anlehnung und Genickbiegung verloren gehen, vor allem wenn es vorher nicht genügend am Kreuz stand.

Vorbedingung für die richtige Führung der Kandare ist also, dass die Reiterin ihre Hand völlig unabhängig von den Körperbewegungen in feinen Abstufungen wirken lassen kann. Es sollte auch nicht der Gedanke aufkommen, ohne weiteres gleich auf Kandare reiten zu können, weil man im Damensattel schneller ruhiger sitzen kann. Zuerst muss man vor jeder Zügelhilfe das Pferd auch mit Kreuz, Schenkel und Gerte an die Hand, sprich die Zügel, herantreiben können. Stört man die erreichte Losge-

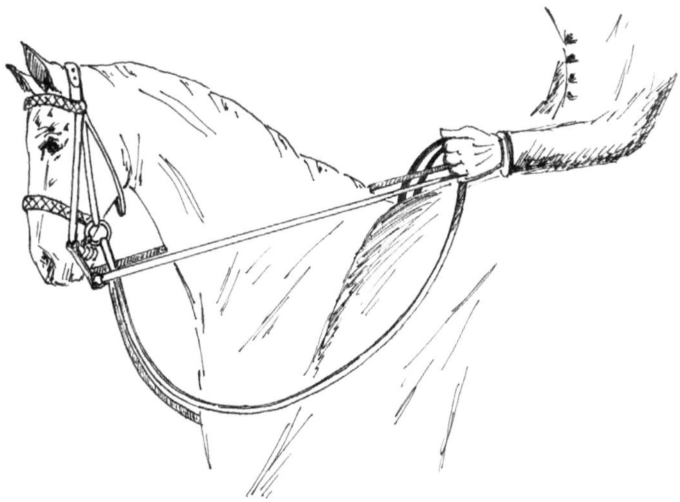

ABB. 112: Zügelführung mit einer Hand auf *blanker Kandare*, Zeichnung DBP
Die Zügelhand steht vor der Mitte des Leibes eine Handbreit hinter dem rechten Knie. Die Handstellung ist dadurch etwas höher, so dass Ober- und Unterarm einen rechten Winkel bilden. Diese Führung verlangt ein fein abgestimmtes, durchlässiges Pferd und eine gefühlvolle Reiterin.

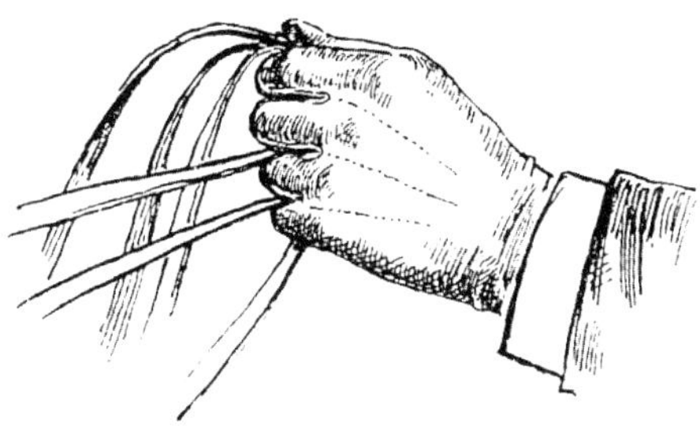

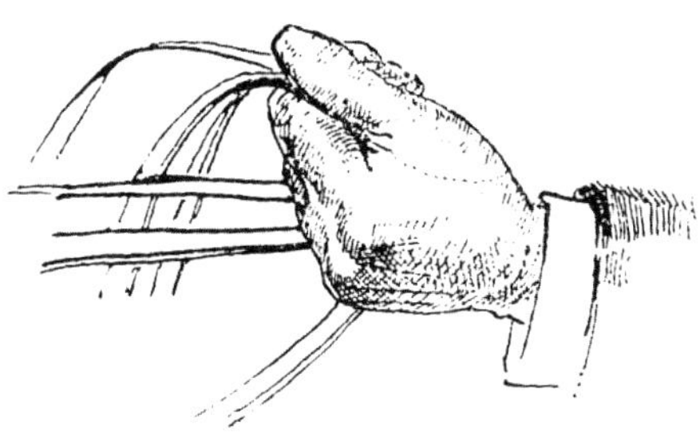

ABB. 113:

a. Das Nachgeben bei Zügelführung auf *blanker Kandare* mit einer Hand (Schlaberg, *Die Dame als Reiterin*):
Zum Nachgeben lässt die Reiterin den kleinen Finger Richtung Pferdemaul vorgehen. Der Daumen der Zügelhand nähert sich dabei dem Körper und die Fingernägel zeigen nach rückwärts-abwärts.

b. Das Annehmen bei Zügelführung auf blanker Kandare mit einer Hand (Schlaberg, *Die Dame als Reiterin*):
Beim Annehmen dreht sich die Hand im Handgelenk so, dass sich der kleine Finger der Zügelhand vermehrt dem Körper nähert, wobei die Hand dabei unsichtbar etwas aufwärts steigt. Bei dieser Bewegung fällt der Daumen vornüber und die Fingernägel zeigen direkt nach aufwärts.

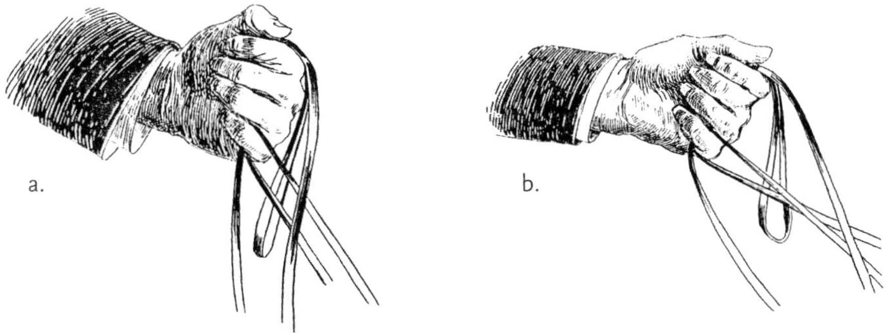

ABB. 114: Das einhändige Wenden auf Kandare.
a. Linkswenden, b. Rechtswenden (Rheiffen, *Die Dame zu Pferde*).

lassenheit und Durchlässigkeit durch eine Ungeschicklichkeit der Hand, wird die Führung schnell zu hart, das Pferd in kürzester Zeit unempfindlich und es wird der Reiterin dann bald jede Einwirkung mit diesem Gebiss versagen. Schon durch eine kleine Drehung der Zügelfaust wirkt die Kandare aufgrund ihrer Hebelwirkung seitlich stärker auf die Lade und wird so, bei einer ungewollten Bewegung, schnell eine falsche Reaktion beim fein abgestimmten Pferd hervorrufen.

Die Art der Zügelführung ist abhängig vom Ausbildungsstand von Reiterin und Pferd und vom Zweck der Übung. Die verschiedenen Führungen unterscheiden sich deutlich in der Art ihrer Wirkung.

Bei der Führung auf Kandare mit einer Hand werden vier verschiedene Einwirkungen angewendet: Annehmen, Nachgeben, Rechts- und Linkswenden.

Dabei wird die linke Hand als *Zügelhand*, die rechte, die Reitgerte haltende, als *Hilfenhand* bezeichnet.

Der *Schieber* an den Kandarenzügeln wird, wenn nötig, bis an die Daumenspitze vorgeschoben, damit das Pferd durch Kopfschlagen oder starkes Stoßen in die Zügel diese nicht verlängern oder aus der Hand reißen kann.

Früher ritten die Damen im Park oder auf der Promenade auf *blanker Kandare* und führten ihr Pferd, wie die Offiziere, mit einer Hand. Dieser Zaum wurde seiner Verwendung gemäß auch *Parkzaum* genannt. Die Zäumung auf Kandare ohne Trense war der Beweis für ein gut gerittenes, ruhiges und gehorsames Pferd.

Guérinière sagt über das Wenden mit der Kandare:

> *»Zur Wendung rechts führt man die Hand nach derselben Seite und hält die Nägel nach aufwärts, damit der äußere, als der linke Zügel, welcher die Wirkung verrichten muss, geschwinder wirken kann. Die Wendung links geschieht durch die Führung der Hand nach dieser Seite, und indem man die Nägel etwas abwärts dreht, um den äußeren Zügel, der auf dieser Hand der rechte ist, wirken zu lassen.«*

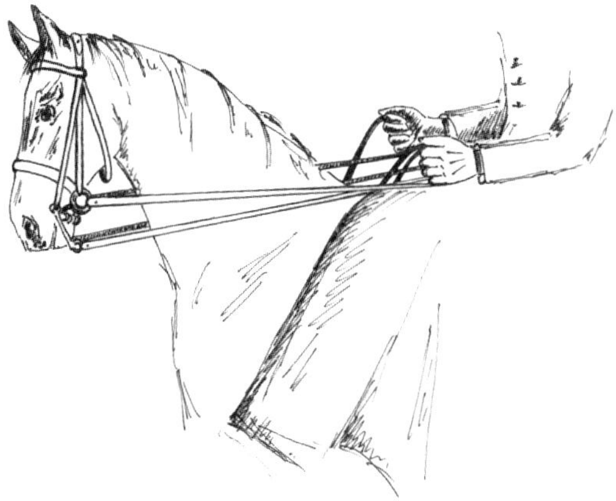

ABB. 115: Zügelführung 3:1 (Angefasste Trense), Zeichnung DBP
Die linke Hand steht bei Führung auf Kandare mit angefasster Trense mitten vor dem Leib, ungefähr eine Handbreit hinter dem rechten Knie (Heydebreck, *Die deutsche Dressurprüfung*). Die rechte, die Trense führende, Hand steht daneben vor der rechten Hüfte und kann im Damensattel auch tiefer gehalten werden. Diese Führung ist, wie die Führung auf blanker Kandare, für fortgeschrittene Reiter und Pferde.
Beim Wechseln zur Zügelführung auf einer Hand wird der rechte Trensenzügel dann zwischen Mittel- und Zeigefinger durchgezogen, und daher auch Führung mit durchgezogener Trense genannt. Die Haltung der Zügelhand bleibt mitten vor dem Leib, eine Handbreit hinter dem rechten Knie. Der rechte Arm fällt zwanglos aus der Schulter herab und führt aus dieser Lage die Reitgerte (*Die deutsche Dressurprüfung*).

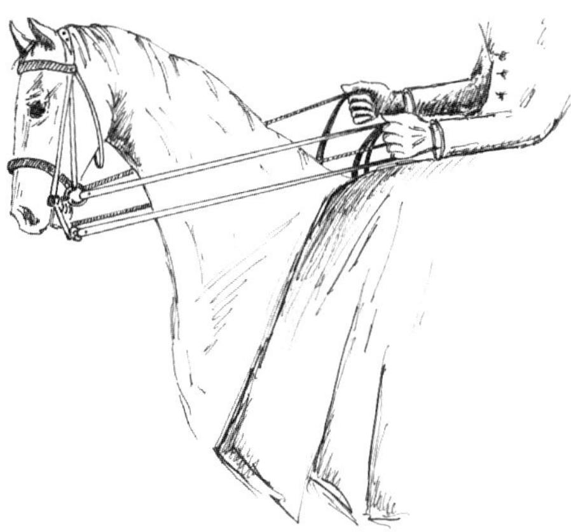

ABB. 116: Zügelführung 3:1 (französische oder Fillis-Führung), Zeichnung DBP
Dies ist ebenfalls eine Führung für Fortgeschrittene. Nach Aussagen verschiedener Reiterinnen, Damenreitlehrer und aus eigener Erfahrung kann ich diese Führung als vorteilhaft beim Reiten im Damensitz empfehlen.

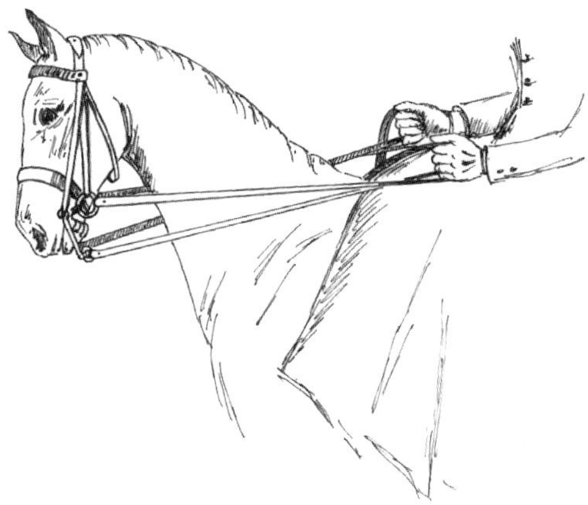

ABB. 117: Zügelführung 2:2, Zeichnung DBP
Bei Führung mit geteilten Kandarenzügeln stehen die Hände beiderseits des rechten Knies der Reiterin in etwas tieferer Stellung (*Die deutsche Dressurprüfung*). Diese Zügelführung ist die Anfängerführung. Hertha v. Knobloch befand diese Führung als die beste beim Reiten auf Jagden.

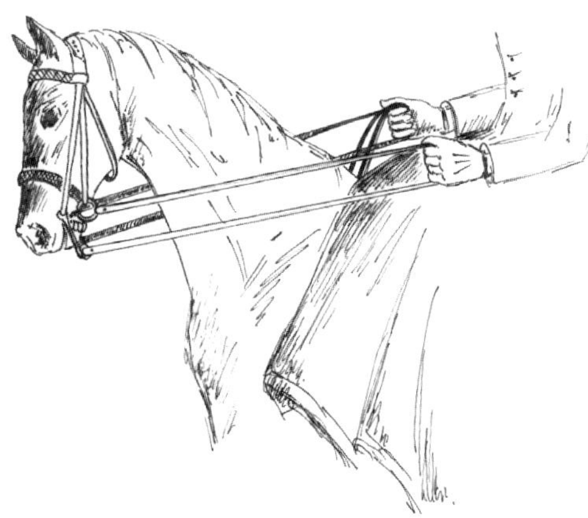

ABB. 118: Zügelführung 2:2 (französische oder Fillis-Führung), Zeichnung DBP
Auch diese Führung ist für das Reiten im Damensattel besonders vorteilhaft.

Die Reitbahnmaße, Regeln und Bezeichnungen

Die gebräuchlichen Reitbahnmaße sind 20 x 40 m oder 20 x 60 m. Dieses Rechteck ist eingeteilt in gerade und gebogene Hufschlaglinien. Sie sind symmetrisch angeordnet und mit Markierungen, den sogenannten Bahnpunkten, verbunden. In der Reitbahn 20 x 40 gibt es sechs Wechselpunkte (K, E, H, M, B, F) und sieben sichtbare Zirkelpunkte, der achte ist die Bahnmitte X.

Sich an Hufschlagfiguren zu halten ist zugleich eine Erziehung, die Verkehrsregeln in der Reitbahn zu beachten.

Auf der rechten/linken Hand (RH/LH) reiten heißt: Reitet man in der Bahn rechts herum, so ist man auf der rechten Hand. Reitet man links herum, so ist man auf der linken Hand. Reitet man einzeln durcheinander, wird nach dem System des Linksverkehrs verfahren, das heißt, man reitet links aneinander vorbei. Reiter, die sich auf der linken Hand befinden, bleiben demnach auf dem Hufschlag, Entgegenkommende reiten innen vorbei. Im Schritt ist der Hufschlag frei zu lassen, gleich auf welcher Hand. Eine Reitabteilung hat immer Vorfahrt, ebenso wie der Reiter, der ganze Bahn reitet, Vorfahrt vor dem vom Zirkel kommenden Reiter hat.

Beim geradegestellten Pferd wird die zum Inneren der Bahn zeigende Seite als die innere Seite, die zur Wand oder zur Umzäunung zeigende als die äußere Seite bezeichnet. Bei Wendungen, bei Seitengängen und in den Konterstellungen und -lektionen ist die Seite des Pferdes die innere, nach der es gestellt ist. Die Gegenseite ist die äußere. Auf freiem Platz, wo es keine Einzäunung gibt, reitet man quasi auf einem imaginären Viereck, ebenfalls auf rechter und linker Hand, in entsprechender Stellung und Biegung. Auf einer Linie ohne Begrenzung, auf der das Pferd geradegestellt ist, wie etwa in der Bahn auf der Mittellinie oder der Diagonalen, gibt man die Richtung mit links oder rechts an.

Bei Anweisungen und Korrekturen von Reiter und Pferd werden Hilfen mit Gewicht, Schenkeln und Zügeln, Stellung und Biegung, Hinter- oder Vorderbein usw. mit innen oder außen bezeichnet.

Wir sprechen also z. B. vom inneren Schenkel des Reiters, vom inneren Zügel oder von der äußeren Hand, vom äußeren Hinterfuß des Pferdes usw.

Abstand ist die Entfernung vom Schweif eines Pferdes bis zum Kopf des ihm folgenden. Es gibt drei und sechs Schritt Abstand. Bei drei Schritt sieht man die Sprunggelenke, bei sechs Schritt die ganzen Hinterbeine des Vorderpferdes. Beim Reiten Kopf auf Schweif (Schulquadrille) sieht man den Schweif des Vorderpferdes etwa bis zum Sitzbeinhöcker.

Zwischenraum ist die seitliche Distanz zweier nebeneinander gehender Pferde, von Bügel zu Bügel gemessen, in der Regel drei Schritt. *Fühlung* heißt, wenn sich die Bügel berühren.

Wichtig ist, dass jeder Reiter vorausschaut und nebenbei alle anderen Reiter und Pferde genau im Auge hat. Durch das Reiten korrekter Linien – ein Stellen des Pferdes zeigt meist eine Wendung an – ist es für jeden einfacher, sich rechtzeitig seinen Weg einzuteilen, ohne den anderen zu behindern.

Jede halbwegs sichere Reiterin und jeder Reiter sollten so viel Gefühl und Erziehung besitzen, dass sie auf junge Pferde und Anfänger vermehrt achten und Rücksicht nehmen. Mit einem jungen, unbeholfenen Pferd kann man noch nicht schnell ausweichen und Anfänger sind oft unsicher und langsam in ihrer Reaktion. Befindet sich ein Reiter beim Üben einer schweren Lektion, in der er nicht ausweichen oder die er schlecht unterbrechen kann, ist es selbstverständlich, ihm in diesem Moment den Vortritt zu lassen.

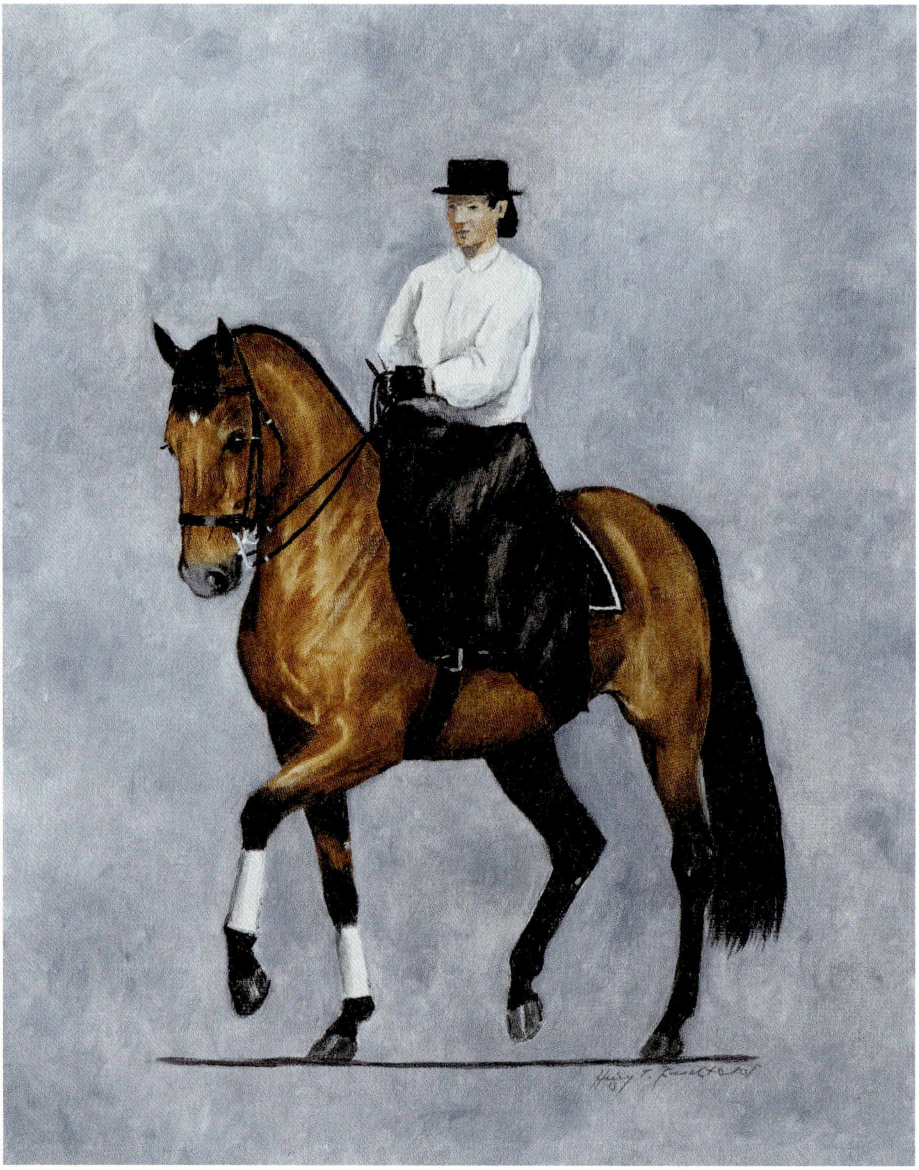

ABB. 119: Im kadenzierten Trab. Gemälde von Heinz J. Berchtold

V
DIE AUSBILDUNG DES PFERDES UNTER DEM DAMENSATTEL

Das Damenpferd

Früher wie heute werden besonders leichtrittige, einfach zu handhabende Pferde als Damenpferde bezeichnet. Um unter dem Damensattel zu gehen, sollten sie dafür aber noch weitere wünschenswerte Eigenschaften besitzen.

Ein Damenpferd mit einem gut proportionierten Körper wird immer ein ansprechendes äußeres Erscheinungsbild abgeben. Erwünscht ist vor allem ein anständiger Charakter und genügend, wenn auch nicht zu heftiges Temperament. Vorteilhaft sind außerdem ein guter Aufsatz, Schwung und Gehfreudigkeit sowie eine stabile Vorhand und ein aufmerksames, sicheres Treten der Beine.

Das Pferd sollte sich bereits im Gleichgewicht befinden, weshalb junge und unausbalancierte Pferde frühestens nach der Grundausbildung unter den Damensattel zu nehmen sind.

Für Pferde mit sehr breitem oder flachem Widerrist, findet man schwer einen Sattel mit der richtigen Kammerweite. Ein Pferd mit kurzen Fesseln und steilen Schultern hat unbequemere Bewegungen und auch eines mit kurzer Nierenpartie ist nicht so günstig. Es benötigt einen kurzen Sattel und demnach eine kleine Reiterin.

Ein wichtiger Faktor ist auch, dass Figur und Typ von Pferd und Reiterin in harmonischem Verhältnis zueinander stehen. Eine kleine, zierliche Frau wird auf einem feinen, nicht zu großen Blutpferd sehr elegant wirken, ebenso wie eine größere, schlanke Frau auf einem zu ihr im richtigen Größenverhältnis stehenden Halbblüter. Für eine kräftigere Dame würde ein kalibrigeres Pferd besser passen.

Die Farbe ist beim Damenpferd ebenfalls wichtig. Ein Schimmel ist auffallender im Gegensatz zu einem zurückhaltende Eleganz ausstrahlenden Dunkelbraunen

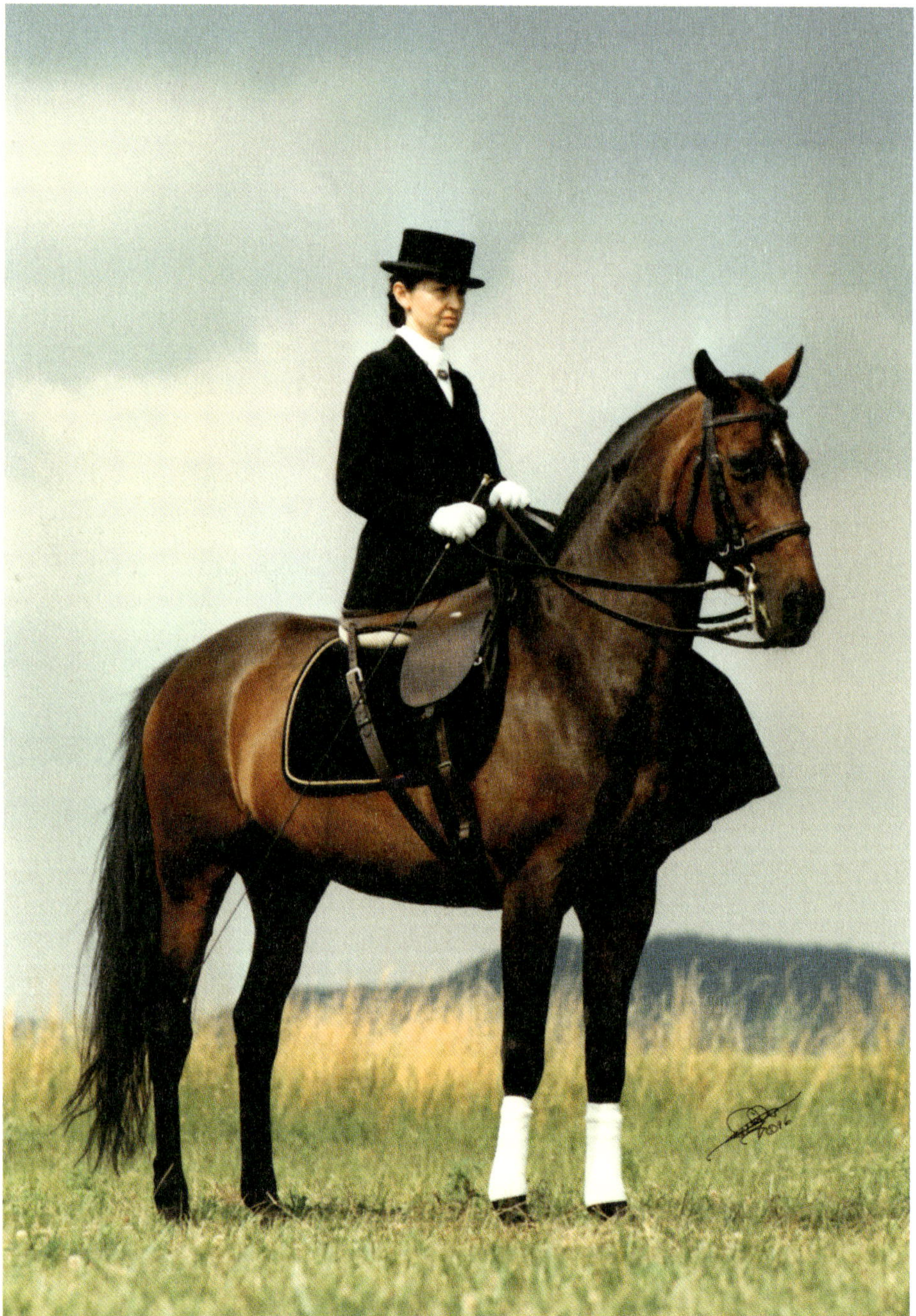

ABB. 120: Damenpferd, englische Part-Bred-Stute Sally-Ann, Foto D. Schneider

oder Rappen. Die Farbe der Kleidung kann zudem leichter auf einfarbige als auf bunte Pferde abgestimmt werden.

Ganz ähnlich sah auch R. G. Binding in seiner *Reitvorschrift* das Pferd seiner Geliebten:

> *»Einer edlen Frau stehen keine auffälligen Pferde an. Reite Pferde, die Dir anstehen. Du magst Dein Gewand reich, für gewisse Gelegenheiten prachtvoll wählen, aber Du wirst es nicht auffällig wählen. Wie Dein Reitkleid einfarbig sein soll, so soll auch Dein Pferd einfarbig sein. Lass bunte Pferde, Füchse mit Blässen und viel Weiß an den Beinen Koketten und Kokotten. Du reite Pferde von reinem tiefen Braun, Schwarz-braun, Rot oder Gold.«*

Gutes Reiten erfordert kaum mehr Kraft, sondern vor allem Feingefühl, Bestimmtheit und die richtige Technik, durch die dann der jeweils notwendig werdende Krafteinsatz so präzise einwirkt, dass er vom Pferd sofort verstanden und akzeptiert wird. Temperamentlose Pferde eignen sich kaum für eine höhere Dressurausbildung, können aber, etwa als Spazierreitpferde, sichere Partner unter dem Damensattel sein. Ein verdorbenes Pferd würde ich auf keinen Fall unter den Damensattel nehmen, sondern es zuerst sorgsam im Herrensattel korrigieren. So wenig man sich dies wünscht, so ist doch bei manch ungestümer Remonte oder einem Korrekturpferd gelegentlich auch etwas Kraft nötig. Da der Kraft einer Frau von Natur aus aber nun einmal Grenzen gesetzt sind, sollte besonders die weniger erfahrene Reiterin ein Pferd für sich wählen, welches durch braven Charakter, gutes Exterieur und richtige Schulung leicht zu reiten ist.

Für eine Anfängerin ist ein älteres, gut gerittenes und im Gehorsam stehendes Pferd mit eher ruhigerem Temperament erforderlich. Es sollte mit weichen, schwungvollen Bewegungen vorwärtsgehen und so der Reiterin von Anfang an das Gefühl für einen schwingenden Rücken vermitteln. Sie wird dadurch schneller und besser zu einem anschmiegsamen Sitz kommen als auf einem mit festem Rücken und harten stoßenden Bewegungen gehenden Pferd. Allerdings muss sie lernen, dass auch der anständigste Vierbeiner einmal erschrecken und einen Satz zur Seite machen kann.

Die fortgeschrittene Reiterin kann sich von ihrem Können her ein temperamentvolleres Blutpferd leisten, welches durch gute Manier, Adel und Leichtigkeit in seinen Bewegungen eine elegante Ausstrahlung besitzt. So könnte man sich für sie das edle, charaktervolle arabische Pferd, den kraftvollen, stolzen Spanier oder den eleganten Trakehner vorstellen. Der klassische Typ eines Damenreitpferdes bleibt nach wie vor der edle Warmblüter. Sehr schwere Pferde, meist Karossiers oder Arbeitspferde in der Landwirtschaft, sind ihrem Verwendungszweck entsprechend stilistisch sowie des Kräfteverhältnisses wegen keine Damenreitpferde.

Frauen, welche gern spazierenreiten, sollten gut ausgebildete, verkehrssichere Pferde besitzen. Ihnen macht sicher der Ausritt am Sonntagmittag viel mehr Vergnügen, wenn das Pferd gehorsam an den Hilfen steht. Leider ist jedoch mancher Reiter der Meinung, dass er vieles nicht zu lernen brauche, da er ja in seiner Freizeit nur seinen Spaß haben möchte. Mit ein Grund, weshalb diese Reiter oft zu früh ins Gelände entlassen werden. Mit ihren meist ebenfalls mangelhaft ausgebildeten Pferden bringen sie dann nicht nur sich selbst, sondern auch andere in Gefahr und verursachen nebenbei noch Flurschaden, dessen Folgen dann die gewissenhaften Reiter ungerechterweise zu spüren bekommen.

Gerade unerfahrene Reiter besitzen oft ganz junge Pferde und haben dann nicht die richtige fachliche Anleitung oder wollen sich ihr aus Bequemlichkeit gar nicht unterstellen. Die Ausbilder sollten daher mehr denn je streng darauf bedacht sein, sicher sitzende Reiter und gut gerittene Gebrauchspferde heranzubilden. Erst kommt die Grundausbildung bis wenigstens zur Klasse L in Dressur und Springen (Gebrauchsreiterei = Campagnereiterei, die niedere Campagneschule beinhaltet Lektionen bis Kl. L, das Reiten im Gelände und Springen), dann erst folgt die weitere höhere Ausbildung in den jeweiligen Disziplinen.

Oft werden Reiter nur einseitig in Richtung Turniersport geführt, wodurch sich viele überfordert fühlen und sich von der Arbeit in der Bahn abwenden. Dabei würde aus manchem ein guter Reiter, würde man ihn nur mit Zeit und Geduld korrekt ausbilden.

Die folgende Bemerkung, das Reiten im Seitsitz betreffend, hört man öfter: »...Reiten im Damensattel, da braucht man doch ein ganz braves Pferd, und ohne dass es gut durchgeritten ist, wehe der Reiterin, ...da lassen wir es doch lieber!« Dies drückt allerdings deutlich aus, dass es nicht nur mehr schlecht gerittene Pferde ohne Vertrauen zum Reiter gibt, als wir gemeinhin annehmen, sondern dass sich auch viele Reiter vor der Arbeit scheuen. Wenn wir überlegen, sind doch eigentlich alle Pferde brav, wir müssen nur lernen, richtig mit ihnen umzugehen. Betrachte ich zum Beispiel manche Dressurprüfung, so kann ich mich an den häufig mechanisch und freudlos wie Automaten gehenden Pferden nicht mehr erfreuen. Viele könnte man doch durch eine Maschine ersetzen, da sie oft keine persönliche Ausstrahlung mehr haben, mitunter verursacht durch zu viel Pauken der Lektionen und Aufgaben (...denn beim kleinsten Fehler ist die Prüfung verpatzt und der Preis dahin...). Wer kann so Freude am Reiten empfinden?

Interessant wird Reiten doch erst durch die verschiedenen Temperamente und Veranlagungen der Pferde, die den Reiter fordern und schulen, sein Geschick und sein Gefühl einzusetzen. Da es heutzutage leider vielen Reitern zu anstrengend ist, an sich selbst und an ihrer Haltung zu arbeiten, um dadurch auf ihr Pferd besser einwirken zu können, werden Schwierigkeiten oft einfach bequem beiseitegeschoben. Vor allem das temperamentvollere Pferd, welches viel Einfühlungsvermögen und

Geschicklichkeit verlangt, wird der Einfachheit halber dann als zu schwierig und dadurch unbrauchbar bezeichnet.

Ein Pferd soll als Fundament jeder Reitart ruhig, geschmeidig und gehorsam sein, was aber nicht nur durch auf Erfahrung basierende Zuchtauswahl, sondern vor allem durch qualifizierten Umgang und eine sorgfältige Ausbildung erreicht wird. Gerade die Berufsreiter, ob Mann oder Frau, müssen darauf achten, sich so viel Zeit bei der Ausbildung der Pferde zu lassen, bis diese sicher und demzufolge auch leicht nachreitbar sind. Das Können etlicher alter Reitmeister bestand außerdem darin, ein Pferd so fein abzustimmen, dass auch die naturbedingt schwächere Frau mit ihm zurechtkam.

Es wäre zu begrüßen, hätten die Ausbilder dies ebenfalls immer als Ziel vor Augen, würden sie ihre Kraft anfangs so einsetzen, dass sie diese am Ende kaum mehr benötigen, und würden sie den Reitern beibringen, sich selbst mehr zu zwingen, gut zu werden – gute Pferde haben wir genug!

Das Auf- und Absatteln

Einen Damensattel, auf dem man nach links sitzend reitet, legt man von der linken Seite auf. Einen nach rechts zu sitzenden Sattel legt man von rechts auf. Der Grund ist, dass es einfacher ist, die Seite mit dem kürzeren und leichteren Sattelblatt über den Pferderücken zu heben. Auf der Seite, von der aus man den Sattel auflegt, werden der Sattel- und der Fixiergurt sowie der Balanceriemen einmal richtig eingestellt und müssen dann lediglich auf dieser Seite heruntergelassen und nicht jedes Mal verändert werden. Man kann dann gleich auf die andere Seite gehen und alle drei Gurte dort festmachen. Der Sattel darf rechts nicht auf die Schulter drücken. Das rechte Sattelblatt muss hinter der Pferdeschulter liegen und darf diese nicht einengen. Auch darf der Sattel nicht zu weit hinten liegen, da er sonst einen Druck auf der Nierenpartie verursachen kann.

Auf vielen historischen, oft englischen, Abbildungen ist zu sehen, dass die hervorragend verpassten Damensättel, alle ohne Unterlage, wie angegossen auf dem Pferderücken liegen. Daher waren die Sattelpolster aus *Drell* (Leinenstoff) gefertigt, damit der Schweiß gut aufgesaugt wurde. Nach dem Reiten hat man die Sättel in einer richtig temperierten Sattelkammer getrocknet, und nach gewisser Zeit mussten die Sattelpolster auch gereinigt werden. (In der Spanischen Reitschule wurde dies bei den Herrensätteln ebenso gehandhabt.) Bei Sätteln, die ganz aus Leder bestehen, schadet der Pferdeschweiß dem teuren Material, und er hinterlässt auch auf den Drellkissen hässliche Flecken. Aus diesem Grund empfehle ich, vor allem bei der täglichen Arbeit, nicht ohne Unterlage zu reiten. Dafür benutzt man am besten einen Woilach (dünne rechteckige Wolldecke).

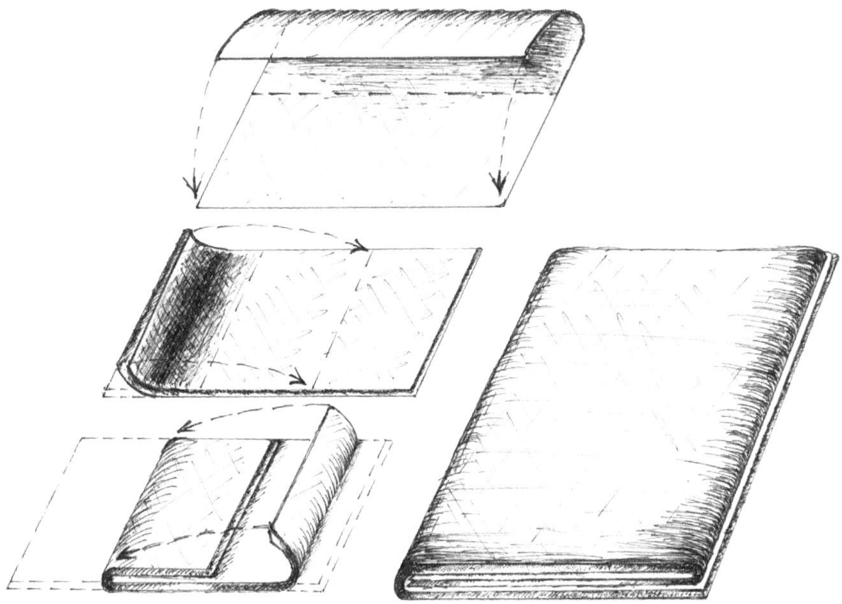

ABB. 121: Als Unterlage für die Militärsättel faltete man den Woilach so, dass er in sechs oder in neun Lagen übereinander lag. Das heißt, für die sechsfache Lage wird er dreimal und für die neunfache Lage viermal gefaltet. Für den Damensattel empfehle ich, diese Decke sechsfach zusammenzulegen. Zeichnung DBP

Der Woilach wird, die geschlossene Seite nach vorne zeigend, faltenlos aufgelegt. Er sollte mindestens zwei Handbreiten vor dem Sattel herausstehen und gut eingekammert sein. Unter dem Damensattel darf diese Decke links wie rechts nicht zu weit herunterhängen, da sonst der Schenkel keine Fühlung zum Pferd mehr hat, sondern auf der Decke liegt und man diese mit dem Sporn beschädigt oder rechts der Stock nicht mehr wirken kann. Diese Unterlage trägt nicht auf und ist trotzdem ein gutes Polster zwischen Sattel und Pferderücken, speziell wenn Anfänger reiten. Bei meinen Pferden hatte ich aufgrund der gut passenden Sättel, der weichen Unterlagen und des richtigen Sattelns nie einen Druck. Man sollte die Decke immer gleich auflegen, damit sie sich dem Rücken anpasst. Sie sollte immer ausgebürstet und gut getrocknet werden. Der reine Wollstoff darf nur lauwarm gewaschen werden. Besser ist es, den Woilach ab und zu in die Reinigung zu bringen.

Ist dennoch ein Satteldruck entstanden, schneidet man genau über den erkrankten Stellen Löcher in eine dicke Filzdecke (Rat von Hilda Dollmann in *Das Reiten der Dame*). Damit kann das Pferd bis zum völligen Abheilen des Drucks trotzdem weiter bewegt werden.

Pferde, die sich *dickmachen* und anspannen, weil ihnen das Angurten unangenehm ist oder weil sie in dieser Hinsicht verdorben sind, sollte man etwa 30 Minuten vor der Arbeit satteln und in der Zeit mehrmals nachgurten. Gurtet man zu schnell und zu fest an, so kann es passieren, dass das Pferd beim Aufsitzen steigt und sich im schlimmsten Fall überschlägt. Blanka von Wobeser verwirft den damals aufgekommenen Sattelgurtspanner: »*Von diesem Marterinstrument neuerer Erfindung möchte ich abraten. In ungeschickter Hand kann es seiner starken Hebelwirkung wegen das Tier quälen.*« Der Grund für diese weniger gute Erfindung war vielleicht, dass der Damensattel immer etwas fester gegurtet sein muss als der Herrensattel. Selbst eine gute Reiterin kann in eine Situation kommen, in der, wenn auch nur kurz, eine einseitige Belastung des Sattels zustande kommt, und man kann den Damensattel dann ja noch weniger als den Herrensattel mit den Schenkeln seitlich festhalten.

Bei schlechter Sattellage oder nicht gut passendem Sattel kann es durch Vorrutschen des Sattels einen Gurtdruck geben. Man verhindert das durch einen Schweifriemen, früher Kruppenriemen genannt. Mit einem Vorderzeug wird einem Zurückrutschen des Sattels, was Scheuerstellen auf der Nierenpartie verursachen kann, entgegengewirkt.

Der Sattelgurt ist etwas länger zu wählen, da die Gurtstrupfen meist höher liegen als beim Herrensattel. Er wird auf der linken Seite festgemacht, etwa in der Mitte, nicht zu weit oben, da die Schnallen sonst zu sehr auftragen und im Laufe der Zeit durch das Sattelblatt durchdrücken.

Der Balanceriemen läuft über den Sattelgurt, von vorne links schräg nach hinten rechts. Der Fixiergurt für das Sattelblatt liegt darüber. Der Sattelgurt sollte auf der rechten Seite nur in die zweituntersten Löcher der Sattelstrippen reichen, damit genug Platz zum Nachgurten besteht.

Das weitere Nachgurten des Sattelgurtes und der beiden anderen Riemen geschieht dann nur noch rechts. Dazu kann das Sattelblatt, das mittels Haken in einer Öse im Fixiergurt befestigt ist, ausgehängt werden, damit man den Fixiergurt nicht immer zusätzlich öffnen muss. Nach dem letzten Nachgurten wird der Fixiergurt dann nochmals angezogen, allerdings immer etwas lockerer als der Sattelgurt, da er, aus Leder bestehend, nur begrenzte Elastizität hat und daher reißen könnte.

Der Balanceriemen darf nicht zu stramm angezogen werden, da es den Sattel sonst nach hinten rechts zieht und er dann vorne rechts vermehrt gegen den Widerrist gedrückt wird. Pferde, die diesen Gurt nicht gewohnt sind, können sich anfangs spannen und dagegen wehren. Darauf wird jedoch im nächsten Abschnitt nochmals eingegangen.

Der Bügel kann nicht wie beim Herrensattel hochgeschoben werden. Er wird daher separat mitgeführt und erst in der Reitbahn eingehängt. Nach dem Reiten wird er wieder ausgeklinkt.

Bitte hängen sie den Bügel nicht über das Jagdhorn, da sonst dessen Lederbezug leidet.

Zum Absatteln werden rechts alle drei Gurte geöffnet, von links über den Sattel gelegt und dann wird von links abgesattelt.

Steht ein Pferd in der Box, so wird immer zuerst aufgezäumt und dann gesattelt. Beim Absatteln wird zuerst der Sattel abgenommen und dann die Zäumung. Ist ein Pferd am Putzplatz oder bei einem Ausritt während der Rast angebunden, verfährt man in umgekehrter Reihenfolge.

Ich habe stets darauf geachtet, meine Pferde eigenhändig aufzuzäumen, aufzusatteln und anzugurten. Besonders bei Veranstaltungen, Turnieren etc. übernahm ich dies selbst oder ich kontrollierte die Arbeit meiner Helfer auf das Genaueste. Bitte legen Sie Ihren Damensattel entweder auf einen bereitstehenden breiten Sattelbock oder legen Sie ihn auf eine Decke auf den Boden (s. S. 87–88, Pflege und Aufbewahrung).

Die Umstellung des Pferdes vom Herren- auf den Damensattel

Früher waren die Pferde meistens schon vorzüglich im Herrensattel geritten, bevor sie von den damaligen Oberstallmeistern an den Seitsattel gewöhnt und für die Damen vorbereitet wurden. Natürlich gab es auch Reiterinnen, die auf Grund ihres Könnens ihre Pferde selbst ausbildeten.

Für höhergestellte Persönlichkeiten, deren Sicherheit besonders wichtig war, so etwa für die deutsche Kronprinzessin, wurde die Gewöhnung der Pferde von Pagen übernommen, die aus den königlichen Pagencorps ausgewählt wurden und in ihrer Statur den künftigen Hoheiten und Prinzessinnen entsprachen. Außerdem wurden diese Pferde so ausgebildet, dass Militärmusik, jubelnde Menschenmengen oder Manöverlärm sie nicht aus der Ruhe bringen konnten.

Reitlehrer Hans Biener berichtete mir, dass er Pferde gekannt hat, die sich leichter im Damen- als im Herrensattel einreiten ließen. Der Vorteil dabei war, dass hier das Hinüberschwingen des rechten Beins, was ja beim ersten Aufsitzen oft schwierig ist, wegfiel und ein auf den Schenkel empfindlich reagierendes Pferd mit diesem nicht gleich in Berührung kam. Natürlich musste der Reiter dafür geschickt hochgehoben werden, damit er gleich sicher saß und bei eventuellen ungeregelten Sprüngen dann auch guten Halt an den Hörnern des Damensattels fand.

Ich weise darauf hin, dass man solche Ausnahmefälle nur erfahrenen Ausbildern überlassen und dabei einiges bedenken sollte.

Die meisten jungen Pferde sind noch nicht ausbalanciert. Vor dem Einreiten mit dem Damensattel müsste ein Pferd also so gut vorbereitet sein, dass es sich schon fest angurten ließe bzw. es sich bereits gut im Gleichgewicht befände. Bei Nachlässigkeiten in diesen Punkten kann sonst der Damensattel etwa bei Bocksprüngen ins Rutschen geraten. Außerdem kann das unausbalancierte Pferd durch die dadurch entstehende einseitige Verlagerung des Gewichts wegrutschen und zu Fall kommen. Ein weiterer Punkt ist, dass zwar die große Auflagefläche des Damensattels das Reitergewicht gut auf dem ganzen Pferderücken verteilt, die Muskulatur des jungen Pferderückens aber noch nicht kräftig genug und auch die Sattellage noch nicht genug ausgebildet ist, um den schwereren Damensattel über einen längeren Zeitraum zu tragen. Aus diesem Grund rate ich, dass, wenn das Einreiten im Damensattel geschieht, man danach für die Zeit der Grundausbildung unbedingt wieder den leichteren Herrensattel benutzen sollte.

Voraussetzungen und Problemvermeidung

Das Allerwichtigste ist das gegenseitige Vertrauen zwischen Pferd und Reiterin, Ausgeglichenheit, ein geregelter Gang und dass das Pferd sicher an den Hilfen bleibt. Das heißt, ein Pferd, das unter dem Herrensattel eine abgeschlossene Grundausbildung hat, gut ausbalanciert ist und sich charakterlich und vom Exterieur her eignet, kann auf den Damensattel umgestellt werden.

Das Satteln und Absatteln wurde im vorangegangenen Abschnitt beschrieben, es sind jedoch beim Gewöhnen an den Damensattel noch wichtige Dinge zu beachten, die ich genauer erklären möchte.

Das Pferd muss sich nicht nur an das höhere Eigengewicht des Damensattels, etwa 7 bis 8 kg, sondern auch an den nach hinten über den Bauch laufenden Balanceriemen und an die veränderte Hilfengebung gewöhnen. Außerdem kann der unsichere Sitz einer Anfängerin, etwa bei einem Wegspringen des Pferdes, dieses nicht nur irritieren, sondern auch den Sattel ins Rutschen bringen, wenn er nicht sorgfältig angegurtet ist. Pferde, für die der Damensattel neu ist oder die ihn noch nicht lange kennen, müssen darum rechtzeitig gesattelt werden, damit genügend Zeit ist, um stückweise nachzugurten.

Ein zu schnell festgezogener Gurt hat ja bekanntlich nicht nur beim Damensattel Sattelzwang zur Folge. Vor allem der schräg nach hinten über den Bauch verlaufende Balanceriemen darf anfangs nur leicht anliegen, weil dies eine empfindliche Körperregion ist. Ein gegenüber Neuem misstrauisches Pferd kann sich dadurch beim Aufsitzen stark spannen, bocken oder steigen und die Reiterin unter Umständen in Gefahr bringen.

Pferde, die Sattel- und Gurtzwang bereits haben, muss man besonders vorsichtig behandeln. Ich hatte einige solcher Pferde zur Korrektur und weiß, dass zur Beseitigung dieses Problems sehr viel Geduld und Zeit benötigt wird. Heutzutage wird in der Pferdeausbildung oft unsachgemäß und zu schnell gearbeitet. Manch einer kann es nicht erwarten, bis sein Pferd etwas kann. Auch Ausbilder sollten sich dadurch nicht drängen lassen und sich immer individuell die Zeit nehmen, die jedes Pferd braucht. Sattel- und Gurtzwang entsteht meist durch mehrere hintereinander begangene Fehler. Nach zu schnellem und zu starkem Angurten folgt ein zu starkes Einsitzen mit manchmal viel zu schwerem Gewicht. Dazu kommt oft noch ein Abverlangen im Moment noch nicht verkraftbarer Aufgaben, ohne das Pferd entspannt und gelöst zu haben. Das Pferd verkrampft sich, kann nicht mehr richtig durchatmen und bekommt Beklemmungszustände.

Gibt man ihm aber genügend Zeit, schon in der Vertrauensphase vor dem Einreiten nach und nach erst mit der Zäumung, dann der Decke mit dem Gurt, dem Sattel, dem Gewicht vertraut zu werden und dies alles mental zu verkraften, so wird das Problem Sattelzwang gar nicht erst auftreten.

Pferde, die sich spannen, tun das meist aus Angst. Hilfreich ist, das Pferd herumzuführen und etwas abzulongieren, während man immer wieder nachgurtet, bis die richtige Festigkeit des Gurtes erreicht ist. Schon der Herrensattel kann, wenn er nicht richtig gegurtet ist, z. B. beim Ablongieren durch ungeregelte Bewegungen des Pferdes zur Seite oder unter den Bauch rutschen. Mit dem schwereren Damensattel geschieht dies noch schneller und man ruiniert nicht nur den teuren Sattel, sondern es kann vor allem das Pferd durch diese Nachlässigkeit für immer verdorben sein.

Vermeiden lassen sich diese Probleme durch einen gut passenden Damensattel, richtiges Satteln, langsames mehrmaliges Angurten, einen zuerst nur lockeren, nach hinten über den Bauch führenden Balanceriemen und das Arbeiten des Pferdes ohne Überforderung.

Die Vorbereitung beginnt im Herrensattel

Das Pferd wird die Hilfen problemlos annehmen, wenn die Vorarbeit für die Abstimmung auf die Gerte im Herrensattel beginnt. Zu diesem Zweck lege ich die Reitgerte bewusst an die Stelle, an der sich der rechte Unterschenkel in vorwärtstreibender Position befindet. Gleichzeitig nehme ich den Unterschenkel deutlich nach vorne vom Pferdekörper weg. Bei einem Pferd habe ich den rechten Unterschenkel sogar vor das Sattelblatt gelegt. Diese Version wurde von mir in meinem Lehrvideo Teil 1 gezeigt.[7] Das Pferd sollte jedoch trotzdem in der dafür nötigen Stellung und Biegung oder geradeaus weitergehen. Weicht es bei Weglassen des Schenkels aus oder gibt seine Biegung auf, so lasse ich den Schenkel kurz und energisch wieder wirken und

[7] Lehrvideo »Im Damensattel« erhältlich über VVP-Verlag und Olms Verlag.

setze gleichzeitig kurz nach dem Schenkelimpuls die Gerte nochmal ein. Beim erneuten Weglassen des Unterschenkels lege ich dann wieder nur die Gerte an dessen Stelle an. Anfangs muss man diese, wenn die vortreibenden Hilfen vom Pferd nicht beachtet werden, auch ein-, zweimal mit energischerem Antippen wirken lassen. Das Pferd sollte lediglich Respekt, niemals Angst vor der Reitgerte haben. Hat es Vertrauen zu mir und kann ich ihm die veränderte Hilfe konsequent und gut verständlich übermitteln, wird es diesen Ersatzschenkel schnell akzeptieren, ohne unsicher oder ängstlich zu werden. Das ordentlich vorbereitete Pferd wird diese neue Art der Schenkelhilfe dann auch vom Damensattel aus rasch verstehen und willig annehmen.

Die erste Arbeit in der Bahn

Trägt das Pferd den Damensattel zum ersten Mal, so sollte man es zuerst an der Longe im Schritt und dann im ruhigen Trab auf beiden Händen lösen.

Für den ersten Tag genügt es, wenn es ohne Gewicht im Schritt, Trab und Galopp auf großem Zirkel entspannt dahingeht. Sein Benehmen, welches sich auch in seinem Gesichtsausdruck spiegelt, soll weder launisch, verschlafen oder angstvoll, sondern aufmerksam und zufrieden sein.

Am nächsten Tag kann die Reiterin nach gleicher Vorbereitung eventuell schon aufsitzen. Bis das Pferd mit dem Sattel und dem ungewohnten Sitz vollständig vertraut ist, sollte eine erfahrene Reiterin im Sattel sitzen, um es nicht zu stören, es korrekt an die Hilfen zu gewöhnen und um ihm sofort eine entsprechend notwendige Korrektur zu geben.

Ratsam ist es, erst einmal auf der rechten Hand auf dem Hufschlag geradeaus zu reiten und darauf zu achten, dass das Pferd die Reitgerte gleich an Stelle des fehlenden Schenkels akzeptiert. Auf dieser Hand ist es leichter, bei gleichmäßiger Zügelanlehnung mittels der innen knapp hinter dem Gurt vortreibenden Reitgerte das Pferd auf dem Hufschlag zu halten.

Auf der linken Hand ist anfangs das Reiten auf dem zweiten Hufschlag sinnvoll. Hier darf man die Bande nicht als Begrenzung nutzen, da man sonst mit der Gerte keine Bewegungsfreiheit hat. Sollte das Pferd nämlich deren Hilfe nicht gleich annehmen, so kann es mit seiner rechten Seite so gegen die Wand drücken, dass die Reitgerte eingeklemmt und man mit dieser manövrierunfähig wird. Geschieht dies, helfen kurze halbe Paraden am rechten Zügel und vorwärts zu reiten bis zur Ecke, in der man dann die Gerte ganz bestimmt, und vor allem kurz hinter dem Gurt einsetzt. Generell zu starkes Touchieren, auch seitlich an der Hinterhand, veranlasst die meisten Pferde gegen die Gerte zu gehen oder gar auszuschlagen.

In der ersten Zeit unter dem Damensattel wird die Arbeit beendet, sobald das Pferd entspannt und gleichmäßig gegangen ist und es die neue Hilfe einige Male gehorsam angenommen hat. So wird es bald zufrieden und ausgeglichen in ein körperliches und seelisches Gleichgewicht kommen.

Das Reiten der Grundgangarten

Schon die kleinen Fohlen auf der Koppel zeigen uns die natürlichen und taktreinen Bewegungen ihrer drei Grundgangarten: Schritt, Trab und Galopp. Die Grundlage der korrekten Ausbildung des Pferdes ist die Festigung dieser drei natürlichen Gangarten und die Erhaltung ihrer taktreinen Fußfolge, erst an der Longe, dann unter dem Reitergewicht.

Die klare Fußfolge wird allerdings oft aus Unachtsamkeit oder mangelnder Geduld schon beim Anreiten oder, so v. Neindorff, beim sogenannten *»Fördern«* des Pferdes missachtet.

Im Schritt folgen Ab- und Auffußen diagonal nacheinander. Man hört beim ausbalancierten Pferd alle vier Hufe in gleichbleibendem Zeitabstand nacheinander auffußen. Im Trab hört man nur zwei Hufschläge und im Galopp drei Aufschläge. Das Einhalten der Zeitabstände zwischen den einzelnen Hufaufschlägen in den verschiedenen Gangarten ergibt den taktmäßigen, naturreinen Bewegungsablauf. Daher ist es so wichtig, im Unterricht stets auf den taktreinen Gang zu achten. Egon v. Neindorff betonte immer:

»Der reine Gang muss über allem stehen.«

In den einzelnen Gangarten gibt es verschiedene Gangmaße (Tempi). Innerhalb der Gangart muss bei Tempounterschieden der Takt erhalten bleiben. Es ändert sich lediglich die Länge der Schritte, Tritte und Sprünge. Das heißt, die Bewegungen des Pferdes dürfen beim Verstärken des Tempos nicht eiliger, sondern sie müssen schwungvoller und raumgreifender, beim Verkürzen des Tempos nicht langsamer, sondern kürzer und erhabener werden.

Der Schritt

Im Schritt schreitet das Pferd gelassen vorwärts, ohne zu eilen. Deshalb sprechen wir von Schritten. Je nach Ausbildungsstand, Gehfreude und dem, was momentan vom Pferd verlangt wird, ist der Schritt mehr oder weniger lebhaft. Da der Schritt eine schwunglose Gangart ist, kann auch der Anfänger problemlos in dieser Bewegung sitzen. Meist wird er deshalb für eine bequeme, leicht zu erlernende Gangart gehalten, nicht selten ruht sich der Reiter im Schritt sogar aus. Da aber der Schritt je nach Gebäude, Temperament und Fleiß des Pferdes für den Reiter unterschiedliche Schwierigkeitsgrade darstellt, sollte dieser sich in diese Bewegung besonders hineindenken und -fühlen. Auch für das junge Pferd, welches sich mit der Reiterlast in jeder Bewegung ausbalancieren muss, ist der Schritt sehr schwierig. Die Bemühung, das gemeinsame Gleichgewicht zu finden, fordert deshalb vom Reiter Einfühlungsvermögen, viel Erfahrung und Aufmerksamkeit, weshalb der Schritt auch als die schwierigste Gangart bezeichnet wird.

Da der Damensattel schwerer ist und die Reiterin vielleicht nicht sofort im Gleichgewicht sitzt, sollte man daher abwarten, bis das Pferd im Schritt seine Balance gefunden hat und sein Rücken die Veränderung gewohnt ist. Da sich im Damensattel die Bewegungen des Pferdes anfangs generell etwas verändert anfühlen, ist es besser, zuerst geradeaus zu reiten, dabei genau auf die Fußfolge zu achten und wie mit jungen Pferden viel am längeren Zügel zu reiten.

Im Schritt folgt dem Auffußen des Vorderbeins das Abfußen des diagonalen Hinterbeins; darauf folgt in gleicher Reihenfolge die andere Diagonale. Im Moment des Abfußens des Hinterbeins erfolgt die gleichseitig vortreibende Schenkelhilfe. Diese darf nie monoton abstumpfend wirken, sondern sie soll das Hinterbein lediglich erinnern, aktiv zu bleiben.

Die Arbeit beginne ich immer mit Schritt am langen Zügel, wo ich dem Pferd die Möglichkeit gebe, erst einmal bei langen, ausschreitenden Bewegungen locker und warm zu werden. Ganz allmählich fasse ich dann die Zügel kürzer, aber nur so viel, dass das Pferd zwischen treibendem Schenkel und Reitgerte auf gerader Linie weiterhin raumgreifend vorwärtsgeht, ohne wegzueilen oder sich zu verhalten.

Bei der verbesserten, feinen Zügelanlehnung im Schritt soll das Pferd freiwillig im Genick abkippen und an beide gleichmäßig und weich anstehende Zügel herantreten, was durch die vortreibende Kreuz- und beidseitig vortreibende Schenkel- und Gertenhilfe erreicht wird.

Nur wenn diese aktivierenden Hilfen die jeweils richtige Stärke haben, damit sie vom Pferd akzeptiert werden und sie es im raumgreifenden, flüssigen Schritt halten, und wenn die Hand den vortretenden Hinterfuß nicht abbremst, sondern nur so viel auffängt, dass das Pferd nicht eilt oder sich verhält, wird es als Zeichen einer locker werdenden Rücken-, Hals- und Genickmuskulatur das Genick von selbst fallen lassen und weich an die zum Nachgeben bereite Hand herantreten. Hat das Pferd im Genick nachgegeben, gibt auch die Hand sofort nach, aber nur so viel, dass die weiche Anlehnung bestehen bleibt und das Pferd nicht wieder auseinanderfällt.

Taktfehler in der Fußfolge entstehen meistens durch das Festhalten der Rückenmuskeln, verursacht durch zu freies, zu kurzes oder unstetes Tempo oder zu schnelles Aufnehmen. Die Korrektur erfolgt durch unbehinderten, gelassenen Schritt am langen Zügel, bei gleichmäßiger leichter Anlehnung.

Damit das Gleichgewicht des Pferdes sowie das Herantreten an die Hand erreicht und stabilisiert werden, ist es erforderlich, korrekte Hufschlagfiguren auf geraden und gebogenen Linien zu reiten. Erst wenn es im Schritt sicher an die Hand herantritt und Zirkel, Volten und Schlangenlinien auf einem Hufschlag korrekt geht, kann man zur Trabarbeit übergehen.

In kleinen Pausen zwischendurch sowie nach der Arbeit belohnt man das Pferd mit Schritt am langen Zügel. Mit vorwärts-abwärts gedehntem Hals kann es sich in der Atmung beruhigen und ausgeglichen zum Stall zurückkehren.

Im Schritt gibt es drei Gangmaße:

- den fleißigen und raumgreifenden Mittelschritt, in dem das Pferd mit den Hinterhufen ein oder zwei Hufbreiten über die Spur der Vorderhufe hinausgreift.
- den starken Schritt, mit einem Höchstmaß an Raumgriff, bei dem auch der Rahmen des Pferdes erweitert, d. h. der Pferdehals vorgelassen wird. Der starke Schritt wird mittels Rahmenerweiterung am langen Zügel geritten, wobei die Anlehnung und das Erhalten der Rückentätigkeit nicht aufgegeben werden dürfen. Man muss dann, indem man die Zügel auf das passende Maß aufnimmt, das Pferd ohne Stockung und ohne Aufgabe der Genickbiegung wieder zum Mittelschritt oder versammelten Schritt zurückführen können. Die Hinterhufe treten im starken Schritt, entsprechend der naturgegebenen Veranlagung des Pferdes, zwei bis vier Hufbreiten über die Spuren der Vorderbeine hinaus.
- den versammelten Schritt, in dem die Schritte aufgrund vermehrter Hankenbeugung erhabener und kürzer werden. Die Hinterhufe treten dabei höchstens in die Spuren der Vorderhufe. Durch allmähliches Verbessern des Versammlungsgrades ergeben sich bei richtiger Rückentätigkeit der starke und der versammelte Schritt im Laufe der Zeit von selbst. Durch Spannungen einzelner Muskelgruppen, etwa durch Überforderung, kann jedoch die Rückentätigkeit nachlassen oder ganz verhindert werden. Baut man diese Spannungen nicht ab, kann es so weit führen, dass der Pferderücken sich dauerhaft festmacht und dadurch ein passartiger Gang zustande kommt. Bei zu frühem Aufnehmen bzw. Verkürzen des Schritts ist ein Festhalten der Rückenmuskulatur vor allem bei Pferden mit weichem Rücken schnell geschehen und schwer wiedergutzumachen. Um dies zu verhindern, reitet man anfangs nur kurze Reprisen im versammelten Schritt und lässt das Pferd zwischendurch am langen Zügel über den Rücken mehr vorwärtsschreiten.

Der Trab

Der Trab ist eine Bewegung im Zweitakt, wir sprechen von Tritten, mit diagonal gleichzeitiger Fußfolge zwischen der Schwebephase. Das Pferd soll in gleichmäßigem Tempo taktmäßig und schwungvoll vorwärtsgehen.

Alois Podhajsky bezeichnet den Trab als wichtigste Gangart und bemerkt darüber:

»Die Festigung dieser soliden Grundlage erfordert die längste Ausbildungszeit – nahezu zwei Drittel der Gesamtdauer. Dann wird es der Reiter relativ leicht haben, seinem Kunstwerk den letzten Schliff zu geben. Es ist daher die der Festigung dieser Grundlage geweihte Zeit – und sei sie noch so lang –, niemals als verloren zu bezeichnen oder gar als Versäumnis zu werten.«

Im Trab gibt es vier Gangmaße:
Das Grundtempo ist der sogenannte Arbeitstrab. Die Hilfen zum Antraben gebe ich, wie beim Anreiten im Schritt, mit vortreibendem Kreuz und beiden Schenkeln, d. h. im Damensattel rechts mit der Gerte. Wichtig ist, das Pferd im Arbeitstrab in der ersten und etwas längeren Trabtour unter Beibehaltung des gleichmäßigen Tempos flüssig vorwärts zu reiten und es einzutakten.

Das fortgeschrittene Pferd kann ich im Damensattel, nach sorgfältiger Vorbereitung im Schritt, im Trabe auch gleich aussitzen. Das Leicht- oder Englischtraben ist im Damensattel nicht gerade einfach. Ich habe es auf S. 151 beschrieben.

Nach dem Abtraben des sogenannten »Stallmuts« sind die meisten Pferde ruhiger und ihre Muskeln warm und locker. Erst dann ist es auch sinnvoll, die Hinterhand zum vermehrten Treten unter den Schwerpunkt anzuregen. Ferner gilt es bei der Trabarbeit, gleich wie im Schritt, auf das genaue Ausreiten der Bahnfiguren zu achten. Nach der ersten Trabphase können dann einige Übergänge zum Schritt und flüssiges Antraben geübt werden, wobei die kürzeren Schrittreprisen das Pferd eher aufmuntern, die längeren aber beruhigend wirken.

Wichtig ist immer zuerst das gerade schwungvolle Vorwärtsreiten im Arbeitstrab mit gleichmäßiger Anlehnung, bis das Pferd mit lockerem, schwingendem Rücken sicher an die Hand herantritt.

Scharfe Wendungen sind im Damensattel zu vermeiden, da das Pferd sonst lernt, über die äußere wie innere Schulter auszufallen und eventuell nach dorthin auszubrechen. Daher reite ich zuerst größere und erst, wenn es sicher an den Hilfen steht, engere Wendungen und Bögen. (S. 207–215)

Beim Verkürzen des Trabes (Vorstufe zum versammelten Trab) achte ich darauf, das Pferd nicht zu überfordern. Durch ein Aufnehmen des Tempos, erst in kürzeren, dann in längeren Reprisen und durch Reiten auf gebogenen Linien, vor allem durch das rich-

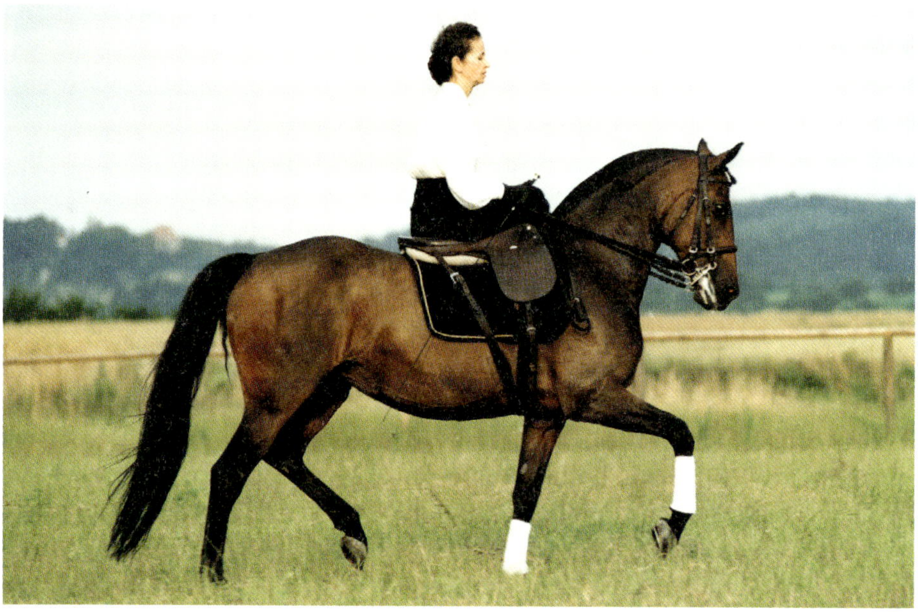

ABB. 122: Versammelter Trab – die Verfasserin auf Sally-Ann, Foto D. Schneider

tige Ausreiten der Ecken, wird einerseits die *Seitenbiegung* (laterale Biegung) verbessert. Indem ich gleichzeitig die Hinterhand zum vermehrten Vor- und Untertreten veranlasse, fördere ich andererseits die *Längsbiegung*[8] (vertikale Biegung) und entwickle so nach und nach den versammelten Trab. Der Schwung und die Schubkraft aus der Hinterhand werden dabei umgewandelt in vermehrte Tragkraft der Hinterhand. Im Damensattel reite ich daher anfangs nur so lange verkürzten Trab, wie ich die Tätigkeit der Hinterbeine erhalten kann. Schleppende, passageartige Schwebetritte, die man heute oft im versammelten Trab sieht, sind Zeichen von Spannung, mangelnder Durchlässigkeit und falscher Arbeit. Der korrekte versammelte Trab zeichnet sich nach Jahren durch erhabene Tritte (Kadenz) aus, die nicht schwebend sein dürfen.

Das Verstärken des Tempos im Trab ist erst sinnvoll, wenn sich das Pferd im Arbeitstrab losgelassen hat, wenn Tempo, Takt und Anlehnung gefestigt sind und es sicher an den Hilfen steht. Nun kann ich auf gerader Linie mit Übergängen vom Arbeitstrab zum Mitteltrab beginnen. Vorbereitend dazu genügen mir kurze vortreibende Gewichts- und Schenkelhilfen mit welchen ich die Hinterhand etwas aktiviere und

[8] Beugung der Hanken, Heben des Rückens und Beugen des Genicks. »Das Biegen des Pferdes kann in seitlicher Richtung und in Längsrichtung erfolgen«, Podhajsky, *Die klassische Reitkunst*, S. 45.

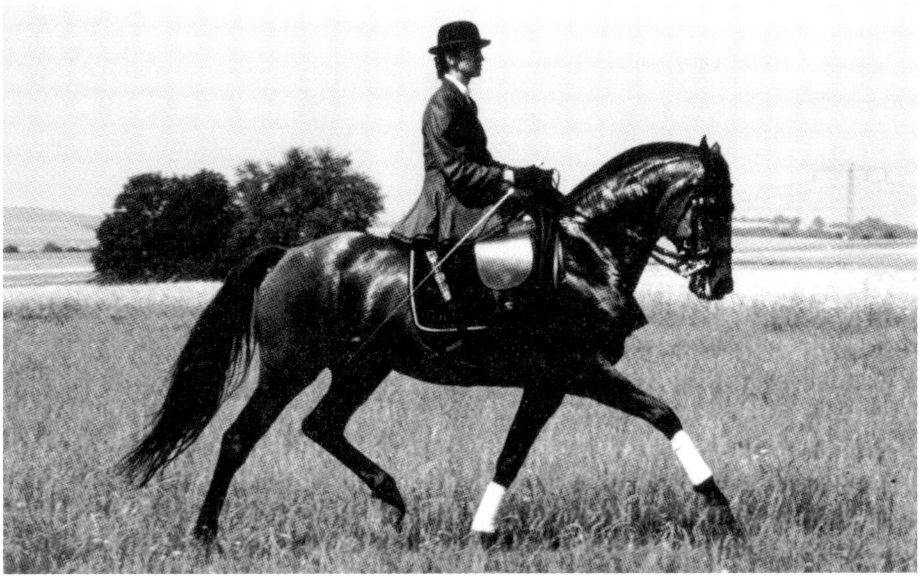

ABB. 123: Mitteltrab – die Verfasserin auf Sally-Ann, Foto B. Herzner. Dieses Bild zeigt, was wir unter klassisch verstehen sollten: Die Korrektheit im Sitz der Reiterin, in Gang und Haltung des Pferdes und in der Schlichtheit ihrer Ausstattung.

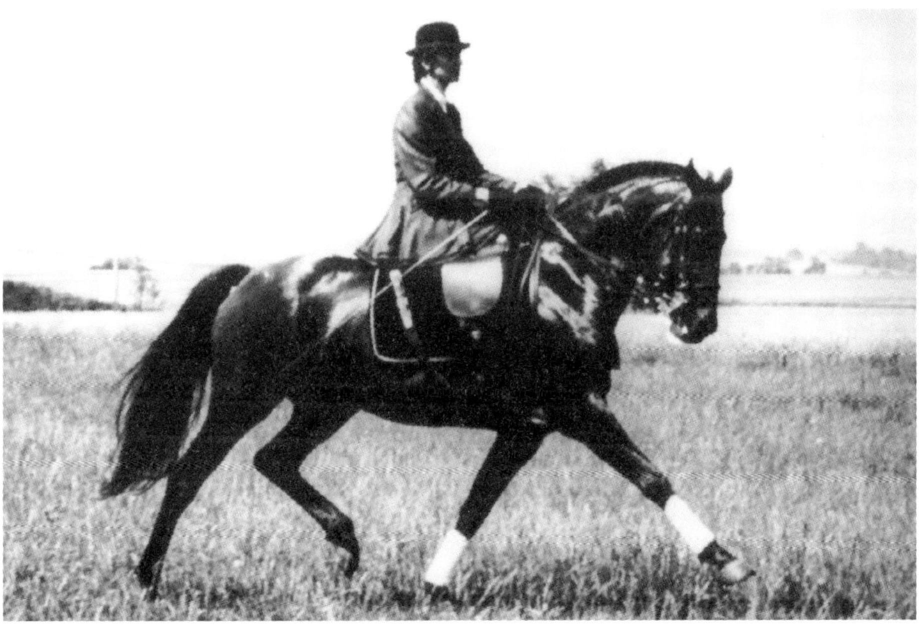

ABB. 124: Starker Trab – die Verfasserin auf Sally-Ann, Foto B. Herzner

heranhole und dann durch leichtes Vorgehen beider Hände das Pferd zu raumgreifenderen, längeren Tritten veranlasse. Die diagonale Fußfolge bleibt erhalten und die Vorderbeine müssen dort auffußen, wo sie hinzeigen, ohne dass die Hinterbeine breit oder seitlich vom Hufschlag wegtreten.

Ein gespannter Schautrab, bei dem das Pferd mit festgehaltenem Rücken die Vorderbeine krampfhaft, fast waagrecht wegschleudert bei wenig untertretender und versteifter Hinterhand, ist fehlerhaft und schädlich für das Pferd.

Diese Pferde werden ohne richtig aufgebaute Gymnastizierung im Grundtrab durch übermäßiges Treiben und Festhalten vorn so zusammengezogen, dass sie dadurch aufgeladen und gespannt gar nicht anders können, als diese unnatürlichen Tritte zu zeigen.

Der Mitteltrab sollte das Ergebnis ehrlicher Grundlagenarbeit sein. Durch das Arbeiten über Monate im Grundtrab, bei korrekt gerittenen geraden und gebogenen Linien, in Verbindung mit Übergängen von einer Gangart zur anderen, wird das Pferd auf beiden Seiten durchlässiger und in der Hinterhand geschmeidiger. Die Zeitdauer hierfür ist je nach Gebäude und Veranlagung des einzelnen Pferdes verschieden.

Ich betone, dass hierfür vorwiegend im Herrensattel gearbeitet werden muss. Als Ergebnis wird das Pferd diese Übungen dann auch unter dem Damensattel willig ausführen.

Für die verstärkten Gänge, vor allem, wenn sie im Damensattel geritten werden, bereite ich das Pferd so vor, dass nach einem präzisen Durchreiten der Ecke mein leichtes vermehrtes Vortreiben genügt, um es aufmerksam zu machen. Um seine Trabverstärkung nicht zu stören, sitze ich völlig ruhig, indem ich mich mit dem rechten Bein ans Horn heransauge, und nur mein leichtes Vorgehen beider Hände lässt das Pferd im Hals vor und gibt somit das Kommando zum Übergang in den Mitteltrab. Pferden, die unter dem Damensattel dazu neigen, den Rücken festzuhalten, erleichtert man das Verlängern der Tritte, wenn man beim Ansatz zum Mitteltrab den Sitz leicht entlastet und ihnen dadurch den Rücken freimacht. Wichtig ist jedoch, dass sie vorher am Kreuz standen. Das heißt, das Pferd tritt mittels stärkerer Gewichtshilfe mit der Hinterhand mehr unter den gemeinsamen Schwerpunkt.

Auch Hilda Dollmann schreibt über dieses Vorgehen mit dem Oberkörper und bezeichnet es als leichte Neigung in den Gang (s. Abb. 24, S. 46). Dieser für manche Momente zweckmäßige Sitz hat nichts mit Krummsitzen oder Vornüberfallen zu tun. Zum Aufnehmen setzt man sich dann wieder schwerer in den Sattel. Dieses Wechselspiel verbessert die Rückentätigkeit, und alsbald kann man auch beim Zulegen sitzen bleiben.

Treibt man am Anfang zu viel, so tritt das Pferd unregelmäßig von hinten nach und drückt als Folge vorne auf die Hand. Auch wird sich das ungenügend gelöste und nicht genügend durchlässige Pferd bei zu starkem Forcieren des Tempos im Rücken festmachen. Es nimmt dann die ins niedrige Tempo zurückführende Parade nicht mehr an und läuft, im Maul hart werdend, gegen die Hand. Daher darf ich die Tritte immer nur so viel verlängern, wie es das Pferd von seinem Ausbildungsstand her verkraften kann. Das heißt, ich darf nur so viel Schub fordern, dass ihn die Hinterhand, ihrer momentan verfügbaren Kraft entsprechend, beim Aufnehmen des Tempos auch wieder auffangen kann. Auch im Damensattel ist es wichtig, nach der Ecke zuerst korrekt geradezustellen und dann erst das Tempo zu verstärken. Bei zu frühem Zulegen aus der Ecke heraus kann es sonst passieren, dass übereifrige Pferde mit viel Vorwärtsdrang über die rechte Schulter fallen und angaloppieren.

Daher achte ich vorher auf eine beidseitige gleichmäßige Anlehnung, auf die halbe Parade am äußeren Zügel nach dem Durchreiten der Ecke und darauf, dass ich das Pferd auf der langen Seite oder der Diagonalen erst korrekt geradestelle, bevor ich es in die Trabverstärkung übergehen lasse.

Der starke Trab ist das Höchstmaß an Vorwärts im Trab. Er setzt einen guten Versammlungsgrad voraus und ist daher das Ergebnis fortgeschrittener Dressurarbeit. Wenn die Übergänge vom versammelten Trab zum Mitteltrab flüssig und zwanglos vom Pferd ausgeführt werden, wird sich aus dem Mitteltrab heraus allmählich der starke Trab entwickeln lassen. In dieser großen Bewegung wird das stärkste Maß an Schwung und Raumgriff aus der Hinterhand erreicht. Hierfür ist es wiederum notwendig, den Hals so vorzulassen, dass die sogenannte Rahmenerweiterung im richtigen Maß erreicht wird. Ein im Hals zu eng gemachtes Pferd mit zu starker Anlehnung und meist mit zu hoher Hand geführt ist falsch geritten. Das Genick ist dabei nicht mehr der höchste Punkt und es tritt mit seinen Vorderbeinen weit über die von der Nase schräg nach vorne laufende gedachte Linie hinaus (S. 193–195).

Ein Tieferstellen und beidseitiges Vorgehen der Hände lassen jedoch den Hals des Pferdes genügend nach vorne und die Nase damit leicht vor die Senkrechte. Durch die entstehende Schulterfreiheit kann das Pferd den ganzen Schwung aus der Hinterhand in die großen, raumgreifenden Tritte hineinlegen, die auch großer Trab genannt werden.

Der Galopp

Diese dritte Grundgangart des Pferdes besteht aus einer Reihe von Sprüngen. Bei jedem Galoppsprung müssen die Beine im deutlichen Dreitakt aufsetzen.

Die Fußfolge beginnt mit dem äußeren Hinterfuß, es folgt der innere Hinterfuß gleichzeitig mit dem äußeren Vorderfuß als zweiter Takt. Als letzter fußt der innere Vorderfuß auf. In jedem Tempo muss der klare Dreitakt (»außen, diagonal, innen«) eingehalten werden.

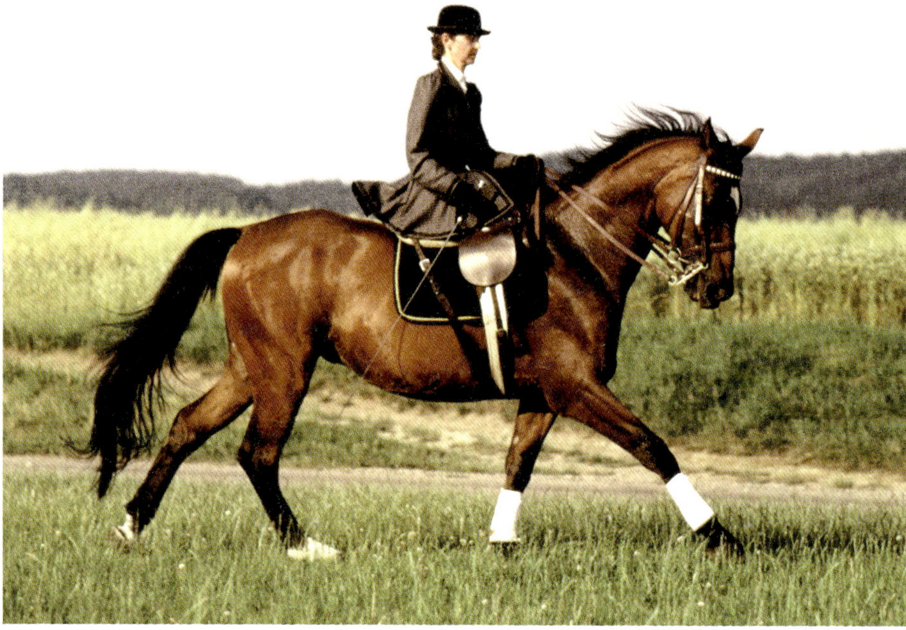

ABB. 125: Arbeitsgalopp – die Verfasserin auf dem Trakehner Ansporn, Foto B. Herzner

Im Galopp gibt es vier Gangmaße:
Der Grund- oder Arbeitsgalopp zeichnet sich durch fleißige, gleichmäßige Galoppsprünge aus. Beim Entwickeln des Galopps muss unbedingt darauf geachtet werden, dass das Pferd auf einem Hufschlag geradegerichtet ist. Die nächste Aufgabe ist, die Schub- und Tragkraft der Hinterhand zu entwickeln.

Vom Damensattel aus ist als nächstes das richtige Angaloppieren des Pferdes auf beiden Händen für die Reiterin interessant. In der ersten Zeit sollte man das Pferd aus dem Schritt in den Galopp einspringen lassen, da dies einfacher ist.

Die vorbereitende Arbeit im Schritt sind gebogene Linien, Schulterherein und Rückwärtsrichten. Das Pferd muss dabei auch genau auf die äußeren Hilfen achten. Da der Rechtsgalopp der Reiterin zunächst leichter fällt, ist es ratsam, zuerst auf der rechten Hand einige Male anzugaloppieren.

Vor dem Angaloppieren rechts fasse ich die Zügel, wenn nötig, kürzer und treibe das Pferd mit dem Schenkel und dem Ersatzschenkel (Reitgerte) an beide Zügel heran. Um es aufmerksam zu machen, erteile ich vorbereitend am äußeren Zügel eine halbe Parade. Der innere Zügel stellt das Pferd nach rechts und gibt im Moment des Einsprungs etwas nach.

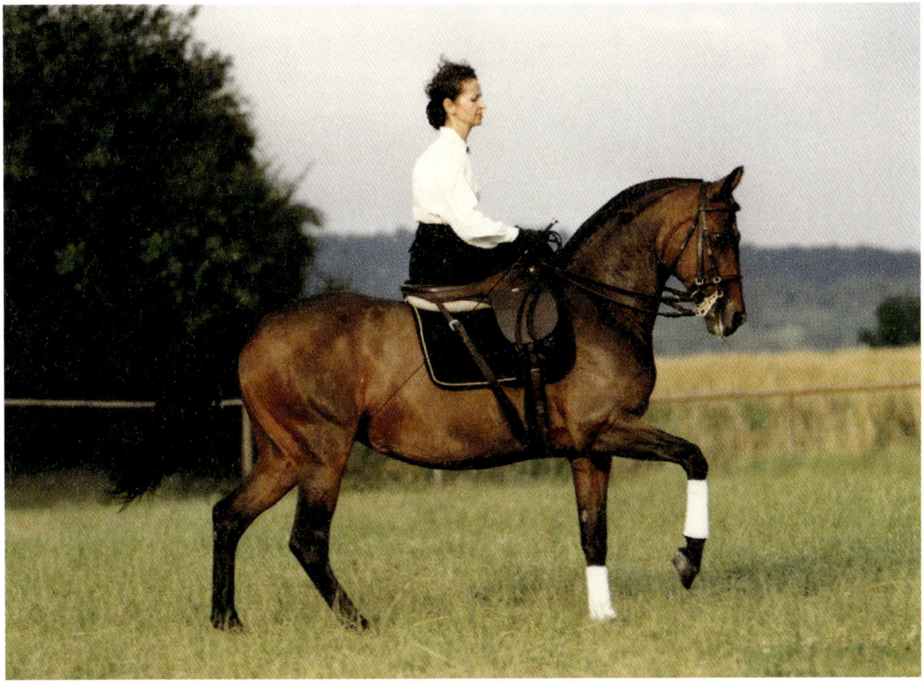

ABB. 126: Versammelter Galopp – die Verfasserin auf Sally-Ann, Foto D. Schneider

Folgende Hilfen sind das Kommando zum Angaloppieren und ihre Ausführung muss gleichzeitig stattfinden. Für den Rechtsgalopp nehme ich, indem ich gerade sitze und nicht in der Hüfte einknicke, das Gewicht mehr auf das rechte (innere) Sitzbein und drücke mit der Reitgerte hinter dem Gurt anstelle des inneren vortreibenden Schenkels oder tippe mit ihr das Pferd an dieser Stelle an. Den äußeren Schenkel lege ich verwahrend zurück, ohne zu viel gegenzudrücken, da empfindliche Pferde sonst die Hinterhand vom Hufschlag nach innen nehmen oder seinen Druck als eigentliche Galopphilfe verstehen, was falsch wäre.

Zum Linksgalopp erteile ich vorher die halbe Parade außen und beachte, dass das Pferd den äußeren Zügel und die Gertenhilfe zum Verwahren des äußeren Hinterfußes annimmt. Das vorherrschende Zeichen zum Angaloppieren ist dann das auf das linke (innere) Sitzbein verlegte Gewicht, der linke nahe am Gurt vortreibende innere Schenkel und die Stellung des Pferdes nach links. Rutscht der innere vortreibende Schenkel zu weit nach hinten, drückt er unter Umständen die Hinterhand nach rechts. Ich darf beim Belasten des linken Sitzbeins nicht nach links rücken oder in der Hüfte einknicken. Durch letzteren Fehler wird das Pferd sonst nach rechts unter das nach dort wegrutschende Gewicht drängen und falsch einspringen. Es ist da-

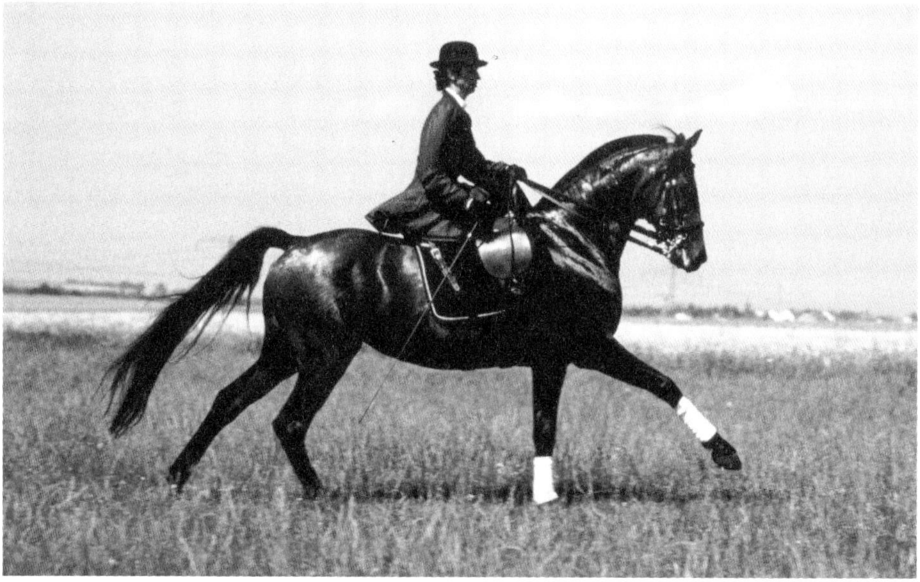

ABB. 127: Starker Galopp mit einhändiger Führung – die Verfasserin auf Sally-Ann, Foto B. Herzner

her wichtig, beim Angaloppieren links besonders geradeaus zu sitzen und den linken Schenkel kurz hinter dem Gurt wirken zu lassen. Die rechte Schulter und Hüfte dürfen nicht zu weit nach vorne genommen oder angehoben werden, da sonst die äußeren Hilfen meist ganz ausfallen.

Zusammenfassend ist zu sagen, dass die Reiterin trotz einseitiger Gewichtshilfe ganz gerade sitzen und weich am Sattel bleiben muss. Sie darf keinesfalls nach vorne fallen oder im Oberkörper hin- und herwiegen. Ein Pferd, welches bei feinster Abstimmung auf das Belasten des jeweiligen Sitzknochens und gleichzeitiges Anspannen des Kreuzes sich leicht im Genick stellt, wird auf den geringsten Druck der Zügel willig unter das Gewicht einspringen.

Wichtig ist, dass es im Linksgalopp sicher auf die rechte äußere Hilfe achtet und durch leichtes Umstellen von rechts nach links gute Durchlässigkeit zeigt.

Der Arbeitsgalopp wird zu Beginn der Arbeit immer deutlich im Vorwärts geritten, um den Takt zu erhalten. Erst wenn ein Pferd losgelassen ist und im Gleichgewicht geht, kann der fleißige, taktreine und erhabene Galopp entstehen, der Grundlage für alle Gangmaße ist.

Im Damensattel reitet man den verkürzten Galopp (Vorstufe zum versammelten Galopp) nur so lange, wie man die Hinterhand engagieren kann und das Pferd im lebhaften Dreitakt vorwärts springt. Bei langem Galoppieren wird der Galopp oft schleppend, da die Reiterin nicht mehr die nötige Körperspannung hat, das kürzere

Tempo zu erhalten, und das Pferd dann meistens in einen laufenden Vierschlaggalopp fällt.

In der ersten leicht versammelnden Arbeit müssen Takt und Schwung erhalten bleiben. Durch häufigeres Angaloppieren auf gebogenen Linien und mit kürzeren Galoppreprisen bekommt das Pferd im Laufe der Zeit mehr Kraft in der Hinterhand. Erst wenn es ruhig und sicher auf beiden Händen galoppiert, können auch längere Galopp-Phasen auf gerader Linie, Figuren und Übergänge zum Mittelgalopp in die Galopparbeit eingebaut werden. Es ist wichtig, dem Pferd dabei erweiterten Rahmen zu lassen und das Tempo nur so viel zu steigern, wie es der momentane Versammlungsgrad erlaubt.

Um allmählich Losgelassenheit und Selbsthaltung im Galopp zu erreichen, sollte man das Pferd immer wieder in seinem Grundtempo galoppieren, in dem es ihm leichtfällt, sich selbst zu tragen.

Tempo und Haltung des Pferdes sollten in Harmonie miteinander stehen, bevor man zum verkürzten oder verstärkten Tempo übergeht. Nur das vollkommen durchgymnastizierte, geradegerichtete und durchlässige Pferd, welches alle Übergänge fließend ausführen kann, ist fähig, auch den starken Galopp auf gerader Linie zu gehen, dabei höchsten Raumgriff zu zeigen und sich danach leicht zum nun versammelten Tempo zurückführen zu lassen. Der stärkste Galopp im Jagdfeld, früher auch Carrière genannt, bedarf großer Zügelfreiheit. Bei schnellem Jagdgalopp darf aber keinesfalls auf die hier besonders notwendige Anlehnung verzichtet werden.

Pferde, die heute als sogenannte *Gangpferde* bezeichnet werden, wie zum Beispiel Isländer, American Saddle Horses, Tennessee Walking Horses, Hackney Ponys und Peruanische Pasos, gehen in künstlich angelernten oder angezüchteten Gangarten, die von den natürlichen drei Grundgangarten abweichen. Sie sind meist durch andere Nutzung und eine andere Umwelt entstanden und zum Teil züchterisch gefördert worden.

Früher, als Pferde den Frauen nur als Fortbewegungsmittel dienten, bevorzugte man für jene Reiterinnen, die den Damensattel benutzten, die sogenannten, teils speziell ausgebildeten Passgänger, auch Zelter genannt. Im Gegensatz zum natürlichen Schritt im Viertakt gilt ein passartiger Gang als eine durch einen festgehaltenen Rücken hervorgerufene, fehlerhafte Gangart. Das Pferd setzt dabei die Beine im Schritt gleichseitig und gleichzeitig auf. In den früher noch nicht so gut entwickelten Seitsätteln war ein im Pass gehendes Pferd für die Reiterinnen bequemer zu sitzen, da diese Bewegung ohne Rückentätigkeit mehr eine dahingleitende war, für die langen Ritte der damals umständlichen Reisen also weitaus angenehmer als die ermüdende schaukelnde Bewegung des natürlichen Schritts.

Wichtige Grundsätze, Regeln und Lektionen

Das sichere Reitpferd muss an den Hilfen stehen! Das ist die unbedingte Voraussetzung, um alle wichtigen Ausbildungsziele wie Takt, Losgelassenheit, Anlehnung, Schwung, Geraderichtung und Versammlung überhaupt zu erreichen. Dafür muss die Reiterin ihren Sitz beherrschen, wissen, wo und wie die Hilfen wirken (S. 149–159), und schnell erkennen, wie lange, wie stark und in welchem Verhältnis zueinander sie mit Gewicht, Schenkel und Zügel einwirken darf. Das heißt, sie muss dem Ausbildungsstand und Temperament des Pferdes sowie der jeweiligen Situation entsprechend mittels des Gefühls die jeweils angemessene Dosierung der Hilfen finden. Hier ist besonders der *psychische Draht* zum Pferde der ausschlaggebende Faktor, dass es die Reiterin ganz akzeptiert. Es ist der feste Wille, die Entschlusskraft, welche die Bestimmtheit der Einwirkungen ausmachen und ohne Grobheit das Pferd fühlen lassen, dass es gehorchen muss. Nur wenn diese Punkte übereinstimmen, wird das Pferd alle Hilfen willig annehmen und somit an den Hilfen stehen, gleichgültig, ob es mehr, weniger oder gar nicht in Haltung geht.

Takt und Losgelassenheit

Einer der wichtigsten Grundsätze ist das Erreichen von Takt, Losgelassenheit und des gemeinsamen Gleichgewichts von Reiter und Pferd. Gerade unter dem Damensattel muss dem Pferd Zeit gegeben werden, sich mit Sattel und Reitergewicht so auszubalancieren, dass dadurch die natürlichen, taktreinen Bewegungen seiner Grundgangarten nicht gestört werden.

Um im Takt zu gehen, muss das Pferd ein absolut gleichmäßiges Tempo beibehalten. Die erste Gehorsamsübung ist also, dass es die Einwirkung der Reiterin zum Einhalten des Tempos befolgt. Nur das gleichmäßig im Takt gehende Pferd wird in den einfachen Grundgangarten und später in den allmählich schwieriger werdenden Gängen, Wendungen und Touren Losgelassenheit erreichen und entspannt dahingehen.

Anlehnung

Hat das Pferd gelernt, sein Grundtempo zu halten, geht es auch im Takt und lässt sich los. Parallel dazu lernt es nach und nach eine weiche, sichere Verbindung zwischen Reiterhand und Pferdemaul, die man Anlehnung nennt. Erst wenn das Pferd gleichmäßig an beide Zügel herantritt, ist eine richtige Einwirkung und Führung möglich. Es liegt allein an der feinen, gefühlvollen Einwirkung der Reiterin, diese Verbindung so zustande kommen zu lassen, dass ihr Pferd an ihre Hand gerne und weich herantritt und nicht sie die Verbindung erzwingt, sondern das Pferd sie sucht und dann vertrauensvoll gleichmäßig bestehen lässt.

Damit das Gefühl zustande kommt, als wären Hand und Pferdemaul nicht durch den unelastischen Lederzügel, sondern mit einem Gummifaden verbunden, sollte das Pferd hinter den Ganaschen nachgeben. Dies wird erreicht durch eine im Handgelenk gefühlvoll und leicht federnde Hand. Leider kommen durch unsensible Einwirkung und forcierte Ausbildung auch fehlerhafte Anlehnungen zustande.

Auf den Zügel legen sich Pferde vorwiegend durch eine unnachgiebige Hand der Reiterin bzw. wenn sie zum Davoneilen neigen, weil ihre Hinterhandmuskulatur noch nicht kräftig genug ist und sie immer noch mehr Schub- als Tragkraft entwickeln. Das Wegstürmen durch Festmachen des Rückens und Einrollen des Halses nennt man *Pullen*. Diese Untugend lernt das Pferd durch inkonsequentes Reiten und starke Handeinwirkung, durch Überforderung, evtl. auch durch zu schweres Gewicht im Rücken und durch das Reiten langer, ermüdender Reprisen.

Abhilfe schafft man nur durch Reiten in gleichmäßigem Tempo (Taktgewinn), abwechselndes Herauskauenlassen und Wiederaufnehmen der Zügel vor allem auch im Trabe, was das Loslassen und die Anlehnung fördert, wobei man erst kürzere und dann längere Trabreprisen übt. Dazwischen ist es zur Entspannung für das Pferd gut, die Zügel im Schritt herauskauen zu lassen.

Beim Gehen gegen den Zügel ist die Anlehnung meist zu fest, ausgelöst durch eine unbewegliche, starre, das Pferd im Maul abstumpfende Hand. Durch gefühlvolles Engagieren der Hinterhand, etwas freieres Tempo und feinen Zügelkontakt kann mit wiederholtem, kurz aufeinanderfolgendem Annehmen und Nachgeben die Anlehnung wieder leichter werden.

Pferde, die über dem Zügel gehen, empfinden das Reitergewicht meist als unangenehm oder gar schmerzhaft. Diese Pferde haben einen schwachen oder überforderten Rücken. Es wurde ihnen nicht genügend Zeit gelassen, sich mit aufgewölbtem Rücken und vorwärts-abwärts gedehntem Hals an das Reitergewicht zu gewöhnen und sich in ihrer Rückenmuskulatur zu kräftigen, sondern man hat sie zu früh im Tempo verkürzt und nur mit Einwirkung der Hand aufgerichtet.

Hinter dem Zügel gehen oft nervöse Pferde, die sich gerne verhalten, sich nicht tragen können und empfindlich in Rücken und Maul sind. Dieses *Sich-Überzäumen* kommt ebenfalls durch zu frühes Verkürzen des Ganges und eine harte unnachgiebige Hand. Zur Korrektur muss die Anlehnung erst ganz aufgegeben und vorwärts-abwärts geritten werden. So lernt das Pferd wieder vertrauensvoll an den Zügel, sprich die Hand, heranzutreten, was viel Geduld erfordert.

Nur wenn es in regelmäßigem Tempo taktrein vorwärts geht, lässt es sich in allen Muskelgruppen los, findet es eine gleichmäßige Anlehnung und erreicht ein Stadium, in dem es ausbalanciert in sicherer Anlehnung und schöner Selbsthaltung richtig am Zügel steht.

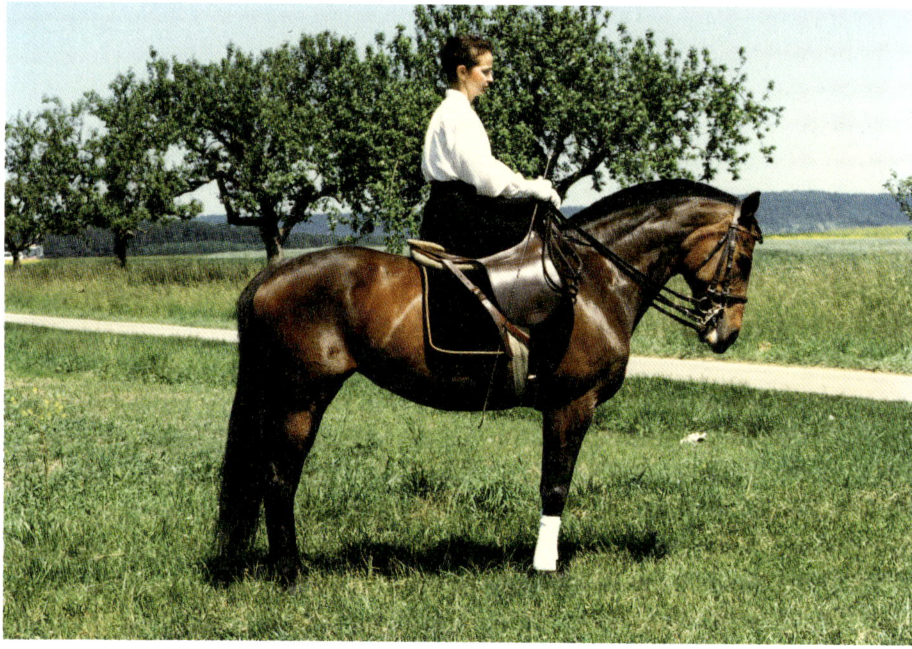

ABB. 128: Im Halten steht das Pferd gerade und gleichmäßig auf allen vier Beinen.

Das An-die-Hand- oder An-den-Zügel-Stellen des Pferdes im Halten

Im Halten steht das Pferd geradegerichtet und geradeaus gestellt auf vier Beinen. Es soll auf die vortreibenden Kreuz- und Schenkelhilfen seine Hinterbeine heranstellen, bei feiner gleichmäßiger Ansprache mit den Zügeln im Genick nachgeben und anfangen zu kauen.

Im Damensattel kann man schon vor dem Halten die Hinterhand des Pferdes aktivieren und es dabei auf die Reitgerte abstimmen. Doch Vorsicht, zu viele Impulse veranlassen das Pferd zum seitlichen Wegstellen des linken Hinterbeines oder fordern ein Dagegengehen nach rechts heraus.

Die Reiterin sitzt mittig, gerade, während sie, mit vortreibendem Kreuz, dem linkem Schenkel und der Reitgerte rechts auf gleicher Höhe bei beidseitig gleichem Zügelkontakt vortreibt.

Meist zieht die Reiterin aber den linken Unterschenkel hoch und treibt einseitig, so dass ihr Pferd dies als seitwärtstreibend versteht und sein rechtes Bein oder gar die Hinterhand zur Seite stellt. Hilfreich ist daher, das linke Knie und den Unterschenkel mit tiefem Absatz gegen das Sattelblatt gedrückt zu lassen und, zur deutlichen Begrenzung der rechten Seite, den rechten Arm und die rechte Hand tief gestellt und die Gerte knapp hinter dem Gurt vortreibend am Pferd zu lassen.

Sitze ich absolut gerade und halte Schenkel und Reitgerte deutlich am Pferd, stellt es sich auch gleichmäßig auf alle vier Beine. Steht es ungleich oder unruhig, reite ich nochmal eine Pferdelänge vor. Wichtig ist, sofort nach vorne zu reiten, damit das Vorwärts im Pferd erhalten bleibt. Ein Ausgleichen nach rückwärts ist falsch, da dies zum Zurückkriechen verleitet. Weiches Nachgeben in die Parade hinein verhindert ein Stocken oder Zurücktreten. Achte ich beim erneuten Halten noch genauer auf gerades Sitzen und beidseitiges Vortreiben, wird das Pferd auch geschlossen stehen.

Das Heranholen eines Hinterbeins bzw. dessen Wegtreten zu verhindern, ist Aufgabe des gleichseitigen Schenkels oder der Reitgerte. Das Vortreten eines Vorderbeins verhindert der gleichseitige, verwahrende Zügel. Ein zurückstehendes Vorderbein hole ich durch feines Vortreiben mit dem gleichseitigen Schenkel und ebenso feines Nachgeben mit der Hand nach vorne.

Die Kopfhaltung und seitliche Stellung im Genick

Um beim geradegerichteten Pferd, welches sich selbst trägt (Selbsthaltung)[9], im Halten dessen Kopfhaltung beurteilen zu können, dürfen nicht nur Kopf und Hals, sondern es muss das ganze Pferd betrachtet werden.

»Im Halten ist eine gedachte gerade Linie von der Nasenspitze zur Hüfte eine Richtlinie, keine Regel für die korrekte Kopfstellung.[10] Das Maß der Aufrichtung wird in erster Linie vom Körperbau, Länge und Aufsatz des Halses und Länge des Rückens bestimmt« (Podhajsky).

»Die beste Stellung[11] von Kopf und Hals ist die, bei der der Hals sich frei aus dem Widerrist erhebt und die Kammlinie in ihrem oberen Teil einen zum Genick sanft gewölbten Bogen bildet, dessen höchster Punkt das Genick ist.« (Richtlinien für Reiten und Fahren)

»Sobald das Pferd in der von ihm verlangten Stellung[12] still stehen bleibt, unterbricht der Reiter das Gegenhalten mit den Händen und lässt sie auf ihrem Platz ruhig stehen.« (H. Dv.12)

9 Das Pferd ist ausbalanciert, seine Hinterhand kann Last aufnehmen und es trägt Kopf und Hals aus eigener Kraft.

10 Podhajsky, *Die klassische Reitkunst*, Nymphenburger 1965, S. 40.

11 Richtlinien für Reiten und Fahren Bd. I v. 1971, 72, 74 und Bd. II v. 1972, S. 17.

12 H. Dv. 12, Nachdruck Wuwei 2012 S. 42.

Der Begriff Kopfstellung aus den angeführten früheren Publikationen wird in jüngerer Zeit als Kopfhaltung bezeichnet, da es hier nicht um Stellung geht, sondern um die Kopfhaltung des geradeaus gestellten Pferdes.

In den Richtlinien Bd. II, v. 1984, S. 52 wurde dieser Begriff dann klar definiert. Bei der Beurteilung eines Pferdes in Haltung gilt für die Haltung von Hals und Kopf der Begriff *Kopfhaltung*, für die seitliche Stellung im Genick gilt der Begriff *Stellung* oder *Kopfstellung*.

Die Kopfhaltung des Pferdes ist abhängig vom Ausbildungsstand, Gebäude und gerittenem Gangmaß. Gleich, ob sich das Pferd in freierer Haltung vorwärts-abwärts dehnt oder in mehr versammeltem Zustand mit vermehrter Aufrichtung geht, es sollte in jedem Gangmaß die gedachte verlängerte Stirnlinie mit seinem vorgreifenden Vorderbein gerade erreichen. Das Genick muss immer den höchsten Punkt des mehr oder weniger aufgewölbten Halses bilden. Auf gerader Linie sind Kopf und Hals geradeaus gestellt.

Ein Pferd darf seitlich im Genick erst gestellt werden, wenn es im Geradeaus das Genick locker fallen lässt und bei gleichmäßiger Anlehnung weich am Gebiss kaut. Im Damensattel ist darauf zu achten, dass der Kopf nicht zu viel nach innen bzw. zu viel nach rechts gestellt wird.

Auf gebogenen Linien ist das Pferd vom Genick bis zum Schweifansatz, also in seiner ganzen Längsachse, auf die jeweils gerittene Linie eingestellt.

Das Pferd ist korrekt seitlich im Genick gestellt, wenn sich seine beiden Ohren, wie beim Geradeausstellen, auf gleicher Höhe befinden und es dabei den Kopf auf Veranlassung des Reiters seitlich im Genick und hinter den Ganaschen so viel nach rechts bzw. links stellt, dass dieser Auge und Nüsternrand schimmern sieht.

Wenn Pferde den Kopf zwar herumnehmen, die Ganasche auf dieser Seite aber nicht einwärtsbiegen, sondern herausdrücken und ein Ohr tiefer steht, verwerfen sie sich im Genick, halten also den Kopf mehr oder weniger schief. Grund ist eine einseitige Verspannung, wieder hervorgerufen durch zu schnelles Verkürzen des Tempos, festgehaltenen, kurz gemachten Hals, ungleichmäßige Anlehnung und Ausfallen des äußeren Hinterfußes. Ein weiteres Merkmal ist unzureichendes Kauen des Pferdes, oft auch nur auf einer Maulseite. Abhilfe und wieder eine gleichmäßige Anlehnung schafft man durch das Reiten in freierem Trabe, auf geraden und weiten gebogenen Linien. Durch flüssige Übergänge in höhere und niederere Gangarten, bei gutem Begrenzen des äußeren und Vortreiben des inneren Hinterfußes.

Zwischendurch ist das Abkauenlassen im Halten, auch mit seitlicher Abstellung in der Ganasche, ebenfalls hilfreich. Je lockerer das Pferd wird, desto besser und weicher wird es sich seitlich im Genick stellen und desto deutlicher kippt auch der Mähnenkamm nach dieser Seite. Zum kürzeren Trab oder Galopp wird erst übergegan-

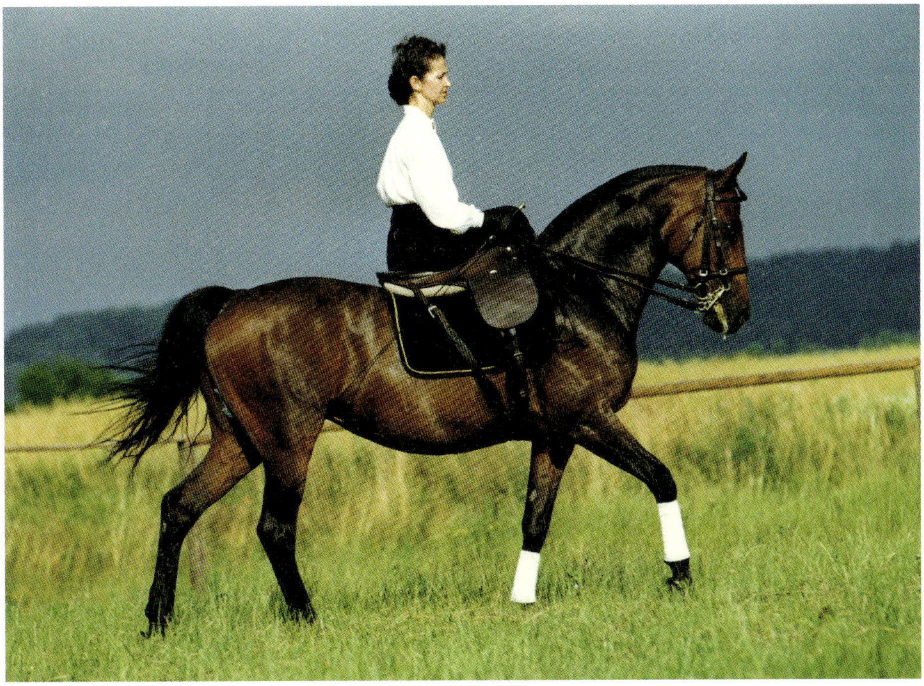

ABB. 129: Mittelschritt *Am Zügel* – die Verfasserin auf Sally-Ann, Foto D. Schneider

gen, wenn das Pferd in den freieren Gängen völlig gelöst ist. Zum Stellen, etwa im Halten oder bei der Vorhandwendung, gehört nicht unbedingt die Biegung des Pferdekörpers. Zur korrekten Biegung aber gehört immer die Stellung seitlich hinter der Ganasche des Pferdes in Richtung der Biegung.

Reiten am langen Zügel

Auch hier ist die gleichmäßige, sichere Verbindung zwischen Hand und Pferdemaul Voraussetzung.

Am langen Zügel reiten können wir etwa in einer leichten Entspannungsphase im Schritt, wobei die Verbindung zum Pferdemaul ebenfalls nicht aufgegeben wird.

Der Übergang vom aufgenommenen zum langen Zügel soll vom Pferd in Anlehnung, mit Rahmenerweiterung des Halses nach vorne, bis zu der ihm erlaubten Zügellänge erfolgen. Alle Verstärkungen, wie etwa der starke Schritt, müssen am langen Zügel geritten werden. Junge Pferde werden anfangs im Schritt nur am langen Zügel geritten. Auch solche, die im Schritt zu früh aufgenommen wurden und Taktfehler zeigen, dürfen über lange Zeit nur am langen Zügel geritten werden.

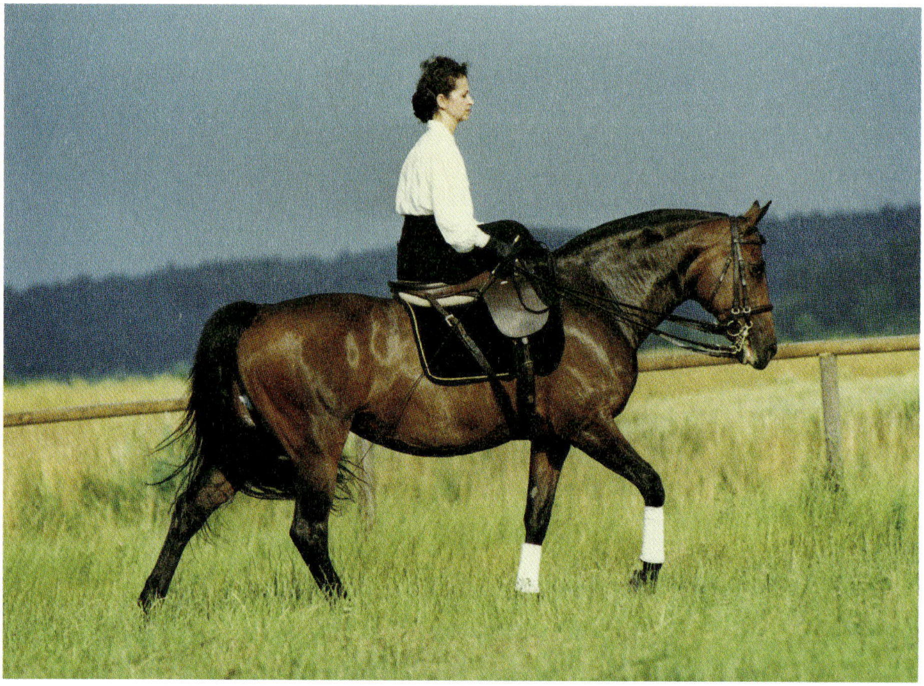

ABB. 130: Starker Schritt *Am langen Zügel*, d. h. längeres Zügelmaß und deutliche Rahmenerweiterung – die Verfasserin auf Sally-Ann, Foto D. Schneider

Zügel aus der Hand kauen lassen

Voraussetzung für das Herauskauenlassen der Zügel ist, dass der Reiter an beiden Zügeln eine gleichmäßige und weiche Verbindung, sprich Anlehnung, zum Pferdemaul hat und dieses mit weich kauender Maultätigkeit an die Reiterhand herantritt. Indem der Reiter nun durch langsames Herauslassen der Zügel aus der Hand diese Stück für Stück verlängert, darf das Pferd seinen Hals stets nur so viel nach vorwärts-abwärts dehnen, wie die Hand ihn vorlässt. Wichtig ist, dass dabei die Zügelanlehnung in keinem Moment aufgegeben wird. Erst wenn der Hals des Pferdes phasenweise ganz nach unten gedehnt ist, so dass die Nase fast den Boden streift, und das Pferd das dabei gerittene Tempo in allen drei Grundgangarten einhalten kann, sind Takt, Losgelassenheit und die richtige Rückentätigkeit erreicht.

Ein Steckenbleiben des Pferdehalses in einer bestimmten Haltung bedeutet, dass das Pferd nicht an die Hand tritt, ebenso wie ein Herausreißen des Zügels ein Gegen-die-Hand-Gehen bedeutet. In beiden Fällen spannt sich das Pferd zu stark und hält den Rücken fest. Mit Ruhe und Geduld muss hier durch abwechselndes Heraus-

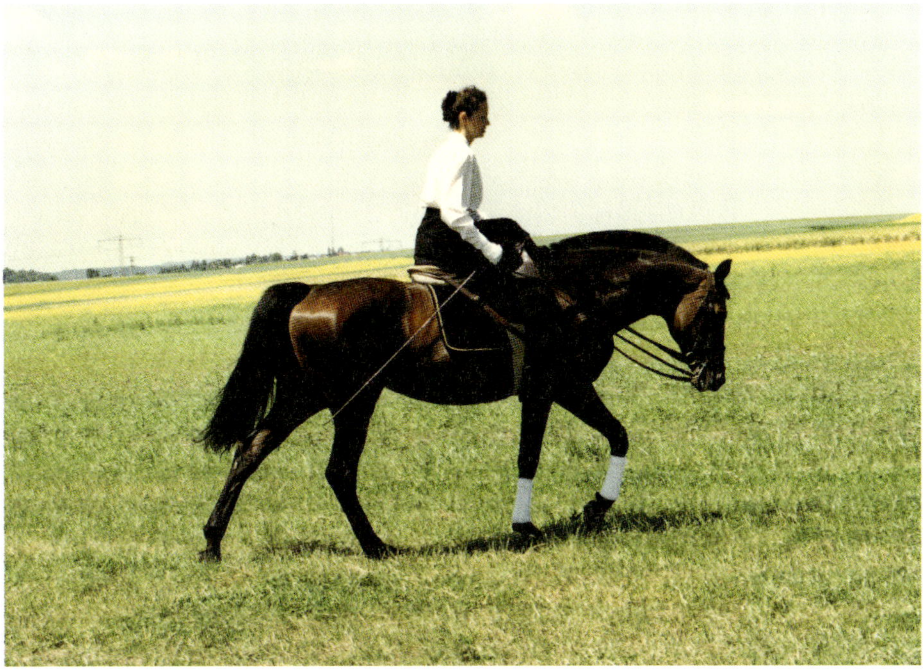

ABB. 131: Das *Zügel-aus-der-Hand-kauen-Lassen* – die Verfasserin auf Sally-Ann, Foto U. Stanger

kauen und Aufnehmen der Zügel bei gleichmäßigem Tempo in allen drei Gangarten das Loslassen der Muskulatur und die Anlehnung verbessert werden.

An dieser Stelle appelliere ich an alle Reiter, das gymnastizierende Vorwärts-abwärts-Reiten des Pferdes nicht zu vernachlässigen.

In jedem Ausbildungsstadium muss es dem Pferd bei der täglichen Arbeit möglich gemacht werden, zwischendurch seine Hals- und Rückenmuskulatur ganz zu dehnen. Die verbreitete Meinung, nur so viel Halsdehnung zu verlangen, bis die Pferdenase das Buggelenk[13] erreicht hat, ist falsch. So wie der menschliche Athlet bei intensiver Muskelarbeit sich immer wieder zum Ausgleich elastisch dehnt und dadurch entspannt, so wird sich auch das Pferd zwischen anstrengenden Arbeitsphasen nur durch die ihm sehr angenehme ganze Dehnung vollkommen entspannen können. Nur so werden seine Muskeln, Sehnen und Bänder richtig trainiert und gestärkt, dass es ihm möglich ist, in allen Gangarten die Reiterlast problemlos zu tragen und alle Übungen entspannt auszuführen. Bei vielen Pferden, die durch zu wenig oder gar keine Dehnungsarbeit im Rücken festgehalten, verspannt und daher

13 Richtlinien für Reiten und Fahren Bd. I., 19. Aufl. v. 1979, S. 75.

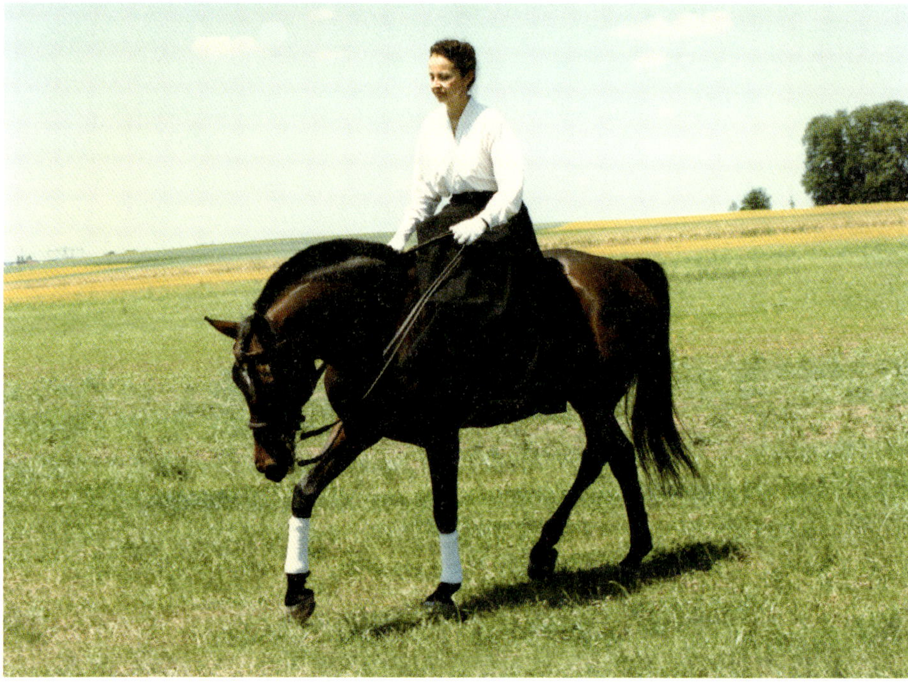

ABB. 132: Das *Vorwärts-abwärts-Reiten* – die Verfasserin auf Sally-Ann, Foto U. Stanger

im Temperament unausgeglichen waren, habe ich durch dosiertes Reiten in aufgenommener sowie in ganz gedehnter Haltung wieder Entspannung, Ruhe und Durchlässigkeit erreicht, wodurch mir die Richtigkeit dieser gymnastischen Arbeit immer wieder bestätigt wurde.

Mit hingegebenen Zügeln

Das Hingeben des Zügels erfolgt, indem man dem Pferd im Schritt vom aufgenommenen Zustand aus die Zügel hingibt und ohne Anlehnung ganz lang lässt. Die vorher bestandene sichere Anlehnung wird also spontan aufgegeben. An der Reaktion des Pferdes auf dieses Weggeben des Zügels wird dann deutlich, wie es um seine Losgelassenheit, v. a. die seines Rückens, bestellt ist. Richtig ist, wenn es sich ruhig und zufrieden nach unten streckt und in gleichem Tempo weitergeht.

Ein Wegdrücken des Halses nach oben und ein eiliges Davonlaufen des Pferdes deutet auf mit der Hand erzwungene Beizäumung und nicht gelöste Rückenmuskulatur. Auch ein gerades Wegstrecken des Halses nach vorne ohne Dehnung nach unten in verhaltenem Gang deutet auf festgehaltenen Rücken hin. Ein heftiges Nach-unten-Reißen oder Bohren auf den Zügel kommt auch zustande, wenn sich ein

Pferd nie strecken durfte. Diese Reaktion lässt deshalb auf untrainierten oder durch falsche Arbeit überforderten und daher überanstrengten Rücken schließen.

Überstreichen

Das sogenannte Überstreichen ist eine Überprüfung der Selbsthaltung des Pferdes. Dies wird in Dressurprüfungen im Trab und Galopp verlangt. Der Reiter geht dabei unter Aufgabe der Zügelanlehnung, aber unter Beibehaltung des Zügelmaßes mit beiden Händen am Mähnenkamm entlang, etwa bis zur Mitte des Pferdehalses vor und wieder zurück. Das Pferd darf dabei seine Genickbiegung und seine Halshaltung nicht aufgeben sowie sein momentanes Tempo nicht verändern. Häufig wird dieses Überstreichen nur mit einer Hand, der inneren, gezeigt. Dies ist unkorrekt, da dabei der äußere Zügel ja weiterhin die Verbindung zum Pferdemaul beibehält.

Die Übergänge

Bei der Gymnastizierung des Pferdes sind Übergänge wichtige Bindeglieder. Etwa beim Reiten von Linien, von Geraden, die in Bögen übergehen, oder beim Wechseln der Gangarten. Sie wirken lösend bei Trab-Galopp-Trab oder mobilisierend bei Trab-Schritt-Trab sowie versammelnd, etwa vom Galopp zum Schritt oder Halt.

Beim Übergang in eine höhere Gangart, z. B. vom Schritt zum Trab, erhält das Pferd vorbereitend am äußeren Zügel eine halbe Parade, welche es aufmerksam macht. Zugleich aktiviert man mit vortreibenden Gewichts- und Schenkelhilfen die Hinterhand, damit es sicher in der Anlehnung bleibt und weich an die Hand herantritt. Zugleich nimmt man das Pferd auch leicht auf und gibt mit angespanntem Kreuz in den ersten Trabtritt hinein nach, damit ein flüssiger Übergang entsteht.

Beim Übergang in eine niedrigere Gangart, z. B. vom Trab zum Schritt, erhält das Pferd ebenfalls vorbereitend eine halbe Parade außen, und während man seine Hinterhand herantreibt und es dabei aufnimmt, ohne das Tempo zu verändern, genügt ein kurzes, präzises Gegensitzen mit dem Gewicht, um das Pferd in den Schritt überzuleiten. Das flüssige Weiterschreiten wird bei nachgebender Hand und elastischer Anlehnung gewährleistet.

Beim Übergang vom Galopp zum Trabe ist wichtig, das Pferd bei den letzten drei Galoppsprüngen aufzunehmen, damit es nicht in den Trab hineinfällt und dann wegläuft. Nötig sind daher ruhiges Sitzen während des Übergangs, um den Wechsel der Fußfolge und den Bewegungsfluss nicht zu stören, sowie das sofortige elastische Eingehen in die Trabbewegung. Jeder Übergang braucht eine dem Pferd verständliche Vorbereitung. Nur so gelingt aus fleißiger Bewegung ein Stillstehen, aus dem das Pferd übergeht zur nächsten dynamischen Aktivität.

Die Paraden

Diese Einwirkungen mit den Zügeln müssen immer mit dem richtigen Maß an Gewicht und Schenkelhilfen unterstützt werden. Es gibt halbe und ganze Paraden. Um eine Parade richtig ausführen zu können, muss die gleichmäßige Anlehnung erreicht sein. Richtig ausgeführt, fördern sie die Hankenbeugung und zeigen den Grad an Gleichgewicht und Durchlässigkeit.

Die halben Paraden[14] werden generell angewandt bei Gangart- und Tempowechsel, um die Haltung des Pferdes zu verbessern, zu erhalten oder zu erneuern sowie um das Pferd aufmerksam zu machen, etwa vor einer Wendung oder vor einer neuen Lektion.

Die halben Paraden dienen außerdem dazu, die Losgelassenheit und Durchlässigkeit des Pferdes zu verbessern und seine Hinterhand zu kräftigen. Für junge Pferde, deren Hinterhandmuskulatur noch nicht genug gekräftigt ist, sind halbe Paraden, bei denen sie die Hinterbeine vermehrt unter ihren Schwerpunkt setzen müssen, sehr anstrengend und lassen sie schnell ermüden. Bei vielen Reitern fällt mir immer wieder auf, dass sie gerade mit jungen Pferden halbe Paraden nicht nur zu häufig üben, sondern auch, dass sie deren Hinterhand zu stark fordern. Wenn die Muskulatur noch nicht genügend gekräftigt ist, ist dies aber eher schädlich für Sehnen und Gelenke.

Die halbe Parade wird am äußeren Zügel erteilt. Sie ist, bei weicher Anlehnung, ein ein- oder mehrmaliges weiches, kurzes Durchhalten und sofortiges Wieder-Nachgeben, bei gleichzeitigem Heransitzen mit Kreuz und Schenkel. Bei gut gerittenen Pferden genügt schon, sich kurz schwerer zu machen, und vermehrtes Schließen der Hand. Es dürfen niemals harte, ruckartige Bewegungen sein, die, wenn sie womöglich noch ohne richtige Anlehnung stattfinden, nur ein abgestumpftes, hartes Maul zur Folge hätten. Wenn das Pferd dagegengeht oder nach oben ausweicht, geschieht diese Missachtung der Parade wegen mangelnder Durchlässigkeit, und nicht selten aus Angst vor der Hand. Damit das Pferd bei der halben Parade seinen Schwung nach vorne mit der Hinterhand richtig auffangen kann, müssen Kreuz und Schenkel in der richtigen Stärke vortreiben, um den Schwung zu erhalten. Ohne Vortreiben würde die Parade den Hinterfuß abblocken und am federnden Untertreten hindern. Wird die Parade beim Übergang zum Schritt nicht gut angenommen, so ist so lange im Trab ein gleichmäßiges Tempo zu reiten, bis die Anlehnung verbessert und das Tempo durch halbe Paraden gut gehalten werden kann. Erst dann wird der Übergang zum Schritt durchkommen. Das Erreichen fließender Übergänge, bei denen das Pferd federnd im Genick nachgibt, lassen es lockerer und durchlässiger werden.

14 Ernst Friedrich Seidler verwendete für die halbe Parade durchgehend den Begriff *Halbe Haltung*. E. F. Seidler, *Die systematische Bearbeitung des Campagne- und Gebrauchspferdes*.

Die ganze Parade ist immer eine Parade zum Halten. Sie wird nur auf gerader Linie durchgeführt und durch mehrere halbe Paraden eingeleitet. Der Übergang zum Halten darf nicht ruckartig, sondern er soll weich und gleichmäßig sein, ohne dass das Gleichgewicht des Pferdes verloren geht.

Mit vortreibender Kreuz- und Schenkelhilfe gibt man gleichzeitig eine beidseitig durchhaltende Zügelhilfe, die jedoch, kurz bevor das Pferd zum Stehen kommt, schon wieder nachgebend wirkt, um ihm ein weiches Treten der Hinterbeine unter den Körper zu ermöglichen.

Die Kunst ist es, die vortreibenden, aufnehmenden und nachgebenden Hilfen so zu dosieren, dass das Pferd mit der Nase vor der Senkrechten weich im Genick bleibt, sich mit aufgewölbtem Rücken gleichmäßig auf vier Beine stellt und die Hinterbeine etwas mehr unter den Körper setzt.

Zu wenig Nachgeben lässt das Pferd auf das Gebiss drücken oder dagegen gehen und blockt somit das Vortreten des Hinterfußes ab. Zu viel Nachgeben lässt das Pferd über den Zügel kommen und führt zum Unterlaufen oder dazu, dass es mit nach unten durchgedrücktem Rücken nach vorne wegläuft und auseinanderfällt.

Wenn das Vorwärts im Pferde fehlt, es stockend den Hilfen des Reiters zuvorkommt, ruckartig abbremst, oder wenn die ganzen Paraden zu häufig und zu hart durchgeführt werden, sind dies grobe Fehler, die sich zudem schädlich auf Sehnen und Gelenke auswirken.

Wichtig ist, um dies nochmal zu betonen, das rechtzeitige Vorgehen mit den Händen ohne Aufgabe der Anlehnung, um das Vor- und Untertreten der Hinterbeine und das Gleichgewicht nicht zu stören.

Das Geradesitzen, ohne den Oberkörper hinter die Senkrechte zu bringen, und das Einrahmen des Pferdes mit den Schenkeln verhindern ein seitliches Ausweichen oder Wegtreten der Hinterbeine und bewirken, dass sich das Pferd sicher auf vier Beine stellt.

Das Pferd muss immer im Vorwärts bleiben, auch im Moment des Haltens. Der Beweis dafür ist ein flüssiges Antreten nach vorne, bei dem der erste Tritt aus der Hinterhand kommt und etwa beim Antreten im Trab ein energischer, schwungvoller Trabtritt ist.

Schwung

Der Schwung wird aus der Schubkraft der Hinterhand entwickelt. Die Hinterbeine schnellen mit federnden Gelenken den Rumpf ab, und die Vorhand überträgt diesen Schwung und die ihr zugeschobene Last auf die nächste Gangphase.

Geraderichtung

Die Geraderichtung bedeutet den Ausgleich der natürlichen Schiefe des Pferdes, wodurch Balance und Durchlässigkeit weiter verbessert werden.

Bei jedem Pferd tritt die natürliche Schiefe unterschiedlich stark hervor und mitunter kann diese schon durch die Lage im Mutterleib beeinflusst werden. Diese These ist jedoch umstritten. Es gibt auch Pferde, die, teils durch die Rasse bedingt, von Natur aus fast oder ganz gerade sind.

Im Herren- wie im Damensitz kann durch falschen Sitz und dadurch unpräzise Einwirkungen, schlampiges Reiten der Bahnfiguren, falsches, übertriebenes Biegen und zu frühes Versammeln das Schiefgehen des Pferdes verstärkt oder auch erst hervorgerufen werden. Genauer gesagt, fällt es dabei mit einer Schulter aus und die Hinterhand tritt dann diagonal versetzt auf der anderen Seite heraus. Weil aber nur das gerade Pferd in seiner Seiten- wie Hankenbiegung gleichmäßig aufgebaut werden kann, muss den beiden Hauptgrundsätzen gefolgt werden, die Steinbrecht jedem Reiter nahelegte: »*Reite dein Pferd vorwärts und richte es gerade.*«

Ein Pferd ist geradegerichtet, wenn es im Halten exakt geradegestellt, gleichmäßig und geschlossen auf allen vier Beinen steht. Im Gange tritt ein geradegerichtetes Pferd, auf geraden wie gebogenen Linien, mit den Hinterhufen in die gleichseitige Spur der Vorderhufe.

Junge und unausbalancierte Pferde suchen mit der Schulter aber meist noch Anlehnung an der Wand und sind daher noch nicht reif, um unter dem Damensattel zu gehen. Sie müssen zuerst unter dem Herrensattel ihre Balance finden und durch das *Reiten in Stellung* in ihrer Geraderichtung verbessert werden. Diese Maßnahme bewirkt im Laufe einer korrekten Gymnastizierung, dass das äußere Hinterbein mehr in Richtung zwischen die Vorderbeine schwingt.

Insofern ist im Damensattel ein ausbalancierter Sitz auch deshalb wichtig, da die Pferde, auch unabhängig von ihrer Schiefe, den Reiterinnen auf der Seite des fehlenden Schenkels oft ausfallen. Wurde ein Pferd im Herrensattel jedoch gut vorbereitet, genügt im Damensitz etwas Schultervor-Stellung, um ein Ausfallen der Pferdeschulter zu verhindern.

Versammlung

Richtige Versammlung wird nur erreicht durch absolute Durchlässigkeit des Pferdes. In versammeltem Zustand ist es bei Mehrbelastung der Hinterhand und Entlasten der Vorhand in relativer Aufrichtung vollkommen ausbalanciert und befindet sich vollkommen im Gleichgewicht. Stärker angewinkelte, wir sagen gebeugte, Hanken[15] begrenzen die Schubkraft zugunsten vermehrter Tragkraft und Wendigkeit. Die Hinterbeine treten aktiver unter den gemeinsamen Schwerpunkt von Reiter und Pferd. Aus der Versammlung ergibt sich die Aufrichtung. Die tiefere Kruppe und dadurch größere Schulterfreiheit führen zur Vorwärts-aufwärts-Richtung des Pferdes. Diese ist je nach Dressurgrad (Hankenbeugung), Gebäude und Tempo bemessen relativ.

Das Rückwärtsrichten

Rückwärtsrichten gehört zu den versammelnden Übungen. Die Beine des Pferdes fußen beim Zurückrichten wie im Trab diagonal gleichzeitig auf, weshalb wir von Rückwärtstritten sprechen. Das ruhige, gleichmäßige und flüssige gerade Zurücktreten des am Zügel stehenden Pferdes ist der Beweis für seine Durchlässigkeit und Rückentätigkeit und somit für seinen Gehorsam.

Es wird daher zur Überprüfung, aber auch zur Förderung des Gehorsams und der Durchlässigkeit vor manchen, oft gerade schwierigen Übungen vom Pferde verlangt. Auch im Damensattel kann es vor dem Angaloppieren gut sein, nochmals einige Tritte zurückzurichten, um das Pferd vermehrt zu sammeln. In der Vorbereitung meines Pferdes, etwa vor den Levaden oder Schulsprüngen, habe ich zwischen ganz kurzem und energischem Vorwärtsgalopp immer wieder ein Rückwärtsrichten, oft auch die Schaukel eingebaut, um es in Konzentration und Sammlung auf den Idealpunkt zu bringen.

In der Regel wird aus dem Halten rückwärtsgerichtet. Das Pferd muss vorher gerade und geschlossen auf allen vier Beinen stehen und bei gleichmäßiger Anlehnung weich am Gebiss kauen. Mit Kreuz und beiden Schenkeln wird es so vorgetrieben, dass es, wenn der Reiter es wollte, sofort nach vorne antreten würde. Dieses Antretenwollen des Pferdes wandelt der Reiter nun um durch eine gleichzeitig-beidseitig annehmende Zügel- und verwahrende Schenkelhilfe, so dass das durchlässige Pferd dann sofort sein Vorwärtswollen umsetzt in flüssige Rückwärtstritte.

Im Damensattel ist noch deutlicher darauf zu achten, dass die beiden Zügel den Hals gut einrahmen. Vor allem muss die Abstimmung auf den Schenkel und die Reitgerte so fein sein, dass das Pferd beide problemlos in der verwahrenden Position annimmt und mit dem Hinterbein nicht dagegen und zur Seite wegtritt. Unter Umständen und je nach Empfindlichkeit muss das Pferd vorher durch mehr oder weniger kräftiges Antippen mit der Gerte eine Handbreit hinter dem Gurt daran erinnert werden. Die gleichmäßige Anlehnung an beiden Zügeln und das gleichmäßige Anlegen und wenn nötig leichte Vibrieren beider Schenkel sorgen für das vollkommen

[15] Hüft-, Knie- und Sprunggelenke.

gerade Zurücktreten des Pferdes. Zeigt das Pferd in irgendeiner Form Widerstand und sperrt sich gegen die Hilfen, rückwärts zu gehen, so darf es auf keinen Fall mit Gewalt zum Rückwärts gezwungen werden, sondern es muss im Trab auf geraden und gebogenen Linien so lange im Vorwärts gearbeitet werden, bis es erst die halben und dann die ganzen Paraden annimmt, losgelassen wird und die Hilfen durch seinen ganzen Körper bis zu den Hinterbeinen durchlässt. Gewalt würde nur Widersetzlichkeit und Ungehorsam erzeugen.

Merke: Rückwärtsrichten ist immer zuerst eine Überprüfung der Durchlässigkeit. Wenn sie erreicht ist, ergibt sich diese Lektion von selbst. Das flüssige Rückwärts-Vorwärts-Rückwärts-Vorwärts der Schaukel trägt im hohen Maße auch zum Erreichen besserer Durchlässigkeit bei. Erst wenn wir in der Lage sind, das Pferd innerlich so im Vorwärts zu halten und es diesen Fluss der Bewegung nach vorne umsetzen lassen können in flüssiges Rückwärtstreten und es daraus wiederum flüssig nach vorne antreten lassen können, werden wir den Ausspruch »vorwärts reiten auch im Rückwärts« verstehen können.

Der Außen- und Kontergalopp und der fliegende Galoppwechsel

Die Voraussetzungen für das Galoppieren in Außen- und Konterstellung und für den fliegenden Wechsel unter dem Damensattel sind ein geradegerichtetes, ausbalanciertes und durchlässiges Pferd, welches sich im Galopp schon gut verkürzen lässt. Andererseits fördert der Außen- und Kontergalopp wiederum die Durchlässigkeit und Versammlung. Da das Pferd auf die Hilfen des Reiters genauestens achten muss und darin verfeinert wird, fördern diese Übungen auch seinen Gehorsam. Ist es genügend gelöst, was anfangs im freieren Galopp geschehen sollte, so reitet man zur Vorbereitung ruhige kurze Galopptouren im verkürzten Tempo, zuerst auf gerader Linie. Dabei kann man zwischen Innen- und Außengalopp abwechseln.

Ecken und Zirkel reitet man in Konterstellung zuerst im Schritt, um sich und dem Pferd die Konterstellung auf dem Bogen einzuprägen. Man bleibt so lange auf einer Hand, bis sich das Pferd nach rechts und links locker umstellt und gerade galoppiert. Wichtig ist, dass es sich weich in der Ganasche stellt und auch beim Einsprung und bei der Parade gerade bleibt. Danach wird Handwechsel vorgenommen und dieselbe Arbeit auf der anderen Hand fortgeführt.

Im weiteren Verlauf der Arbeit kommt der Kontergalopp dazu, d. h., das Pferd galoppiert nun auch auf gebogenen Linien. Der Kontergalopp entwickelt sich allmählich. Wichtig ist, dass das Pferd zuerst auf großem Bogen (Zirkel) leicht in den Galopp einspringt, dass es gleichmäßig und locker auf der gebogenen Linie verkürzt galoppiert und dabei der äußere Hinterfuß nicht ausfällt. Die Übergänge sollen geschmeidig sein und der Schritt muss zwischen den Galopptouren taktrein und ruhig bleiben. Wenn der Kontergalopp nach und nach auf beiden Händen gleichmäßig gelingt, zeigt sich die korrekte Arbeit, wenn das Pferd nach der Biegung, auf der geraden Linie, schnurgeradeaus galoppieren kann.

Wichtig ist, immer wieder zu prüfen, ob das Pferd geradegerichtet ist und auf beiden Händen leicht nach vorne angaloppiert. Die Anlehnung soll an beiden Zügeln gleichmäßig und fein sein und beim Angaloppieren darf vom Pferd nicht zu viel seitliche Abstellung im Genick verlangt werden.

Erst wenn das gefestigt ist, können abwechselnde Übergänge vom Innen- zum Außen- oder Kontergalopp und umgekehrt geritten werden. Damit das Pferd gerade bleibt, ist es dabei gut mit den Zügeln, dem Schenkel und der Reitgerte einzurahmen. Die Galoppreprisen sind anfangs kürzer, später auch länger zu halten. Bei den Hilfen im Kontergalopp wirkt der neue äußere Zügel aufrichtend und hält die Vorhand auf der Linie, unterstützt durch die äußere verwahrende Schenkelhilfe. Wenn beim Kontergalopp im Damensattel die Hilfenhand, d. h., die Hand, welche die Reitgerte hält, die äußere ist, muss diese anfangs tiefer gehalten werden, und die verwahrende Gertenhilfe darf nicht zu weit hinten eingesetzt werden. Der innere, vorwärts treibende Schenkel hält das Pferd im Galopp, die innere Hand sorgt für eine leichte Stellung.

Das wechselseitige Angaloppierenlassen rechts wie links ist immer wieder auch auf der Viertel- oder Mittellinie, also ohne Wand, schnurgeradeaus, zu üben. Erst wenn das Pferd auf beiden Seiten geschmeidig, gerade und leicht einspringt und die Wand praktisch nicht mehr existiert, ist der Galopp rechts wie links in Ordnung. Beim Durchreiten der Ecken im Kontergalopp sind diese anfangs deutlich abzurunden. Stellt sich ein Pferd schief, so ist das Tempo im Innengalopp zuerst wieder freier zu reiten und gelegentlich eine Schultervorstellung im Galopp zu verlangen. Durch regelmäßiges Üben und das Einhalten des systematischen Aufbaus der Galopparbeit wird das Pferd im Laufe von Wochen und Monaten vermehrt gymnastiziert, ausbalanciert und geradegerichtet.

Erst wenn der Galopp gesetzter geworden ist, können am Ende der täglichen Galopparbeit ein bis zwei fliegende Galoppwechsel verlangt werden, etwa vor der zweiten Ecke der langen Seite vom Außen- in den Innengalopp oder in der Mitte der Diagonalen. Ich habe meine Pferde anfangs nie in den Ecken oder auf dem Zirkel, sondern immer nur auf der geraden Linie changiert, da manche Pferde besonders in den Ecken gerne vom Konter- in den Innengalopp ausweichen. Bis das Pferd den fliegenden Wechsel verstanden hat, kann man mehrmals am selben Platz changieren. Danach ist darauf zu achten, häufiger den Punkt zu wechseln, um zu vermeiden, dass es den Hilfen zuvorkommt. Es ist immer besser, durch entsprechendes Handeln Fehler gar nicht aufkommen zu lassen, als sie, wenn sie geschehen sind, mühsam wieder zu korrigieren.

Für die fliegenden Wechsel unter dem Damensattel muss das Pferd vor allem von rechts nach links gut durchlässig sein, was man durch Reiten flüssiger einfacher

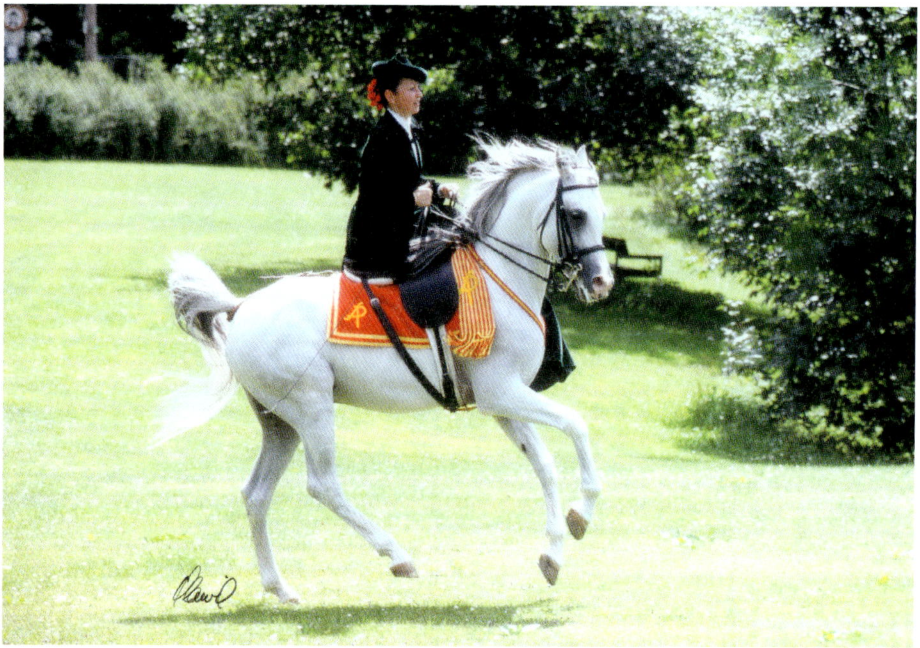

ABB. 133: Fliegender Galoppwechsel – die Verfasserin auf Becarron, Foto Christiane Slawik

Wechsel vom Rechts- zum Linksgalopp und zwischendurch Rückwärtstretenlassen erreicht.

Beim fliegenden Wechsel von links nach rechts ist darauf zu achten, dass das Pferd außen gut aufgenommen und innen am Gurt gut vorgetrieben wird (evtl. auch die Gerte kurz an der Hinterhand anlegen), um ein Herumwerfen der Hinterhand nach rechts zu vermeiden.

Vor jedem fliegenden Wechsel ist korrekt geradezustellen, mehr Betonung auf den Galoppsprung zu legen und das ganze Gewicht (nicht der Oberkörper!) etwas nach hinten zu verlagern. Dadurch springt das Pferd besser unter den Schwerpunkt und läuft nach dem Wechsel auch nicht weg.

Beim fliegenden Wechsel von rechts nach links kann im Damensattel ein Nachspringen oder Springen in den Kreuzgalopp leicht geschehen, wenn sich das Pferd vorher außen mit Schenkel und Zügel nicht auffangen lässt, also mit dem rechten Hinterfuß ausfällt. Daher sollte mit flüssigen einfachen Wechseln vom Rechts- zum Linksgalopp, dazwischen mit ruhiger Schrittfolge, zuerst die nötige Durchlässigkeit erreicht werden. Beim Wechsel nach links empfehle ich, mit der Reitgerte den rechten Hinterfuß zusätzlich zu begrenzen, damit er nicht ausfällt. Dazu sind die Hände etwas tiefer zu halten, um den Hals mit den Zügeln einzurahmen.

Wichtig ist, nie an einer misslungenen Lektion hängenzubleiben und sich daran festzubeißen, sondern zur Basisarbeit zurückzukehren.

Bei einem Nachspringen des Pferdes ist es wichtig, dass der Galopp vor dem Wechsel durchgesprungen ist, dass es korrekt geraderichtet ist und Schenkel, angelegte Gerte und beide Zügel absolut synchron wirken.

Im Falle, dass das Pferd den Hilfen zuvorkommt, ist sofort zum Schritt durchzuparieren, eventuell rückwärtszurichten und neu anzugaloppieren. Die Stelle, an der gewechselt wurde, ist nun bewusst zu überreiten und erst einige Sprünge später zu changieren, um das Pferd die Achtsamkeit auf die Reiterhilfen zu lehren.

Erst das geradegerichtete, durchlässige und im fliegenden Wechsel geübte Pferd, welches einen gesetzten Galopp beherrscht, kann dann auch von Zirkel zu Zirkel, auf Schlangenlinien oder auf einer Acht changiert werden, was seine Geschmeidigkeit verbessert. Wichtig ist, dass es dabei nicht herumgeworfen, sondern für den Wechsel kurz geradegestellt wird.

Erst wenn das Pferd den fliegenden Wechsel gerade und gelassen auf beiden Händen ausführt, kann es auf eine bestimmte Sprungzahl gewechselt werden. Schwungvoll, auf gerader Linie gesprungene Serienwechsel in sicherer Selbsthaltung sind besonders im Damensattel der Beweis für Balance, Geschmeidigkeit und Gehorsam des Pferdes und das Ergebnis korrekter Arbeit.

Das Biegen

Wir unterscheiden zwischen der Biegung auf einem und auf zwei Hufschlägen. Bei systematischer gymnastischer Schulung lernt das Pferd zuerst sich auf einfachen gebogenen Hufschlaglinien, wie Zirkel, großen Volten, Ecken und Schlangenlinien, in seitlicher Richtung zu biegen.

Die Seitenbiegung (laterale Biegung) ist korrekt, wenn das Pferd in seinem ganzen Körper vom Genick- bis zum Schweifansatz gleichmäßig auf die zu reitende gebogene Linie eingestellt ist und die Hinterhufe in die Spuren der Vorderhufe treten. Erst mit zunehmender Beweglichkeit seiner Rückenwirbel wird es sich in seiner Rippenpartie leicht um den inneren Schenkel biegen und in den Ganaschen nachgeben. Niemals dürfen Hals und Kopf des Pferdes, wie man häufig beobachten kann, zu viel nach innen gebogen oder gar gezogen werden.

Gleichmäßiges Tempo, Balance und weiches Nachgeben hinter den Ganaschen müssen in den größeren Bögen gefestigt sein, bevor man zu den kleineren übergeht. Der Ausbildungsstand des Pferdes bestimmt also den Grad der seitlichen Biegung und damit die Größe des zu reitenden Bogens. Regelmäßiges Üben der Seitenbiegung kräftigt Muskeln, Sehnen und Bänder und lässt das Pferd geschmeidiger und geschickter werden. Im weiteren Verlauf der Ausbildung führt das Verstärken der

Seitenbiegung, durch das Biegen auf zwei Hufschlägen, zu mehr Längsbiegung (vertikaler Biegung) des Pferdes, welche für einen geschmeidigen und elastischen Gang von großer Wichtigkeit ist.

> *»Längsbiegung besteht aus der Hankenbeugung und dem auf beiden Seiten gleichmäßigen Nachgeben in den Ganaschen«. (Podhajsky)*[16]

Wichtig ist, dass die Hüft-, Knie- und Sprunggelenke (Hanken) gleichmäßig an der Biegung beteiligt sind. So werden Schub- und Tragkraft und die Sprungkraft der Hinterhand verbessert. Pferde mit steiler Hinterhand oder stark gewinkelten Sprunggelenken müssen in der einfachen seitlichen Biegung sorgfältig gearbeitet werden, ohne die Hinterhand gleich zu stark zu engagieren, da sonst einzelne Gelenke frühzeitig verschleißen.

Wendungen und das Biegen auf einem Hufschlag

Es gibt Wendungen im Halten (Vor- und Hinterhandwendungen) und Wendungen im Gange. Diese Wendungen im Gange sind alle uns bekannten gebogenen Hufschlaglinien und die Lektionen, mit denen man auch die Richtung wechseln kann.

Wendungen im Halten

Die Wendung auf der Vorhand

Diese Wendung ist gut geeignet, das Pferd auf die Schenkelhilfen zu konzentrieren. Sie sollte deshalb besonders im Damensattel dafür genutzt werden, das Pferd das Annehmen bzw. das Weichen auf die Reitgerte zu lehren und es darauf abzustimmen. Neben ihrer lösenden Wirkung – sie gehört zu den lösenden Lektionen – kann man mit dieser Übung auch die Hand wechseln. Außerdem ist sie eine vorbereitende Übung, um das Pferd das Rückwärtsrichten zu lehren.

In der Reitbahn wird das Pferd vor der Wendung auf dem zweiten Hufschlag zum Halten durchpariert. Bei der korrekt ausgeführten Wendung um die Vorhand links wird das Pferd nach links gestellt, der Pferdekörper bleibt aber ansonsten ganz gerade. Das Pferd tritt beim Wenden um sein linkes Vorderbein, daher sagt man linksum kehrt, und es tritt mit dem inneren Hinterbein vor und über das äußere. Nach der Wendung steht das Pferd auf dem ersten Hufschlag in die neue Richtung. Bei der Wendung nach rechts wird entgegengesetzt verfahren.

[16] Auf die Begriffe Seiten- und Längsbiegung gehe ich in meinem Buch *Was die Reitbahn uns lehrt* näher ein.

Im Damensattel muss ich darauf achten, dass das Pferd gleichmäßig, flüssig und Tritt für Tritt herumgeht und vor und nach der Wendung ruhig steht. Vor der Wendung gebe ich eine halbe Parade am äußeren Zügel, nehme dann das Gewicht auf mein linkes Sitzbein, halte aber meinen Oberkörper unbedingt gerade. Indem der linke Schenkel die Hinterhand seitwärts um die Vorhand herumtreibt, fängt rechts die Reitgerte in verwahrender Position die Tritte der Hinterhand auf, damit sie nicht herumeilt. Gleichzeitig sorgt der äußere Zügel, bei weicher Anlehnung, mit ein, zwei halben Paraden dafür, dass das Pferd nicht über die Schulter fällt oder nach vorne wegläuft. Dabei ist wiederum so viel nachzugeben, damit das Pferd etwas nach vorne kann und nicht zurückkriecht.

Die häufigsten Fehler im Damensattel sind, dass die Reiterin den Hals des Pferdes nach links zieht, in der Hüfte einknickt, also das Gewicht falsch verlagert, die rechte Schulter zu weit nach vorne nimmt, sich dadurch zu viel nach links dreht und oft noch das linke Knie vom Sattel wegnimmt.

Korrekt wäre es also, das Pferd im Hals gerade zu lassen, es am äußeren Zügel zu behalten und es nur im Genick zu stellen sowie zu beachten, dass der Oberkörper gerade, die rechte Hüfte und Schulter zurück und das linke Knie mit tiefem Unterschenkel am Sattel bleibt. Die verwahrende Gerte bewirkt, dass die Hinterhand ruhig und gleichmäßig herumtritt.

Die Wendung auf der Hinterhand

Die Wendung auf der Hinterhand ist eine versammelnde Lektion, bei der das innere Hinterbein zum vermehrten Vortreten unter den Schwerpunkt von Reiter und Pferd angeregt wird.

Vor der Wendung wird das Pferd, mit aktiven Kreuz- und Schenkelhilfen, bei weicher, sicherer Anlehnung so zum Halten durchpariert, dass es die Hinterbeine heranstellt und entspannt kaut. Dann wird das geschlossen und gerade stehende Pferd, nach der Seite der Wendung, in Gehrichtung gestellt. Mit leichter Gewichtsverlagerung nach innen leitet man mit dem inneren Zügel die Wendung ein und führt dann mit beiden Händen die Vorhand schrittweise um die Hinterhand herum. Das Pferd ist während der ganzen Wendung um den inneren, vortreibenden Unterschenkel gebogen und der innere Zügel sorgt zugleich für eine konstante Innenstellung. Der äußere Zügel gibt eine halbe Parade und bestimmt den Grad der Stellung, und der verwahrende äußere Schenkel verhindert ein Ausfallen des äußeren Hinterfußes. Die Hinterbeine sollen bei jedem Tritt tätig und stets mit der Tendenz nach vorwärts zuerst auf einem kleineren Bogen und, je geübter die Wendung ausgeführt wird, fast auf der Stelle fleißig und taktmäßig treten. Nach der Wendung wird das Pferd geradegestellt und kommt wieder zum Halten.

Im Damensattel muss das Pferd so abgestimmt sein, dass im Laufe der Zeit eine leichte Berührung mit der Gerte genügt, um diese als inneren Schenkel vortreibend oder als äußeren Schenkel verwahrend auf die Hinterbeine wirken zu lassen.

Die häufigsten Fehler im Damensattel bei der Hinterhandwendung rechts wie links sind das Ausweichen des inneren Hinterfußes zur Seite oder das Drehen auf demselben. Dies geschieht durch zu geringes Vortreiben und Erhalten der Biegung mit dem inneren Unterschenkel. Dieser wird oft zu weit zurückgenommen und treibt die Hinterhand dadurch ungewollt nach außen. Dazu wird meist auch der äußere Zügel festgehalten, wodurch eine falsche Stellung des Pferdes nach außen entsteht. Besonders wenn es die äußeren Hilfen missachtet, lehnt die Reiterin durch das verstärkte Einwirken mit dem äußeren Bein den Oberkörper gerne nach außen und kann so das Wegschwenken der Hinterhand nicht verhindern. Deshalb muss man bei geradem Oberkörper in der Mitte sitzen bleiben, ohne einzuknicken, das innere Sitzbein belasten, den inneren Unterschenkel vorne behalten und damit die Biegung erhalten und vortreiben, so dass der innere Hinterfuß bei jedem Tritt zum Treten nach vorne angeregt wird. Die äußere Seite des Pferdes ist stets mit Unterschenkel oder Gerte so zu unterstützen, dass die Hinterhand nicht ausfällt. Am äußeren Zügel wird so viel pariert, dass das Pferd nicht nach vorne wegläuft, aber auch wieder in dem Maße nachgegeben, dass der Hals sich nach der Seite der Wendung etwas dehnen kann. Beim Nachgeben außen muss die Hand Richtung Pferdehals geführt werden, niemals aber über den Mähnenkamm.

Reiterinnen, welche diese Wendung erst lernen oder jüngere Pferde reiten, sollten ihr Pferd erst nur zwei bis drei Schritte wenden lassen und vor dem Wenden ein bis zwei Schritte geradeaus anreiten, damit das Vorwärts erhalten bleibt. Jegliches Zurücktreten ist fehlerhaft und muss durch energisches Vortreiben vermieden werden. Insofern ist die Kurzkehrtwendung, also die Hinterhandwendung im Gange, eine gute Vorbereitung für die hier beschriebene Übung.

Die Hinterhandwendung sollte Schritt für Schritt erfolgen, um Spannung, die beim Herumeilen entsteht, zu vermeiden. Es ist wichtig, dem Pferd gleich von vornherein korrekte Stellung und Biegung, aber auch Entspannung zu vermitteln, um so das Gelingen der Wendung im weiteren Verlauf der Ausbildung zu garantieren.

Ein Blick in den Spiegel

Bei Übungen, die man auf engem Raum ausführen kann, ist der Reitbahnspiegel nützlich.

Für die Anfängerin ist es vorteilhaft, die Ausführung einer Übung, wie etwa die Reaktion des Pferdes auf ihren Schenkel, optisch im Reitbahnspiegel zu überprüfen, um ihr Gefühl zu schulen.

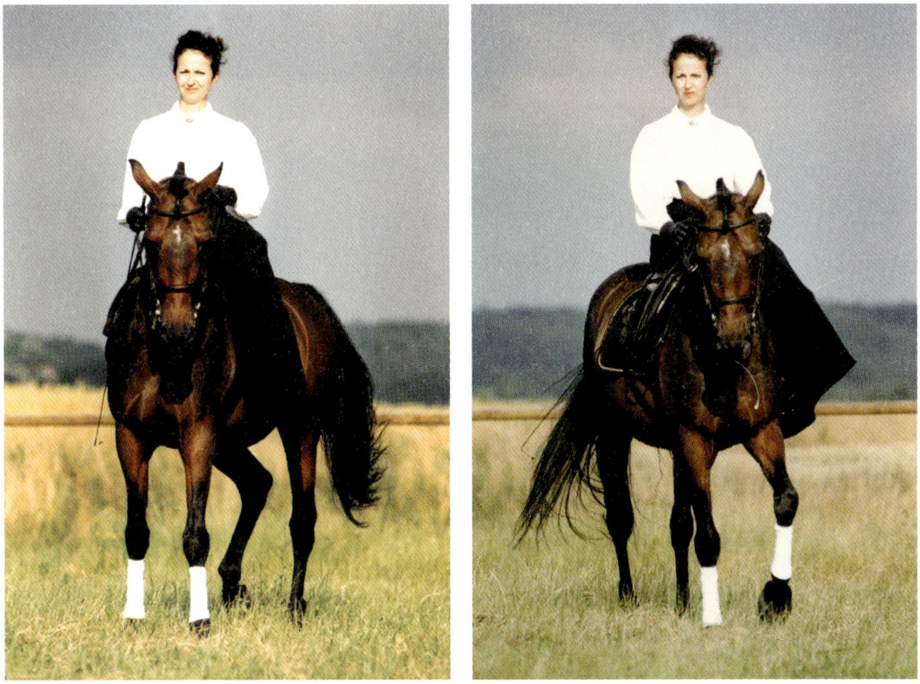

ABB. 134: Die Hinterhandwendung nach links und nach rechts. Die Verfasserin auf Sally-Ann, Foto D. Schneider

Dabei muss sie aber in der Lage sein, ihr Tun spiegelverkehrt wahrzunehmen. Für die fortgeschrittenere Reiterin ist der Spiegel in dem Moment von Vorteil, wenn sie überprüfen will, ob bei bestimmten Bewegungsabläufen das Gefühl täuscht. Wenn man in manch schwierigen Fällen weiß, wie die Bewegung aussieht, wenn diese sich so und so anfühlt, kann man sie zukünftig besser deuten und entsprechende Korrekturen vornehmen. So kann sich für mich bei einem Pferd, welches den Rücken noch festhält, die Tätigkeit seiner Hinterbeine bei der Hinterhandwendung als zu gering anfühlen. In Wirklichkeit aber treten sie optisch besser, ich kann lediglich die Bewegung, durch den noch nicht ganz lockeren Rücken hindurch, nicht so fühlen.

Wendungen im Gange

Bei einfachen Wendungen im Gange wird das Biegen des Pferdes auf einem Hufschlag verlangt. Der Grad dieser Biegung richtet sich nach dem Ausbildungsstand von Pferd und Reiterin.

Wir wissen, wie schwierig es für das Pferd ist, sich zuerst ohne, später mit Reitergewicht auf gebogene Linien einzustellen, sich allmählich auszubalancieren, um später völlig im Gleichgewicht in korrekter Seitenbiegung zu gehen. Dazu muss es sich vom Kopf bis zum Schweif in seiner ganzen Längsachse den gebogenen Linien anpassen. Seitlich muss es in der Ganasche so viel nach innen gestellt sein, dass man nicht mehr als Auge und Nüsternrand schimmern sieht. In der Rippenpartie muss es sich dazu zwischen Schultern und Hüften innen hohl machen bzw. außen aufwölben können. Die äußeren Pferdebeine beschreiben dabei den etwas längeren Weg. Die Aufgabe der Reiterin ist es, das Wegtreten des äußeren Hinterfußes nach außen mit ihrem äußeren Schenkel und das Ausfallen der äußeren Schulter mit dem äußeren Zügel zu verhindern. Gleichzeitig muss sie mit ihrem inneren Schenkel den inneren Hinterfuß zum Vortreten veranlassen.

Kommt das Pferd an die Hilfen, d. h. nimmt es alle Gewichts-, Schenkel- und Zügelhilfen willig an, so wird es im Laufe der Zeit auf den gebogenen Linien so geschmeidig, dass der äußere Hinterfuß nicht mehr in die Spur des äußeren Vorderfußes, sondern in Richtung zwischen die Vorderbeine schwingt. Der innere Hinterfuß tritt bei richtigem Vortreiben in die Spur des inneren Vorderfußes, bekommt allmählich mehr Kraft und fußt mehr und mehr unter den gemeinsamen Schwerpunkt.

Diese Einwirkungen sind für einen Reiter im Herrensitz schon schwierig genug. Die anfangs unvermeidbaren Reiterfehler einer Anfängerin im Damensattel sind der richtigen Gymnastizierung zur Erlangung von Balance und Losgelassenheit des Pferdes so sehr im Wege, dass sie dem ungeschulten Pferde schaden würden. Für die Anfängerin im Damensitz ist daher ein auf gebogenen Linien schon gut im Gleichgewicht befindliches Pferd unerlässlich.

Wenn die Reiterin durch Sitzübungen an der Longe ihre Balance auf dem Kreisbogen gefunden hat, sollte sie so lange nur große, flache Bögen reiten, bis sie ihr Pferd korrekt darauf führen kann, d. h., bis sie es so zu biegen vermag, dass es in seiner Längsachse vom Kopf bis zum Schweif genau auf die zu reitende Linie eingestellt ist, die Hinterbeine also erst einmal genau in die Spuren der Vorderbeine treten.

Das Reiten auf dem Zirkel

Der große Zirkel ist die einfachste gebogene Linie und daher für Pferd und Reiterin die erste Übung. Beim Abwenden auf die Zirkellinie belastet sie, gerade sitzend, das innere Sitzbein leicht mehr und nimmt die äußere Schulter nur so viel mit, dass ihre Schultern und Hüften immer parallel zu denen des Pferdes stehen. Durch das leichte Vorgehen mit der Schulter gibt auch die äußere Hand ein wenig nach, um die äußere Halsdehnung und das Vortreten des äußeren Hinterfußes nicht zu behindern. Der äußere, verwahrende Schenkel verhindert dabei gleichzeitig das Ausfallen dieses Hinterbeins. Die innere Hand gibt dem Pferd durch die Stellung nach innen die Richtung der Wendung an, darf aber nicht zurückwirken. Anfangs kann man, wie auch beim jungen Pferd, die Zügelhand etwas nach innen vom Mähnenkamm entfernen, v. Neindorff nannte es »die Zügel öffnen«, und so die Wendung dem Pferd verständlicher einleiten.

In der Rechtswendung darf die Reiterin nicht den Fehler machen, mit dem Oberkörper nach rechts zu hängen, ihr Gesäß würde sonst um so mehr nach links rutschen. Sie muss vor der Wendung anfangs beachten, mit dem ganzen Körper etwas nach rechts zu sitzen. Der Ersatzschenkel rechts, den das Pferd absolut annehmen muss, soll das innere Hinterbein gut vortreiben. Dieses Vortreiben und das etwas geringere Verwahren mit dem linken Bein ist beim Biegen rechts wichtig, da viele Pferde sonst die Hinterhand nach rechts werfen. Das Annehmen der Reitgerte rechts kommt uns zugute beim Wechseln aus dem Zirkel von rechts nach links, wobei die rechts gehaltene Gerte in die verwahrende Position übergeht. Durch die Achtsamkeit des Pferdes auf die Gerte wird ein Ausfallen des neuen äußeren Hinterfußes, durch die gleichzeitige halbe Parade am äußeren Zügel das Ausfallen der äußeren Schulter wirkungsvoll verhindert.

Beim Handwechsel von einem Zirkel in den anderen stelle ich kurz gerade, sitze senkrecht, erteile außen eine halbe Parade, stelle das Pferd um und führe es dann in die neue Richtung auf den Bogen. Es ist wichtig, dass sich das Pferd weich von der einen zur anderen Seite umstellen lässt, was im Damensattel besonders von rechts nach links der Fall sein muss.

Die Linkswendung ist im Damensattel zuerst immer etwas schwieriger als die Rechtswendung.

Beim Abwenden auf den Zirkel links wird oft zu viel nach links gesessen, häufiger aber in der linken Hüfte eingeknickt, die äußere Schulter zu viel nach vorne gebracht, der äußere Zügel und die Gerteneinwirkung außer Acht gelassen, was dazu führt, dass das Pferd nach außen drängt oder ausbricht. Zudem ziehen manche Reiterinnen das linke Bein hoch und öffnen das Knie. Wichtig ist daher, dass ich gerade sitze, die äußere Schulter zurücknehme, das linke Knie deutlich anlege und den inneren, vorwärtstreibenden Unterschenkel mit tiefem Absatz lang mache.

Merke: Wert zu legen ist, wie gesagt, besonders auf den Gehorsam des Pferdes, den äußeren Zügel und darauf, die verwahrende Gerte anzunehmen. Nur dann ist auch gewährleistet, dass die innere vortreibende Hilfe richtig wirken kann. Der innere Zügel gibt mit der Stellung, so dass man Auge und Nüsternrand schimmern sieht, immer die Richtung der Wendung an.

Das Ausreiten der Ecken

Die Ecken der Reitbahn bezeichnet man auch als Viertelvolten. Auch hier ist es angebracht, diese zuerst in flacherem Bogen zu durchreiten. Reitet man zu tief hinein, stört dies nicht nur den Gang des Pferdes, sondern bewirkt auch, dass es mit der äußeren Schulter in Richtung Wand drückt und das innere Hinterbein nach innen ausfällt. Dies gilt für Anfängerinnen und junge Pferde.

Erst wenn sich das Pferd besser trägt und biegt, sich durch halbe Paraden am äußeren Zügel leicht aufnehmen lässt, sein verkürztes Tempo hält und sich mit vorschwingendem inneren Hinterbein am inneren Zügel leicht in die Wendung führen lässt, kann ich beginnen, die Ecken deutlicher auszureiten. Ab dem Moment gelten für das korrekte Durchreiten einer Ecke die wie folgt beschriebenen Einwirkungen.

Von gerader Linie auf die Ecke zureitend, gebe ich dem Pferd zuerst eine halbe Parade am äußeren Zügel und stelle es in der Ganasche nach innen, jedoch nicht nur, um es aufmerksam zu machen, sondern auch um seine Schulter beim Hineinreiten von der Wand entfernt zu halten und damit das innere Hinterbein nicht ausfallen zu lassen. Dies ist auf der Hand besonders wichtig, auf der das Pferd eher dazu neigt, mit der Schulter Anlehnung an der Wand zu nehmen.

Im Damensattel besteht auf der linken Hand vermehrt die Gefahr, dass das Pferd nach außen, wo sich kein Schenkel befindet, gegen Zügel und Schenkel wegdrückt. Daher muss ich es fein auf die halben Paraden am äußeren Zügel und die Reitgerte abstimmen. Das eigentliche Hineinführen in die Ecke ist hauptsächlich Aufgabe des Gewichts mit leichtem Druck auf das innere Sitzbein, des inneren Schenkels und des inneren, stellunggebenden und damit richtungsweisenden Zügels.

Auch beim Hinausreiten aus der Bahnecke muss die halbe Parade am äußeren Zügel dafür sorgen, dass die Schulter im richtigen Abstand zur Wand bleibt, d. h., die Vorhand bleibt beim Geradestellen mittig vor der Hinterhand, wodurch das Pferd geradegerichtet ist.

Bei diesem Geradestellen muss ich im Damensattel auf der rechten Hand darauf achten, dass mein äußerer Schenkel nicht zu viel gegendrückt, mein Ersatzschenkel innen genügend vortreibt, dass ich außen die halbe Parade wiederhole und innen rechtzeitig nachgebe, damit der innere Hinterfuß nicht zur inneren Seite ausweicht.

Das Reiten von Volten

Die Größe der zu reitenden Volte richtet sich immer nach dem Dressurgrad des Pferdes und dem Können der Reiterin. Das Wort Volte kommt aus dem italienischen volta = Rundlauf und bezeichnet einen Kreisbogen, der genau da beendet wird, wo man ihn begonnen, d. h. wo man abgewendet hat. Der kleinste Kreisbogen, den ein Pferd, ohne im Gang beeinträchtigt zu werden, gehen kann, hat einen Durchmesser von sechs Metern. Es gibt außerdem Volten mit acht und zehn Metern. Wichtig ist auch hier wieder, dass auf Grund der korrekten Gewichts-, Schenkel- und Zügelhilfen, erlangter Durchlässigkeit und gemeinsamen Gleichgewichts Vor- und Hinterhand auf derselben Kreislinie gehen.

Das Hineinführen in die Volte geschieht durch minimale, unsichtbare Gewichtsverlagerung, beim ausgebildeten Schulpferd ist es nur mehr ein Austreten des inneren Bügels, auch Bügeltritt genannt. Bei gleichmäßiger leichter Anlehnung an beiden Zügeln übernimmt der innere Zügel die Stellung, so dass Auge und Nüsternrand leicht zu sehen sind, und führt das Pferd in die Volte. Der äußere Zügel wirkt durch halbe Paraden, mit sofortigem weichen Nachgeben begrenzend, hält das Pferd im Tempo und auf der Linie. Einem oft auftretenden Verhalten des Pferdes in der Volte muss schon vorher, durch das Erhalten des Tempos und der Aktivität der Hinterhand, vorgebeugt werden.

Das Reiten von Schlangenlinien

Wenn sich das Pferd auf beiden Händen in größeren und kleineren Wendungen gleichmäßig stellen und biegen lässt, kann die Reiterin im Damensattel auch zu den verschiedenen Schlangenlinien übergehen. Bei den Schlangenlinien durch die ganze Bahn kann man das Pferd auch vor und nach dem Überqueren der Bahnmitte geradestellen oder es von einem Bogen in den anderen sofort umstellen. Wichtig ist dabei immer das rechtzeitige präzise Umlegen des Reitstocks von der inneren vortreibenden zur äußeren verwahrenden Position. Das weiche Umstellen des Pferdes von der Rechts- zur Linksbiegung und umgekehrt, auch in kürzeren Abständen, fördert seine Losgelassenheit, Aufmerksamkeit und Durchlässigkeit.

Die Kurzkehrtwendung

Die Kurzkehrtwendung ist eine Wendung um die Hinterhand im Gange, mit der man auch die Hand wechseln kann. Sie kann aus dem Schritt, Trab oder Galopp geritten werden.

Die Kurzkehrtwendung im Schritt wird immer aus dem verkürzten bzw. versammelten Schritt geritten. Man nennt sie auch halbe oder ganze Schrittpirouette, da die Schrittbewegung während der Wendung erhalten bleibt. Bei Kurzkehrt aus dem Trab wird das Pferd zum Schritt durchpariert, in Gehrichtung gestellt und in Schritten gewendet, wobei das Pferd im Idealfall sechs Bewegungen zeigen soll. Ist die neue Hand erreicht, wird geradegestellt und flüssig im Trab wieder angeritten. Dasselbe geschieht bei der Kurzkehrtwendung aus dem Galopp. Die Wendung um die Hinterhand im Gange ist eine Vorbereitung für die Hinterhandwendung aus dem Halten. Die Bewegung in der Wendung sowie die Hilfengebung entsprechen der Bewegung und der Einwirkung bei der Hinterhandwendung aus dem Halten.

Die Galopp-Pirouette

Bei der Ausbildung in der niederen Campagneschule hat das Pferd die Kurzkehrtwendungen im Schritt, Trab und Galopp sowie die Wendung auf der Hinterhand im Halten gelernt.

In der höheren Campagneschule lernt es dann die Pirouette im Galopp. Während der ganzen Wendung muss der klare Dreitakt des Galopps erhalten bleiben, und das Pferd sollte gut versammelt, mit genügend Beugung der Hanken unter den gemeinsamen Schwerpunkt springen. Der innere Hinterfuß trägt dabei die größte Last.

Es gibt verschiedene Möglichkeiten, das Pferd die Lektion zu lehren. Es muss dafür richtig durchgeritten, d. h. durchlässig, an den Hilfen und gut versammelt sein. Das Einspringen in den Galopp auf feinste Hilfen, ruhiges gesetztes Galoppieren und leichtes Durchparieren sind Bedingung. Im Damensattel habe ich Pirouetten erst geritten, wenn das Pferd unter dem Herrensattel in dieser Lektion sicher war. Durch sehr versammeltes Galoppieren in kurzen Reprisen auf verkleinertem Zirkel, wobei das Pferd mit dem Hinterfuß von der Zirkellinie weder herein- noch hinausdrängen darf, habe ich meine Pferde auf beiden Händen für die Pirouette vorbereitet. Wenn genügend Geschmeidigkeit und Elastizität erreicht waren und sie sich dabei in eine leichte Traversstellung bringen ließen, reichten die Hilfen wie zur Kurzkehrtwendung, um das Pferd zur Pirouette anzusetzen.

Dabei richtet die Parade am äußeren Zügel das Pferd auf. Der innere Zügel stellt und führt es in die Wendung. Dieser muss dabei so weich wirken, dass er das so wichtige Vortreiben des inneren Schenkels nicht hemmt. Der äußere Zügel behält gleichfalls eine weiche Anlehnung und bestimmt durch entsprechend eingesetzte halbe Paraden die Größe des Kreises, den die Hinterhand beschreibt. Er gibt nach, wenn sich das Pferd verhält, oder verhindert, bei zusätzlich vermehrtem Stellen innen, ein zu starkes Nach-vorne-Springen, jedoch ohne das Pferd dabei festzuhalten. Der äußere Schenkel bzw. die Gerte verwahrt gleichzeitig den äußeren Hinterfuß. Die Hand und der Sitz müssen bei der Pirouette völlig ruhig sein, um das Pferd nicht zu stören.

Es ist wichtig, dass das Pferd erst einmal verstanden hat, was man will. Dazu wird die Übung die ersten Male am selben Platz geritten, jedoch muss immer nach zwei bis drei guten Ansätzen die Übung beendet und das Pferd damit gelobt werden. Danach kommen meist die schwierigen Momente, wenn vor allem übereifrige Pferde versuchen, einem zuvorzukommen. Ein Herumwerfen muss entweder durch ein gerades Aus-der-Wendung-Herausreiten oder durch ein Parieren zum Schritt sofort unterbrochen werden. Es ist dann sinnvoll, die Pirouette zuerst einige Male ruhig im Schritt und danach nochmals aus dem Galopp zu reiten. Das Pferd muss sich mit Gewicht und innerem Schenkel, auf den es gut achten muss, auffangen, nach vorne führen oder gerade aus der Übung herausreiten lassen, denn nur so und mit sehr feinem Aufnehmen am äußeren Zügel ist das Tempo zu regulieren und gleichmäßig zu halten.

Unter dem Damensattel versuchen die Pferde anfangs, vor allem auf der Seite der ausfallenden Schulter, sich in die Wendung zu werfen. Dem wirke ich entgegen, indem ich den Galoppsprung zuerst mehr nach vorne reite und so die Hinterhand einen größeren Kreisbogen beschreiben lasse. So erhalte ich den klaren Galoppsprung und erhöhe, bei zusätzlicher Feinabstimmung auf die Gerte, die Aufmerksamkeit des Pferdes. Wichtig bei der Pirouette links ist, dass das Pferd die verwahrend wirkende Gerte am äußeren Hinterfuß akzeptiert.

Auch im Damensattel ist in der Pirouette ein absolut ruhiger, aufrechter Sitz notwendig. Dabei führe ich das Pferd mit eher passiver Haltung, ohne in der Hüfte einzuknicken. Ein leichtes *In-den-Gang-Neigen* kann ihm das Unterspringen erleichtern, zu starkes Vorbeugen seine freie Bewegung wiederum hemmen. Ein Pferd darf man während der Pirouette nie stören, da sonst Stockungen und das Steckenbleiben der Hinterbeine im Boden die Folge sein können. Auch wenn es sich verhält, oder wenn man zu schnell versucht, die Pirouette fast auf der Stelle zu reiten, bleibt das Pferd stecken, dreht auf den Hinterbeinen oder fällt aus. In dem Falle gilt es, um mehr Aktivität zu erreichen, geradeaus und etwas freier zu galoppieren, zwischendurch den Galopp einige Sprünge zu verstärken und das Pferd dann ohne Schwungverlust zum versammelten Tempo zurückzuführen.

Es gibt verschiedene Übungsvarianten zur Entwicklung der Pirouette. Meine Stute Sally-Ann lehrte ich erste Ansätze von der geraden Linie aus, indem ich z. B. im ersten Drittel der Diagonalen eine Volte nach rechts und im letzten Drittel eine nach links ritt. Erst im Schritt, dann im Trab und im Galopp. Im Schritt kann man auch einmal Kurzkehrt oder Schrittpirouetten einbauen. Diese Wendungen sind für Pferde, welche die Pirouette erst erlernen, eine gute Vorbereitung. Vor und nach den Volten ritt ich stets genau geradeaus. Nach und nach ritt ich die Volten kleiner oder auch eine Doppelvolte, bis uns danach statt der Volte drei, vier Pirouettsprünge (halbe Pirouette) gelangen und wir auf der Diagonallinie zurück galoppieren konnten. Vor der Wand wurde dann ein einfacher Wechsel nötig, der zusätzlich für Durchlässigkeit sorgte. Diese Abläufe übte ich gleichmäßig auf beiden Händen. Später ritt ich im ersten Drittel der Diagonalen wieder z. B. eine Galoppvolte nach rechts, ritt danach drei Sprünge geradeaus, parierte durch, ritt zwei, drei Pferdelängen ruhigen Schritt, galoppierte im Linksgalopp an, ritt drei Sprünge geradeaus, dann eine Volte nach links, dann wieder drei Sprünge geradeaus und dann korrekt durch die Ecke.

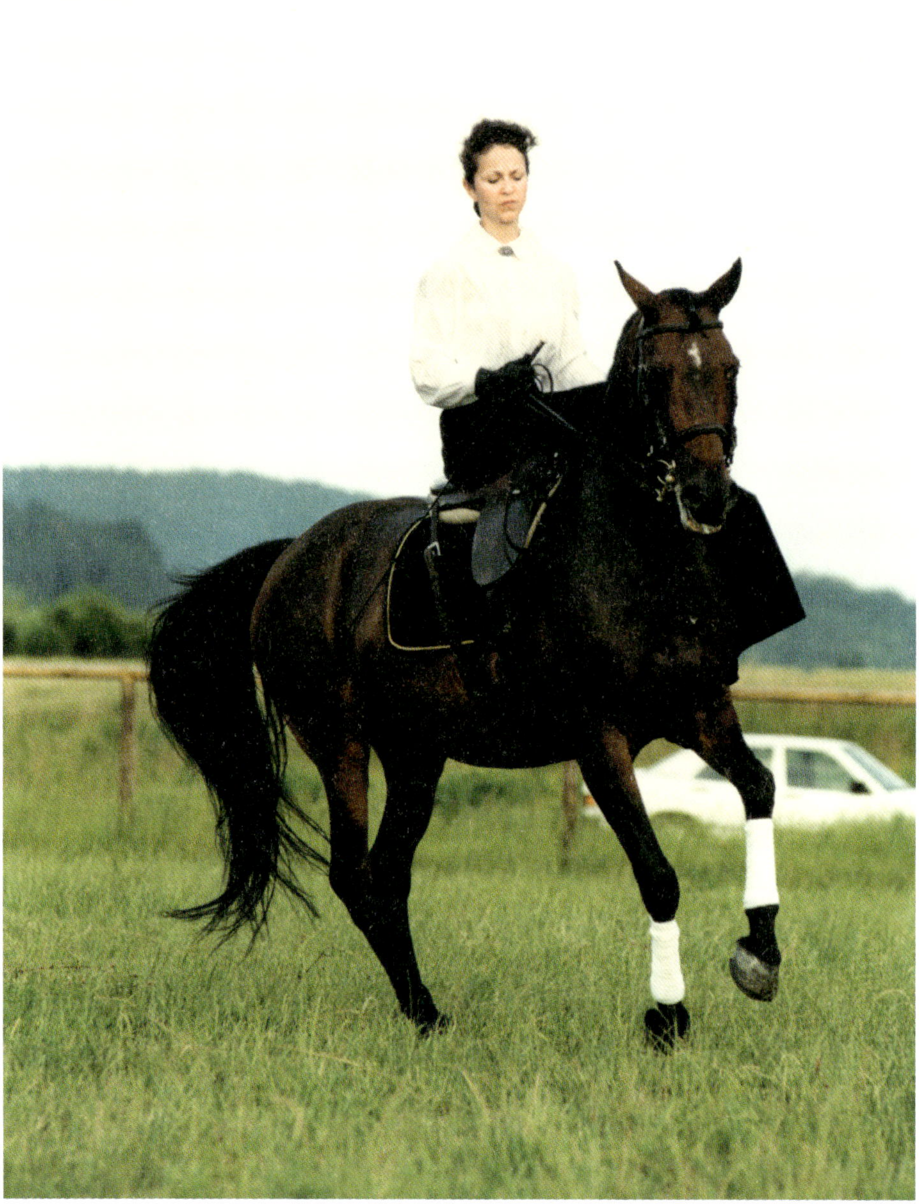

ABB. 135: Die Verfasserin auf Sally-Ann in der Galopp-Pirouette rechts. Eine gute Pirouette im Damensattel ist mit einem eifrig und fleißig arbeitenden Pferd nur mehr durch Denken und nur mit einem vollkommen ausbalancierten, ruhigen Sitz erreichbar. Foto D. Schneider

In der höheren Dressur reitet man die Pirouette von einer geraden Linie aus und reitet danach schnurgerade weiter. Eine schwere Übung der ehemaligen Schulreiter der Wiener Schule war, von der Viertellinie aus im Renversgalopp in die Reitbahnecke hinein eine halbe Pirouette zu reiten und danach im Renversgalopp weiterzureiten. Durch den allmählichen Aufbau dieser Übung erreicht das Pferd absolute Durchlässigkeit auf beiden Händen. Je regelmäßiger ich mein Pferd gymnastiziere, desto geschmeidiger wird es und desto leichter gelingt es ihm dann, diese Wendung auf immer engerem Raum auszuführen. Pirouetten reifen langsam und werden erst nach und nach perfekt.

Das Biegen auf zwei Hufschlägen

Bevor man mit den Seitengängen, d. h. mit der biegenden Arbeit auf zwei Hufschlägen, beginnt, muss das Pferd in der Biegung auf einem Hufschlag auf beiden Seiten gereift und durchlässig sein. Es muss sich auch so weit versammeln lassen, dass es auf gerader Linie Schritt und verkürzten Trab, als Vorstufe des versammelten Trabes, sicher geht.

Das Biegen auf zwei Hufschlägen fördert die Tätigkeit der Hinterhand und dient ihrer vermehrten Gymnastizierung. Es verbessert die Seiten- und Hankenbiegung sowie die Durchlässigkeit und die Geraderichtung des Pferdes. In allen Seitengängen muss auf ein gleichmäßiges Tempo und das Erhalten des taktreinen, flüssigen Bewegungsablaufs geachtet werden. Der Hufschlag, den die Vorhand beschreitet, verläuft zu dem der Hinterhand in einer Parallelen. Die Vorhand muss der Hinterhand stets vorausgeführt werden. Zu den Lektionen auf zwei Hufschlägen gehören das Schulterherein, Travers, Konterschulterherein, Renvers und die Traversalen.

Das Pferd sollte in den Seitengängen genügend geübt sein, bevor die fortgeschrittene Reiterin mit diesen Übungen auch unter dem Damensattel beginnt.

Dies betont auch H. Dollmann ganz besonders in ihrer Damenreitlehre. Da sie sich in ihren Bemerkungen über schlecht gerittene Seitengänge so trefflich ausgedrückt hat und ich ihr darin vollkommen beistimme, möchte ich sie hier zitieren:

> *»Ich habe im Damen- und im Herrensattel soviel verzogene und verbogene Pferde in mißverstandenen Seitengängen gesehen, dass man die Tiere bewundern muss, wieviel Geschicklichkeit sie aufbrachten, nicht umzufallen und soviel Langmut, die unnatürlichen Verzerrungen zu ertragen, ohne sich zu wehren.«*

Die Seitengänge sollten immer nur Mittel zum Zweck sein und nicht zu oft geübt werden. Man muss ganz besonders darauf achten, dazwischen immer wieder geradeaus zu reiten, damit natürlicher Takt und Schwung des Ganges erhalten bleiben.

Das Schulterherein

Die Grundlage für alle Seitengänge ist das Schulterherein. Es ist wichtig, besonders viel Sorgfalt auf eine korrekte Ausbildung im Schulterherein zu verwenden. Anfangs darf man die Pferdeschulter nur wenig von der Wand abstellen. Man bezeichnet diese leichte Abstellung auch als Schultervor. Kopf, Hals und Schulter müssen immer eine gleichmäßig gebogene Linie bilden, gleichgültig in welchem Biegungsgrad sich das Pferd befindet. Im Genick darf das Pferd nur so viel abgestellt sein, dass man als Reiter Auge und Nüsternrand schimmern sieht. Die Ohren müssen sich auf gleicher Höhe befinden. Im Schulterherein geht das Pferd auf drei Hufspuren und zwei Hufschlägen. Die Hinterhand geht geradeaus. Bei dieser Übung wird der innere Hinterfuß angeregt, vermehrt vor und unter den Schwerpunkt von Reiter und Pferd zu treten. Dadurch werden allmählich Versammlung und Hankenbeugung verbessert.

Im Damensattel ist im Schulterherein Wert darauf zu legen, das Pferd gleichmäßig an Schenkel, Gerte und Zügeln zu behalten und es so abzustimmen, dass es auf beiden Händen auch gut auf die jeweiligen äußeren Schenkel- und Zügelhilfen achtet. Eine halbe Parade am äußeren Zügel bei leichtem Belasten des inneren Sitzbeins sowie das Stellen und Nach-innen-Führen mit dem inneren Zügel müssen genügen, dass es die Schulter von der Wand leicht entfernt und mit dem inneren Vorderbein auf den zweiten Hufschlag geht. Der gleichzeitig verwahrende äußere Schenkel oder die Gerte verhindert ein seitliches Wegtreten des äußeren Hinterbeins. Er unterstützt dadurch den inneren Schenkel oder die Gerte, welche jeweils vortreibend auf den inneren Hinterfuß wirken, für die Biegung sorgen und ein Abwenden oder Weglaufen des Pferdes nach innen verhindern.

Beim Schulterherein rechts ist wichtig, dass man beim Mehrbelasten des inneren Sitzbeins nicht in der inneren Hüfte einknickt und somit nach außen rutscht, sondern bei geradem Oberkörper eher im Sattel ein wenig nach rechts rückt.

Die Reiterin nimmt die äußere Schulter leicht nach vorne, lässt den Arm aber dabei am Oberkörper, damit die Führung erhalten bleibt. Die innere Schulter wird nur so weit zurückgenommen, wie auch die Schulter des Pferdes nach innen geführt wird. Die Schultern der Reiterin müssen immer parallel zu den Schultern des Pferdes stehen. Der Blick ist geradeaus über das äußere Pferdeohr gerichtet.

Damit es die Hilfe zum Schulterherein nicht mit der Hilfe zum Abwenden verwechselt, muss außen die erste halbe Parade als Kommando zum Hereinnehmen der Schulter dienen, die zweite und eventuell dritte aber zum kurzen Aufnehmen, damit es nicht abwendet. Gleichzeitig wird der das Pferd weich nach innen stellende Zügel etwas mehr an den Pferdehals geführt, im Gegensatz zum Abwenden, wo der innere Zügel bei leichtem Mitgehen des äußeren anfangs eher vom Hals weg leicht nach innen geführt wird. Die Reitgerte wirkt innen gut vortreibend.

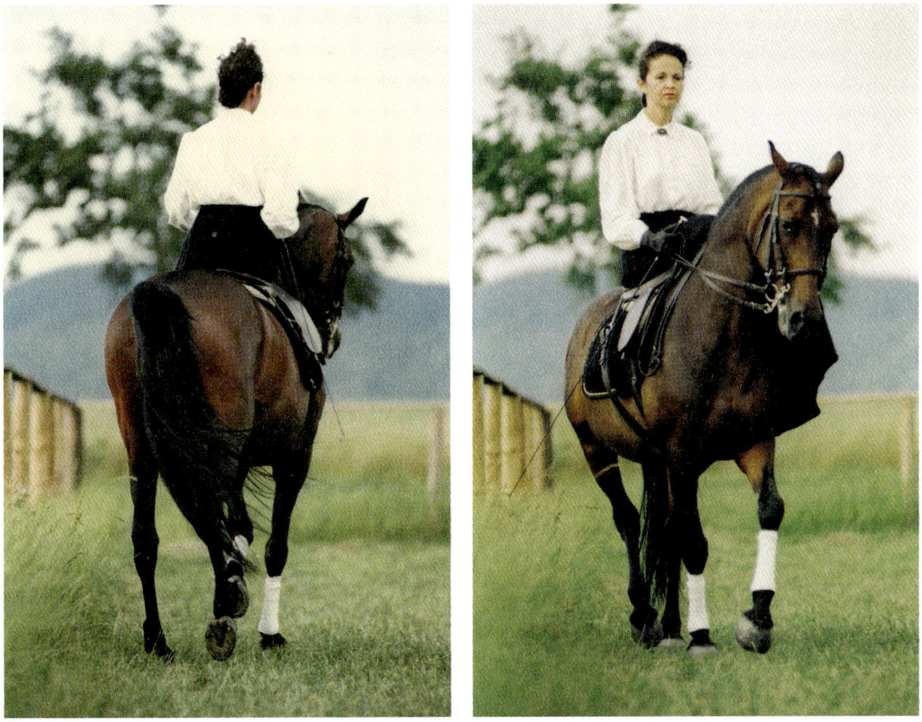

ABB. 136: Die Verfasserin auf Sally-Ann im Schulterherein rechts und im Schulterherein links, Foto D. Schneider

Beim Schulterherein links sind die Hilfen dieselben wie rechts. Man achte hierbei aber darauf, dass das Pferd mit der Hinterhand nicht gegen die Wand drückt. Es muss auf die äußere verwahrende Einwirkung mit der Gerte stets rechtzeitig vorbereitet werden, damit es diese akzeptiert. Das deutliche Zurücklassen der äußeren Schulter bei gleichzeitigen kurzen halben Paraden außen, rechtzeitigem Touchieren und Verwahren des äußeren Hinterfußes mit der Gerte und gutem Vortreiben innen beugt einem Dagegengehen vor.

Verwirft sich das Pferd im Genick oder verhält es sich, so wird mit dem inneren Schenkel vermehrt vorgetrieben, der Hals etwas vorgelassen und das Tempo freier geritten. Bei weniger Abstellung sollten dann vorerst nur einige Tritte Schultervor verlangt werden. Verwirft sich das Pferd stärker oder wehrt sich, so ist es noch nicht reif für diese Arbeit. Es ist dann geradeaus zu stellen und auf einfachen gebogenen Linien im kurzen Trab zu reiten, bis sich das Pferd loslässt und bessere Durchlässigkeit zeigt.

Der Travers

Eine weitere Übung der biegenden Arbeit auf zwei Hufschlägen ist der Travers oder Kruppeherein. Im Gegensatz zum Schulterherein soll sich das Pferd im Travers mit der Hinterhand herein um den inneren vortreibenden Schenkel biegen. Dies fördert ebenfalls den Schenkelgehorsam, macht das Pferd geschmeidig und ist eine Vorübung für die Traversale. Voraussetzung für das Reiten von Travers ist, dass das Pferd im Schulterherein schon gut geübt ist.

In den Anfängen wird Travers zuerst nur an der langen Wand geritten. Das Pferd geht dabei auf zwei Hufschlägen und drei Hufspuren, später im fortgeschrittenen Stadium mit stärkerer Rippenbiegung auf vier Hufspuren.

Es ist wichtig, dass es stets gleichmäßig in Ganaschen, Hals und Rippenpartie gebogen vorwärts-seitwärts tritt. Der Fehler, der auch im Schulterherein am häufigsten begangen wird, ist, dass die meisten Reiter das Pferd sofort zu viel abstellen, nur die Hinterhand ohne seitliche Biegung hereintreiben und dadurch nicht mehr zustandekommt als ein Übertreten ohne Seitenbiegung wie beim Schenkelweichen.

Der Sitz ist im Seitengang besonders wichtig. Der Oberkörper muss ruhig und aufrecht gehalten werden. Die Reiterin darf sich nicht durch Einknicken der Hüfte und Verdrehen der Schulter im Sitz verziehen. Sie soll lediglich durch ein ganz leichtes Mitgehen des Oberkörpers in Gehrichtung die Seitwärtsbewegung des Pferdes unterstützen.

Man beginnt den Travers nach Durchreiten der ersten Ecke der langen Seite. Die Hinterhand des Pferdes wird durch einen Impuls mit dem äußeren, verwahrenden Schenkel zuerst nur ganz wenig vom Hufschlag nach innen gebracht. Das Pferd geht dabei mit der Vorhand geradeaus, ohne dass die äußere Schulter ausfällt, und nimmt nur, am inneren Schenkel vorwärtsgehend und um diesen gebogen, seine innere Hüfte und Hinterbein herein.

Im Damensattel muss das Pferd auf der rechten Hand wieder gut auf die Gerte achten lernen. Anfangs wird diese gerne einmal vom Pferd ignoriert, d. h., es tritt rechts gern gegen die Gerte zu viel nach innen weg, entzieht sich somit der Biegung und fällt mit der äußeren Schulter in Richtung Wand aus. Daher ist wirklich zuerst nur wenig Abstellung zu verlangen, mit dem äußeren Zügel bei weicher Innenstellung die Schulter gut zu begrenzen und durch genug Fleiß auf das Geradeausführen der Vorhand zu achten. Vorherrschend ist dabei der vortreibende innere Schenkel bzw. die Gerte und die Erhaltung der weichen Rechtsstellung, bei der nicht durch Zurückziehen am inneren Zügel das so wichtige Vorwärts abgebremst werden darf. Wirft das Pferd die Hinterhand wiederholt herum, so ist bei einer halben Parade am äußeren Zügel und leichtem Nachgeben innen zur Korrektur das Pferd geradeaus zu führen und das Tempo freier zu reiten. Hilfreich ist auch, reprisenweise im Geradeaus einige Trabverstärkungen und danach eventuell einen Travers nach links zu ver-

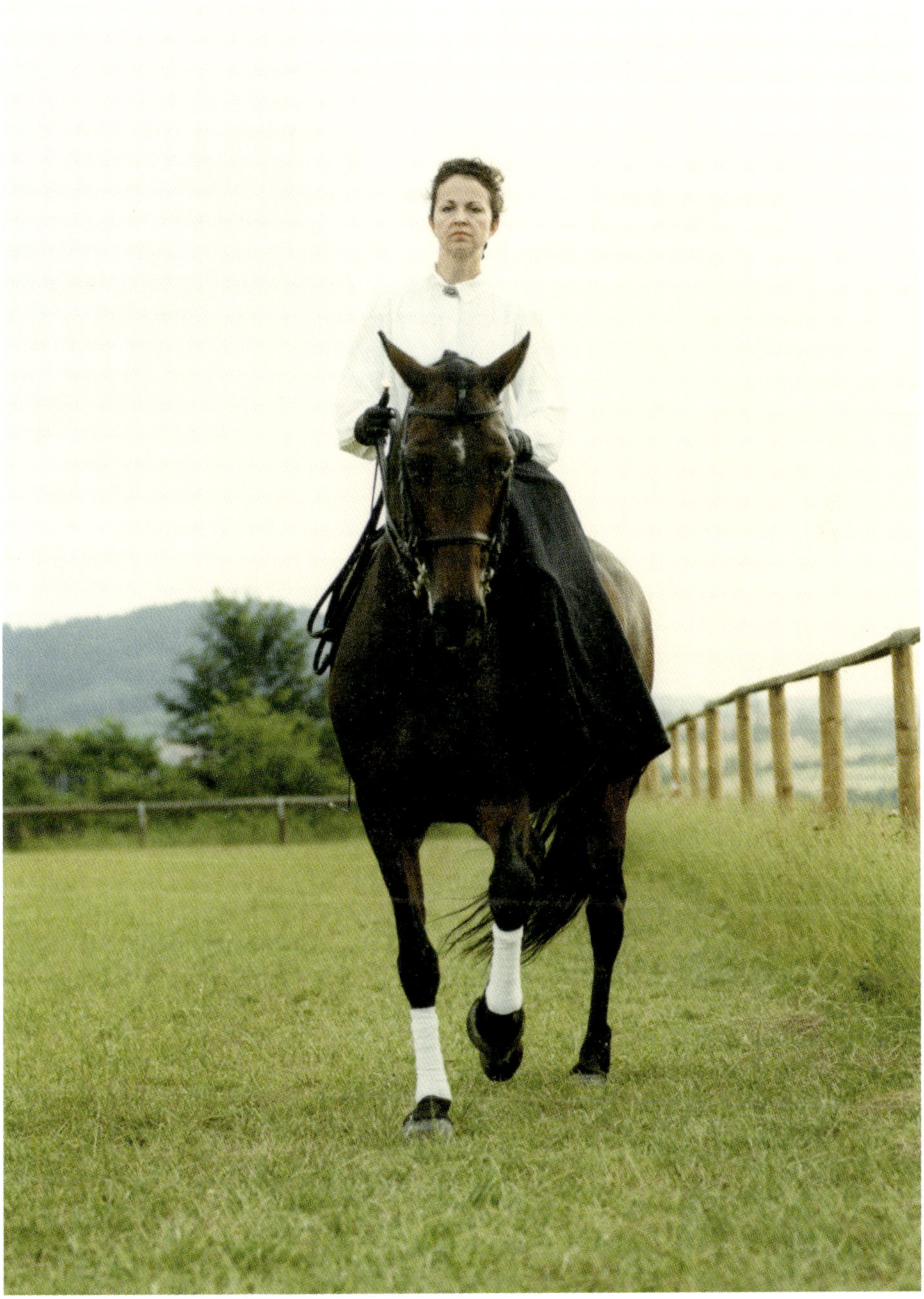

ABB. 137: Travers links. Das Pferd geht korrekt auf zwei Hufschlägen und drei Hufspuren. Die Verfasserin auf Sally-Ann, Foto D. Schneider

langen. Travers ist gut, um das Pferd, vor allem im Damensattel, auf leichtes, geschmeidiges Herumnehmen der Hinterhand auf beiden Händen abzustimmen und feineres Reagieren auf die äußeren Schenkel und Zügel zu erreichen. Man merke sich, erst wenig Abstellung zu verlangen und kürzere, später längere Reprisen zu reiten, bis sich das Pferd in dieser Übung völlig loslässt.

Die Konterlektionen – Konterschulterherein und Renvers[17]

Für die Lektionen Schulterherein und Travers gibt es jeweils die entsprechende Konterlektion, d. h., dass diese auf einem Bogen geritten wird. Ich erinnere daran, dass heute jedoch unter dem Begriff *Konter* allgemein eine Stellung oder Übung verstanden wird, die etwa auf der rechten Hand nach links ausgeführt wird, egal ob dies auf gerader oder gebogener Linie geschieht.

Reite ich z. B. auf der linken Hand im Travers links auf dem Zirkel und wechsle, in dieser Übung bleibend, aus dem Zirkel auf die rechte Hand, führe ich die Vorhand auf den zweiten Hufschlag und reite nun, auf der rechten Hand auf dem Zirkel, Renvers links.

Konterschulterherein und Renvers zählen zu den Übungen der höheren Dressur. Sie bedeuten einen hohen Schwierigkeitsgrad und verlangen ein geschmeidiges und fein abgestimmtes Pferd. Sie sind nur von gut versammelten Pferden und erfahrenen Reitern auszuführen.

Die Traversalen

In der Traversale bewegt sich das Pferd auf einer gedachten diagonalen Hufschlaglinie. Dabei ist es in seiner ganzen Längsachse gebogen, vollkommen ausbalanciert und trägt sich selbst. Korrekt ist, wenn es mit der Vorhand vorausgeht, in Ganaschen und Hals in Gehrichtung gestellt und in der Rippenpartie um den inneren Schenkel gebogen ist und schwungvoll vorwärts-seitwärts übertritt. Die Längsachse des Pferdes verläuft dabei fast parallel zur Wand. Beim Beenden der Traversale muss immer die Vorhand eine Spur früher den Hufschlag erreichen als die Hinterhand. Takt und Tempo müssen stets gleichmäßig erhalten bleiben.

Es gibt einfache halbe und doppelte halbe Traversalen, einfache ganze und doppelte ganze Traversalen (auf 20x60-Viereck) sowie die Zick-Zack-Traversalen, die von der Mittellinie aus in bestimmter Trittzahl abwechselnd nach rechts und links gerit-

[17] In meinem Buch *Was die Reitbahn uns lehrt* sind die Lektionen auf zwei Hufschlägen und deren Konterlektionen ausführlich beschrieben.

ten werden. Letztere ist eine weitere Steigerung und somit der höchste Schwierigkeitsgrad bei den Traversalverschiebungen.

Traversalen dienen dem Zweck, das Pferd auf beiden Seiten gleichmäßig zu gymnastizieren, d. h., seine Seiten- und Längsbiegung sowie die vermehrte Lastaufnahme des inneren Hinterbeins werden geschult, wodurch sich allmählich sein Versammlungsgrad erhöht. Ausgereifte Traversalen erkennt man durch die beidseitige, gleichmäßige Geschmeidigkeit und das völlige Gleichgewicht des Pferdes. Sie beweisen, dass es den höchste Versammlungsgrad im Seitengang erreicht hat.

Nur das ausbalancierte, beidseitig durchlässige und in Selbsthaltung gehende Pferd, welches auf minimale Hilfen reagiert, ist fähig, die Seitengänge auch unter dem Seitsitz korrekt auszuführen. Ansonsten ist es sinnlos, diese im Damensattel reiten zu wollen. Bevor man also das Pferd im Damensitz traversiert, ist im Herrensitz darauf zu achten, dass die Ansätze zur Traversale leicht, ohne viel Kraftaufwand mit den Schenkeln, nur durch Stellung in Gehrichtung, leichten Druck des inneren Sitzbeins und durch leichtes Anlegen der Reitgerte, gelingen. Im Damensattel muss die Reiterin völlig gerade sitzen und sich gut in die Seitwärtsbewegung mitnehmen lassen.

Aus meiner Erfahrung kann ich sagen, dass sich auch die Seitwärtsbewegungen des Pferdes unter dem Damensattel zuerst etwas anders anfühlen als im Herrensattel. Gründe für ein Verhalten oder eine Widersetzlichkeit des Pferdes im Seitengang sind unbewusste, falsche Gewichtsverlagerungen der Reiterin und ein Verdrehen des Oberkörpers bei zu fester Anlehnung oder Ziehen am inneren Zügel. Diese Fehler stören das Pferd so stark in seiner freien Vorwärtsbewegung, dass es sich verhält oder gar nicht mehr seitlich gehen will.

Bei der Traversale nach rechts muss beim Ansatz die Vorhand, eventuell schon vorher mit einer leichten Schultervorstellung, gut vorausgerichtet sein, und die Gerte muss rechts hinter dem Gurt gut vortreibend wirken, damit das Pferd die Hinterhand nicht nach rechts wirft. Einem Hereinwerfen der Hinterhand begegnet man mit sofortigem stärkeren Vorlassen der Vorhand und anschließendem Geradeausreiten, wobei man zuerst freieres Tempo und dann eventuell einige Tritte Travers links abverlangt, bevor man erneut nach rechts traversiert.

Der Grund, warum sich viele Pferde in der Traversale nach links wehren oder sich sogar dagegen sträuben, überhaupt nach links seitwärts zu gehen, liegt in der falschen Gewichtsverteilung, Zügelführung und der mangelhaften Abstimmung auf den Schenkel. Die Reiterin, die im Damensitz mit ihren Beinen sowieso schon nach links sitzt, neigt im Seitengang nach links verstärkt dazu, ihr Gewicht noch mehr nach dieser Richtung zu verlegen. Achtet das Pferd dabei schlecht auf die Gertenhilfe rechts, so hängt die Reiterin mit dem Oberkörper meist stark nach rechts und hält das Pferd am äußeren Zügel fest.

Vor allem im Trab wird dem Pferd das Vorwärts-seitwärts-Übertreten und das Treten der Hinterbeine unter den gemeinsamen Schwerpunkt durch diese falsche Gewichtsverteilung und Zügeleinwirkung so erschwert, dass es sich schnell dagegen wehrt. Es ist also darauf zu achten, dass man beim Links-Traversieren ganz besonders gerade und in der Mitte des Sattels sitzen bleibt – ich bin mit dem Gesäß oft sogar eine Spur nach rechts gerückt –, die rechte Hüfte und Schulter nicht zu weit vornimmt und mit der Gerte den äußeren Hinterfuß gut begrenzt. Ich rate dazu, die Bewegungen im Vergleich zur Rechtstraversale zu erfühlen, das Pferd bei feiner Anlehnung gehen zu lassen und es nicht mit den Zügeln einzuschrauben.

Korrekt ist, das in der Ganasche links gestellte und weich kauende Pferd mit Händen in gleicher Höhe, anfangs breiterer Zügelführung, den Hals etwas länger vorlassend, flüssig und ohne starkes Treiben in die Linkstraversale zu führen. Lernt es diese Übungen unter dem Damensattel, so ist bei gutem Gelingen sofort durch eine Pause zu loben. Danach sollte die Übung in der ersten Zeit ein-, höchstens zweimal wiederholt werden, um dem Pferd die Freude und den Fleiß zu erhalten.

Fallbeispiele:
Einer Reiterin, deren Pferd in der Traversale nicht flüssig genug vorwärts ging, wurde empfohlen, in Richtung Wand mehr Tempo aufzubauen, worauf das Pferd begann, zur Wand hin wegzueilen.

Diesen Rat würde ich den Grundprinzipien und meiner Erfahrung folgend nicht geben. Das Tempo hier zu forcieren bewirkt vielmehr, dass sich das Pferd schlimmstenfalls festmacht und in den letzten Tritten bis zur Wand seine Körperbiegung verliert, da ihm das Gefühl gegeben wird, die Übung rasch zu beenden. Im Seitengang dürfen sich weder Takt noch Tempo ändern.

Auf ein Pferd, welches sich in der Traversale verhält, kann durchaus auch die Wand bremsend wirken. Daher reite ich es zuerst wieder geradeaus und etwas mehr im Vorwärts. Erst wenn der Bewegungsfluss und der Schwung aus der Hinterhand wieder zustande gekommen sind, reite ich einige flüssige Traversaltritte mit der Vorhand voraus, möglichst auf großem Platz. Ich beende die Übung und lobe, wenn das Pferd drei bis vier flüssige, gleichmäßige Traversaltritte rechts wie links gegangen ist. Die Übung gelingt dann einige Tage später auch wieder in Richtung Wand, aber nur, wenn ich das Pferd vor Erreichen des Hufschlages rechtzeitig auffange, schön geradestelle und es nicht mit zu langem Üben verdrieße.

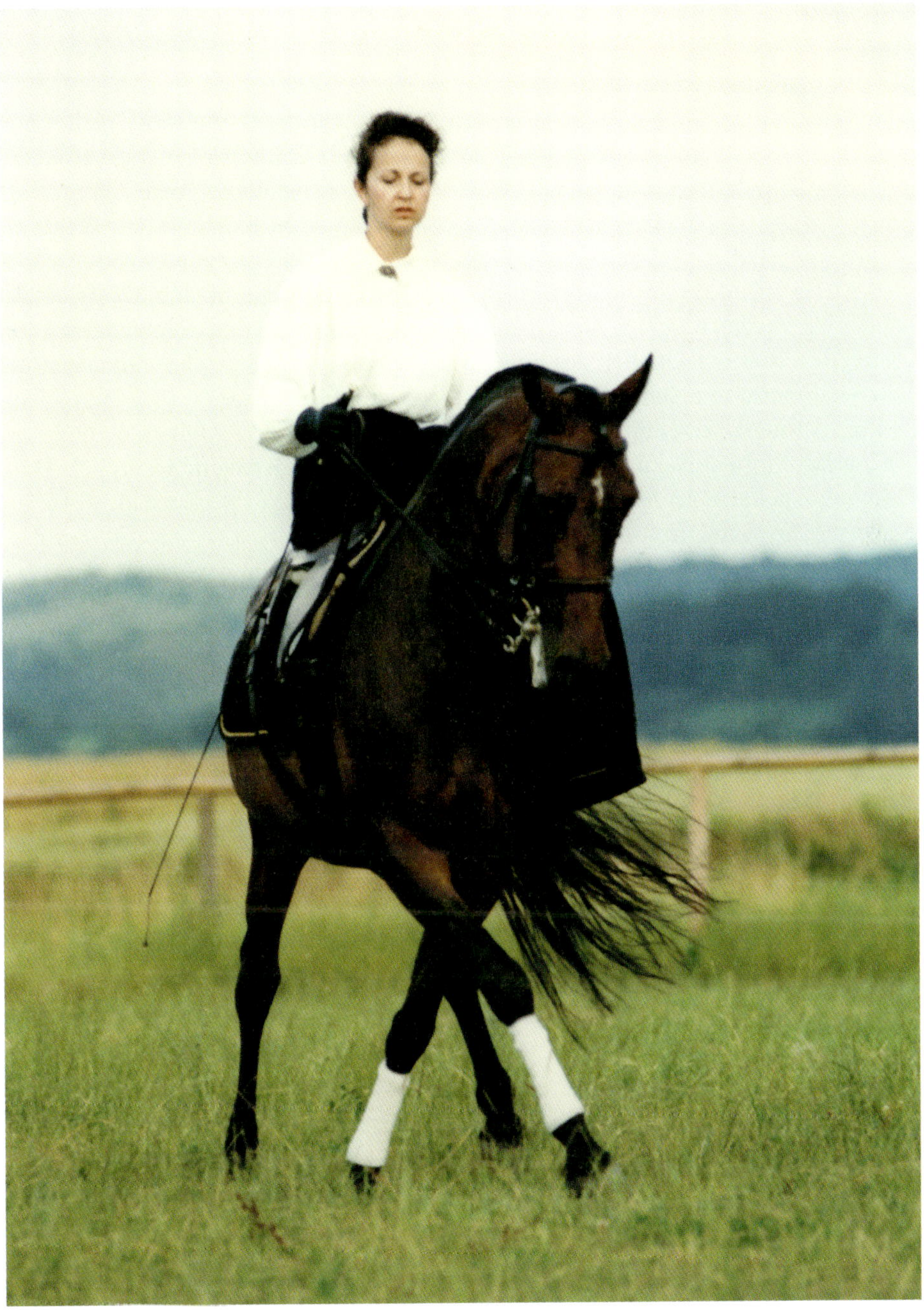

ABB. 138: Die Verfasserin auf Sally-Ann in der Trabtraversale links, in schöner Selbsthaltung. Die Ohren sind auf gleicher Höhe. Die Vorhand geht voraus. Foto D. Schneider

Das Reiten über Hindernisse im Damensattel

Seit dem Zeitpunkt, von dem an der Springstil nach Frederico Caprilli auch an der Kavallerieschule Hannover gelehrt wurde, sprangen auch die Damen im Seitsitz nur noch im italienischen Stil. Die unübertroffene Methode Caprillis beruht auf zwei elementaren Grundsätzen, nämlich ein gelöstes Pferd in seinen Bewegungen niemals zu stören und ihm das Tragen der Reiterlast über ein Hindernis so leicht wie möglich zu machen.

Beim Springen im Damensattel bietet das *Jagdhorn*, früher auch *Sprunggabel* genannt, den Vorteil, dass sich die Reiterin durch Heranziehen des rechten Beines ans obere Horn und Vorschieben des linken Oberschenkels ans Jagdhorn gut ausbalancieren kann und so mehr Sicherheit im Sitz gewinnt.

Zum Springen wird der Bügel kürzer geschnallt, jedoch darf das Bein niemals unter dem Jagdhorn eingeklemmt werden. Der Oberkörper wird beim Springsitz etwas nach vorne geneigt, so dass er in einem spitzeren Winkel zur Wirbelsäule des Pferdes steht. Die Mittelpositur bleibt dabei im Sattel.

Der Sprung über das Hindernis wird in vier Teile aufgeteilt: Heben der Vorhand, Abschnellen der Hinterhand, Schweben und Landen. Für das Reiten über Hindernisse ist der Galopp die beste Gangart.

Im Augenblick des Hebens der Vorhand muss der Oberkörper blitzschnell nach vorne gebeugt werden, nach H. Dollmann: *»zusammenklappen wie ein Taschenmesser«*. Das gleichzeitige Vorgehen der Arme richtet sich nach dem Grad der Streckung des Pferdehalses. Die Hände werden rechts und links tief am Widerrist gehalten. In dieser Lage ist zu bleiben, auch wenn das Abschnellen der Hinterhand einen kräftigen Stoß verursacht. Diesem Stoß, der die Arme nach oben und den Körper weit hinter die Bewegung reißen will, darf keinesfalls nachgegeben werden, da sonst die Sprungbewegung des Pferdes gestört wird. Ebenso muss man den Stoß beim Landen, der die Reiterin vorwärts-abwärts drückt, abfangen. Es ist wichtig, dem Pferd über dem Sprung den Hals ganz lang zu lassen, damit es mit aufgewölbtem Rücken das Hindernis überfliegen kann. Der Springsitz ist zuerst über kleine Gymnastiksprünge zu üben, bis die Reiterin sicher ist.

Beim Reiten eines Parcours sind das Gegenreiten, die Führung, und der Sitz im Sprung und in der Landung das Wesentliche. Dies muss bis zur Perfektion geübt werden. Beim Reiten zwischen den Hindernissen ist beim Sitz eine *leichte Neigung in den Gang* einzunehmen. Halbe Paraden vor den Ecken hindern das Pferd, das Tempo zu übereilen. Es ist eine schlechte Manier, sich lautstarker akustischer Hilfen zu bedienen oder gar mit der Springgerte aufs Sattelblatt zu klatschen, um das Pferd anzutreiben. Verweigert ein Pferd den Sprung oder bricht aus, so ist in Ruhe erneut anzureiten und durch Gegenhalten des linken Schenkels und rechten Zügels und eventuell zusätzliches Touchieren mit der Gerte auf die rechte Schulter vermehrt zu treiben.

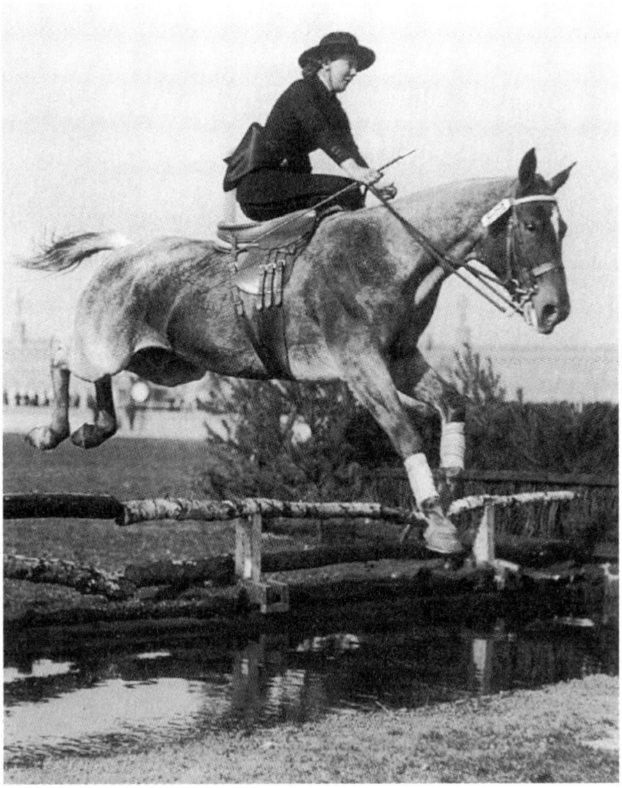

ABB. 139: Hilda Dollmann auf Belle Rose im Sprung über den Wassergraben, Foto Menzendorf, Berlin

Ist Ihr Pferd willig über das Hindernis gegangen, freut es sich über ein Lob mit der Stimme, Halsklopfen und nach der Arbeit über einen Leckerbissen.

Geländereiten

Der eigentliche Zweck der Dressur ist es, ein gut gymnastiziertes und geschmeidiges Campagnepferd auszubilden, welches in der Bahn, im Springparcours und im Gelände sicher geht. Genauso ist es erforderlich, dass auch die Grundausbildung der Reiterin in der Bahn so gefestigt ist, dass sie in allen drei Disziplinen gleichermaßen in der Lage ist, ihr Pferd vollkommen zu beherrschen. Nur dann kann sie sich auch gelassen und entspannt der Schönheit eines Rittes durchs freie Feld hingeben.

Für häufiges Geländereiten würde ich das hoch im Blut stehende Pferd mit viel Gehfreude bevorzugen. Es sollte leicht an der Hand sein, trittsicher und nicht bei jeder Gelegenheit scheuen. Auch muss es sich in Gesellschaft anderer angenehm verhalten, ohne Unarten wie Drängen, Kleben oder Steigen.

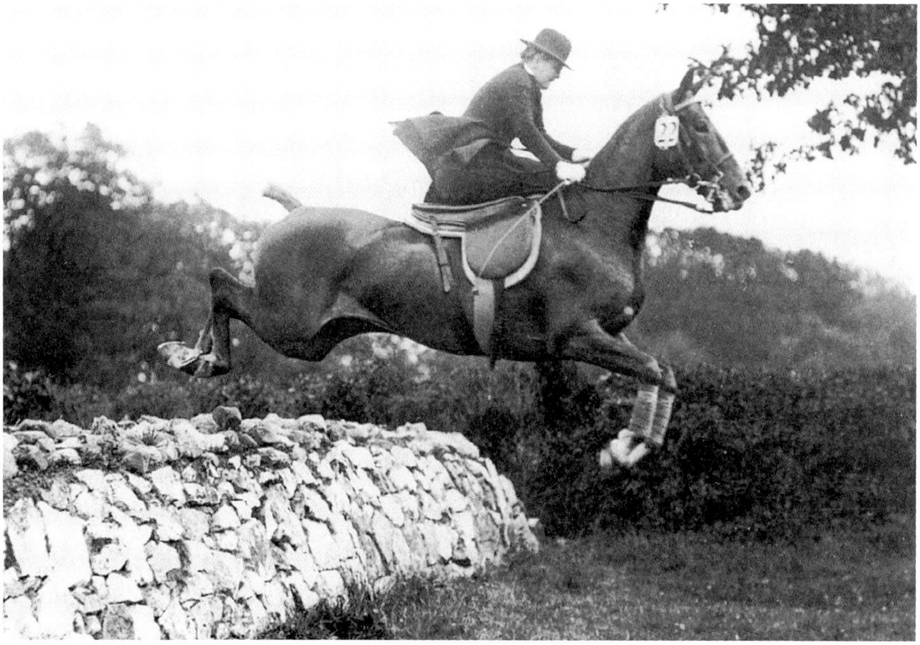

ABB. 140: Emma Oppenheimer auf Dewardashi, Harzburg 1922, Foto Menzendorf, Berlin

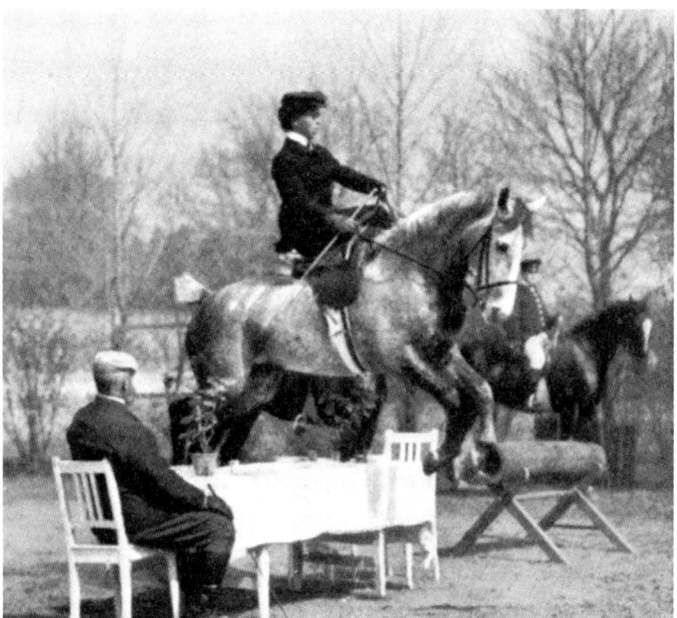

ABB. 141: Prinzessin Victoria zu Schaumburg-Lippe in ihrem Park zu Bonn um 1910. Beliebte Hindernisse waren damals u. a. Tische oder gar das Springen über Drahtzäune, welche Sprungfreudigkeit und Mut von Pferd und Reiter bewiesen.

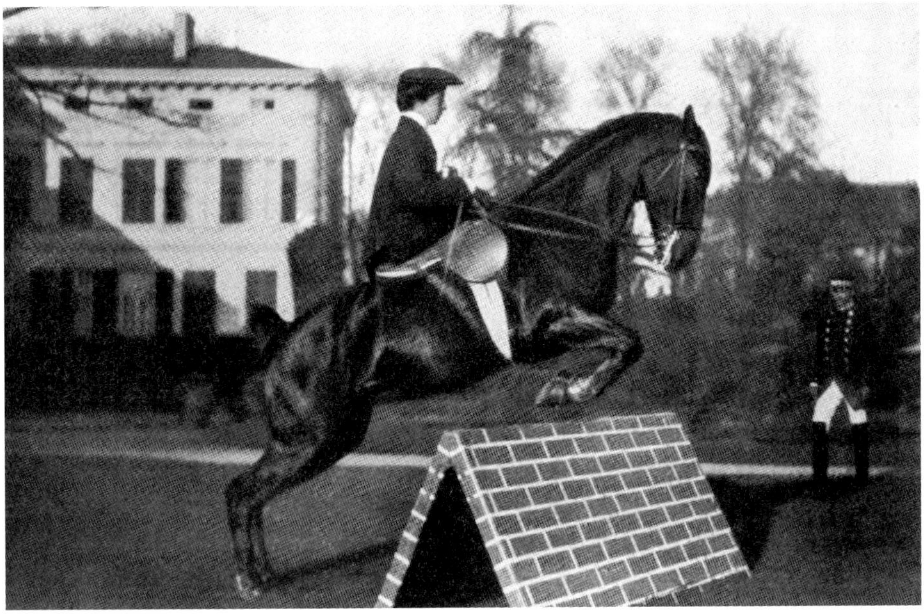

ABB. 142: Sprung über eine Mauer. Prinzessin Victoria zu Schaumburg-Lippe vor ihrer Villa in Bonn.

Im Gelände ist Vorwärtsreiten alles, durch das häufige Wechseln von Gangart und Tempo wird jedoch der Atemrhythmus gestört, was wesentlich anstrengender für Herz und Lunge ist, als etwa eine längere Strecke in gleichmäßigem Tempo durchzutraben. Wissen sollte man, dass im Trab alle zwei Tritte und im Galopp bei jedem Galoppsprung ein Ein- und Ausatmen erfolgt. Die Aufforderung zu mehr Tempo wird durch leichtes Vorgehen mit der Hand gegeben. Der Oberkörper wird dabei leicht nach vorne geneigt (Entlastungssitz – engl. *forward position*). Bei scharfem Tempo nimmt man den Oberkörper stärker nach vorne, um besonders im tiefen Boden dem Pferd das Gehen zu erleichtern.

Nach einiger Zeit sollte man sein Pferd im Freien so gut kennen, dass man aus seinem ihm eigenen natürlichen Verhalten lernt, gewisse außergewöhnliche Situationen richtig einzuschätzen. So ist ein Zögern oder Stutzen nicht immer gleich eine Ungezogenheit, sondern man kann durch manche seiner Reaktionen sogar rechtzeitig auf eine Gefahr aufmerksam werden, die man selbst sicherlich zu spät erkannt hätte. Trotzdem sollte die Reiterin in jeder Situation die Führung des Pferdes in der Hand behalten können und ihm andererseits durch ihre Voraussicht in Situationen helfen, die es nicht einschätzen kann. So muss sie das Pferd mehr aufnehmen, etwa wenn es vom tiefen auf festen Boden kommt, es beim Bergabreiten länger im Hals lassen, damit es sein Gleichgewicht, die Beine nahe am Boden mit tief gestelltem

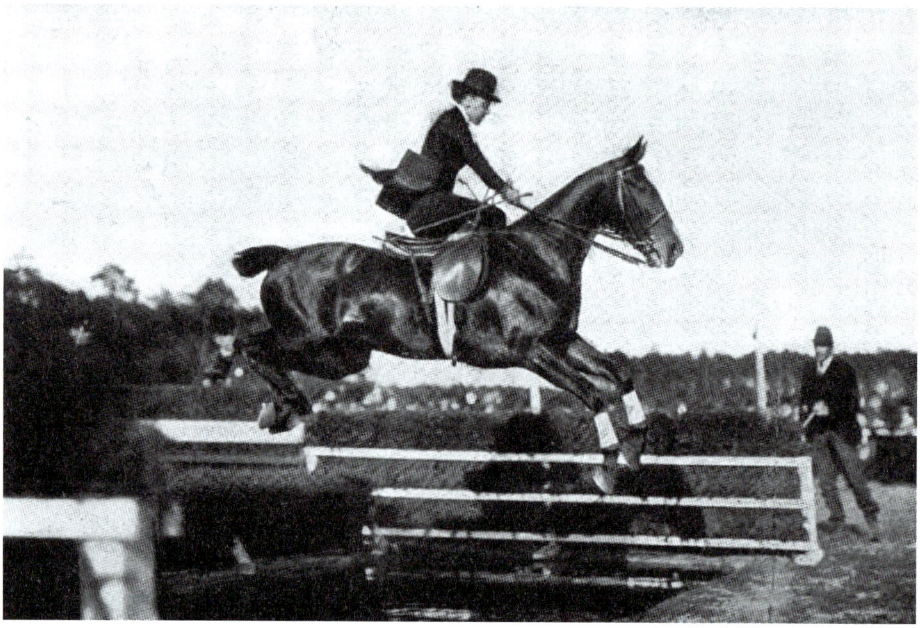

ABB. 143: Sprung über den Wassergraben. Frau L. Mauritz mit *Lola* (Irland) Siegerin in mehreren Springprüfungen 1911.

Kopf, findet und so sicherer auftritt (wird auch von Annie v. Biel als alte englische Jagdreitermanier empfohlen). Gerade in Situationen, in denen das Pferd Fehler macht, weil die Reiterin nicht aufgepasst hat, wird es oft ungerecht bestraft, im Maul gezogen oder geschlagen. Daher heißt es, wachsam sein, sein Pferd mit Überlegung führen und ein offenes Auge haben für kommende Hindernisse oder sich ändernde Bodenverhältnisse.

Ein regelmäßiger Ritt in freier Natur hilft bei Pferden, die häufig unaufmerksam, eventuell auch trittunsicher sind und sich bei der Dressurarbeit leicht ablenken lassen. Wenn Pferde immer nur in der Halle gearbeitet werden, wird es ihnen langweilig. Ein Geländeritt fördert in der Regel die Konzentration.

Widersetzlichkeiten und Untugenden

An dieser Stelle ist es angebracht und wichtig, auch auf einige Unarten einzugehen, die sicher nicht nur draußen im offenen Gelände auftreten können.

Eine der unangenehmsten Widersetzlichkeiten ist wohl das Steigen. Es entsteht meist durch ein schon längeres, von vielen Reitern oft unbemerktes Verhalten des Pferdes und Festhalten des Rückens, welches sich in seinem stärksten Stadium durch unkontrolliertes Hochgehen auf die Hinterbeine äußert. Es beginnt in der Regel damit, dass der Reiter das Pferd zu wenig mit der Hand vorlässt, das Vorwärts so immer mehr hemmt und zu wenig Durchsetzungskraft in die vortreibenden Hilfen legt. Als Folge ignoriert das Pferd den Schenkel, nimmt die vortreibenden Hilfen immer weniger an, was sich dann etwa beim Vorbeireiten an fremden Gegenständen in Gegen-den-Schenkel-Gehen hin bis zum Steigen zuspitzen kann.

Hat man nun ein Pferd, welches sich durch Steigen schon gegen seinen Reiter wehren konnte, ist es vorteilhaft, seine Manier dabei zu kennen. Ein Pferd mit dieser Widersetzlichkeit reite ich vorerst nicht im Damensattel, sondern korrigiere es im Herrensattel. Um diese Unart sofort auszumerzen, muss man schnell sein und sie gleich im Ansatz erkennen. Ein energisches Vorwärtsreiten, bei nur ganz leichtem Kontakt zum Pferdemaul, manchmal auch unter völliger Aufgabe der Anlehnung, bringt oft schon Abhilfe. Bei empfindlichem festen Rücken darf man diesen dabei nicht zu stark belasten.

Geht das Pferd blitzschnell steil nach oben, so ist ein genauso schnelles Nach-vorne-Gehen mit dem Oberkörper und Vorgehen mit der Hand notwendig, um es nicht hintenüber zu reißen. Dies geschieht rasch, wenn man hinter der Bewegung bleibt, und kann lebensbedrohlich sein. Befindet sich das Pferd bereits auf den Hinterbeinen und vorausgesetzt, es steht nicht zu steil, kann unter Aufgabe der Anlehnung eine sehr starke vorwärtstreibende Hilfe gegeben werden, durch die das Pferd nach vorwärts in die Luft springt, landet und dann im Vorwärts, egal wie, nur Vorwärts, korrigiert wird. Erkenne ich den Ansatz zum Steigen rechtzeitig, rate ich, seinen Kopf sofort mit zur Seite geführter Zügelhilfe ganz umzuwenden, es zugleich mit deutlichem Schenkelimpuls um sich selbst zu drehen und, ehe es zum Nachdenken kommt, mit einem ordentlichen Klatsch mit der Gerte im Galopp vorwärts zu reiten. Von einem starken Sporeneinsatz rate ich ab, da dieser das Pferd zum erneuten Steigen herausfordern kann. Ich selbst hatte schon öfter den Erfolg, dass nach dieser Korrektur Pferde nicht wieder gestiegen sind.

Ich rate jedem Reiter, zu seinem Pferd von Anfang an Vertrauen aufzubauen und es stets auch im Rücken gelöst an die Hilfen zu bringen, so dass diese böse Unart gar nicht erst aufkommt.

Beim Buckeln versucht das Pferd ebenfalls, sich den Hilfen zu entziehen. Ein Hochnehmen des Pferdekopfes, Zurücknehmen des Oberkörpers und ebenfalls energisches Vorwärtsreiten ist hier die beste Gegenmaßnahme. Beim Pullen im Galopp sollte man keinesfalls ziehen, sondern durch ständiges, möglichst weiches Annehmen und sofortiges Nachgeben versuchen, das Pferd im Tempo zu halten. Geht ein Pferd im Gelände durch, sollte man versuchen, es erst auf einen weiten und dann immer enger werdenden Bogen abzuwenden und, wenn möglich, es dabei in tieferen Boden zu lenken.

Eilt ein Pferd davon, zackelt oder drängelt heim, so sind Ruhe und Geduld angebracht. Unbeherrschtes Verhalten, zu viel Parieren oder gar Reißen am Zügel macht alles nur noch schlimmer. Wirkliche Abhilfe wird geschaffen, indem man bei der Arbeit im Gelände oder in der Bahn zuvor einen möglichst losgelassenen Rücken und somit psychische Entspannung erreicht und danach am längeren Zügel ruhig im Schritt heimreitet. Manchmal ist es nötig, dass man einige Male umdreht und wieder von zu Hause weg reitet, bis das Pferd einsieht, dass es mit dieser Manier keinen Erfolg hat.

Aus kleinen Unarten werden schnell größere. Daher habe ich immer durch regelmäßiges Arbeiten, gegenseitiges Vertrauen und sanfte Konsequenz meine Pferde dahingehend erzogen, dass sie auf mich achten und gerne mit mir zusammenarbeiten.

Jagdreiten

Mit einem sicheren Jagdpferd im schnellen Galopp durch farbigen Herbstwald und über lange Stoppelfelder dahinzureiten, wurde schon für viele Reiterinnen und Reiter zur Leidenschaft. Aufmerksamkeit, Umsicht und schnelle Entschlossenheit sind beim flotten Reiten im Jagdfeld erforderlich. Das Jagdpferd, welches unter dem Damensattel geht, sollte im galoppierenden Pulk die Ruhe behalten, sicher springen und keine Angst vor Hunden haben. Pferde, die pullen, unsicher springen, nicht trittsicher sind und sich streichen, eignen sich nicht zum Jagdpferd. Die wenig erfahrene Jagdreiterin sollte sich die ersten Male im Feld neben einem routinierteren Reiter aufhalten. Es ist wichtig, nicht zu wenden oder quer zu reiten, sondern immer geradeaus im Feld mitzureiten. Das Reiten am Flügel ermöglicht es, sollte das Pferd heftig werden, gelegentlich auf eine Volte abzuwenden. Gutes Vorausschauen ist wichtig, um die nicht zu umreitenden Hindernisse oder eng stehende Bäume rechtzeitig zu erkennen. Erfahrene Jagdreiterinnen früherer Zeiten empfahlen, mit geteilten Zügeln, das heißt der Kandarenführung für Anfänger, zu reiten oder, beim Reiten auf Trense, eventuell ein Martingal zu benutzen. Bei Pferden die dazu neigen, die Zunge hochzuziehen, ist ein Löffelgebiss zu empfehlen.

Die Armbinden, mit welchen die Master, Meuteführer oder Pikeure gekennzeichnet sind, wurden von den Herren links und von den Damen rechts am Arm getragen. Früher wie heute signalisiert eine rote Schleife im Schweif, dass dieses Pferd geneigt ist, auszuschlagen.

Um seine Pferde die ganze Jagdsaison fit zu halten, ist es angebracht, nicht zu oft längere und schwerere Jagden mitzureiten, ansonsten können Nervosität und Abmagerung durch Überanstrengung die Folge sein. Auf der Jagd selbst sollte man die Kräfte seines Pferdes so einzuteilen wissen, dass es gewisse Reserven behält. Von

Kaiserin Elisabeth, die eine begeisterte Jagdreiterin war, ist bekannt, dass sie bei Jagden bis zu drei Pferde im Gefolge hatte, damit sie sie zur Schonung nach einiger Zeit wechseln konnte.

Zwischen den Jagdterminen ist das Pferd zu schonen und mit dickem Gebiss zu reiten.

Hertha v. Knobloch berichtet von ihren Reitjagden in Bayern, dass in der Regel etwa 15 massive Hochsprünge, durchschnittlich einen Meter hoch, zu überwinden waren. Die lichte Weite der Gräben betrug etwa drei bis vier Meter. Die Galopps dauerten zwischen 20, 30 und 40 Minuten. Je nach Wetter und Bodenverhältnissen wurden zwei bis drei Stopps eingelegt.

Bei der Parforcejagd, die es bis in die Gegenwart in England und Frankreich noch gab, geht es um das Verfolgen eines Wildes durch Hunde auf der Fährte.

Bei Schnitzeljagden wurde die Spur mit Papierschnitzeln gelegt. Der Fuchsschwanz befand sich an der Schulter eines vor dem Feld galoppierenden Reiters. Der Ablauf ähnelte den heutigen Hubertusjagden.

Bei einer Schleppjagd folgt das Feld einer fingierten Spur. Der Schleppenleger führt einen Kanister mit sich, aus dem die Lösung für die Spur tröpfelt.

Mit einer guten Schleppjagdmeute kann man jede Parforcejagd genau nach Eigentümlichkeit des bestimmten Wildes nachahmen.

Jagdreiten beinhaltet alle drei Reitdisziplinen und kann wie die Vielseitigkeit die Krönung der Reiterei sein. Allein die Reiterin hat es in der Hand, ihr Pferd in der Bahn so zu schulen, dass es geschmeidig und gehorsam wird. Durch regelmäßiges vernünftiges Geländereiten werden die nötige Aufmerksamkeit und Gehfreude erreicht und gefestigt. Nur so wird sie überlegene Sicherheit und Freude für sich und ihr Pferd bewahren. Für Gelände- und Jagdreiterinnen und -reiter gilt für alle Zeit: Wirf dein Herz über den Graben und spring hinterher – Vorwärts ist alles.

Turniere

Ein Pferd bei einem Wettkampf zu reiten, sollte für uns ein Prüfstein sowohl für die Leistungen unserer Pferde als auch für uns selbst sein. Jeder Reiterin, die auf einem Turnier in einer Prüfung im Damensattel starten möchte, empfehle ich, nur teilzunehmen, wenn ihr und ihres Pferdes Ausbildungsstand den verlangten Anforderungen auch gerecht werden. Es darf nicht wichtig für uns sein, dass wir Preise erringen, sondern vielmehr, wie wir sie erringen, nämlich indem wir ein geschmeidiges, gehorsames Pferd mit tadellosem Sitz und unsichtbaren Einwirkungen als Ergebnis ehrlicher solider Arbeit vorzeigen, welche nicht Sieg zum Ziel hat, jedoch Sieg bedeuten kann.

Seit den 30er Jahren wurden in Deutschland keine Leistungsprüfungen für den Damensattel mehr ausgerichtet. Seit Ende der 80er Jahre gab es jedoch wieder einige Reiterinnen, die in Dressur- und Quadrillenprüfungen im Damensattel auf Turnieren zu sehen waren. Unsere Quadrille, mit vier jungen Frauen im Damensattel und den Pferden *Nekos, Lady, Ansporn* und *Sally-Ann*, gewann 1992 beim Baden-Württembergischen Quadrillenchampionat beide Wertungsprüfungen. Auch in L- und M-Dressurprüfungen starteten vereinzelt Reiterinnen im Damensattel und erritten gute Plazierungen. In der Beurteilung dieser Vorstellungen war man sich damals aber sehr unsicher. Man stand dem Reiten im Damensitz, der neben dem Herrensitz absolut gleichberechtigt ist, aus entstandener Unkenntnis mit Skepsis gegenüber. Doch ein Pferd, welches im Damensattel geritten wird, muss mit denselben Kriterien bewertet werden, die auch für ein Pferd unter dem Herrensattel gelten. Die Kenntnis über Sitz, Einwirkung und die verschiedenen Zügelführungen auf Kandare sowie über die Ausrüstung von Pferd und Reiterin sind dazu notwendig.

Interessant sind für uns die Anforderungen in Prüfungen auf früheren deutschen Turnieren sowie einige Paragraphen aus der Turnierordnung (T. O.) vom 1. Januar 1927. Hier galt nach § 23:

> »*Dressur- und Reitprüfungen für Reitpferde. Für die Beurteilung sind maßgebend: der Grad ihrer Ausbildung als Reitpferde, außerdem die Reitkunst der Reiter oder Reiterinnen.*«

Diese Kriterien, wie sie in der Beurteilung für Dressurprüfungen beschrieben werden, sollten auch heute noch Gültigkeit haben, wobei die Wahl des Sattels keine Rolle spielt; zumindest in den Augen der damaligen Fachleute.

Weiter heißt es in § 23:

> »... *Eine Ausnahme hiervon machen durch Reiter gearbeitete Pferde, die im Laufe der 6 Monate in Reitprüfungen auch unter einer Reiterin im Damensattel starten dürfen, ohne die Teilnahmeberechtigung zu Dressurprüfungen unter dem sie in Arbeit habenden Reiter zu verlieren.*«

Es war damals Vorschrift, dass ein Reiter nur ein Pferd vorstellen durfte, welches er mindestens sechs Monate vor dem Turnier selbst gearbeitet hatte. Eine Ausnahme waren die Pferde, welche im Damensattel geritten wurden. Offensichtlich war es eine Selbstverständlichkeit, dass diese Pferde von männlichen Bereitern vorbereitet und von den Damen auf Turnieren vorgestellt wurden.

Nach § 58 galt für die Ausrüstung der Reitpferde Folgendes:

> *»Bei Eignungsprüfungen für Damenreitpferde oder bei Dressur- oder Reitprüfungen, lediglich von Damen zu reiten, ist nur der Damensattel zu benutzen, sofern die Ausschreibung den Herrensattel nicht vorschreibt oder zulässt. Bei Jagdspringen Kl. S und bei Rekordspringen ist nur der Herrensattel zugelassen.«*

In § 59 Reiter und Fahrer heißt es weiter:

> *»Enthält eine Ausschreibung eine einschränkende Bestimmung, wie: ›für alle Reiter‹, ›Herrenreiten‹, so sind Reiterinnen nur dann teilnahmeberechtigt, wenn dies in der Ausschreibung besonders erwähnt war."*

Der Formulierung »Herrenreiten« lässt sich eindeutig entnehmen, dass eine Dame nicht im Spreizsitz reitet, außer bei schweren Springen, wo der Damensattel verboten war.

Für die Materialprüfung mussten die Pferde auf Trense und ohne Bandagen vorgestellt werden. Es wurde nur das Pferdematerial bewertet. Der Ausbildungsstand war nicht von Bedeutung. Das Pferd musste gut in Muskulatur und Futterzustand dastehen, außerdem richtig beschlagen, gut gepflegt und frisiert sein. Es sollte ruhig auf vier Beinen stehen sowie Schritt und Trab willig an der Hand gehen und unter dem Sattel einen geräumigen Schritt, schwungvollen Trab und federnden Galopp zeigen.

In der Eignungsprüfung durfte das Pferd nicht älter als acht Jahre und nur deutscher Abstammung sein. Es wurde auf Kandare geritten. Außer dem Material wurde auch sein Gerittensein, seine Erziehung und seine Springmanier bewertet. Verlangt wurden kurze Aufgaben, Einzelreiten und das Springen eines Parcours. Im Abschnitt Erziehung und Gehorsam wurden Temperament und Charakter sowie das willige Annehmen der Hilfen geprüft. Das Pferd musste zum Beispiel beim Aufsitzen stillstehen, vom Stall und Eingang ruhig weggehen, sich Autos mit grellen Scheinwerfern und lauten Menschenmengen ohne Angst nähern. Die Erfüllung dieser Anforderungen galt nicht nur für Sportpferde, sondern auch für das sichere, bequeme Gebrauchspferd. Im Parcours musste sich zeigen, dass das Pferd korrekt springen gelernt hatte, indem es zuverlässig fremde Hürden übersprang. Dabei musste ein gefälliges Gesamtbild gezeigt werden.

Hier sei der § 137 der T. O. angefügt, Beispiele zu Ausschreibungen und Besonderen Bestimmungen, Eignungsprüfung für Damenreitpferde (o. M.):

»Ehrenpreise den Reiterinnen je nach Beteiligung. Für Pferde im Privatbesitz nicht über 8 Jahre alt; von Damen im Damensattel zu reiten. Springen wird über eine Hürde von ca. 1m hoch bewertet. Vorprüfung. Einsatz M. 10,-.«

In der Dressurprüfung wurden die Rittigkeit des Pferdes sowie Sitz und Einwirkung der Reiterin bewertet. Wichtig waren Takt und Tempo, das Ausreiten der Ecken und genaues Reiten der Bahnfiguren. Paraden zum Halten mussten durchkommen, die Tempounterschiede deutlich sichtbar sein. Nach der Prüfung wurde ein Gehorsamssprung verlangt.

Beim Jagdspringen wurden Springvermögen und Gehorsam des Pferdes bewertet. Der Parcours war natürlich genau wie heute in möglichst kurzer Zeit ohne Abwurf und Verweigerung zu beenden.

Für den Geländeritt waren die Anforderungen erheblich. Voraussetzung waren gutes Training von Herz und Lunge und ein sicher taxierendes und willig springendes Pferd. In unbekanntem Gelände mussten die Flaggen richtig umritten werden. Eine sorgfältige Vorbereitung und Einteilung des Rittes waren notwendig, damit das Pferd möglichst frisch und nicht völlig ausgepumpt im Ziel ankam.

Für das Reiten einer Quadrille sind vier bis acht Damen mit ziemlich gleicher Reitfertigkeit, eventuell ebenso viele Herren und für diesen Zweck geschulte Pferde notwendig. Um ein gutes äußeres Erscheinungsbild zu erreichen, sollten die Pferde, was Typ, Größe und Farbe betrifft, zusammenpassen. Auch muss die Ausstattung der Reiter und Pferde darauf abgestimmt sein. Besonders wichtig ist die Persönlichkeit des Lehrers, welcher, technisch und choreographisch, der Leistungsfähigkeit seiner Reiterinnen angemessene Aufgaben einstudieren kann. Er muss zur Leitung geeignet sein, die erforderliche Autorität, Takt und Energie besitzen, um die Reiterinnen in jeder Hinsicht richtig unterstützen zu können.

Auf englischen Turnieren sind die Damensattelprüfungen eingeteilt in:

Hack classes (Reitpferdeklasse): Hier werden Ausstrahlung, Charme, Eleganz, Manier des Pferdes und seine Eignung zum komfortablen sicheren Reitpferd bewertet. Das Pferd muss im Reitpferde- oder Arabertyp stehen. Im Schritt muss es sich frei vorwärts bewegen, im Trab nicht zu viel Knieaktion zeigen und im Galopp gutes versammeltes Unterspringen sowie Tempowechsel zum starken Galopp. Die Pferde werden auch von den Richtern unter dem Sattel probiert.

Hunter classes (Jagdpferdeklasse): Das Pferd soll sich nicht als Showpferd präsentieren, sondern im Jagd- und Gebrauchspferdetyp stehen. Es soll Leichtigkeit ausstrahlen. Gewünscht wird langer, freier, raumgreifender Schritt. Die Trabaktion soll geschmeidig aus der Schulter kommen mit gutem Untertreten der Hinterhand. Sein

Galopp soll ein ruhiger Canter sein. Es muss gut aus dem schnellen Galopp aufzunehmen sein und möglichst an allem im Feld vorbeigehen. Die Pferde werden von den Richtern vom Sattel aus »angefühlt«.

Children Show Pony Classes (Ponyprüfung für Kinder): Für Kinder leicht zu reitende Ponys mit freier Vorwärtsbewegung sollen nicht überzäumt vorgestellt werden. Die Ponys müssen schöne, gut auszusitzende Bewegungen zeigen und dürfen nicht widersetzlich sein bzw. den Reiter abwerfen. Für 12,2 Hands (1 Hand = 4 Inches = 10,16 cm; 12,2 Hands = 123,95 cm = 1,24 m) und darunter wird kein Galopp verlangt.

Die Equitation classes (Reiterprüfung): Bewertet werden der korrekte Sitz und das »An-den-Hilfen-Stehen« des Pferdes. Das Pferd muss in den natürlichen Grundgangarten ausbalanciert und gerade sein. Die Pferde werden in dieser Prüfung nicht von den Richtern geritten, aber die Reiterinnen müssen auf- und absitzen, Pferdewechsel vornehmen und ohne Steigbügel und Reitschürze reiten.

Auf Horse-Shows in Nordamerika und Kanada gibt es außerdem: Costume, Western, Hunter und Park classes, Saddle Horse classes und Saddle Horse seat classes.

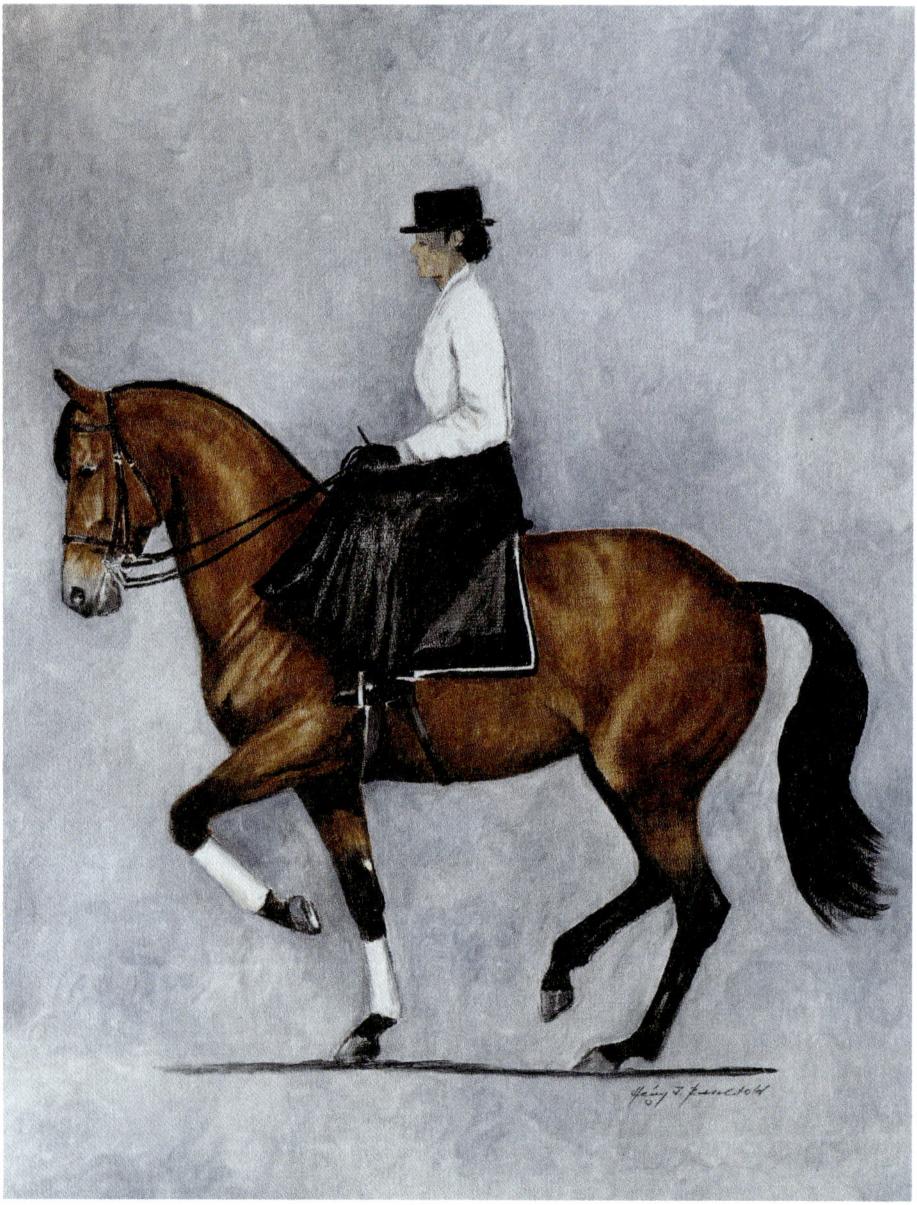

ABB.144: Sally-Ann in der Piaffe. Gemälde von Heinz J. Berchtold

VI
DIE HOHE SCHULE

Das Grundwissen über die Ausbildung von Reiter und Pferd, angefangen bei der Remontenausbildung über die Campagneschule bis zu den Lektionen der Hohen Schule, wurde in vielen Werken über die Reitkunst vielfältig und ausführlich beschrieben. Für das Erlernen und Reiten der *Hohen Schule* im Damensattel ist die Kenntnis einiger klassischer Reitlehren Voraussetzung, wie etwa G. Steinbrecht, *Das Gymnasium des Pferdes*, Bernhard Hugo v. Holleuffer, *Die Beschreibung des Reit- und Kutschpferdes in den Pilaren*, R. L. Wätjen, *Das Dressurreiten*, Waldemar Seunig, *Von der Koppel bis zur Kapriole*, und A. Podhajsky, *Die Klassische Reitkunst*.

Beginnend mit den Worten Wätjens, möchte ich den Begriff Hohe Schule einleitend nochmals verdeutlichen:

> *»Hohe Schule ist Reitkunst in ihrer höchsten Vollendung, sofern sie nach den klassischen Grundsätzen über den Weg der elementaren Dressur ›Campagne-Schule‹, in methodisch und organisch durchgeführter Ausbildungsarbeit, das Pferd zur höchsten Leistung seiner natürlichen Anlagen bringt«.*

Reitkunst bedeutet nicht nur das Reiten der Hohen Schule, sie umfasst vielmehr drei wichtige Abschnitte. Dies legte auch schon 1898 Exzellenz von Holbein, Leiter der Spanischen Reitschule Wien, in seinen Directiven klar.

Im ersten Abschnitt geht es um das Reiten des Pferdes in natürlicher Haltung, ohne Versammlung in den drei Grundgangarten auf geraden Linien, denn schon das korrekte Reiten einer jungen Remonte in einem taktmäßigen und losgelassenen Schritt, Trab und Galopp, ist eine Kunst, die gelernt sein will.

Nur wenn die erste Ausbildungsphase richtig abgeschlossen ist, kann der nächste Abschnitt, die sogenannte Campagneschule, darauf aufgebaut werden. Sie ist die einzig richtige Vorbereitung zur Hohen Schule. Hier wird das Pferd in allen Gangarten, Wendungen und Touren im vollkommenen Gleichgewicht geritten. Durch systematische gymnastische Durchbildung werden dabei die Gehfreude und die naturbedingten Anlagen in Haltung und Gang gefördert, so dass sich die Glieder kräftigen und Sehnen, Bänder und Gelenke geschmeidig werden. Die Geschicklichkeit und Ausdauer des Pferdes werden erhöht und seine Aufmerksamkeit geweckt. Es sollen nur die natürlichen Gänge und Sprünge entwickelt und dem Pferd die dazu nötige Biegung in Rippenpartie, Hals und Ganaschen gegeben sowie die seinem Gebäude entsprechende Stellung von ihm verlangt werden.

Wenn dies alles erreicht ist, ist die Ausbildung in der Campagneschule abgeschlossen und es kann zum dritten Abschnitt übergegangen werden.

Hier wird das Pferd in vermehrter Aufrichtung und verstärkter Beugung der Hankengelenke, in Regelmäßigkeit, Geschmeidigkeit und Gehorsam in allen der Natur abgelauschten gewöhnlichen und außergewöhnlichen Gängen und Sprüngen geritten. Dies alles auf methodischem Weg zur Geltung und höchsten Vollendung gebracht, ist Hohe Schule. Sie ist ohne vorausgegangene Remonten-Ausbildung und Campagneschule einfach nicht denkbar, und in ihr werden diese drei Ausbildungsstufen zu einem Ganzen vereinigt.

Das vollkommen ausgebildete Schulpferd, welches sich durch verkürzte und erhabene Schulgänge, Gewandtheit und Ausdauer auszeichnet, muss also auch in freieren Gangarten zu gebrauchen und somit jederzeit ein gutes Campagnepferd sein.

Die Hohe Schule wird in Schulen auf und Schulen über der Erde eingeteilt.

Zu den *Schulen auf der Erde* gehören die nun in schulmäßiger Versammlung gerittenen Grundgangarten, Seitengänge, Paraden, fliegende Wechsel zu verschiedenen Tempi, Pirouetten, Piaffe, Passage sowie die Arbeit an der Hand und in den Pilaren.

Die Erhebungen auf der Hinterhand zählen schon zu den *Schulen über der Erde.* Als Vorübungen für die Schulsprünge bilden sie den Übergang von den Schulen auf zu denen über der Erde.

Die Lektionen dieser Schulen, außer den im Kapitel V. bereits beschriebenen, wie Seitengänge, Paraden, fliegende Wechsel und Pirouetten, sind hier im Folgenden erklärt und alles für den Damensattel besonders zu Beachtende ist hinzugefügt.

Der Schulschritt

Im Schulschritt muss das Pferd vollkommen versammelt, losgelassen und taktrein im erhabenen Schritt alle Figuren und Wendungen ausführen. Das Genick muss der höchste Punkt des Halses sein und der Nasenrücken soll an oder leicht vor der Senkrechten stehen. Der Schritt des Schulpferdes ist kürzer und erhabener als der des

Campagnepferdes. Vorbedingung für den Schulschritt ist die gefestigte elementare Ausbildung des Pferdes, ein zu frühes Üben würde seinen Gang beeinträchtigen.

Der Schulschritt wird zuerst in kürzeren Reprisen und vor dem Übergang in eine höhere Gangart, später in längeren Abschnitten geübt. Auf die Regelmäßigkeit, Reinheit des Ganges und den Schritt nicht störende Hilfen ist besonders zu achten, da ohne sie keine ruhige Haltung und gleichmäßige Anlehnung zustande kommt. Neigt das Pferd dazu, hinter dem Zügel zu gehen, muss auf die hohe Versammlung im Schritt erst einmal verzichtet und zur Korrektur freier Schritt am Zügel geritten werden. Das korrekte Reiten aller Figuren, Wendungen und Seitengänge im Schulschritt ist eine gute Vorbereitung für die Trab- und Galopparbeit. Da ein korrekter Schritt nicht einfach zu reiten ist, in dieser ruhigen Bewegung jedoch auch manche Korrektur erfolgen kann, sollte dieser Gangart weit mehr Beachtung geschenkt werden, als es allgemein üblich ist.

Im Geradeaus achte man darauf, dass das Pferd genau auf der vorgeschriebenen Linie in Haltung, Stellung und korrekter Fußfolge in gleichmäßigem Tempo geht. Seitliches Ausweichen ist unbedingt zu vermeiden. Tritt das Pferd mit einem Hinterbein kürzer, so ist der Schritt sofort freier zu reiten, bis die korrekte Fußfolge wieder erreicht ist, und man sollte dann nicht zu schnell wieder eine hohe Versammlung verlangen. Bei den Seitengängen im Schritt dürfen nicht die geringsten Stockungen entstehen, die ein allmähliches unmerkliches Verhalten des Pferdes zur Folge hätten. Besonders wichtig ist, dass das Campagne- wie das Schulpferd jederzeit einen fehlerlosen, flüssigen Übergang vom verkürzten oder Schulschritt zum freieren Mittel- oder starken Schritt zeigt.

Der Schultrab

Der Schultrab ist die wichtigste Gangart der Hohen Schule, da er die Grundlage für alle anderen Gänge sowie für die Piaffe und Passagearbeit bildet. Bei der Ausbildung des Pferdes im Schultrab ist daher besonders auf korrekten Gang, Stellung, Biegung und Durchlässigkeit Wert zu legen. Durch den aus der gesetzten, federnden Hinterhand kommenden Schwung sind die taktmäßigen fleißigen Tritte des Schultrabs mehr nach vorwärts-aufwärts gerichtet.

Dieses weniger raumgreifende, aber erhabenere Treten nennt man Kadenz. Gespannte, schwebende Tritte, ein sogenannter Schwimmtrab, gelten als grober Fehler. Alle korrekt gerittenen Gänge und Übungen sind für das Pferd zuerst anstrengend. Daher sollte auch der Schultrab anfangs nur in kurzen und erst später in längeren Reprisen geübt werden. Damit der Fleiß erhalten bleibt, sind immer wieder Tempounterschiede zum Arbeits- und Mitteltrab einzulegen. Durch gelegentliches Wechseln in die Seitengänge wird vermehrte Durchlässigkeit erreicht.

Die Piaffe

Die Piaffe ist eine Übung, bei der das Pferd in höchster Versammlung in trabartigen Bewegungen mit diagonaler Fußfolge auf der Stelle tritt. Bei idealer Ausführung der Piaffe tritt das Pferd mit stark gebeugten Hanken deutlicher unter seinen Schwerpunkt, und die Last des Reiter- und Pferdekörpers wird vermehrt von der Hinterhand getragen.

Mit dem Genick als höchstem Punkt soll es bei relativer Aufrichtung leicht am Zügel stehen. Der Schwung aus der Hinterhand soll über den locker schwingenden Rücken in federnden, aufwärts gerichteten erhabenen Tritten zum Ausdruck kommen.

Die Hufspitze des senkrecht gehobenen Vorderbeins soll sich dabei in der Mitte der Röhre des stehenden Vorderbeins befinden. Die Hinterbeine sollen bis zur Fesselkopfhöhe klar vom Boden abgehoben und beim Auffußen senkrecht unter die Hüfte gestellt werden. Die tiefe Kruppe soll sich weich, fast unmerklich heben und senken.

> *»Nur die Piaffe, die durch korrekte, methodische und gymnastische Arbeit entwickelt worden ist, wird schön und harmonisch wirken und mühelos vom Pferd ausgeführt werden können, im Gegensatz zu den verkrampften Tritten, die von gequälten, mit Gewalt dressierten Pferden gezeigt werden.«* (Wätjen)

Bei der Piaffarbeit lernt das Pferd, die Hinterhand zu biegen, unterzuschieben und sich zu setzen. Sie ist Voraussetzung für sämtliche Schulen auf und über der Erde.

Es bedarf langer systematischer Arbeit mit viel Gefühl und Sachkenntnis, bis man ein Pferd so weit geschult hat, dass es eine schöne, schwungvolle Piaffe zeigt.

Um das Pferd vom Damensattel aus zu piaffieren, muss es gut am Kreuz stehen, d. h. leicht auf eine verstärkte Gewichtshilfe nach vorne gehen. Aus Erfahrung empfehle ich, die Piaffe nicht gleich auf der Stelle auszuführen, sondern anfangs dabei leicht vorzurücken. Sehr wichtig ist auch die feine Abstimmung auf die Gerte, welche rechts an Stelle des vortreibenden Schenkels liegt. Gleich von Anfang an soll sie vom Pferd so akzeptiert werden, dass gelegentliches Antippen genügt, um den Fleiß und das Vorwärts zu erhalten. Es sollte so lange freiwillig mit schwungvollen Tritten gleichmäßig piaffieren und weder zurück- noch vordrängen, bis die Reiterin durch Halten oder Anreiten die Übung beendet. Dies erreicht man, indem man das Pferd in kurzen Reprisen energisch treten lässt, die Übung nicht andauernd verlangt, gelegentlich aber auch längere Piaffetouren fordert. Beim Piaffieren auf der Stelle muss so viel Vorwärts in der Bewegung sein, dass das Pferd mit den Hinterbeinen nicht seitlich ausweicht. Durch zu viel Treiben rechts mit der Gerte kann es passieren, dass das Pferd mit dem rechten Hinterbein höher tritt und das linke hängenlässt.

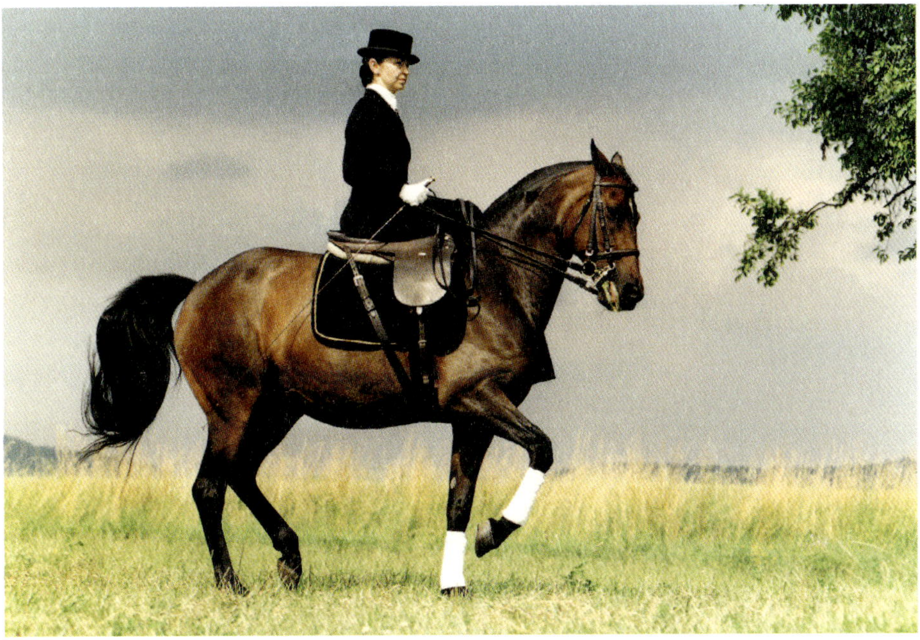

ABB. 145: Die Verfasserin auf Sally-Ann in der Piaffe, Foto D. Schneider

Daher muss darauf geachtet werden, dass man ganz gerade bleibt und nicht nur rechts mit der Gerte touchiert, sondern auch den linken Schenkel, oder gar die Gerte gelegentlich links einsetzt.

Fehlerhafte Haltungen sind ein Wegdrücken der Hinterhand mit durchhängendem Rücken (was auch durch einen zu langen Damensattel kommen kann, der mit zu viel Gewicht auf die Nierenpartie drückt) sowie ein Kriechen der Hinterbeine unter den Körper und damit zu starkes Aufwölben des Rückens. In beiden Fällen müssen der Hals des Pferdes mehr vorgelassen und in freierem Tempo die korrekte Rückentätigkeit, Losgelassenheit und Balance verbessert werden. Ein Pferd, das sich in der Piaffe völlig loslässt, sich setzt und aufrichtet, wird alle kurzen Wendungen, Gänge und Paraden, die in der Hohen Schule geritten werden, leicht ausführen können.

Die Passage

Pferde präsentieren sich oft auf der Koppel im aufgeregten Zustand mit natürlichen Passagetritten. Diese einzigartig schöne Bewegung ist eine der ausdrucksstärksten Gangarten der Hohen Schule. Erst fast am Ende der Ausbildungszeit kann man diese erhabenen, schwebenden Vorwärts-aufwärts-Tritte in höchster Versammlung und Aufrichtung vom Pferd verlangen. Durch die lange Gymnastizierung in den verschiedenen Trabtempi, später im Schultrab und der Piaffe, haben die gesenkten, untergeschobenen Hinterbeine die höchste Trag-, aber auch Schubkraft entwickelt. In der Passage federn die diagonalen Beinpaare kräftig vom Boden ab und werden in der Schwebe gehalten. Der Schwung geht aber nur gering nach vorwärts, sondern vielmehr nach aufwärts, so dass wenig Raumgewinn zustande kommt. Ein seitliches Wegtreten oder ungleiches Untertreten der Hinterbeine sind fehlerhaft. *»Je mehr Nachschub das Pferd aus gewinkelter Hinterhand entwickelt, und je höher und rhythmisch schwingender es tritt, desto ausdrucksvoller und schöner ist dieser kadenzierte Schwungtritt«* (E. v. Neindorff). Ob die Passage aus dem versammelten Trabe oder aus der Piaffe entwickelt wird, ist von der Veranlagung des jeweiligen Pferdes abhängig. Ich habe es selbst erfahren und gelernt: Je korrekter ein Pferd in der Piaffarbeit vorgearbeitet und geübt ist, desto leichter wird es daraus Passagetritte entwickeln und desto ausdrucksvoller wird es sie ausführen. Wenn es in der Piaffe mit gleichmäßig weicher Anlehnung schwungvoll innerlich vorwärts tritt, muss man den Moment spüren, wann das Pferd den Punkt erreicht hat, in welchem es aus diesen gesetzten, möglichst auf der Stelle ausgeführten Piafftritten durch energisches Vortreiben in einige schwungvolle Passagetritte übergeht. Beim Erlernen der Passage ist nach zwei, drei dieser schwebenden Tritte die Arbeit sofort zu unterbrechen und das Pferd zu loben. So versteht es am deutlichsten, was von ihm verlangt wird. Die ersten Passagetritte sind für das Pferd eine große Anstrengung. Daher sind anfangs nur möglichst kurze Reprisen zu verlangen. Durch allmähliches Steigern des Trainings wird es später auch längere gleichmäßige Reprisen auf beiden Händen gehen. Im Hinblick darauf, dass es später unter dem Damensattel passagieren soll, muss ich darauf Wert legen, dass es auf ganz leichte Hilfen zur Passage ansetzt. Unter dem Damensattel sollte man das Pferd erst passagieren lassen, wenn es in dieser Lektion im Herrensattel vollkommen sicher ist. Die Reiterin muss sehr gerade sitzen und das Pferd gut am Kreuz halten. Es darf nicht zusammengeschraubt sein und sollte möglichst ohne Sporenhilfen geritten werden. Es sollte im Herrensitz bereits auf ganz leichte Schenkelhilfen aus der Piaffe fließend in die Passage antreten und im Laufe der Zeit die Passage selbst erhalten. Die Hand spielt dabei eine große Rolle, sie darf keinesfalls zurück wirken, sondern sie soll den Schwung des Pferdes auffangen und wieder so nach vorne herauslassen, dass es weder seitlich mit den Hinterbeinen ausweicht und schwankt noch aus der Passage in den Trab ausfällt. Losgelassenheit in der Passage zeigt sich in klarem Gang und gleichmäßigem Nachtreten der Hinterbeine. Die Schwierigkeit für das Pferd besteht zunächst darin, die Passage vom Schultrab zu unterscheiden. Häufig leidet der Schultrab anfangs durch das Passagieren, weshalb nach der Passagearbeit immer nochmals kurzer Schultrab geübt werden sollte.

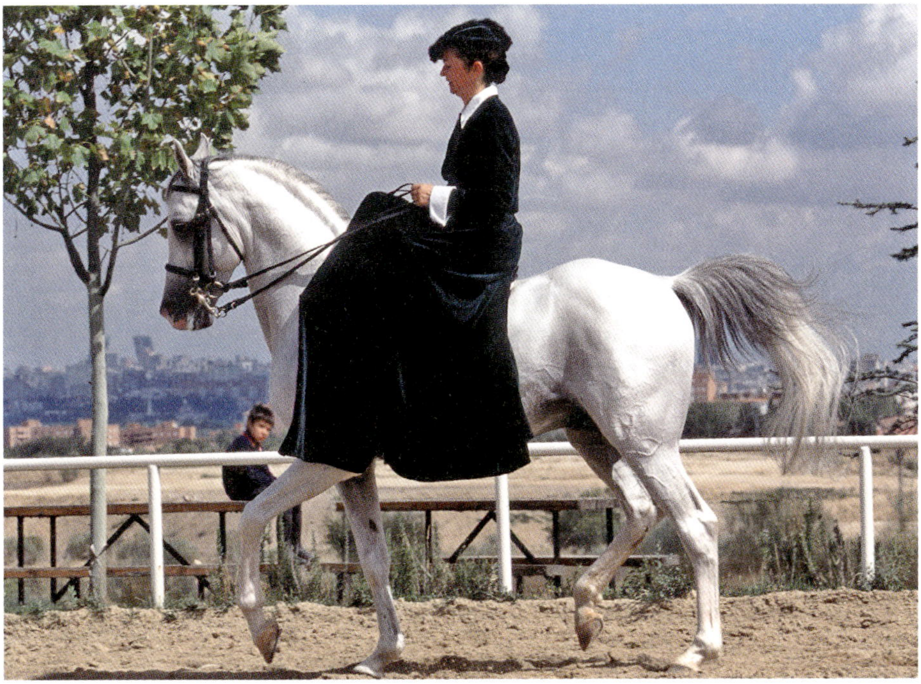

ABB. 146: Die Verfasserin auf Becarron in der Passage, Foto Luis Fuster

Die Pilaren

Ausführliche Erläuterungen über die Pilarenarbeit finden Sie ebenfalls in den zu Anfang des Kapitels erwähnten Reitlehren.

Von dem französischen Reitmeister Antoine de la Pluvinel angeblich um 1600 erfunden, war die Pilarenarbeit früher weit verbreitet. Die Pferde wurden in der Piaffe zwischen zwei, oft auch an einem Pfeiler, etwa im kurzen Galopp gearbeitet. Die Spanische Hofreitschule in Wien, die Schule des Cadre Noire in Saumur, die Portugiesische Reitschule in Lissabon, die Königlich Andalusische Reitschule in Jerez und das Reitinstitut E. v. Neindorff in Karlsruhe sind die einzigen Institute, in denen Pferde heute noch zwischen diesen Pfeilern gearbeitet werden. Auch die Kavallerieschule in Hannover und die Eidgenössische Militär-Pferde-Anstalt in Bern verfügten zur Zeit ihres Bestehens über Pilaren.

Die Höhe der Pilarenpfeiler beträgt 2,25 m. Der Pfostenabstand ist unterschiedlich und liegt zwischen 1,20 m und 1,50 m. Der engere Abstand ist zweckmäßiger, da das Pferd so besser eingerahmt wird, sich bei einem Ungehorsam nicht so leicht umdre-

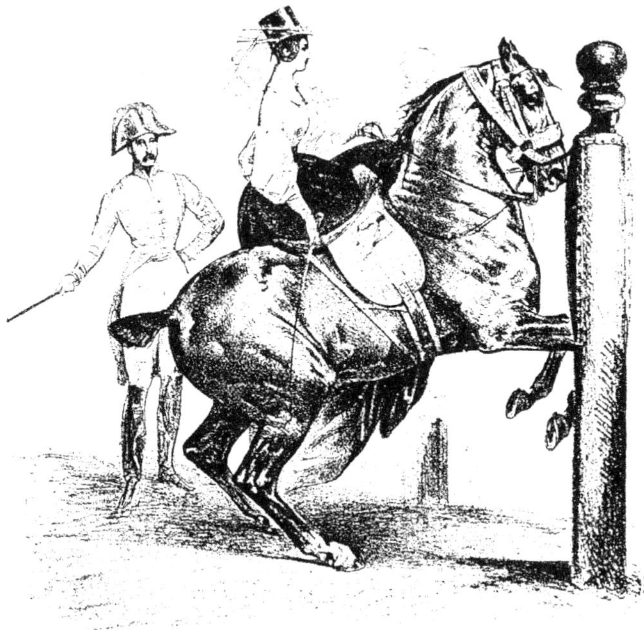

ABB. 147: Während das fortgeschrittene und schon selbständig auf der Stelle piaffierende Pferd zwischen den Pfeilern arbeitete, diente dies oft gleichzeitig als Sitzschulung für die Reiter und früher auch für die Reiterinnen im Damensattel. Sitzübungen auf piaffierenden oder levierenden Pferden vermitteln das feinste Gefühl. Die Abbildung zeigt eine Elevin des Monsieur Pellier in der Levade.

hen und sich zwischen den Pfeilern verkeilen kann. In den Reitbahnen der genannten Institute sind die Pfeilerabstände zum Teil größer, da dort manchmal auch schräg durchgeritten wird.

Für die Arbeit in den Pilaren sind an beiden Pfosten Pilarenzügel zum Einhängen des Pilarenhalfters befestigt. Zu dem Zweck sind auf der Innenseite der Wiener Pilaren in 1,05 m bis 1,75 m Höhe vier Ringe übereinander angebracht. Die Pilaren des Karlsruhers Instituts sind gepolstert, ebenso wie die Pilaren in Saumur. Um das Polster herum liegt ein in der Höhe verstellbarer Riemen, an dem die Pilarenzügel festgemacht werden.

In der gedeckten Reitbahn (Reithalle) werden die Pilaren rechts und links der Mittellinie in der Zirkelmitte aufgestellt, so dass sie die Hufschlagfiguren nicht stören. Da das Pferd sowieso gewohnt ist, auf der Mittellinie geradeaus zu gehen, wird somit sein Geradestellen zwischen den Pfeilern erleichtert.

Die sorgfältige Vorbereitung des Pferdes erfolgt bei der Arbeit an der Hand. Hier lernt es die Piaffe zuerst in Vorwärtstritten an der Wand. Später wird es von zwei

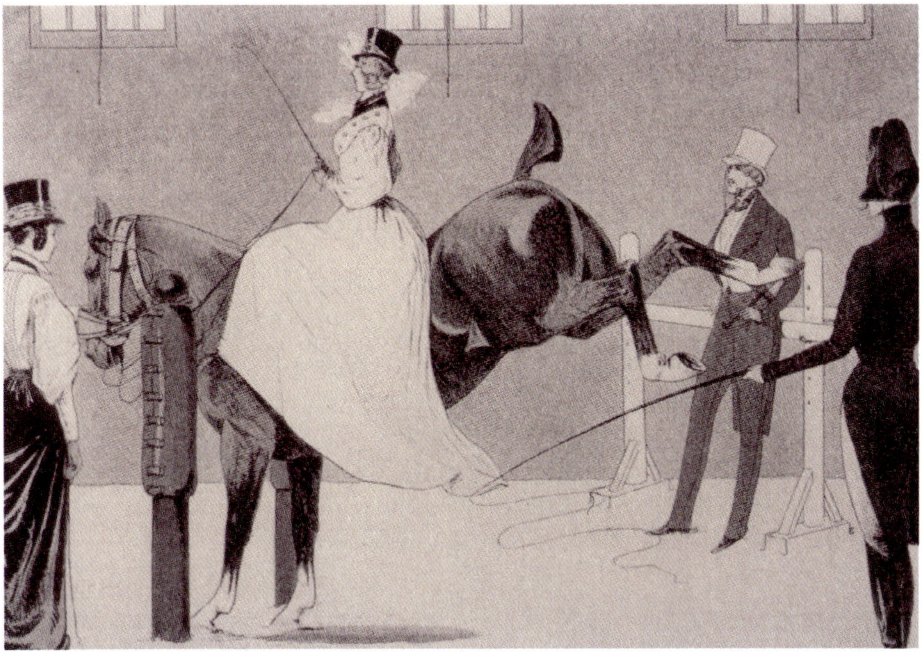

ABB. 148: Reitschule Pellier, Pferd in der französischen Croupade zwischen den Pilaren

Bereitern, den sogenannten »lebenden Pilaren«, an zwei Longen rechts und links geführt und ohne Wandanlehnung piaffiert, erst im Vorwärts, dann immer wieder auch zwischen den Pilaren auf der Stelle. Erst wenn das Pferd genügend Kraft, Losgelassenheit und den entsprechenden Versammlungsgrad erreicht hat, vertrauensvoll und locker auf der Stelle piaffiert, kann es mit dem Pilarenzaum zwischen den Pfeilern an den Pilarenzügeln festgemacht und dort piaffiert werden. Durch Unkenntnis und Selbstüberschätzung kann die Arbeit in den Pilaren auch schnell in Gewaltexzesse ausarten. Aus diesem Grund sollte Pilarenarbeit nur von dafür ausgebildeten Fachleuten praktiziert werden!

Der Schulgalopp

Der kürzeste Bewegungsablauf im Galopp zeigt sich im Schulgalopp. Er ist die Grundlage für alle Galopplektionen der Hohen Schule und ist wesentlicher Bestandteil der Vorbereitungsarbeit für die Schulen über der Erde.

Die Annäherung an den Schulgalopp dauert fast die ganze Ausbildungszeit, er wird erst zu deren Ende aus dem gut versammelten Galopp entwickelt. Schulgalopp unterscheidet sich vom noch raumgreifender und freier gerittenen Campagnegalopp (verkürzter Arbeitsgalopp) durch kürzere, erhabenere Sprünge, vermehrte Aufrichtung, Hankenbiegung und Unterschieben der Hinterhand.

Sehr wichtig ist, dass das Tempo gleichmäßig geritten wird und, so kurz das Pferd auch galoppiert, der Schwung und klare Dreitakt des Galopps möglichst erhalten bleiben. So kann ich, etwa vor einem Schulsprung, den Schulgalopp zu so kurzer Galoppade entwickeln, dass mein Pferd nur noch mit geringem Raumgewinn vorrückt, wobei die Fußfolge die Grenze zur Viertaktbewegung erreicht und vor dem Absprung in eine Terre-à-Terre-Bewegung übergeht.

Da dieses kurze, ausdrucksvolle Galoppieren sehr anstrengend für das Pferd ist, kann man von ihm anfangs nur sehr kurze Reprisen verlangen, beginnend mit vier bis sechs Galoppsprüngen, in ein bis drei Wiederholungen. Großer Wert ist dabei auf leichtes Angaloppieren und feinstes Reagieren auf die Hilfen zu legen. Wichtige Faktoren dafür, wie weit ich den Galopp verkürzen kann, sind für mich die physische Kraft und Ausdauer sowie Gebäude und Galoppmechanik des einzelnen Pferdes.

Das Wichtigste ist, dass mein Pferd freiwillig mitarbeitet und seinen Schwung und Fleiß erhält.

Im Damensattel sitze ich dabei ruhig und gerade und achte auf genügend Körperspannung meiner Rücken- und Bauchmuskulatur. Dabei liegen links meine Wade und rechts der Ersatzschenkel flach am Pferdeleib an. Im Damensattel muss allein mein Anspannen des Kreuzes genügen, um die Vorwärtsbewegung und die Galoppsprünge kurz, gerade und gesetzt zu erhalten. Im Schulgalopp darf das Pferd weder im Geradeaus noch in Wendungen die Hinterhand hereinwerfen. Tut es dies, erweitere ich die Galoppsprünge, beschleunige also das Tempo leicht, bis es wieder schwungvoll gerade geht.

Die Schulen über der Erde

Die Erhebungen des Pferdes auf der Hinterhand wie die Pesade, die Levade, Terre-à-Terre und Mézair sowie die verschiedenen Schulsprünge Croupade, Courbette, Ballotade und die Capriole bezeichnet man als Schulen über der Erde. Die Schulung in diesen Übungen bildet den Höhepunkt und Abschluss der Ausbildung eines Schulpferdes und Schulreiters. Nur wer sein Pferd nach den Grundsätzen und Regeln der klassischen Reitkunst systematisch gymnastisch durchgebildet hat, kann dann aufgrund der erreichten hohen Durchlässigkeit und der vorhandenen natürlichen Veranlagung seines Pferdes die höchste Dressurstufe, das Reiten von Schulsprüngen, erreichen.

In früheren Zeiten gehörten sie vor allem zur Ausbildung eines guten Kriegs- und Prunkpferdes. Je besser ein solches Pferd gymnastiziert und durchgeritten war, desto eindrucksvoller konnte sein Reiter mit ihm glänzen.

In der griechischen Reiterei um 400 v. Chr., der Ära Xenophons, sollte sich ein Staats- und Paradepferd tief in den Hanken beugen, seine Hinterhand weit unter den Körper setzen können, um sich mit der Vorhand zu heben. Einen stolzen Geist und starken Körper, biegsame Hanken und eine kurze starke Lende (vor allem in der zwischen den Seiten und Hüften zur Flanke hin liegenden Partie) bezeichnete Xenophon als wichtigste Eigenschaften.

> *»Auf solchen Pferden werden selbst Götter und Heroen reitend gemalt, und die Männer, die gut mit ihnen umzugehen wissen, sehen prächtig aus. Und in der Tat ist ein solches Pferd, was sich hebt, etwas so Schönes, Bewunderns- und Staunenswürdiges, dass es aller Zuschauer Augen, sowohl jüngere als ältere, auf sich zieht.«*

So weit der Reiter und Krieger Xenophon, dessen Reitanweisungen sich als einzige aus dem Altertum erhielten. Alle anderen verwehte die Geschichte, die Reitkunst war für lange Jahrhunderte auf ungeschriebene Tradition angewiesen.

Erst in der Zeit der Renaissance tauchten in den Reitregeln (1552) des Neapolitaners Federico Grisone erstmals wieder Aufzeichnungen über schulmäßige Erhebungen und Sprünge auf. Als noch ausschließlich mit Hieb- und Stichwaffen gekämpft wurde, war es möglich, dass im Einzelgefecht Pferde, die sich auf der Hinterhand erheben ließen, ihrem Reiter den Vorteil verschafften, dem Gegner auszuweichen oder ihn besser mit der Waffe zu treffen. Mit Erfindung der Handfeuerwaffe war diese Ausbildung des Pferdes für den Nahkampf sinnlos geworden. Angeblich sollten die Pferde durch Heben der Vorhand die dem Reiter geltende Kugel abfangen. So beschreibt es auch Alexandre Dumas in seinem Roman *Zwanzig Jahre nachher*. Ich halte dies für unrealistisch, denn beim Aufprall der Kugel konnte das Pferd auch nach hinten stürzen und seinen Reiter erschlagen und wohl kaum hat man so wertvolle Pferde so schnell geopfert.

Auch mit den Kampfsprüngen, der Capriole (von ital. capra, die Ziege oder capriolo, der Rehbock), bei der das Pferd waagerecht hochspringt und mit beiden Hinterbeinen kraftvoll ausstreicht, oder mit der steil nach oben gesprungenen Courbette (Bogensprung), konnte sich der Reiter im Gefecht nachhaltig von seinen Widersachern befreien. Für die Truppe, also die Masse der Reiter, war dies jedoch kaum durchführbar.

Die Erhebung auf der Hinterhand wurde zu damaliger Zeit Posata, von posare, sich setzen, genannt. Später wurde daraus Pesade, von pesare, wiegen. Heute nennen wir die schulgerechten Erhebungen auf tief gesetzter Hinterhand Levade und verstehen unter Pesade eine steilere, meist noch mit weniger Hankenbeugung ausgeführte Erhebung. In der Saumurer Schule wird die Pesade dagegen als Courbette bezeichnet.

Nur in wenigen Instituten der Welt wie der Spanischen Hofreitschule in Wien, der Portugiesischen Reitschule in Lissabon, dem Cadre Noire in Saumur, der Königlich-Andalusischen Reitschule in Jerez, dem Reitinstitut Egon von Neindorff in Karlsruhe sowie von einigen Schülern dieser Lehrstätten werden heute die Schulen über der Erde noch traditionell gepflegt und erhalten.

Die Ausbildung und das Reiten der Schulsprünge erfordern vom Reiter nicht nur äußerste Konzentration, sondern vor allem, wenn die Pferde größer und schwerer sind, auch sehr viel Kraft. Nicht jedes Pferd eignet sich zum Levadeur oder Schulspringer, und es sollte nur den Sprung erlernen, zu dem es die Anlagen hat. Ebenso verhält es sich mit den Reiterinnen und Reitern, von denen nur wenige das Talent und die Courage besitzen, diese Schulen zu reiten.

In den erwähnten Instituten werden die Schulspringer daher sicher nicht nur der militärischen Historie wegen nur von männlichen Bereitern ausgebildet und vorgestellt. Obwohl in der Militärreitschule Saumur seit Jahren auch Frauen zu den Reitern des Cadre Noire gehören, werden die großrahmigen Springer in der Surprise des Sauteurs meiner Meinung nach auch des höheren Krafteinsatzes wegen nur von Männern geritten. Ich denke dabei auch an die Einrahmung mit den Unterschenkeln, damit das Pferd im Sprung gerade bleibt.

Im 19. Jahrhundert traten in den europäischen Zirkussen vereinzelt auch Frauen im Damensattel in den Schulen über der Erde in Erscheinung.

In Wien war meines Wissens nie eine Frau unter den Bereitern, und wenn, dann nur selten als Gastschülerin. Sie werden sich nun berechtigt fragen, meine Damen, weshalb man nun auch Frauen diese den Männern vorbehaltenen Übungen ausführen sieht. Etwas paradox erscheint es sicher, wenn eine zierliche Frau im Damensattel, der eigentlich ihre Weiblichkeit unterstreicht, einen solchen Kraftsprung demonstriert. Die Erklärung ist einfach. Das Reiten einer Levade oder eines Schulsprungs im Damensattel ist nichts anderes als die Demonstration der guten Ausbildung des von ihr gerittenen Schulpferdes, seiner Leichtigkeit, seiner Anständigkeit und seines Gehorsams, vor allem aber seines ungeheuren und unsichtbar gezügelten Temperaments, welches es in diesem Moment völlig der Reiterin unterstellt. Heißt es doch, dass Temperament, Leichtigkeit und Kraft die Merkmale eines guten Schulspringers sind. Allerdings beweist auch die Reiterin hier ihre Einfühlsamkeit, ihr Können und vor allem ihren Mut. Ein von einer Frau korrekt gerittener Schulsprung, ob im Herren- oder Damensattel, ist wohl ein deutlicher Beweis ehrlichen Reitens und wirklicher Reitkunst.

Als eine der wenigen Frauen hatte ich das Glück, bei meinem Lehrer Egon von Neindorff manches von den Schulen über der Erde zu erfahren. Auf seinen darin ausgebildeten Lehrpferden konnte ich die Übungen erfühlen lernen und beim Ausbilden weiterer Pferde Erfahrungen sammeln. Eine wichtige Voraussetzung ist, dass der Reiter das Pferd gut kennt und dass er vor allem von Lehrern, welche diese Lektionen auch selbst geritten sind, lernen kann. Der hohe Wert der Hebungen und

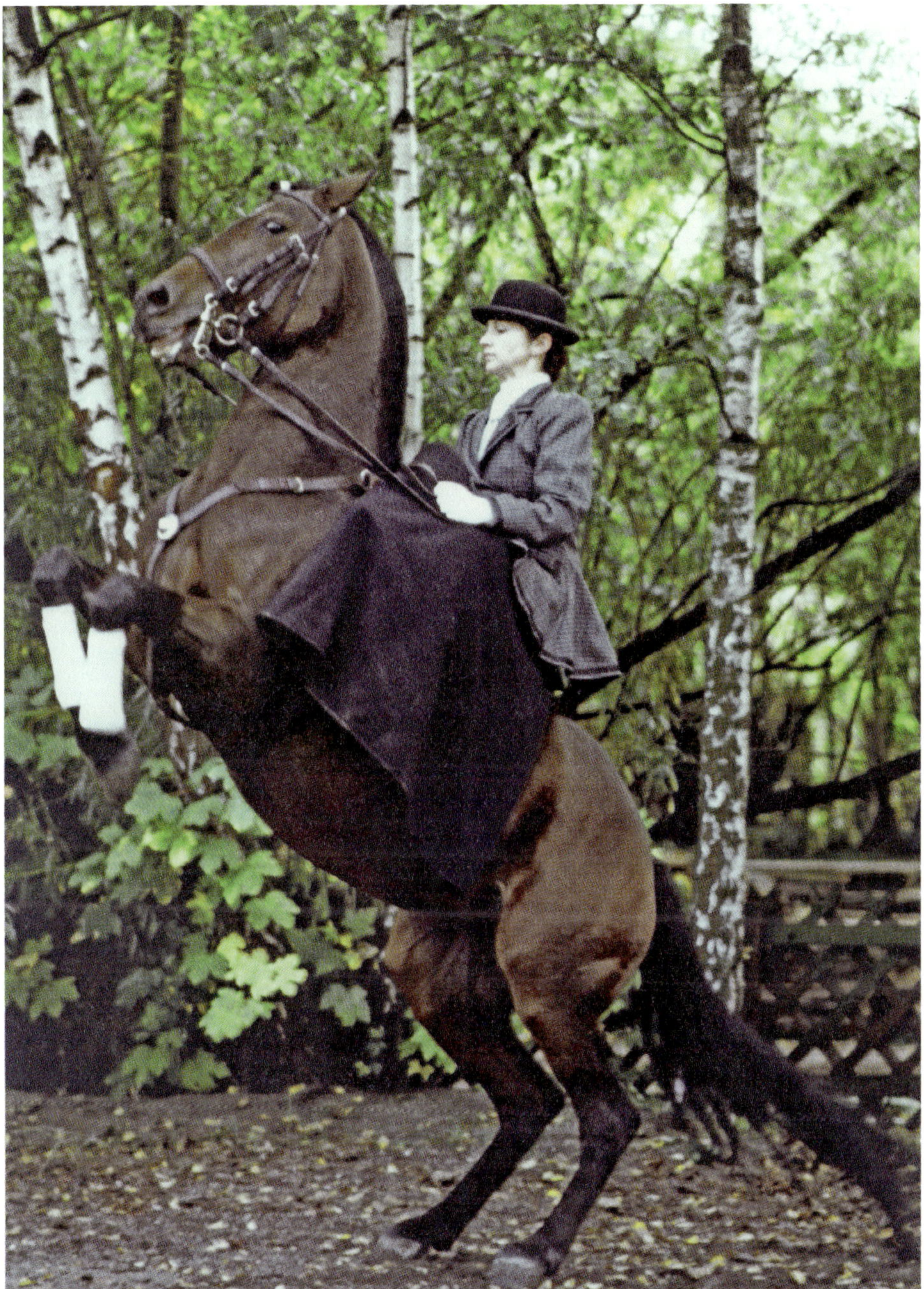

ABB. 149: Die Verfasserin auf Sally-Ann in der Pesade, Foto B. Herzner

Sprünge, was die Schulung von Gefühl, präzisem Einwirken und die Festigung des Sitzes angeht, ist nicht zu unterschätzen. Sie dürfen jedoch nie zu oft geritten werden, da sie eine große Konzentration und Anstrengung für das Pferd bedeuten.

Zu erleben, wie sich das in allen Dressurlektionen geübte Pferd eines Tages aus der taktmäßigen, lockeren Piaffe weich zur Levade erhebt und, anfangs mit einem Vorderbein noch am Boden antippend, um die Balance zu halten, sich auf der Hinterhand setzt, gab mir immer das Gefühl von Achtung und Ehrfurcht. Pferde sind sich in dem Moment selbst sehr bewusst, was sie können und leisten, freuen sich über das Lob, sind stolz und bemühen sich dann, es immer noch besser zu machen. Im Laufe der Zeit habe ich so viel Freude an dieser Schularbeit gewonnen, dass ich ihr treu geblieben bin.

Die Levade

Zu einer der natürlichen Bewegungen des Pferdes in Freiheit gehört das Steigen. Bei entsprechender Veranlagung kann man nach langer, geduldiger Ausbildungsarbeit im richtigen Moment von ihm diese Bewegung in kultivierter Form als Levade wieder abverlangen.

In der Levade setzt sich das Pferd in höchster Versammlung mit gut gebogenen Hanken und untergeschobenen Hinterbeinen auf die Nachhand, wo es sich mit angezogenen Vorderbeinen in der Balance hält. Die korrekte, jahrelange gymnastische Durchbildung schult es in Muskelkraft und Gehorsam so, dass es sich und das Gewicht des Reiters mit seiner dadurch gekräftigten Hinterhand vermehrt trägt. Bis es sich dann auf der Hinterhand zur Levade erheben und balancieren kann, bedarf es Zeit und Geduld.

Erst wenn die versammelnde Arbeit weit fortgeschritten ist und das Pferd an der Hand und unter dem Reiter sicher piaffiert, kann man beginnen, es in der Erhebung zu schulen.

Nicht alle Pferde sind für die Schulen über der Erde talentiert. Die Anlagen zur Levade oder zu den Sprüngen erkennt man meist im Laufe der Ausbildung. So zum Beispiel, wenn das Pferd in der Piaffe an der Hand zum vermehrten Unterschieben der Hinterhand bei gleichzeitigem Verhalten mit dem Führzügel gebracht wird und es dadurch den Versuch macht, die Vorhand anzuheben. Gerade wenn der Ausbilder schon frühzeitig die Anlagen des Pferdes erkennt, muss er geduldig abwarten und die Übung erst verlangen, wenn das Tier geistig und körperlich reif dafür ist.

Wenn sich ein Pferd spannt oder verhält und dabei leviert, darf der Reiter dies nicht annehmen, sondern das Pferd sollte zuerst nochmals vorwärts gehen und wieder gehorsam piaffieren, bis es locker wird. Verhält es sich, so ist es gut, vor und an

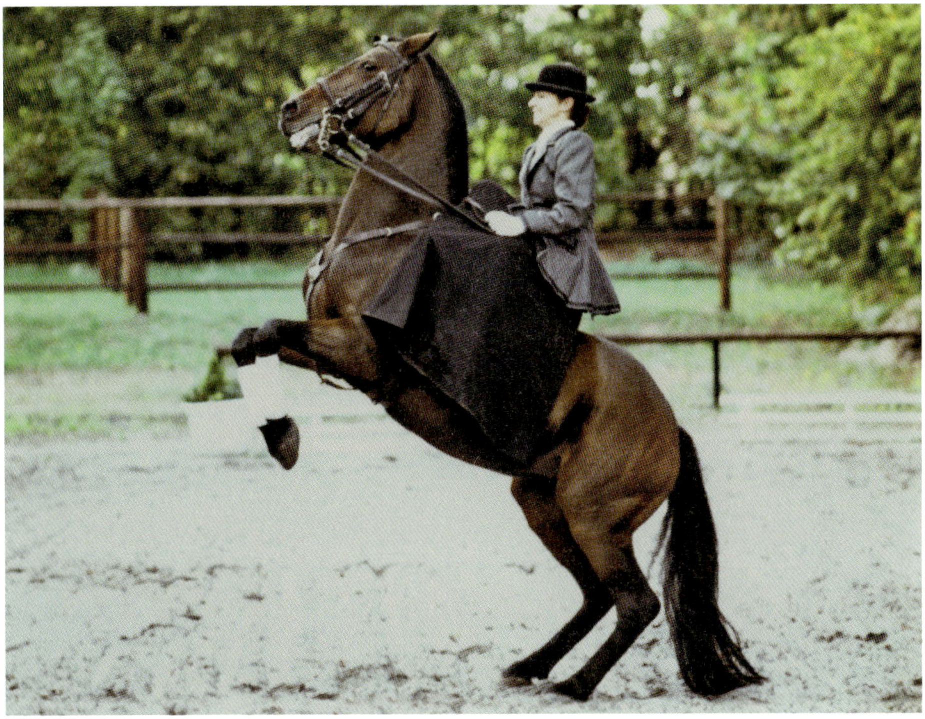

ABB. 150: Die Verfasserin auf Sally-Ann in der Pesade, Foto B. Herzner

die Hand bzw. den Führzügel heranzutreiben. Lässt man das Pferd nur einige Male die Übung eigenmächtig ausführen, wird es schnell lernen, sich dadurch den Hilfen des Reiters und der anstrengenden Vorbereitung zu entziehen.

Durch den Mangel an Balance, Müdigkeit oder geringe Körperspannung lassen manche Pferde die Vorderbeine hängen. Wichtig ist dann, diese nicht unbedingt sofort durch Touchieren zum Anziehen zu bringen, sondern auf vermehrte Losgelassenheit und ehrliche Versammlung vor allem in der vorbereitenden Piaffe zu achten.

Wird ein Pferd lediglich abgerichtet, vorne hochzugehen, und fehlt die gymnastische Vorarbeit, die für eine gesetzte Levade der klassischen Schule notwendig ist, so entsteht nur ein steiles Steigen mit steifen Hinterhandgelenken, bei dem das Pferd mit den Vorderbeinen paddelt oder diese nach vorne wegstreckt.

Manche Pferde könnten auch gleich vom Sattel aus leviert werden. Für die Kraftentwicklung der Hinterhand ist es jedoch besser, wie bei der Piaffe zuerst an der Hand ohne Reitergewicht zu beginnen. Ist es ohne Gewicht mit der Übung vertraut und hat Kraft und Balance verbessert, so braucht man einen geschickten, leichten Reiter, der zuerst passiv, ohne Zügeleinwirkung, aber mit aufrechtem Oberkörper und weich angelegten Schenkeln im Sattel sitzt. Das Pferd soll sich nun unter dem

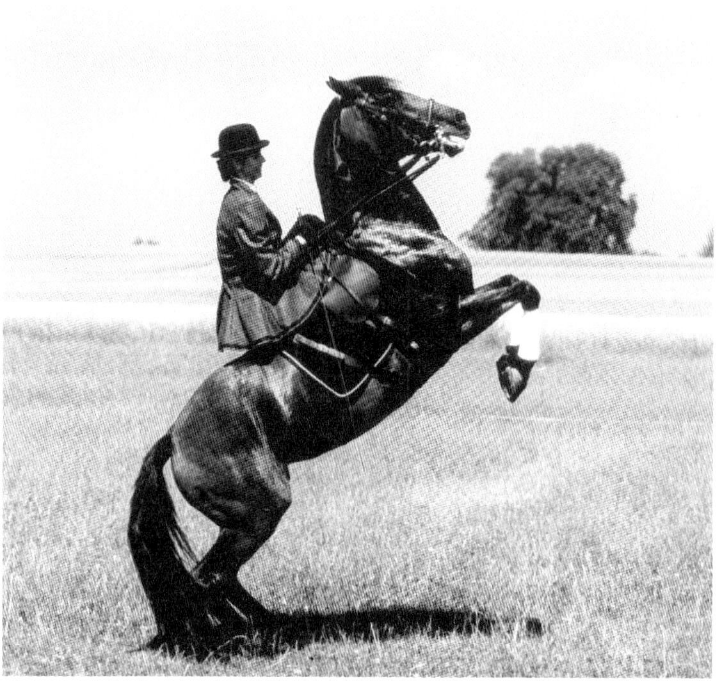

ABB.151:
a. Sally-Ann in der Pesade mit gut gebeugten Hanken, bei der Vorbereitung zur Courbette

Gewicht balancieren und seine Muskelkraft weiter verbessern. Erst wenn es hier sicher an den Hilfen steht, kann es auch unter dem Damensattel levieren. Hier sollte es die Hilfen zur Piaffe und zur Levade gut voneinander unterscheiden können. Aus der Piaffe sind etwas stärkeres Anspannen des Kreuzes und beidseitiges verwahrendes Anlegen der Schenkel sowie das leichte Annehmen beider Zügel die Hilfen zur Erhebung auf der Hinterhand. Wichtigster Grundsatz ist, nur das korrekt versammelte, völlig durchlässige Pferd, welches losgelassen piaffiert, levieren zu lassen. Je tiefer und je länger ein Pferd mit gebogenen Hanken in Denkmalspose auf der Hinterhand sitzt, desto schulgerechter ist die Levade. Man achte beim Beenden der Levade darauf, dass die Vorhand sich langsam senkt und das Pferd danach ab und zu nochmals einige Tritte piaffiert. Dies ist der Beweis des gut an den Hilfen und in vollkommenem Gehorsam stehenden Pferdes.

Terre-à-Terre und Mézair

Das Levieren mit Raumgewinn wird Terre-à-Terre genannt. Dazu wird aus dem Schulgalopp fast bis zum Halten pariert. Aus dieser Parade wird gleich die Erhebung der Vorhand eingeleitet und nach dem Senken der Vorhand wie zu einem neuen

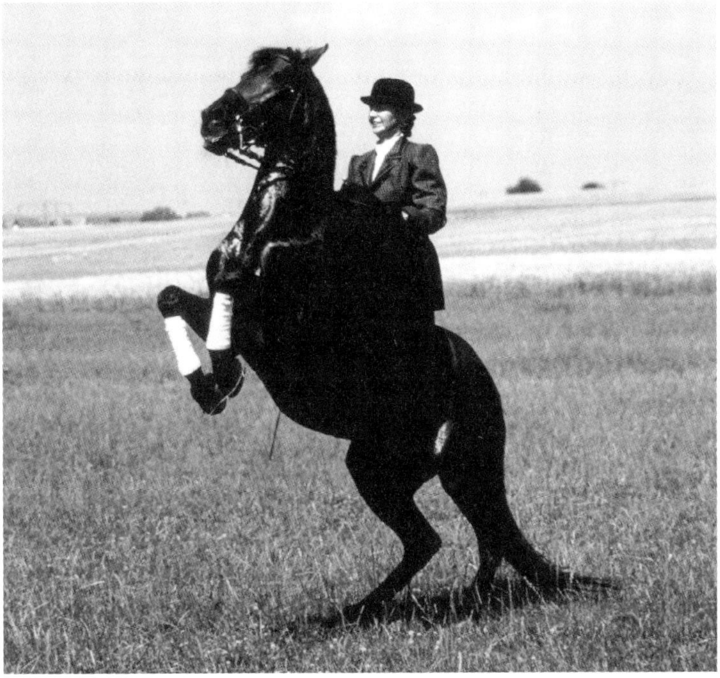

b. Levade mit tiefer Hankenbeugung, bei deutlich erhobener Vorhand, bereit zum Absprung

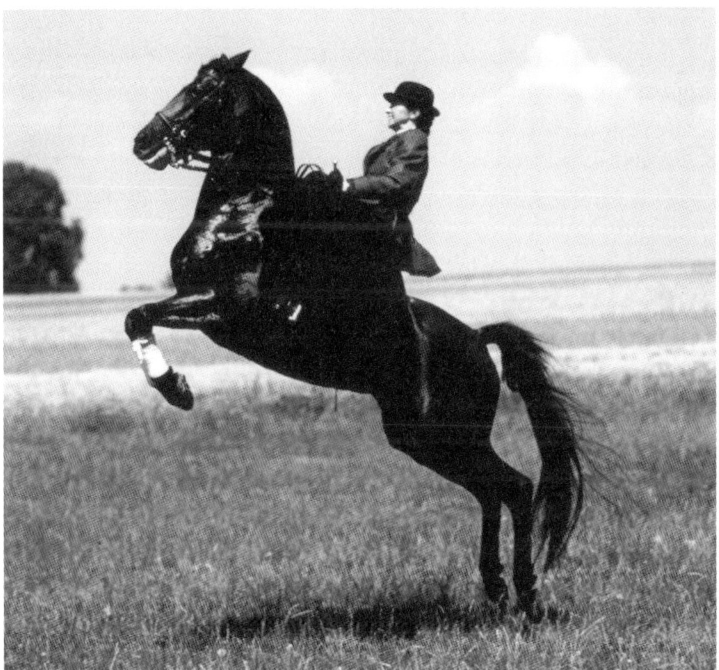

c. Aus der Erhebung gesprungene Courbette

Galoppsprung vorgetrieben. So entstehen fließend aufeinanderfolgende Sprünge im Zweitakt. Heben, Senken und Aufsetzen der Vorhand und sprungartiges Nachsetzen der Hinterhand und so fort. Der Reiter muss hierzu seine Hilfen zum Levieren und dem Nachspringen der Hinterhand so präzise einsetzen, dass das Pferd wie in einer Schaukelbewegung mehrere Terre-à-Terre-Bewegungen weich, ohne Stockung hintereinander ausführt. Terre-à-Terre ist die vorbereitende Übung zur Sammlung des Pferdes vor einem Schulsprung.

Mézair ist dieselbe Bewegungsfolge, nur, dass hier die Erhebung der Vorhand schon höher ist und das Pferd mit der Nachhand lebhafter vorspringt. Das Mézair wird auch als halbe Courbette bezeichnet.
Die Croupade ist ein Sprung, aus dem die Courbette entwickelt wird. Das Pferd springt hier noch nicht ganz so steil nach oben, zieht dabei die Hinterbeine unter den Körper und landet auch auf der Hinterhand wie bei der Courbette.

Das hohe Ausschlagen mit beiden Hinterbeinen, eine Übung der französischen Schule, wird ebenfalls als Croupade bezeichnet (s. Abb. 148). In der Ballotade zieht das Pferd kurz nach dem Abschnellen zwar die Beine an, zeigt jedoch die Sohlen der Hinterbeine, zeigt die Eisen nach hinten, als wollte es ausschlagen. Aus diesem Sprung kann die Capriole entwickelt werden. Wenn sich das Pferd bei diesen beiden Sprüngen in der Luft befindet, nähert sich der Rücken der Horizontalen.

Die Courbette

In der Courbette erhebt sich das Pferd wie bei der Levade mit angezogenen Vorderbeinen, springt im selben Moment mit den Hinterbeinen ab und setzt in der gleichen Haltung auf der Hinterhand wieder auf, ohne mit der Vorhand den Boden zu berühren. Diese Sprünge können ein- oder mehrmals aufeinanderfolgend ausgeführt werden. Bei der Ausbildung wird auch hier an der Hand begonnen. Die Voraussetzung ist, dass das Pferd in der Piaffe vollkommen geschult ist. Wenn es dann an der Hand aus der Piaffe durch entsprechendes Vortreiben zur Levade ansetzt, veranlasst man es durch Touchieren oberhalb der Sprunggelenke zum Ab- und Vorspringen. Am Führzügel muss so entgegengehalten werden, dass ein zu frühes Landen der Vorhand verhindert wird. Der ungeübte Reiter erlangt Gefühl, Mitgehen in der Bewegung und geschicktes Aussitzen der kraftvollen Sprünge auf einem erfahrenen Levadeur und Springer. Um das Pferd nicht zu stören, muss er seinen Sitz vollkommen beherrschen, seine Haltung in der Gewalt haben und Schenkel und Zügelhilfen völlig unabhängig voneinander einsetzen können. Bei der Courbette springt das Pferd vorherrschend auf den Druck der Schenkel ab. Die Zügelanlehnung soll dabei weich und federnd sein, und die Hand hält erst im Moment des Absprungs dagegen,

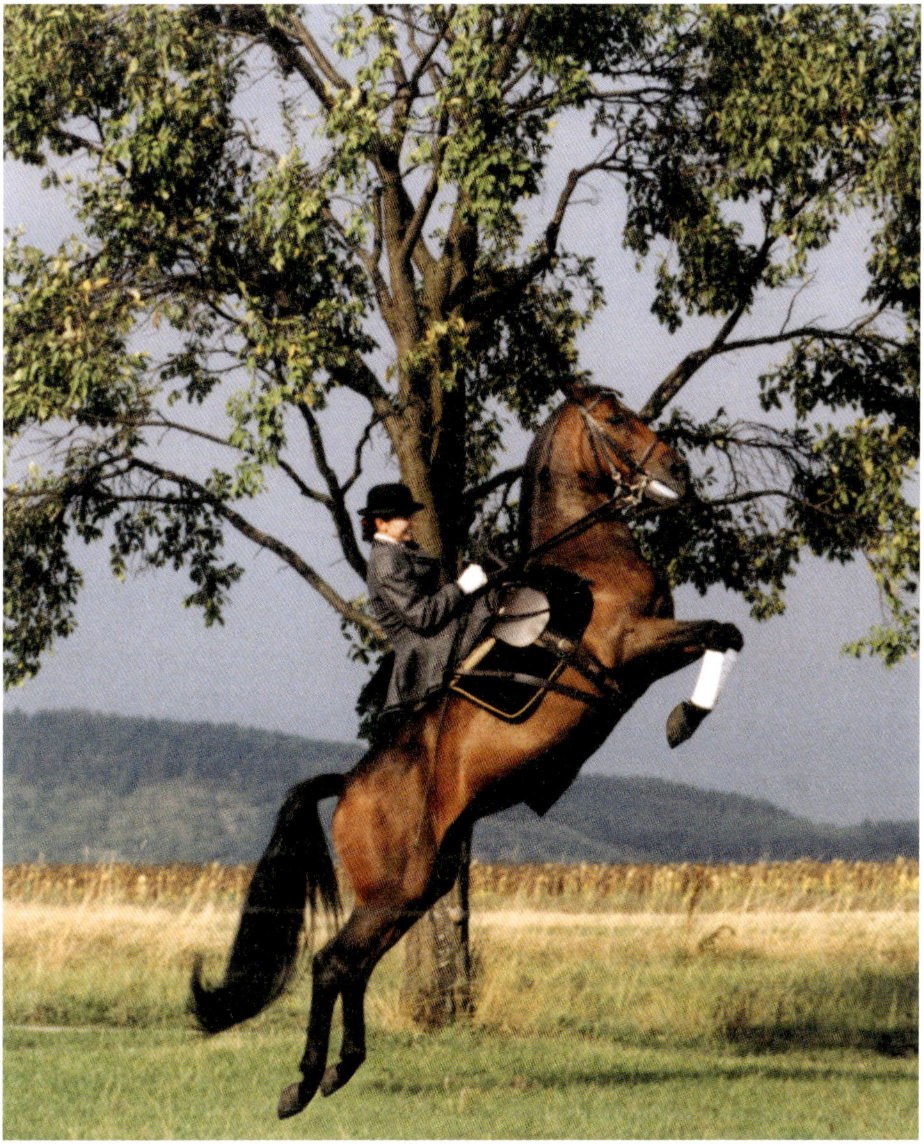

ABB. 152: Die Verfasserin auf Sally-Ann in der Courbette, Foto B. Herzner
Für die Courbette, einen der schwierigsten Schulsprünge, steht das Pferd in absolutem Sekundengehorsam. Völlig geradegerichtet springt es mit beiden Hinterbeinen kraftvoll vom Boden ab und landet wieder, ohne dass die Vorhand den Boden berührt. Dieser Sprung unter dem Damensattel, wo der Reiterin keine Einrahmung mit dem rechten Unterschenkel möglich ist, korrekt ausgeführt, beweist den unbedingten Gehorsam des Pferdes.

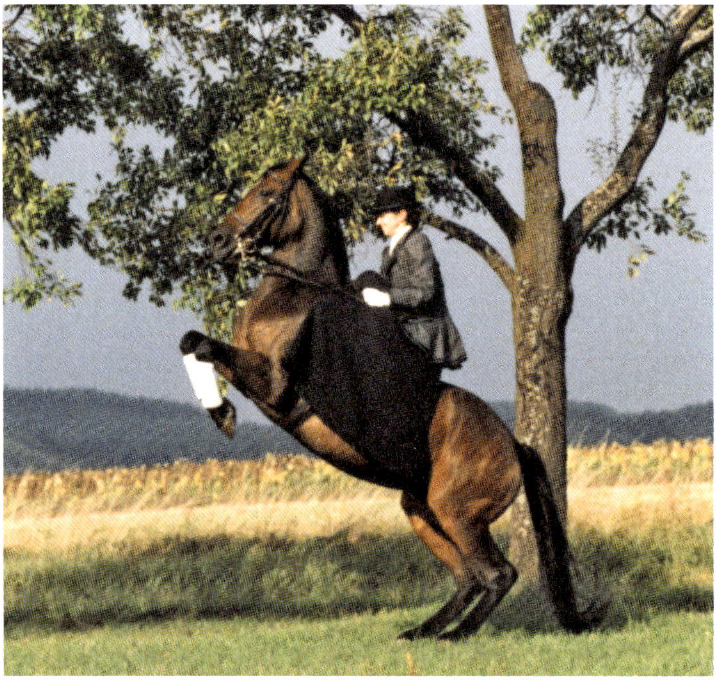

ABB.153:
a. Sally-Ann in der Pesade. Zu beachten ist die deutliche Hankenbeugung.

damit die Vorhand oben bleibt. Das Pferd soll immer auf gerader Linie nach vorne springen und darf vor allem unter dem Damensattel das Fehlen des rechten Schenkels nicht zum Ausbrechen nach rechts ausnutzen. Selbst wenn es gut gymnastiziert und gehorsam ist sowie im Größenverhältnis zur Reiterin passt, erreicht man bei einem Schulsprung doch unter Umständen die Grenzen der Kraftreserven. Höchste Konzentration und Losgelassenheit, aber auch gleichzeitig höchste Körperspannung und präzise eingesetzte Kraft sind notwendig.

Die meisten Schulspringer sind sehr temperamentvoll veranlagt, wissen schon bei der Vorbereitung, worum es geht, sind übereifrig und wollen springen. Der Reiter sollte deshalb Gefühl dafür haben, das Pferd vor dem Sprung mit den richtigen Übungen vorzubereiten und zu sammeln, um es dann, geistig und körperlich auf den Punkt gebracht, im richtigen Moment gleich einem gespannten Bogen abschnellen zu lassen. Je besser die Durchgymnastizierung und der Gehorsam des Pferdes, je kontrollierter die dabei freiwerdende Kraft, desto korrekter und präziser der Sprung.

Wenn das Pferd gegen die Hand drückt oder sich verhält, so ist die Übung auf keinen Fall zu reiten. Es muss erst den Rücken ganz hergeben und weich federnde Anlehnung nehmen, was durch Verstärkungen im Galopp, Übergänge zum kurzen Galopp, halbe und ganze Paraden sowie einige Tritte Piaffe erreicht wird. Lässt man

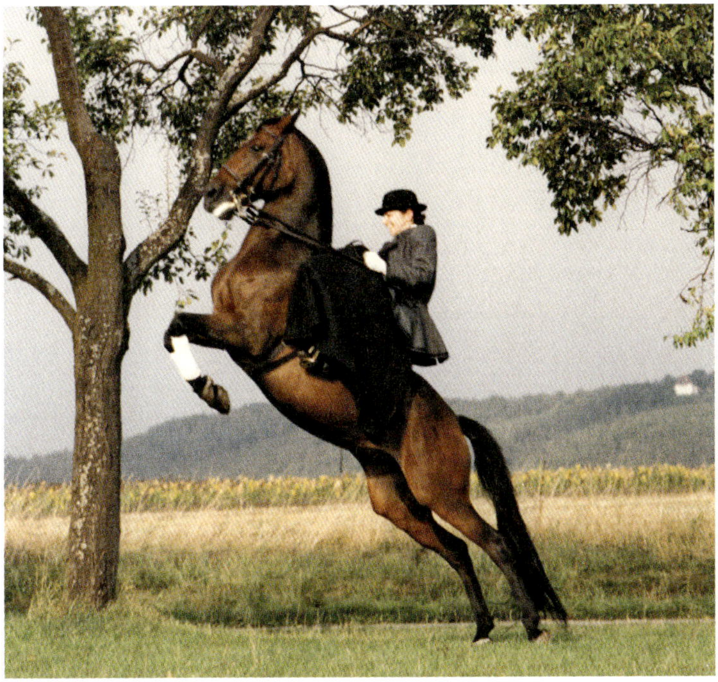

b. Die aus aus der Pesade entwickelte Courbette im Absprung

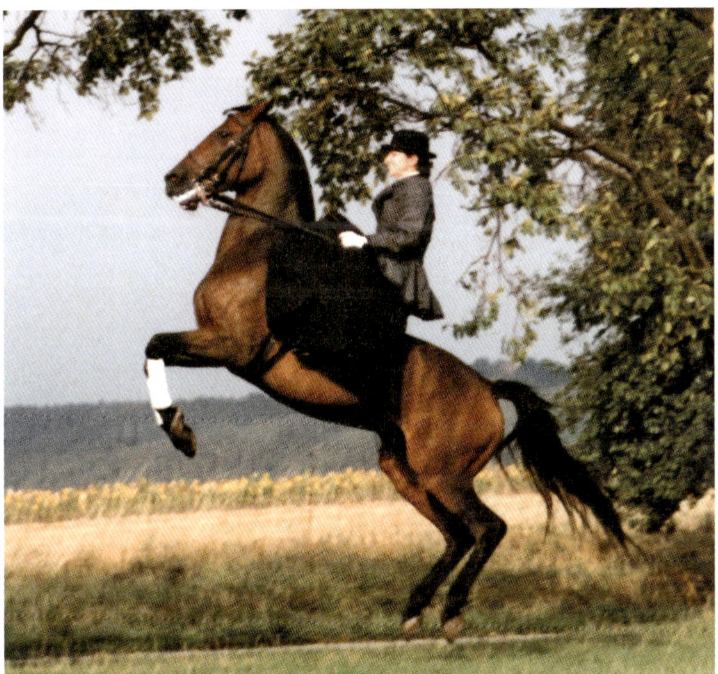

c. Courbette, Fotos B. Herzner

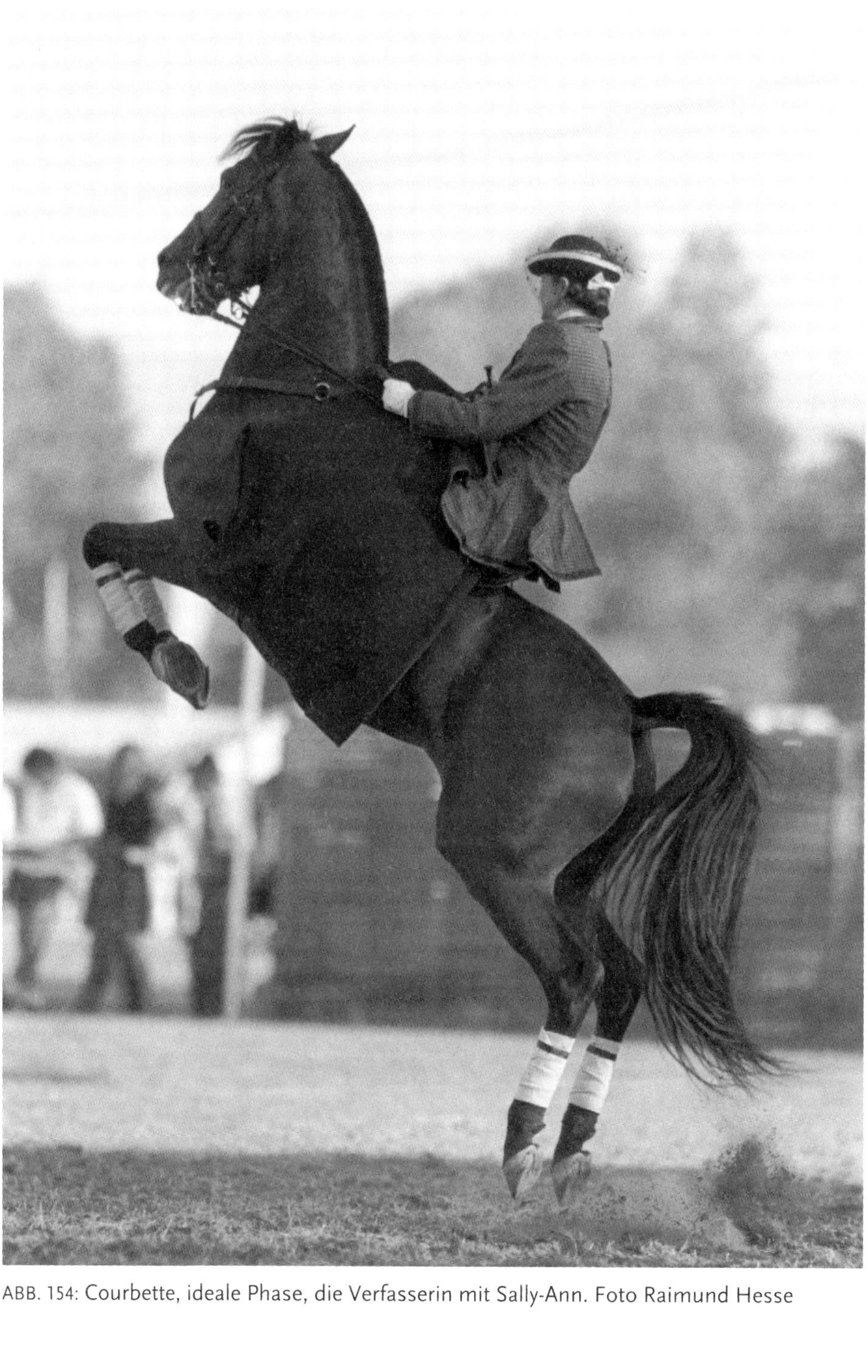

ABB. 154: Courbette, ideale Phase, die Verfasserin mit Sally-Ann. Foto Raimund Hesse

das Pferd nur einige Male gegen die Hand und die Hilfen springen, wird es sich schnell damit gegen den Reiter zu wehren wissen.

Hier das Beispiel einer Kombination von Gehorsamsübungen zur Sammlung des Pferdes vor dem Sprung: Schulgalopp, Parade zum Schritt, Piaffetritte, Schritt, Halten, einige Tritte zurückrichten, daraus im kurzen Tempo angaloppieren, starker Galopp, Schulgalopp, Schritt, Piaffetritte, Terre à Terre, Sprung, Landung, Piaffetritte, Zügel lang und loben.

Vor dem Sprung muss das Pferd stets gehorsam und losgelassen piaffieren. Je nach Veranlagung lässt man es aus dem Ansatz zur Levade oder aus ein bis zwei Terre-à-Terre-Bewegungen abspringen. Nach der Landung soll das Pferd, wenn der Reiter es wünscht, völlig ruhig wieder in die Piaffe übergehen können.

Abschließend merke man sich: Für das Reiten von Schulsprüngen muss die harmonische Zusammenarbeit zwischen Reiter und Pferd vollkommen sein. Notwendig sind absolutes Gefühl vom Reiter, um feinste Abstimmung auf Schenkel und Zügel, um Sekundengehorsam zu erreichen. Ich ritt diese Sprünge im Damensattel nicht zu oft und nur gut vorbereitet.

Die Capriole

Die Capriole wird auch Hirschsprung genannt und ist neben der Courbette der schwierigste Schulsprung. Das Pferd springt dabei mit angezogenen Vorderbeinen hoch und streicht in waagerechter Körperhaltung in der Luft mit beiden Hinterbeinen gleichmäßig aus. Die Landung erfolgt auf allen vier Beinen am Punkt des Absprungs. Für diesen Sprung sind besonders solche Pferde gut geeignet, die einen geschlossenen Körperbau, starken Rücken und eine kräftige Hinterhand besitzen. Außerdem müssen sie die Veranlagung haben, um auf ein bestimmtes Touché mit der Touchiergerte mit Ausschlagen (Streichen) zu antworten.

Die Ausbildung wird ebenfalls an der Hand begonnen. Das Pferd soll, wie bei der Courbette, mit angezogenen Vorderbeinen hochgehen und im Moment, wenn es sich zum Sprung abstößt, durch ein verschärftes Touché zum Streichen gebracht werden. Für diese Arbeit sind viel Ruhe und Geduld notwendig. Nach einem gelungenen Sprung muss die Arbeit sofort unterbrochen und das Pferd gelobt werden. Es darf nicht durch zu viel Springen überfordert werden. Nur so behält es die Ruhe und das Vertrauen zum Reiter und führt die Capriole im Gehorsam aus. Wichtig ist, dass das Pferd im Moment des Ausstreichens ganz waagerecht in der Luft ist, um auf allen vier Beinen landen zu können. Ist die Vorhand beim Streichen höher, so ist dies der geringere Fehler, denn die Landung wird von der kräftigeren Hinterhand

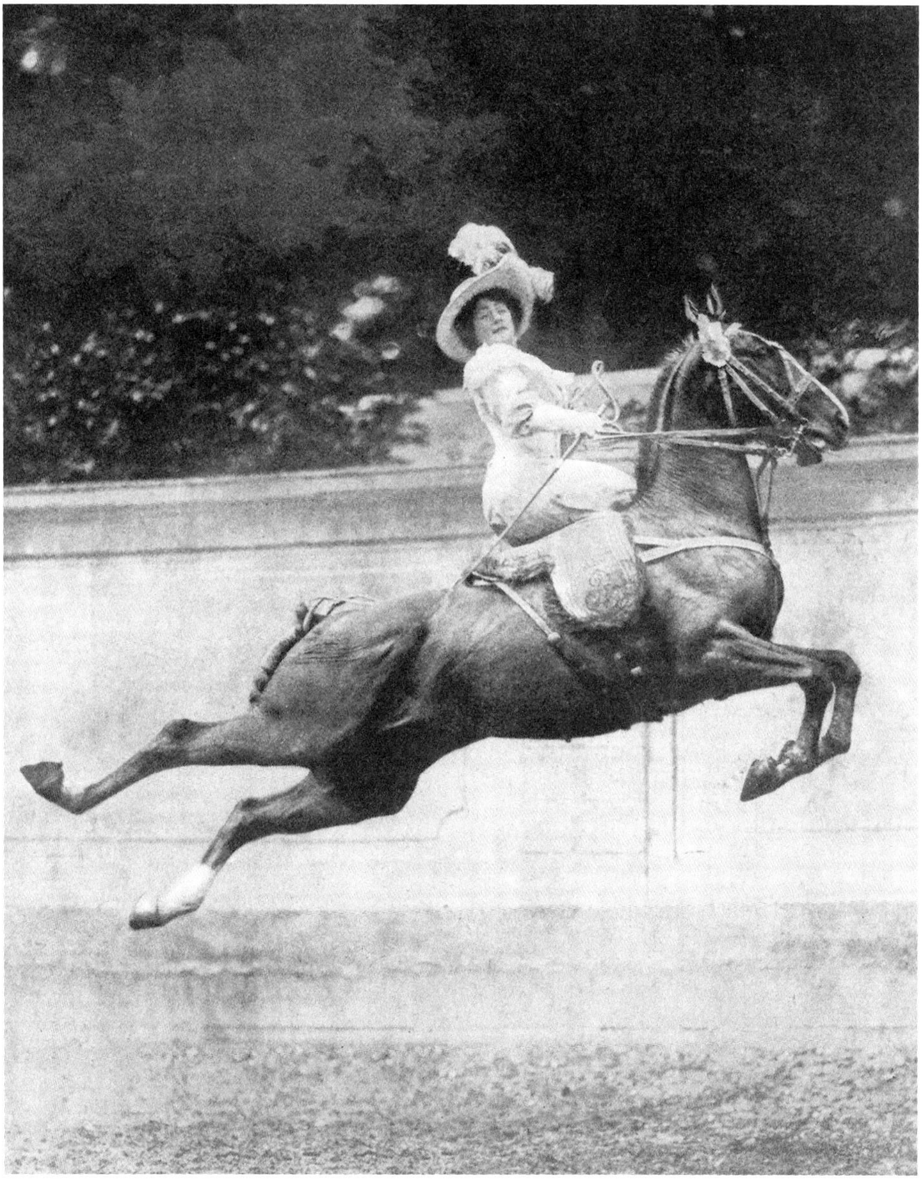

ABB. 155: Die französische Reiterin Blanche Allarty in der Capriole, im Cirque Molier, Paris, um 1900. Im Damensattel ist dieser schwierige Schulsprung eher besser zu sitzen als im Herrensitz. Damit aber das Geradebleiben des Pferdes im Sprung gewährleistet und erhalten wird, darf die Capriole im Damensattel nur gut vorbereitet und nicht zu oft verlangt werden, bzw. muss das Pferd zwischendurch immer wieder im Herrensattel geritten und caprioliert werden.

aufgefangen. Schlecht ist, wenn durch zu wenig Hochgehen die Vorhand tiefer ist und das Pferd nach oben schlägt. In dieser Haltung werden die Vorderbeine geprellt, da es mit dem ganzen Gewicht auf der Vorhand landet. Zur Korrektur ist dann nur das Hochgehen und erst, wenn es auf die verhaltende Hilfe wieder sicher hochspringt, erneut das Streichen zu üben. Es ist wichtig, dass die Sprünge immer gut vorbereitet und nur in kurzen Reprisen geübt werden, sonst kann das Pferd durch die Anstrengung widersetzlich werden.

An der Hand führt anfangs ein Bereiter das Pferd am Kopf, der andere das Pferd an der Longe mehr seitlich dahinter, um im richtigen Moment die Hilfe mittels eines Touché zu geben. Wenn das Pferd sicher springt, wird als nächstes unter einem leichten Reitergewicht geübt. Das gewaltige Hochschnellen und kraftvolle Ausschlagen des Pferdes erfordert einen festen, aber auch geschmeidigen Sitz des Reiters, der nicht stört und mit der Hand unabhängig einwirken kann. Das Pferd darf den Sprung nie von selbst, sondern immer nur an den Hilfen ausführen. Es ist absolut darauf zu achten, es nur aus einer guten, lockeren Piaffe und nachfolgenden Terre-à-Terre-Bewegungen heraus abspringen zu lassen. Eine gute Capriole ist nur gewährleistet, wenn sie das Pferd in völliger Ruhe und in absolutem Gehorsam sicher an den Hilfen ausführt. Einem fortgeschrittenen, kraftvollen Springer ist es möglich, bei richtiger Landung mehrere Capriolen nacheinander zu springen. Jeder Caprioleur oder Courbetteur muss für eine schulmäßige Ausführung dieser schwierigen Sprünge höchste Hankenbeugung und höchste Versammlung, also vollkommene Durchlässigkeit, erreicht haben.

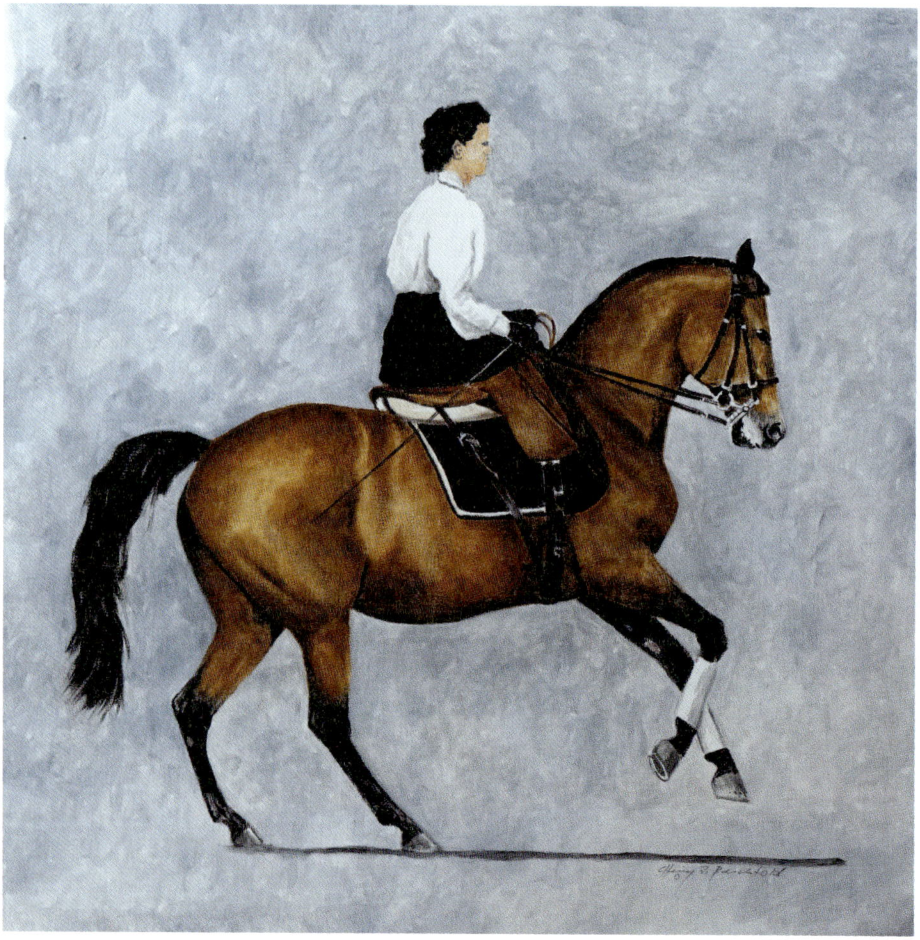

ABB.156: Sally-Ann im Mittelgalopp. Gemälde von Heinz J. Berchtold

VII
EINIGE MEINER PFERDE

Im Laufe meines Reiterlebens ritt ich hunderte Lehr-, Ausbildungs- und Korrekturpferde. Dabei lernte ich, dass jede dieser Pferdebegegnungen und die oft langjährige Arbeit mit ihnen wichtige Abschnitte auf meinem Weg waren und dass man nur mit ihnen, der korrekten Lehre und fähigen Lehrern zur wirklichen Reiterin wird.

Jedes dieser Pferde war sowohl mein Lehrer wie auch mein Schüler. Es brauchte Feingefühl und stellte mir die Aufgabe, für jedes den seiner Veranlagung entsprechenden Ausbildungsweg zu finden. Einige dieser Pferdepersönlichkeiten, mit denen ich eng verbunden war, wurden von mir auch im Damensattel geritten. Ihre Treue und ihre Leistungen mögen lebendig bleiben.

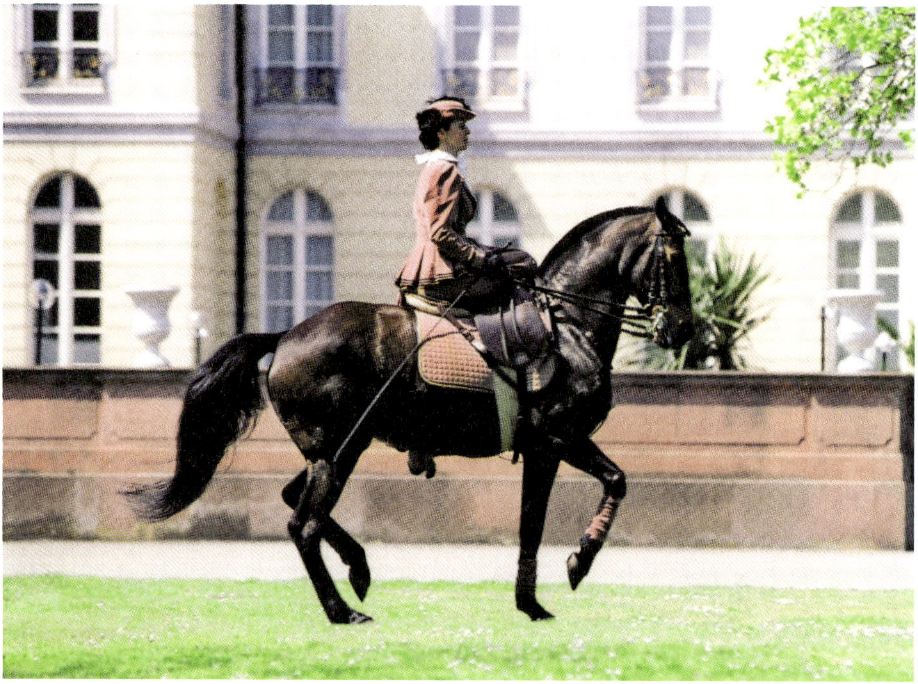

ABB. 157: Sally-Ann – Piaffe im Karlsruher Schlossgarten, Foto D. Schneider

Sally-Ann

Ihren Vater, den Welsh-Arab-Hengst *Sarnau Swift*, ritt ich bei der Hengstleistungsprüfung und auf ein paar ländlichen Turnieren. Für seinen schwebenden Trab, bei dem er kaum den Boden berührte, und für sein gutes Springvermögen erhielt er stets großen Beifall und viele Preise. Damals ahnte ich nicht, dass eine seiner Töchter später mein bestes Pferd werden würde.

Die dunkelbraune Welsh-Part-Bred-Stute Sally-Ann[18] war schon dreijährig eine elegante Erscheinung mit großen, weichen, federnden Gängen, enormer Sprungkraft der Hinterhand und ausgezeichnetem Charakter. Sally wurde zwar in Baden-Württemberg geboren, ihre Ahnen waren jedoch englischer Abstammung. Insofern floss in ihren Adern viel arabisches und englisches Vollblut, da sie väterlicherseits über *Croft Martino* und *Bwlch Valentino* zurückging. Ihre Mutter wiederum entstammte einer reinen Welsh-Cob-Linie. Sallys Züchterin, Lottelore Mack, wurde für ihre züch-

[18] In meinem Buch *Stufen der Reitkunst* ist ein Kapitel dem Leben von Sally-Ann gewidmet.

terischen Leistungen mehrfach ausgezeichnet. In ihrem Gestüt konnte ich viel über Pferdezucht und -haltung lernen, und ich bin Frau Mack vor allem für Swift und Sally in Dankbarkeit verbunden.

Vom Gebäude her war Sally ein Traumpferd mit abgerundeten, harmonischen Proportionen, edlem Kopf und feinem, aber kraftvollem Fundament. Für ihren taktmäßigen, schwerelosen Trab und ihren raumgreifenden Schritt erhielt sie Noten bis 9 bei allen Zucht- und Materialprüfungen, an denen sie teilnahm.

Ihre Veranlagung zum Springer zeigte sie mir schon als Remonte. Ein leichtes Hüpfen in die Luft genügte ihr meist nicht. Oft setzte sie einen kräftigen Sprung drauf und keilte auch gerne dazu aus.

Ihrem jeweiligen Ausbildungsstand entsprechend ritt ich Sally in Dressurprüfungen der Kl. A, L und später in M, in Springpferde- und Zuchtstutenprüfungen. Bereits auf den ersten Turnieren fiel sie durch ihre harmonischen Grundgangarten auf. Ihr Temperament machte mir jedoch gelegentlich einen Strich durch die Dressuraufgabe. Übereifrig konnte sie sich manchmal nur schwer im Zaume halten und brauchte längere Zeit, um auch geistig zu reifen. Ansonsten waren wir unter den Ersten.

Lösen konnte ich sie gut in Trab-Galopp-Trab-Übergängen, durch Übertretenlassen und durch Vorwärts-abwärts-Reiten. Zu Beginn der täglichen Arbeit musste ich sie immer in freierem Tempo gehen lassen. Den verkürzten Trab und Galopp bin ich lange Zeit generell freier geritten und habe Versammlungsphasen nie zu lange ausgedehnt. Durch die Cob-Einkreuzung neigte Sally zum Zurückstellen der Hinterbeine, was mich veranlasst hat, sie relativ früh anzupiaffieren. Sie lernte schnell taktmäßige diagonale Tritte und zeigte gleich anfangs ihre Anlagen zum Schulspringer, als sie mir einige Male an der Hand aus der Piaffe in Form einer Croupade absprang. Ich registrierte diese Veranlagung zwar, zeigte dem Pferd aber, dass ich diese unverlangten Sprünge nicht haben wollte, und achtete äußerst genau auf Losgelassenheit und ganz nebenbei im Laufe der Jahre auf die weitere Stabilisierung der Piaffetritte. Das gelegentliche Abverlangen nur weniger Tritte in leichtem Vorwärts vorwiegend an der Hand kräftigte die Hinterhand und ließ sie allmählich mehr unter den Schwerpunkt treten, so dass die Stute dann auch geschlossener stand. Langsam erreichte ich im Trab mehr Versammlung, und da Sally leicht am Schenkel zur Seite ging, begann ich sie bald in den Seitengängen zu schulen. Da sie eigentlich ein *Trabpferd* war, musste ich viel Wert auf eine durchdachte Galopparbeit legen, deren Grundlage wiederum eine kontinuierliche Schulung des Trabes war. Bei den fliegenden Galoppwechseln wurde sie anfangs oft heftig. Es galt also abzuwarten, bis sie losgelassen, durchlässig und an den Hilfen galoppierte. Im Laufe der

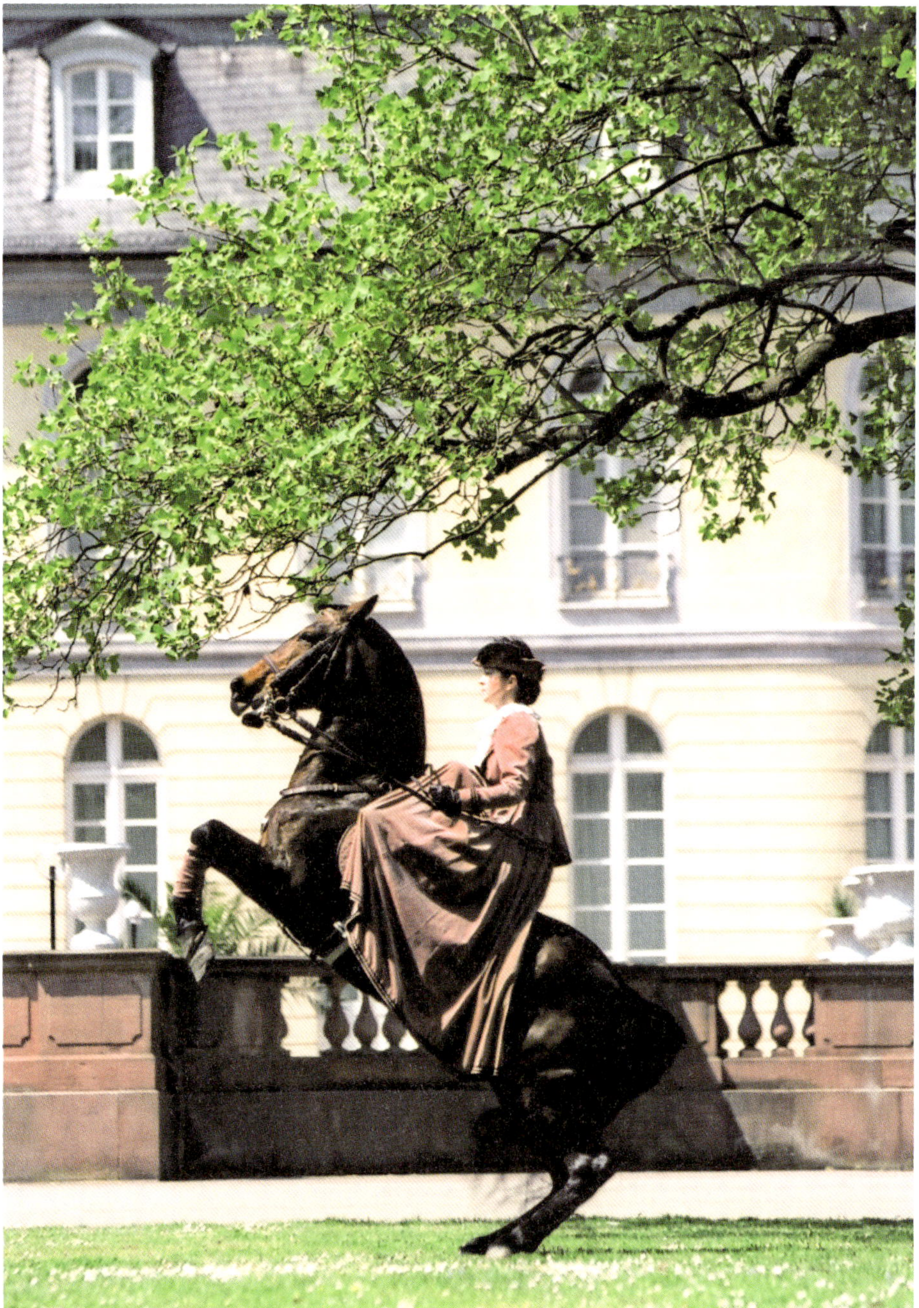

ABB.158: Sally-Ann – Pesade im Karlsruher Schlossgarten, Foto D. Schneider

Jahre verbesserte sich ihr Galopp und entwickelte sich zu immer kürzerem Schulgalopp. Sally lernte Galopptraversalen, Wechsel bis auf zwei Tempi, Plié (Schulterherein im Galopp) und Pirouetten, auch unter dem Damensattel.

Im Verlauf ihrer Ausbildung erlebten meine Reitschüler Sally als exzellentes Schulpferd, auch auf Jugendturnieren und Reitabzeichenprüfungen. Später, als sie weiter ausgebildet war, ließ ich sie jedoch, der Verletzungsgefahr wegen, keine Hindernisspringen mehr gehen.

Während der Ausbildung zum Schulpferd im klassischen Sinn stellte ich Sally auch auf den Damensattel um. Bei ihr war es wichtig, dass sie gut an den Hilfen stand und, wenn ich im Damensitz ritt, aufmerksam auf die Reitgerte achtete. Ansonsten hätte sie es spaßeshalber ausgenutzt, bei Gelegenheit dagegenzugehen. Das konsequente Abverlangen und Festigen dieses Gehorsams kam mir später bei allen schwierigen Übungen im Damen- wie im Herrensattel dadurch zugute, dass sie mir, auch beim Levieren und den Schulsprüngen, nie seitlich auswich.

Etwa neunjährig beherrschte sie alle Lektionen und lernte den Schulsprung, zu dem sie die Anlage hatte – die Courbette. Mit äußerster Konsequenz ließ ich sie immer nur aus der Piaffe und einem kurzen Terre-à-Terre abspringen. Ihres Temperaments wegen sprang sie, bei den ersten Erhebungen auf der Hinterhand, immer gleich ab, und erst als sie die Übung begriffen hatte und der Sprung gefestigt war, lernte sie das »Sitzenbleiben« in der Levade.

Sally ging 18 Jahre im Reitinstitut von Neindorff bei den dortigen Festabenden klassischer Reitkunst, wo ich sie anfangs in den Grundgangarten und später in einer Kür unter dem Damensattel vorstellte. Parallel dazu ritten wir im Herrensattel Courbetten, im Programmpunkt »Schulen über der Erde«. Sally wurde auch zu vielen großen Pferdeveranstaltungen in Deutschland, Frankreich und in die Schweiz eingeladen, wobei ich sie meistens im Damensattel ritt. Von einem Auftritt im RTL-Fernsehstudio Mannheim war sie etwas enttäuscht, da sie dort anstelle einer Reitbahn nur einen kleinen Raum vorfand, in dem sie dann unter dem Damensattel auf Parkettboden gelassen eine Piaffetour zeigte.

Sally-Ann war ein Ausnahmepferd. Nicht nur der Seltenheit wegen, dass sie als Stute Courbetten sprang, sondern weil sie alle schweren Lektionen einschließlich der Schulen über der Erde auch unter dem Damensattel beherrschte. Sie war immer Publikumspferd. Sie tanzte gerne und bereitete vielen Menschen Freude. Sie ist fast Mensch geworden. Sie war eine Künstlerin, eine Ballerina und ich danke Gott, dass er uns zusammengeführt hat. Sally starb im Alter von zweiunddreißig Jahren. Ihr gehört aller Ruhm und alle Ehre.

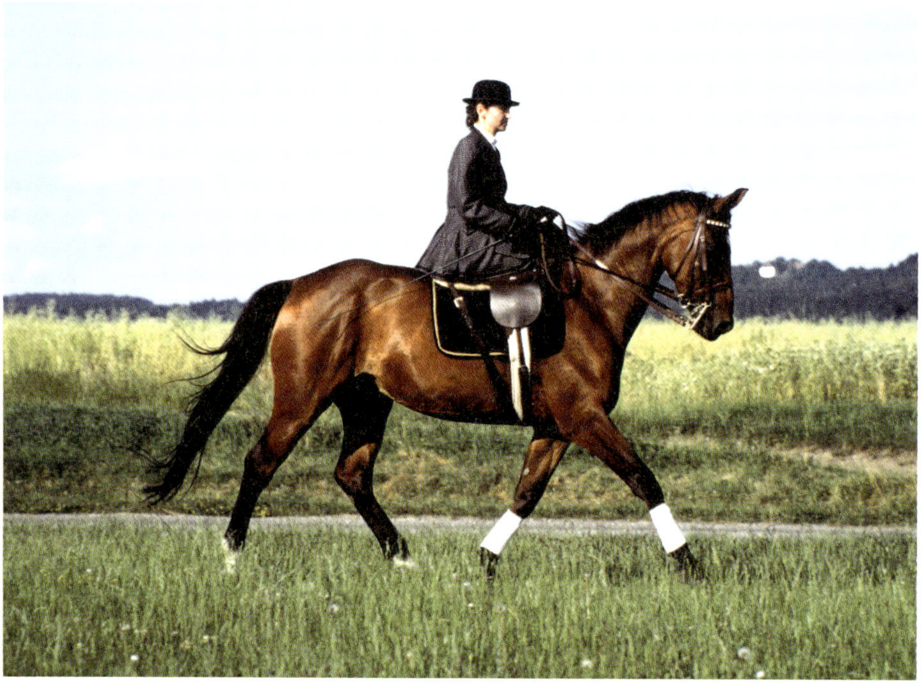

ABB. 159: Ansporn im Arbeitstrab, Foto B. Herzner

Ansporn

Der Trakehner Ansporn war mein erstes eigenes Pferd. Er war gezogen von *Liebermann* aus der *Anka* v. *Anteil* und den bekannten Namen auf seiner Ahnentafel wie *Herbstglanz*, *Semper idem* und *Komet* v. *Goldregen* machte er im Laufe seines Lebens alle Ehre.

Der braune, 1,65 m große Wallach war harmonisch gebaut. Er verfügte über schwungvolle Grundgangarten und vor allem sein Galoppsprung war wunderschön gleichmäßig und weich.

Als ich mit ihm zu arbeiten begann, war er vier Jahre alt, kannte nur das Halfter und hatte zum Glück mit Menschen nie schlechte Erfahrungen gemacht. Daher gewöhnte er sich schnell an Trense und Sattel und ließ sich auch problemlos anlongieren und einreiten. Obwohl er gut mitarbeitete, hatte er vorwiegend auf der rechten Hand deutliche Balanceprobleme. Im ruhigen Galopp in der Reitbahn konnten ihm, selbst auf weitem Bogen, plötzlich die Beine wegrutschen und er legte sich, zweimal mit mir im Sattel, sogar flach auf die Seite. Als nach einem der Stürze eine Lahmheit auftrat, erfuhr ich nach dem Röntgen, dass er sich als Fohlen ein Stückchen des rechten Hüfthöckers abgebrochen hatte, das dann etwas versetzt wieder angewachsen war. Ansporn hatte dadurch zwar Probleme mit der Balance, war aber in Gang und Bewegung nicht beeinträchtigt. Bei seiner weiteren Ausbildung gingen wir dann mit der größten Sorgfalt vor. Wichtig war nun, dass die Bänder, die das Hüftgelenk umschlossen, gefestigt wurden.

Mit seinen schwungvollen Trab- und Galoppbewegungen ritten wir ihn längere Zeit nur auf großen Bögen und langen Geraden. Systematisches Longieren im Trabe, erst auf großem, gegen Ende einige Minuten auf kleinerem Zirkel, kräftigte und verbesserte im Laufe der Zeit Muskulatur und Balance. Dann vertraute ich Ansporn für ein paar Wochen einem Freund an, der viel Gefühl für Pferde besitzt. Er ritt ihn in allen Gangarten, besonders auch viel im Schritt, am langen Zügel durchs Gelände, um Aufmerksamkeit, Trittsicherheit und Kondition weiter zu fördern. Diese Arbeit hat Ansporn, seine Balance betreffend, sehr gutgetan.

Unglücklicherweise stürzte er später abermals in der Reitbahn mit einer Schülerin beim Springen, und die alte Hüftverletzung machte ihm erneut zu schaffen. Unser damaliger Haustierarzt Dr. Eisenhardt meinte, dass die Verletzung ganz auszuheilen sei, es aber viel Zeit benötige und ein Sturz nicht wieder vorkommen dürfe. Nach längerem Stehen und entzündungshemmenden Medikamenten bekam Ansporn Longieren im Schritt vorwiegend auf der linken Hand verordnet. Hierbei waren die verletzte Hüfte und das rechte, dadurch nun kürzer tretende Hinterbein außen und wurde so zum vermehrten Vorgreifen angeregt. Mein damaliger Ehemann Thomas Faltejsek machte aus der Not eine Tugend und setzte Ansporn als Voltigierpferd zuerst nur im Schritt bei den kleinen Kindern ein. Diese Therapie trainierte und kräftigte die Muskulatur von Hinterhand und Hüftpartie. Es dauerte etwa eineinhalb Jahre, bis er wieder normal geritten werden konnte. Ansporn blieb noch einige Zeit Voltigierpferd und hatte auch die Kinder sehr gern. Er nahm sogar mehrere Male mit dem Nachwuchs bei Voltigierwettkämpfen teil, wo er sehr gute Noten erhielt.

In seiner weiteren Laufbahn half er etlichen Schülern bei der Reitabzeichenprüfung und ging auf Turnieren Dressurprüfungen der Kl. A und L. Obwohl er gut sprang, ritten wir keinen Parcours mehr und ließen ihn nur gelegentlich über Bodenricks gehen.

Es war wichtig, dass er auf beiden Seiten gleich durchlässig und ganz geradegerichtet war. Es dauerte zwar länger, bis sich sein schwungvoller Trab verkürzen ließ, und auch für die fliegenden Wechsel brauchte er Zeit, sprang sie dann aber sehr sicher und später bis auf zwei Tempi. Im Laufe der Zeit ging er aktiv im kurzen Trab und ausdrucksvoll in den Verstärkungen. Durch regelmäßiges Training machten ihm bald auch engere Biegungen im Trab und Galopp und sogar im Kontergalopp keine Mühe mehr. Er war gut geschult im Schulterherein, aber die Seitengänge, enge Volten im Galopp oder Ansätze zur Pirouette ließen wir ihn seiner Hüfte wegen nur bedingt ausführen.

Etwa zwölfjährig war Ansporn dann in Balance und Geraderichtung so fortgeschritten, dass ich begann, ihn auch mit dem Damensattel zu reiten. Dadurch, dass er hervorragend an der Longe und am Langen Zügel gearbeitet und so fein abgestimmt war, dass er auf völlig unsichtbare Hilfen reagierte, waren die idealen Voraussetzungen für das Reiten im Damensattel gegeben. Ansporn ging zuverlässig bei Damensattellehrgängen mit mancher Anfängerin. Seine Reiterinnen mussten darauf achten, gerade und in der Mitte des Sattels zu sitzen, und um ihn nicht einseitig zu belasten, durften Anfängerinnen keine engen Wendungen reiten. Ansporn gewann auch das Quadrillenchampionat unter dem Damensattel. Thomas Faltejsek lehrte ihn sichere, nach oben gesprungene fliegende Wechsel, die unser langjähriger Schüler Dr. Thomas Ritter später mit ihm bis auf zwei Tempi ritt. Auch seine gesetzte Piaffe, die er unter dem Damensattel ebenso sicher zeigte wie am Langen Zügel oder an der Hand, durften viele Schüler auf ihm erfühlen.

Der Trakehner Ansporn nahm an vielen Veranstaltungen mit den unterschiedlichsten Anforderungen teil. Auf ihn war stets Verlass, ob auf Turnieren, bei Veranstaltungen im Karlsruher Reitinstitut, ob bei Lehrgängen oder bei der Morgenarbeit im Karlsruher Schlossgarten. Er zog im Winter den Schlitten unserer Kinder, war Voltigierpferd und ging zuverlässig im Gelände wie in der Reitbahn, ob im Damensattel, am Langen Zügel oder an der Hand. Wir waren glücklich, dass er dank einer reellen gymnastischen Schulung seine damalige Verletzung überwinden konnte und zu so einem einmaligen Lehrpferd geworden ist.

Ansporn starb mit 25 Jahren an den Folgen eines unglücklichen Koppelunfalls. Vielen Reitschülern, welche von ihm lernen durften, wird er unvergessen in Erinnerung bleiben.

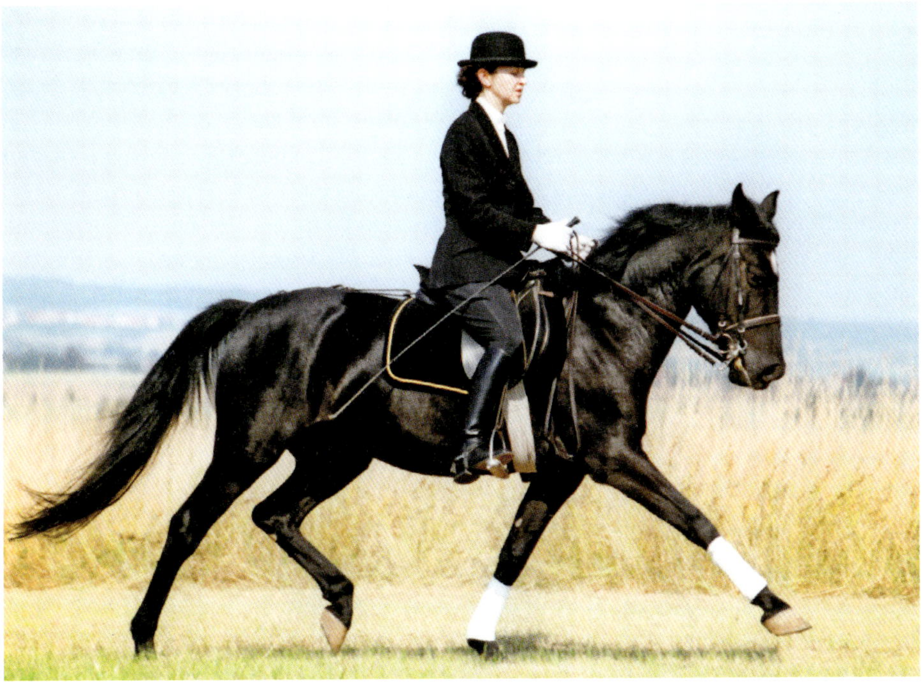

ABB. 160: Lisa im starken Trab, Foto D. Schneider

Lisa

Die Rappstute Lisa stammte aus westfälischer Zucht. Ich übernahm sie zehnjährig aus dem Reitbetrieb meines ersten Reitlehrers. Sie hatte sich unter den Reitanfängern manche Unart angewöhnt und fühlte sich im Dienst als Vereinspferd nicht glücklich. Ohne Sattel wirkte die Stute mit Stockmaß 1,50 m eher unscheinbar. Sie hatte wenig Widerrist und keine sehr ausgeprägte Sattellage. Damals noch im Ständer angebunden, erschien sie mürrisch, stritt mit ihren Nachbarn und blies sich beim Satteln stark auf. Zuhause bei uns bekam sie eine große Box, ich verpasste ihr einen Schweifriemen, damit der Sattel nicht mehr vorrutschte, und ritt sie zuerst selbst, um sie wieder korrekt an die Hilfen zu stellen. Unarten wie Umdrehen, Durchgehen und gegen Schenkel und Hand gehen konnte ich ihr relativ schnell abgewöhnen und da sie nur noch mich als Bezugsperson hatte, wurde sie immer freundlicher und arbeitswilliger.

Lisa besaß viel Intelligenz, Temperament, Fleiß und gute Grundgangarten. Nach und nach hatten wir zusammen immer mehr Freude und ich begann, sie auch an der Hand zu arbeiten. Schon nach wenigen Tagen gelangen ein paar Piaffetritte wunderbar im Takt, und wenn ich sie lobte, hatte sie einen unglaublichen Ausdruck von Stolz in ihren Augen. Bei der Pferdemesse in Bern und im Karlsruher Reitinstitut stellte ich Lisa zusammen mit einer Schülerin, rechts und links geführt, in der Piaffe an der Hand vor. Später führte ich sie allein, ohne Wandanlehnung, bis hin zur Piaffepirouette. Sie wusste, wann es galt, wurde in langen Piaffetouren immer besser und konnte im wahrsten Sinne des Wortes tanzen.

Innerhalb von fünf Jahren lernte sie, bei stetiger Gymnastizierung in den Grundlagen, Seitengänge, fliegende Wechsel, trat aus der Piaffe in der Passage an, ging am Langen Zügel und lernte die Levade. Zwischendurch wurde sie auch von Schülern geritten, welche allerdings geschickte Reiter sein mussten, die Gefühl hatten und es verstanden, sie an die Hilfen zu stellen. Lisa taxierte einen Reiter in wenigen Sekunden und begann dann schnell mit ihrem eigenen, für den Unerfahrenen nicht sehr erquicklichen Programm. Bei Damensattellehrgängen konnte ich Lisa jedoch ohne jede Schwierigkeit unter Anfängerinnen einsetzen. Ich benutzte für sie einen kleinen Damensattel mit Schweifriemen.

Auf Kandare ging Lisa in leichter Anlehnung, reagierte fein auf die Zügelhilfen und arbeitete wie von selbst. Auf Trense verfiel sie bei gefühllosen Reitern mit wenig Einwirkung und starrer Hand schnell in den Trott des Verleihpferdes von einst, machte sich fest und drückte auf die Hand. Insofern wählte ich die Reiter überlegt aus oder ritt sie ausschließlich selbst. Als sie für einige Zeit verschiedene Reiter trug, ging sie so zügellahm, dass alle an eine schlimme Verletzung glaubten. Kaum saß ich auf und ritt los, waren die Taktfehler wie weggeblasen. Es war eindeutig: Lisa wollte nur von mir geritten werden. Besonders freute es mich, dass Lisa später fliegende Galoppwechsel bis auf zwei Tempi sicher sprang und bis ins hohe Alter ihre herrliche Piaffe ging, mit der sie auch meinen Schülern oft glückliche Momente bereitete. Lisa wurde 34 Jahre alt und obwohl sie nur selten auf Veranstaltungen ging, hat diese intelligente und geschickte Stute eine einmalige Karriere gemacht. Vor allem wenn sie piaffierte, war sie eine Königin und besser als manches Olympiapferd…

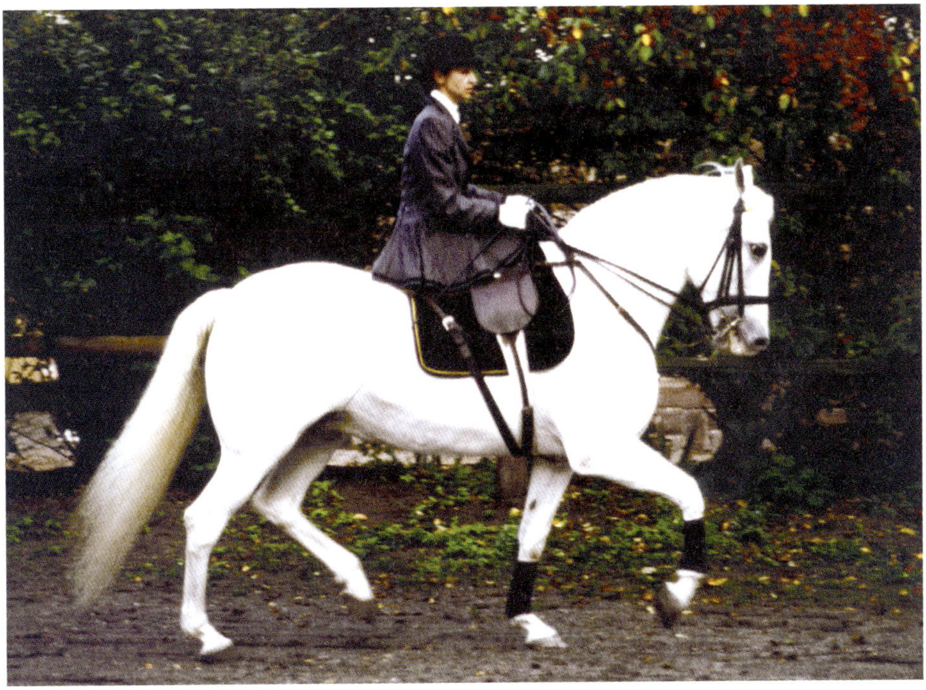

ABB. 161: Quinella im versammelten Trab, Foto B. Herzner

Quinella

Aus ihrer Heimat Andalusien, wo sie als Touristenpferd gedient hatte, kam die hübsche, schneeweiße spanische Stute Quinella nach Deutschland in den Besitz von Frau Dr. Gabriele Wolf.

Die neunjährige Pferdedame war 1,60 m groß, sensibel und hochanständig.

Von ihrer Besitzerin wurde sie lediglich freizeitmäßig im Gelände geritten und war, als sie zu uns in den Unterricht kam, nur wenig versammlungsfähig. Da sie zu eilig geritten worden war, zeigte sie im Trab und Galopp übermäßig viel Knieaktion. Durch das Umstellen auf ein ruhiges, regelmäßiges Tempo und Vorwärts-abwärts-Reiten konnten wir bei Quinella zunehmend Losgelassenheit erreichen. Das hektische Hochziehen der Beine verschwand, ihre Bewegungen normalisierten sich langsam und ihr Schritt wurde gelassener und länger.

Quinella ging von Natur aus schön gerade und konnte durch ihre bereitwillige Biegung ins Schultererein bald in den Seitengängen geritten werden, die sie leicht und geschmeidig ausführte. Bei den fliegenden Wechseln wurde sie zuerst heftig, aber durch das beständige Reiten eines ruhigen, durchgesprungenen Galopps und dazwischen ab und zu eingefügt einfache Wechsel beruhigte sie sich mehr und mehr, bis die Übergänge immer selbstverständlicher wurden und sie bald gelassen auch fliegend umsprang.

Einige Zeit später ging Quinella in den Besitz des Reitinstitutes von Neindorff über, wo sie viele Jahre in der Quadrille ging und ein zuverlässiges Têtenpferd wurde.

Ohne große Vorbereitung (ich hatte das Gefühl, dies tun zu können) legte ich ihr eines Tages den Damensattel auf und konnte im Damensitz sofort mit ihr arbeiten, als würde sie diese Art, zu reiten, schon lange kennen. Für die Seitengänge benötigte ich kaum die Gerte. Quinella bog sich vom Fleck weg willig und leicht nach rechts und links und sprang im Galopp schön bergauf. Man fühlte und sah, dass sie sich wirklich wohlfühlte. Trotz ihres Alters von über 20 Jahren kam der Tod zu der braven Schimmelstute Quinella zu früh. Ihre Leistungen, ihr Arbeitseifer und vor allem ihr großartiger Charakter bleiben unvergessen.

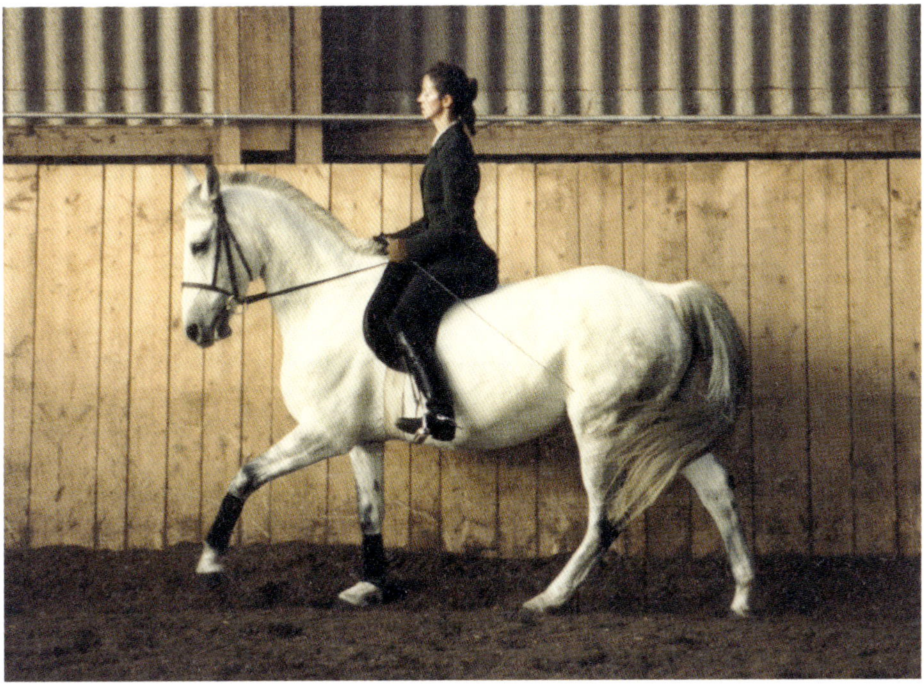

ABB. 162: Lady im Arbeitsgalopp, Foto B. Herzner

Lady

Die Schimmelstute Lady hatte ein Stockmaß von 1,60 m und war achtjährig, als sie zu uns in Ausbildung kam. Die nicht ganz reinrassige Lipizzanerin hatte von ihren Eltern einige typische Rassemerkmale geerbt: den Raumgriff, den gut angesetzten Hals und die schräge Schulter von ihrer Warmblutmutter. Die gewellte Mähne und Schweif, die kräftige Hinterhand, etwas Knieaktion und den kurzen, aber taktreinen Schritt von ihrem Vater, der Lipizzaner war.

Leider war die Stute sehr verritten und hart im Maul. Eine Marotte von ihr war, sich erst zu verhalten und dann gegen die Hand davonzulaufen, so dass es kaum möglich war, eine Parade durchzubringen. Beinahe ein Jahr lang longierte ich sie täglich, hauptsächlich im Trab, bis sie sich insgesamt losließ. Dies erreichte ich, indem ich die Stute nach dem Lösen, mit kürzeren Ausbindezügeln, in Reithaltung longierte. Das heißt, sie sollte den Hals dabei nicht nach unten, sondern nur nach vorne ans Gebiss dehnen. Dabei trieb ich sie aus ihrer Reserve heraus, so dass sie deutlich an den Ausbindern Anlehnung nahm und an das Gebiss herantrat. Allmählich entspannte sich Lady dabei im Genick und in den Kiefergelenken und begann zu kauen. Wichtig war das gleichmäßige Tempo, in dem sie auch den Rücken immer mehr losließ. Während der Arbeit wechselte ich häufig die Ausbinderlänge von kurz nach lang, damit sich das Pferd strecken konnte, und wieder nach kurz. So verbesserte ich hauptsächlich mit Trab-, aber auch mit Galopparbeit die Losgelassenheit, Balance und Geschmeidigkeit der Stute, was sie dann auch durch raumgreifendere Bewegungen ausdrückte.

Im Sattel durfte man mit der Hand nie fest werden oder ins Ziehen kommen und nur wer Lady gut am Kreuz behalten konnte, kam mit der Parade über den Rücken durch. Je fließender man die Übergänge ritt und je leichter sie die halben Paraden annahm, desto schneller wurde sie durchlässig. Die Trabarbeit hatte den Galopp verbessert, aber es war noch ein Stück Arbeit, bis Lady auch im Galopp durchlässiger wurde.

Unter dem Damensattel fühlte sie sich wohl und war auf Kandare viel angenehmer und feiner in der Hand. Gab man die Hilfen mit Schenkel und Gerte in der richtigen Stärke, so ging Lady im flüssigen Vorwärts. Wer nicht den Draht zu ihr hatte, dem versagte sie den Gehorsam, verhielt sich oder galoppierte eben mal kurz davon. Ob im Herren- oder Damensattel, sie lehrte die Reiter, mit Kreuz und gefühlvoller Hand zu reiten.

Einige Zeit war Lady auch Voltigierpferd. Sie ging gehorsam am Langen Zügel und gewann mit meiner Schülerin im Damensattel das Quadrillenchampionat. Lady arbeitete gut mit mir zusammen, etwa bei Sitzübungen an der Longe unter Reitschülern im Damen- wie im Herrensattel. Auch bei etlichen Damensattellehrgängen konnte ich sie unter Anfängerinnen einsetzen. Später fanden wir für die fast 20-jährige Stute einen guten Platz, wo sie als Therapiepferd, vorwiegend in Schrittarbeit, noch die Aufgabe hatte, behinderten Kindern zu helfen und Freude zu bereiten.

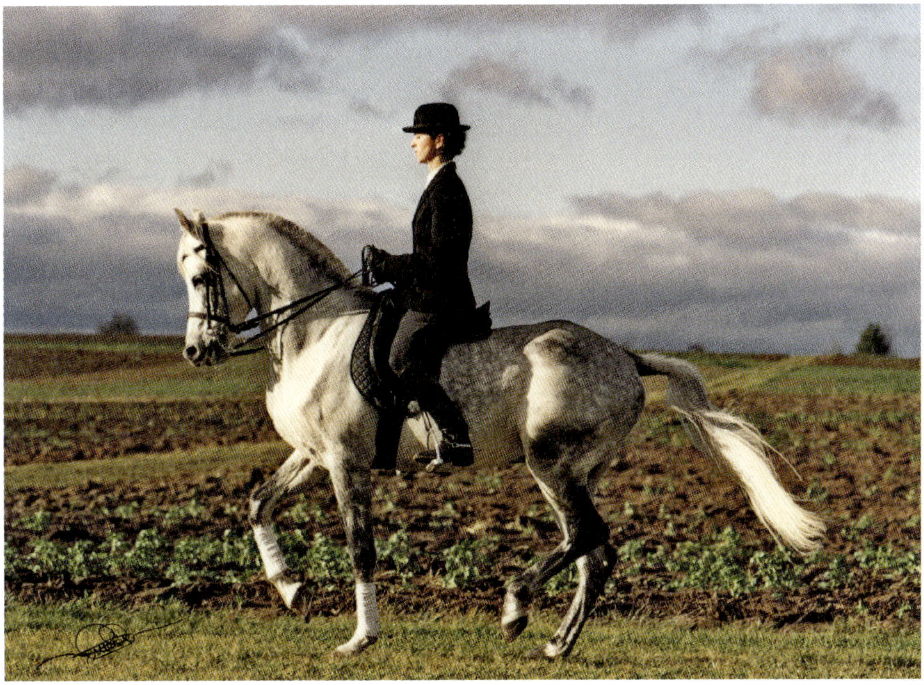

ABB. 163: Moneera Siptah in der Piaffe, Foto D. Schneider

Moneera Siptah

Der Asil-Araberhengst Moneera Siptah ist im Gestüt Moneera von Ute und Georg Thierer geboren und aufgewachsen. Seine Mutter *Saheera* stammt vom legendären *Kaisoon*, sein Vater war *Moneef* vom Haupt- und Landgestüt Marbach.

Siptah war von seiner Züchterin Ute Thierer mit der Flasche aufgezogen worden, da seine Mutter ihn nach der Geburt nicht annehmen wollte. Das Hengstfohlen war der Liebling der Züchterin, die ihn mit drei Jahren in einen Stall zum Anreiten gab. Der Junghengst stand jedoch dort in einer dunklen, abgesonderten Box, wo er keine anderen Pferde sah, und wurde dazu unzureichend bewegt. Alles Gründe, welche bei einem Pferd schon nach kurzer Zeit ernsthafte Störungen hervorrufen. Siptah kehrte daher zurück nach Hause und kam dann fünfjährig (1992–1996) zu mir zur Ausbildung.

Der dunkelgraue Hengst zeigte sich frech und ziemlich ungezogen, als ihn die Züchterin zu uns auf den Hof brachte und schon von weitem erklärte, man müsse beim Führen bei ihm aufpassen.

Kaum gesagt, schon schrie der Kerl mit weit aufgerissenem Maul den anderen Vierbeinern seine Begrüßung entgegen, wobei sein Vorderbein mehrmals waagerecht nach vorne herausschoss und Frau Thierer bemerkte:»*Wie Sie sehen, ist der junge Mann sehr frech, deshalb bringe ich ihn auch zu Ihnen, damit er gut erzogen wird und erst einmal eine richtige Grundausbildung erhält.*«

Gleich am nächsten Tag musste ich mich dann wohl oder übel mit dieser Angewohnheit befassen, denn das Schlagen nach vorne war gefährlich und musste dem Junghengst rasch abgewöhnt werden.

Schon beim Herausführen aus der Box, als er an den anderen Pferden vorbeiging, fing er mit diesem unangenehmen Gehabe sofort wieder an. Aber im Moment, als sein Vorderbein nach vorne trat, bekam er auf dieses Bein einen recht kräftigen Schlag mit der Gerte, dass er verdutzt von mir wegsprang. Nach der Arbeit, als ich Siptah zurück in den Hof führte, begann er das gleiche Spielchen wieder und blitzschnell bekam er erneut einen kräftigen Schlag auf sein vorgreifendes Vorderbein und gleichzeitig klatschte ich mit dem Zügelende gegen seinen Hals, dass er abermals zurücksprang, dann aber ruhig stehen blieb und verdattert dreinschaute. Erfolgreich sind solche Erziehungsmaßnahmen nur, wenn man sie sofort anwendet, dabei an der richtigen Stelle neben dem Pferd steht und sehr schnell ist. So war der erste Arbeitstag für uns beide gleich sehr lehrreich und effektiv gewesen und der intelligente Bursche versuchte diese Aktion während der ganzen Ausbildungszeit nie mehr.

Obwohl einerseits eifrig und leistungsbereit, besaß der zierliche Hengst aber noch eine andere Eigenheit, die er leider nicht ganz so schnell ablegte. Beim Anblick eines anderen Pferdes schrie er mitten in der Arbeit unbeherrscht laut und versuchte, sich mit plötzlichem, sehr steilem Steigen von den Hilfen freizumachen. Einmal stieg er mir auf dem Schotterweg, nachdem ich die Halle verlassen hatte, in der sich Stuten befanden, von denen er nicht weg wollte. Ein anderes Mal beim Verlassen des Sandplatzes, weil dort gerade ein Pferd im Anhänger angekommen war.

In beiden Fällen trieb ich ihn, sobald seine Vorderbeine wieder am Boden waren, mit beiden Schenkeln vor dem Gurt so stark vor, dass er vorwärts sprang. Dann ging es, egal wie, zuerst sogar im Kreuzgalopp, die festen Wege entlang bei entsprechender Möglichkeit hinein auf einen Feldweg und dann im Galopp vorwärts, was das Zeug hielt. Wichtig ist, dass das Pferd dabei trotzdem unter Kontrolle bleibt und man es so lange bewusst vorwärts reitet, bis man zum Treiben kommt und das Pferd sich loslässt. Auch den Heimweg habe ich dabei nicht genau beibehalten. Als Siptah wieder entspannt und geregelt galoppierte, parierte ich durch, ritt abschließend nochmal eine extra Runde im Trab und erst, als sich der Hengst auch da fleißig und gehorsam anfühlte, wechselte ich zum Schritt und es ging am langen Zügel ruhig, brav und entspannt nach Hause.

Meine Anmerkung dazu ist: Die Stärke der treibenden Hilfe und die Schenkellage ist entscheidend, ob sich das Pferd wiederum dagegen wehrt oder diese willig annimmt. Oft gehen Pferde dann erst einmal gegen den Reiter, weil sie seine Hilfen und sein

Einmischen nicht akzeptieren wollen. Das heißt, der Reiter muss genau wissen, mit welcher Hilfe er eine gewisse Situation meistern kann. Ansonsten kann diese Korrektur auch gewaltig misslingen!

Als sensible Reiterin hasse ich solche Momente und ich versuchte sie nach Möglichkeit immer zu vermeiden. Leider lehrt die Erfahrung, dass es in solchen Situationen oft keine Alternative gibt, sondern, dass man hier blitzschnell reagieren und durchgreifen muss. Packt man mit Konsequenz, Geschick und auch dem nötigen Mut im richtigen Maße und Augenblick zu, so akzeptiert dies das Pferd und gewöhnt sich seine Eskapaden sehr schnell ab.

Dabei ist entscheidend, wie viel und welche innere Haltung und Energie der Reiter hat und wie diese ausstrahlt und auf das Pferd wirkt. Es ist eine Art Fluidum aus feinen Botschaften, die in Bruchteilen von Sekunden auf das Pferd übergehen. Treffe ich mich mit ihm auf einer Wellenlänge, wird es mich verstehen und akzeptieren. Dies muss einem innewohnen, es ist kaum erlernbar!

Siptah war ein menschenbezogener, gelehriger Hengst. Durch seine Intelligenz lernte er rasch, ließ sich aber trotzdem auch gerne ablenken. Da das arabische Pferd im Gegensatz zum Warmblut ein zähes, konditionsreiches Pferd ist, braucht es nicht nur länger für die Gesamtausbildung, also auch bis es sich versammeln lässt, sondern auch eine längere tägliche Aufwärmphase. Bei Siptah konnte diese anfangs über 30 Minuten dauern.

Von Haus aus hatte der Hengst einen guten Schritt. Zu Beginn der Ausbildung spannte er sich aber im Galopp stark in der Lenden- und Nierenpartie und sprang an der Longe andauernd in den Kreuzgalopp. Ich arbeitete ihn deshalb monatelang nur im Trab und viel an der Longe, mit Blick auf Takt, Losgelassenheit und Anlehnung. Nach einem Jahr Gymnastizierung konnte er sich besser loslassen, ausbalancierter galoppieren und war insgesamt graziler in seinen Bewegungen geworden.

Während er im Trab die Seitengänge unter dem Reiter lernte, übte ich die Galopparbeit immer noch auch an der Longe. Da Siptah sehr schmal und zierlich war, brauchte er noch Zeit, um seine Rücken- und Hinterhandmuskulatur weiter zu kräftigen. Aus diesen Gründen ritt ich ihn auch nicht im Damensattel. Zu meiner Freude verbesserte sich aber sein Galopp immer mehr. Er entwickelte gesetzte, kurze Galoppsprünge und zeigte Talent für fliegende Wechsel. Bereits 1993 konnte ich ihn in Mannheim beim Asil Cup International in einer kleinen Kür vorstellen.

Wenn man Pferde vorwiegend in der Reitbahn oder auf dem Dressurplatz arbeitet, bringen ihnen regelmäßige Geländeritte Entspannung und Gehlust, was wiederum für die Aufmerksamkeit und Konzentration in der Bahn förderlich ist. Die Geländearbeit darf aber nicht nach Lust und Laune des Reiters geschehen, sondern sie muss ins momentane Trainingsprogramm passen. Siptah etwa sprang seine fliegenden Wechsel draußen in der freien Natur, auf einer geraden Galoppstrecke, bereitwilliger und schöner im Vorwärts als in der begrenzten Halle.

Durch die regelmäßige, mobilisierende Arbeit an der Hand lernte er eine ausdrucksvolle Piaffe und als diese für ihn selbstverständlich war, ergaben sich daraus später fast von selbst erste Passagetritte. Nach vier Jahren war Siptahs Ausbildung so gut wie abgeschlossen.

An dieser Stelle danke ich der Züchterfamilie Thierer, welche mir die Ausbildung von Siptah vier Jahre lang vertrauensvoll übertragen hatte. Sie gab ihrem Pferd die Zeit für eine reelle Grundausbildung, auf die ich seine weitere Schulung bis zur höheren Dressur aufbauen konnte. Durch regelmäßige entspannende wie versammelnde Arbeit und viel Geduld, Konsequenz und Einfühlungsvermögen konnte ich Siptah im Laufe der Zeit zu einem umgänglichen und fein zu reitenden Pferd erziehen, welches auch für andere Reiter einfach zu reiten war.

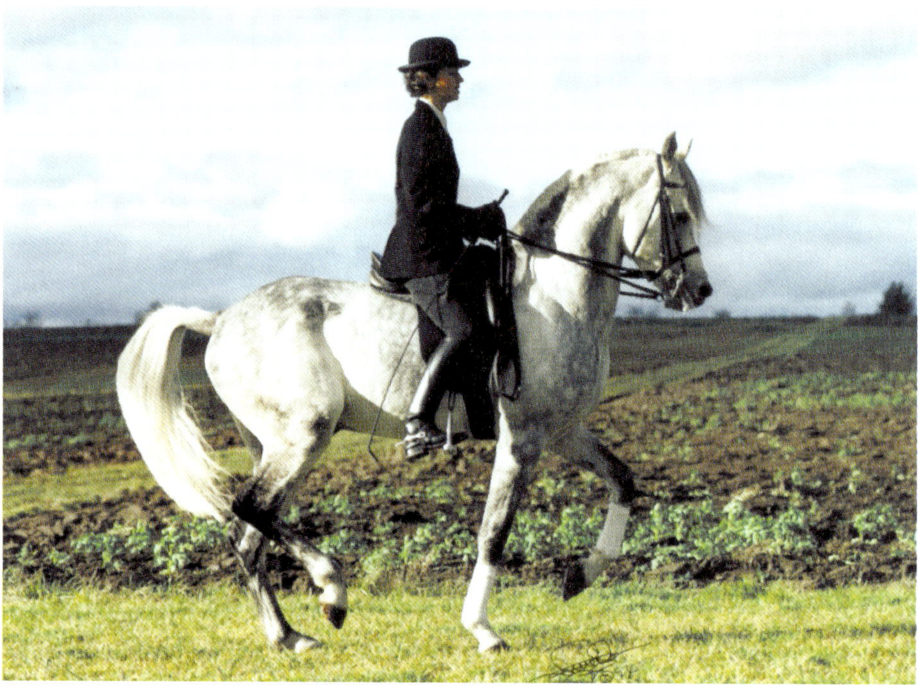

ABB.164: Moneera-Siptah in der Piaffe, Foto D. Schneider

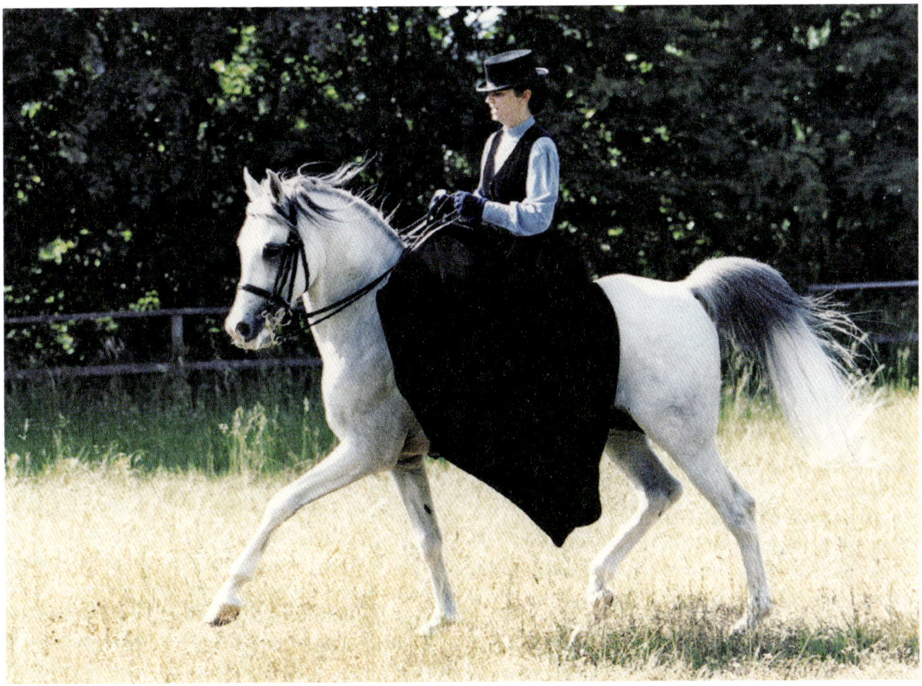

ABB. 165: Becarron im Mitteltrab, Foto Olav Krenz

Becarron

Der Vollblutaraberhengst Becarron, geb. 1991 in Sevilla, wurde aus dem spanischen Championatshengst *Rawalpindi* gezogen, welcher sich im Besitz des weltbekannten spanischen Züchters D. Diego Mendez Moreno befand. Dieser züchtete die erfolgreiche Blutlinie aus dem Hengst *Camargue*, den er aus England holte und zum spanischen und Worldchampion machte.

Im Jahr 1998 brachte die Besitzerin von Becarron, Frau Dr. Agathe Eckloff, ihren Benny selbst von Andalusien über 2000 km zu mir ins süddeutsche Baden-Württemberg.

Der sechseinhalbjährige Hengst war bereits fast weiß, nur Mähne und Schweif waren noch dunkel. Er wurde von mir vollständig in allen Lektionen, einschließlich Piaffe und Passage sowie auch unter dem Damensattel ausgebildet. Seine Ausbildung dauerte viereinhalb Jahre.

Benny war ein selbstbewusster, dominanter Hengst. Charakteristisch für ihn war jene arabischen Pferden anhaftende Manier, laut und durchdringend zu wiehern, wenn er in den Stall kam oder irgendwo andere Pferde sah. Um die Konzentration auf den Reiter zu lenken und auch für schwierige Situationen zu gewährleisten, habe ich besonders bei Hengsten gleich von Beginn an konsequent, aber mit der nötigen Ruhe ihre Aufmerksamkeit gefordert. Sie wussten, dass sie sich an der Hand wie unter dem Sattel still zu verhalten und aufzupassen hatten.

Im Stall und bei der Pflege war Benny in seinem Wesen umgänglich und zeigte sich insgesamt rittig. In Spanien war er in den Grundgangarten geritten und hauptsächlich einspännig gefahren worden. Leider war er lange unbewusst zu stark nach links gestellt worden, so dass er selbst ohne Anlehnung eine permanente Linksstellung in der Ganasche zeigte. Im Trab ging er kurz und eilig, fiel auf die Vorhand und kam im Galopp rasch hinter den Zügel. Gelegentlich konnte er beim Reiten auch unkooperativ sein, was er durch angelegte Ohren und Sich-Verhalten ausdrückte. Er ließ sich von anderen Pferden gerne ablenken und neigte, etwa entlang von Koppeln oder in Gesellschaft fremder Pferde, anfänglich hin und wieder zum Steigen. Auch eine Reithalle und Spiegel waren ihm unbekannt und er versuchte, vor seinem Spiegelbild zu steigen, falls man diesem zu nahe kam.

Seine Ausbildung begann ich mit regelmäßiger Longenarbeit, um Takt und Tempo im Trab zu verbessern, und achtete vorrangig auf seine Erziehung an der Hand. Nach dem Longieren ritt ich Benny noch etwas in geregeltem Tempo auf genauen Linien, um auch unter dem Gewicht sein Loslassen zu verbessern. Nach den ersten Wochen ritt ich auch ohne vorherige Longenarbeit. Allerdings war der Hengst nach einem Ablongieren sehr viel entspannter. Durch meine konsequente Erziehung wuchs Bennys Aufmerksamkeit, und um den Gehorsam auch in fremder Umgebung zu prüfen, besuchten wir schon nach einigen Monaten ein Turnier. Auf den ersten beiden Events war der Hengst sehr aufgeregt, lief in der fremden Box im Kreis und fand keine Ruhe. Nach dem Ausladen war es kaum möglich, die Transportgamaschen zu entfernen, da er völlig unkontrolliert unablässig mit den Hinterbeinen in die Luft schlug. Auch konnte man ihn in fremder Umgebung kaum satteln, da er nicht stillstehen konnte und ständig aufgeregt ausschlug. Insofern brauchte ich für ihn auswärts eine längere Vorbereitungszeit, bis er sich losließ.

Um Bennys Dehnungshaltung zu verbessern, setzte ich zeitweise bei der täglichen Longenarbeit auch ein Chambon ein, denn er dehnte den Hals zwar nach unten, aber nicht genug nach vorne. Obwohl die seitliche Begrenzung dabei fehlte, wurde die Halsdehnung nach vorne besser.

Langsam gewöhnte ich ihn auch an die Arbeit an der Hand, was half, dass er das Vortreiben mit der Gerte besser annahm. Die Ausbindezügel mussten dabei so lang sein, dass seine Nase gut vor der Senkrechten stand. Sehr wichtig war, dass ich richtig stand, da der Hengst an der Hand am Anfang ein paar Mal abrupt sehr steil stieg und dabei mit den Vorderbeinen weit nach vorne ausgriff, was ebenfalls oft eine unangenehme

Eigenheit allgemein von Hengsten ist. Sinnvoll war deshalb, Benny erst am Ende der Trainingseinheit an die Hand zu nehmen, da er dann locker und entspannt war.

Trotz dieser Probleme schnallte ich meine Pferde nie, wie oft propagiert, mit viel Leder zusammen oder ließ sie so lange steigen, bis sie keine Lust mehr hatten! Gab es ungehorsame Aktionen, korrigierte ich diese der jeweiligen Situation und dem Pferd entsprechend. Ich ritt bei Verhalten energisch, aber nicht zu lange vorwärts, ließ bei fehlendem Schenkelgehorsam ruhig übertreten oder richtete ein- oder mehrmals zurück. Jedenfalls ließ ich einen solchen Frechling nochmal einige Minuten richtig arbeiten. Bei Hengsten muss ich bestimmt sein und im Notfall energisch durchgreifen. Allerdings sollte man vielmehr eine standhafte Haltung gegen einen dominanten Hengst einnehmen und möglichst keine aggressive, denn unter Umständen würde letztere ihn nur mehr herausfordern. Durch den Wechsel und die richtige Dosierung von kurzem, gezieltem Zupacken und besonderem Lob erkannte der kluge Schimmel schnell, dass es besser war, mitzuarbeiten und sich nach gelungenen Reprisen seine Belohnung abzuholen.

Die vorwiegende Arbeit an der Longe im Arbeitstrab wie auch im kürzeren und freieren Trabtempo verbesserten seine Tragkraft der Hinterhand, den Raumgriff und den Galopp. Benny löste sich in der Galopparbeit, die ich bald öfter an den Anfang des Trainings setzte. Auch Leichttraben im Schultervor entspannte ihn.

Als Benny sich im Galopp schon etwas versammeln ließ, bot er mir auf gerader Linie bald einen einfachen fliegenden Wechsel an. Auch später bei den ersten Serienwechseln lernte er rasch, aufgrund meiner kurzen Reprisen, den dafür notwendigen »Sekundengehorsam«.

Wichtig bei Serienwechseln ist, das Pferd erst auf sechs oder mehr Sprünge ruhig und sicher changieren zu lassen, bevor die Sprungzahl auf vier oder drei verkürzt wird. Beim ersten Gelingen einer kurzen Serie von etwa drei fliegenden Wechseln auf drei Tempi sollte man das Pferd sofort loben und die Übung beenden. Eine oder zwei Wiederholungen, als Korrektur, sind im weiteren Verlauf der Ausbildung sinnvoll, aber erst wenn das Pferd den Rhythmus der dazwischenliegenden Galoppsprünge verstanden hat. Als Benny alle Tempowechsel sicher beherrschte, wusste er genau, dass wir die Reihe wiederholten, sollte ein Fehler passieren. Mit der Zeit zählte er immer besser mit, sprang die Serien sicher und ich konnte seinen Spaß daran deutlich spüren.

Erste Pirouettansätze bewirkten bei ihm ein Verhalten, weshalb ich ihn nur ein, zwei Sprünge in die Wendung führte und dann wieder fleißig geradeaus ritt. Über die gesamte Ausbildung legte ich Wert auf ein gleichmäßiges Tempo und Takt in den Grundgangarten. Die sich daraus gut entwickelnden Verstärkungen wirkten sich positiv auf seine Elastizität, Geschmeidigkeit und den Raumgriff aus.

Im Verlauf seiner Ausbildung erweiterte ich Bennys Erfahrungen durch die Teilnahme an Turnieren und anderen Veranstaltungen, wie dem EM-Championat für arabische Pferde in Deurne/Holland, wo wir die Kombinationswertung Dressur L/M, die Damensattel- und Materialprüfung gewannen.

Bei Schaueinlagen ritt ich mit ihm, meist im Damensattel, eine Dressurkür, so bei der Welt-Pferdemesse »Equitana«, beim All-Nations-Cup in Aachen, beim Internationalen Araberturnier in Kreuth oder den Festabenden, wo Reitmeister von Neindorff Bennys ausdrucksvolle Passage lobte.

Verbunden mit Bennys Heimreise erhielten wir Einladungen zu hippologischen Events in Madrid und Sevilla und so fuhr der Hengst im Luxustransporter in immerhin 28 Stunden nach Madrid.

Im Militärgestüt »El Centro Deportivo Militar de la Dehesa en Madrid« wurde, zeitgleich mit den Weltreiterspielen, das 23. Nationale spanische Championat für arabische Pferde ausgetragen, in dessen Rahmen ich Benny in einer Dressurkür einschließlich Piaffe und Passage im Herren- und Damensattel vorstellte.

Prominente Zuschauer waren neben Mitgliedern des Königshauses viele spanische Züchter sowie das internationale Richterkollegium mit Prinzessin Alia Al Hussein Al Saleh aus Jordanien, Johanna Maxwell aus England, Jörg Frederikson aus Dänemark und Richard Philström aus Frankreich. Geehrt wurden wir von der Präsidentin des spanischen Araber-Verbandes, Theresa de Bourbon.

Danach ging es weiter ins 500 km südlich liegende Sevilla, wo die südspanischen Dressur- und Vaquero-Meisterschaften stattfanden. Spannend wurde für mich die große Kutschengala zur Eröffnung am Abend, bei der ich zwischen den verschiedensten Gespannen als einzige Reiterin Benny unter dem Damensattel vorstellte. Da auch zwei Stuten aus Bennys Stall im Zweispänner dabei waren, war der Hengst in den ersten Minuten höchst angespannt, da er glaubte, seine Stuten kämen ihm zwischen den fremden Gespannen abhanden. Doch er besann sich rasch auf seine gute Erziehung und ich konnte zwischen den Ein- und Mehrspännern Seitengänge, Trabverstärkungen und Galoppwechsel in Serie reiten. Auch zwischen den Vaquero-Finalprüfungen ritt ich Benny in einer Kür auf dem 20x60-Viereck, welche alle Seitengänge im Trab und Galopp, Galoppwechsel auf drei und zwei Tempi sowie Piaffe und Passage beinhaltete. Als ich einhändig grüßend im Galopp ausritt, kam vom Publikum der Abschied in Deutsch: »Auf Wiedersehen im nächsten Jahr«.

Zum Abschluss folgte ein Besuch im Gestüt von Señor Diego Mendez, dem erfolgreichsten Vollblutaraberzüchter Spaniens. Seine züchterischen Leistungen der letzten 40 Jahre sind durch unzählige Pokale, Plastiken und Rosetten aus aller Welt dokumentiert und in einem eigens dafür reservierten Gebäude ausgestellt. Señor Mendez war stolz auf die Leistungen des Hengstes Becarron, der ja von seinem World Champion *Rawalpindi* abstammt, und ein Foto von uns hatte bereits einen Platz im »Haus der Trophäen«. Damit endete unsere Spanienreise, während der Benny nach langen Fahrstrecken mit wenig Ruhetagen, bei großer Hitze und vielen Auftritten über zehn Tage Können, Härte und sein Vertrauen zu mir bewiesen hatte.

Ein Jahr später ritt ich Benny noch einmal in einer Kür auf Sevillas berühmter »Plaza de Espania«, was für mich als Ausländerin eine Ausnahme und Ehre war. Über ein Jahr hatte ich den Hengst nicht geritten und hatte jetzt nur fünf Tage für seine Vorbereitung zur Verfügung. An das Training und die Galoppwechselserien zwischen Orangenbäumen erinnere ich mich mit Freude. Als unser Auftritt um 22 Uhr bevorstand, verhedderte sich vor uns eine von sechs zusammengekoppelten Stuten mit dem Hinterbein in einer Absperrung, welche dann, mit dem Metallgitter im Schlepptau, samt ihren freilaufenden Fohlen in Panik und mit einem Höllenlärm über das Pflaster galoppierten. Erneut bewies Benny hier viel Nervenstärke, ließ sich nicht beirren und ging sein Programm so souverän, als wären wir nie getrennt gewesen. Becarron genoss seinen Lebensabend im Garten einer wunderschönen Finca. Er wurde 31 Jahre alt und lebt fort in unserer Erinnerung.

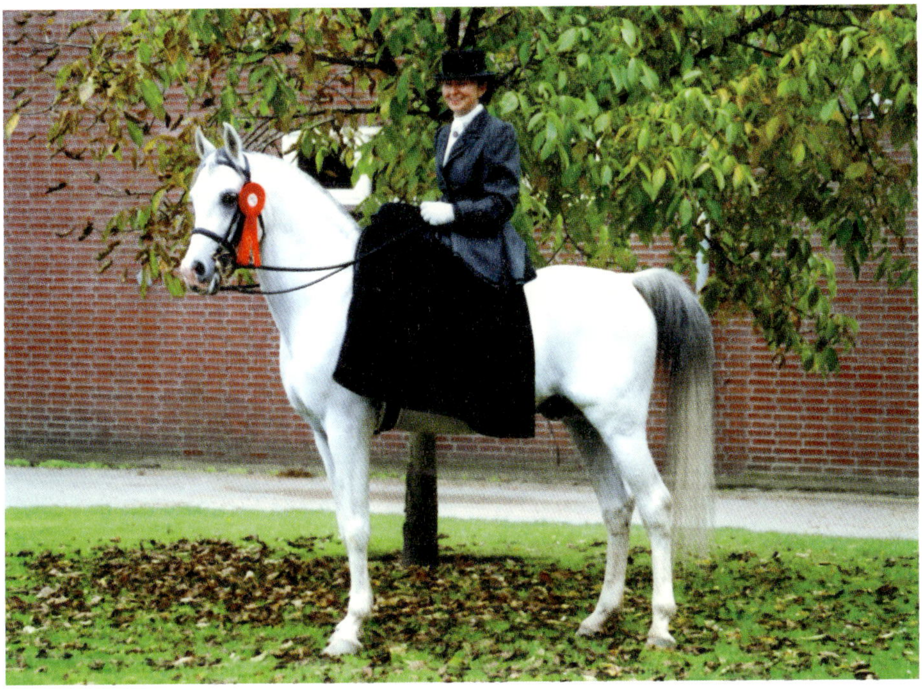

ABB.166: Becarron, Sieger in der Sidesaddle-Class beim EM-Championat 2001 in Deurne, Holland. Foto Angela Dohnal

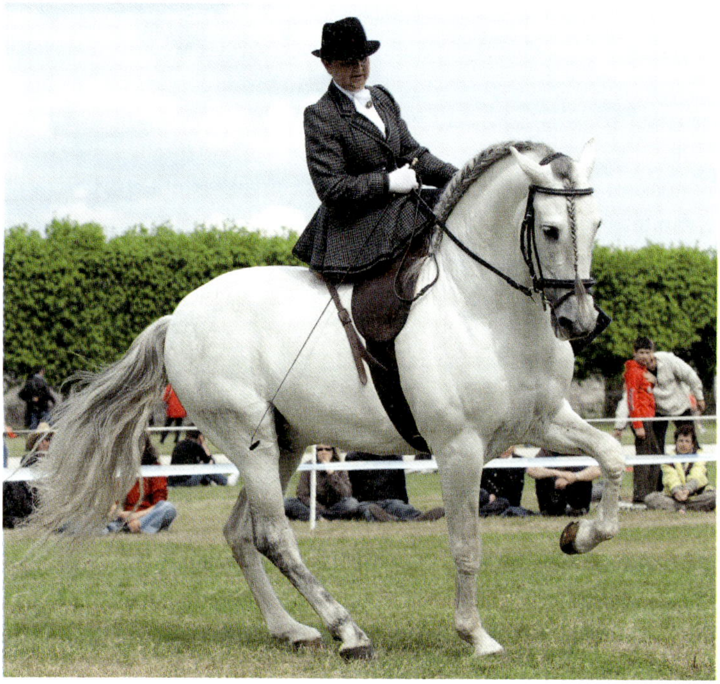

ABB. 167: Polvorin in der Galopp-Pirouette rechts bei einer Vorführung im Loiretal, vor dem Schloss Chambord 2010, Foto Laurent Vilbert

Polvorin

Der spanische Hengst Polvorin (bedeutet so viel wie Pulverfass) machte seinem Namen alle Ehre, sollte man ihn gefühllos behandeln und keinen Draht zu ihm finden.

Polvorin ist in Katalonien geboren und stammt aus einer Stierkampfpferde-Zucht. Wir trafen zusammen, weil ihn sein Besitzer intensiv am Langen Zügel arbeitete und er sich dabei weiterbilden wollte. Der Hengst ging hierbei sicher, doch bei genauem Blick gab es einiges zu verbessern. Wichtig war das Lösen, wobei Polvorin im Hals eine Spur länger werden sollte, um seinen Rücken mehr zu heben, das Führen auf korrekten Linien, das Feilen an der Geraderichtung und das Achten auf Ruhe und Gleichmaß der Bewegung. Parallel zur Arbeit am Langen Zügel waren diese Punkte auch beim Reiten zu beachten.

Häufig stelle ich fest, dass bereits weit ausgebildete Pferde durch zu viel versammelnde Arbeit zwar viele Muskeln aufgebaut haben, sie aber auch zu angespannt sind und so bestimmte Bewegungen nicht mehr elastisch ausführen können und das Gewebe dadurch verklebt ist.

Im Gegensatz dazu wird die für Entspannung sorgende Arbeit, etwa in einem ruhigen Arbeitstrab und im Vorwärts-Abwärts, zu wenig praktiziert.

Fehlt außerdem der Bewegungsfluss durch Trab-, Galopp- und Tempoübergänge und kommt noch das zu häufige Üben von Seitengängen dazu, wird die natürliche Schiefe verstärkt.

Dieses Problem muss man erkennen und Wege für dessen Auflösung finden. Wer anfängt, mit Schulterherein und Travers an der Geraderichtung zu arbeiten, handelt für den ersten Moment daher oft nicht richtig.

Der Abschnitt Lösen des Pferdes darf nie mechanisch abgehandelt werden und es dürfen nicht immer nur ein paar lösende Standardübungen geritten werden, sondern man muss das Pferd zwischendurch an der Longe beobachten, ob es auch ohne Gewicht losgelassen geht.

Hilfreich ist hierbei erst einmal nur das Gehenlassen des Pferdes an der Longe in seiner natürlichen Haltung, erst im Schritt und fleißigen Trab. In Folge sorgen beidseitig gleich lange Ausbindezügel für die Einrahmung des Pferdes, so lang, dass es Anlehnung suchend zwanglos an diese herantreten kann. Man muss sein Verhalten beobachten und wenn über eine längere Phase lockere Tritte erreicht sind, eine Schrittpause zum Verschnaufen einlegen. Dabei soll der Schritt fleißig bleiben und je lockerer das Pferd wird, desto schreitender, gleichmäßiger und länger werden seine Schritte sein.

Als nächstes ist das Galoppieren an der Longe zu beachten. Verspannte Pferde galoppieren oft auf einer Hand gar nicht an, galoppieren ständig von selbst verkürzt, springen sofort in den Kreuz- oder Kontergalopp um oder starten durch und rennen erst einmal los.

Solche Pferde pariere ich ruhig zurück. In manchen Fällen lasse ich ein heftiges Pferd auch auf großem Kreis einige Runden richtig vorwärtsgaloppieren, gleich ob im Hand- oder Kontergalopp, pariere es dann zurück in einen ruhigen Trab und warte, bis es sich mit gleichmäßiger Anlehnung auf der Linie im Takt findet. Nach einigen solcher Übergänge und einer ruhigen Schrittphase galoppiert das gut erzogene Pferd dann in der Regel richtig und ruhig an. So lasse ich es dann in Haltung im geregelten Vorwärts ein paar Runden dahingaloppieren. Dasselbe wiederhole ich auf der anderen Hand.

Erst wenn sich das Pferd ohne Gewicht in all seinen Körperpartien löst, löst es sich auch psychisch, und erst dann sollte der Reiter, manchmal auch nur kurz, auf seinen Rücken. Denn erst jetzt lässt es sich ausgesprochen fein und leicht einstellen und sind auch Hals und Mähnenkamm locker, kann die Genauigkeit der Linienführung umso besser erreicht werden. Das losgelassene Pferd nimmt jetzt den Impuls zum Vorwärts leicht an vom Reiter, dessen Schenkel am Pferdeleib mitatmet, dessen Hand nun fein wirken muss und seinen Fleiß nicht hemmen darf. So erlebte ich mit Polvorin erneut, wie wichtig echte Losgelassenheit für die korrekte Piaffe und Passagearbeit ist.

Im Verlauf der Arbeit mit Polvorin hatte mich mein Gefühl, er könnte gut unter dem Damensattel gehen, ebenfalls nicht getäuscht. Dem Hengst waren der Damensattel und -sitz unbekannt und für die mit ihm geplante Veranstaltung hatte ich lediglich zwei Wochen Zeit. Doch wir vertrauten uns gegenseitig, ich griff nach dem passenden Damensattel und bereitete Polvorin präzise vor. Nur so gelang es mir, ihn in kurzer Zeit auf den Damensitz und dessen Einwirkungen umzustellen und fein abzustimmen.

Da Polvorin den fliegenden Wechsel sehr hektisch sprang und er dabei heftig wurde, ritt ich diese Übung vorerst nicht. Im Sitz musste dabei völlige Ruhe herrschen und die Hilfen präzise erfolgen, denn jedes Zuviel an Einwirkung störte das eifrige Pferd, das aufgrund seiner Mentalität sehr schnell reagierte. Eine gelassene Ausführung des fliegenden Wechsels erreichte ich bei Polvorin durch sein Loslassen, das dadurch einfachere Geraderichten und folglich sein Abwarten und Achten auf die Hilfe. Beachtete ich dazu eine stetige feine Anlehnung, blieb er auch im Tempo, wenn der Wechsel erfolgt war.

All diese Veränderungen wirkten sich auch im Damensattel vorteilhaft aus und auch unter dem Damensattel sprang er den Wechsel dann ruhig, flüssig und wie von selbst.

In der Piaffe und Passage gab ich Polvorin stets genug Raum nach vorne, um ihm die Lust am Vorwärts nicht zu nehmen, ließ ihn erst nur ein paar Tritte piaffieren und hielt seinen Körper gerade. Das Geradehalten des Pferdes in der Piaffe ist nur möglich, wenn es genug eigenen Vorwärtsimpuls mitbringt und wenn zu seiner Unterstützung meine Unterschenkel den Rumpf gleichmäßig einrahmen und es bei leichter, federnder Hand etwas vortreten kann. Im Damensattel geschieht dies mehr durch Gewichtseinwirkung und durch das Schließen des linken Knies an den Sattel.

Nur bei stillem Sitz kann sich mein Pferd in der Passage entfalten und ich fühle, wie es aus dem Schwung seiner Hinterhand die Hinterbeine exakt unter unseren gemeinsamen Schwerpunkt setzt, seinen Körper mit aufgewölbtem Rücken im gleichbleibenden Takt mit federnden Gelenken kraftvoll abstößt und federleicht in der Hand mich schwebenden Trittes dahinträgt.

Ich danke Polvorin für die wunderbare gemeinsame Zeit in der er, stets fleißig und arbeitswillig, alles für mich gab.

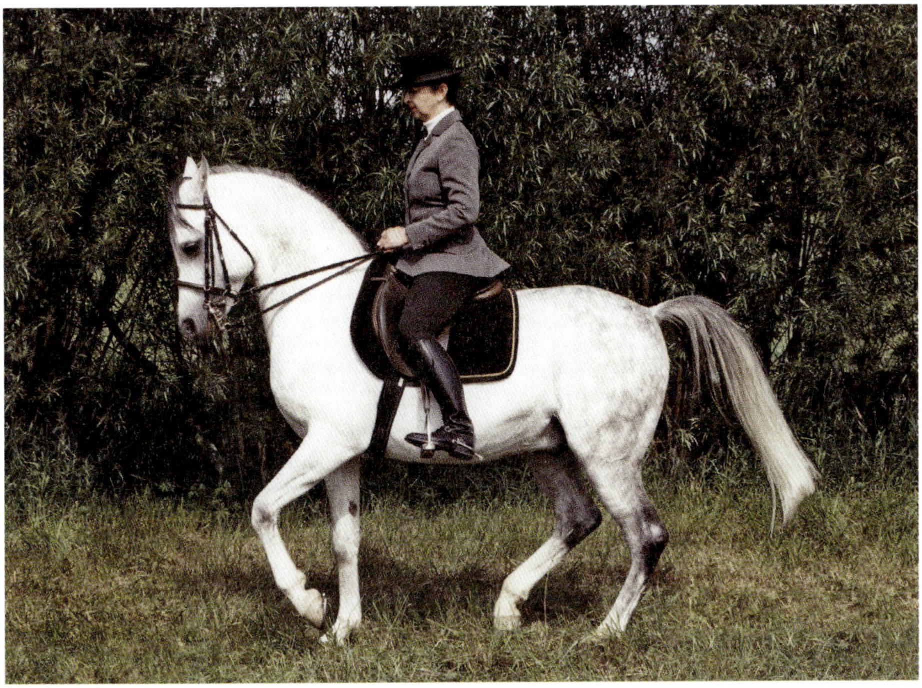

ABB. 168: Sagitario in der Piaffe, Foto Martina Wiesner

Sagitario

Die Stute *Salvadora* kam vom Militärgestüt aus Madrid bereits tragend ins Gestüt Maxwell nach Oxford in England, wo sie 1990 den Hengst Sagitario zur Welt brachte. Sein Vater ist *Galerito* von *Galero.*

Zum ersten Mal traf ich Sagitario auf dem Gestüt, wo er als Deckhengst eingesetzt war. Der dunkle, auf der Kruppe noch fast schwarz geäpfelte Schimmel wurde von der Koppel geholt und auf einen kleinen Sandplatz gebracht. Dort zeigte er sich äußerst aufgeregt, indem er mit kurzen, hektischen Galoppsprüngen, meist im Kreuzgalopp, um den Mann in der Mitte herumsprang. Der Hengst war außer sich und beruhigte sich kaum. Mir schien es äußerst schwierig, diesen nervlich überdrehten Deckhengst, der bereits neunjährig war und völlig ungeritten lediglich ein Halfter kannte, so zu disziplinieren, dass aus ihm noch ein brauchbares Reitpferd werden würde. Trotzdem entschloss ich mich, Sagitario zu übernehmen, und so kam er im Herbst 1999 in unseren Stall. Seine Ausbildung begann mit der Gewöhnung an Trense und Sattel und erster Longenarbeit. Der kleine Schimmel war überaus sensibel und misstrauisch gegenüber allem Unbekannten und so ließen wir ihm für jeden neuen Schritt die Zeit, die er brauchte, um sich daran zu gewöhnen. Die erste Vertrauensarbeit beim Satteln, Longieren und Freispringen übernahm mein Mann, später wechselten wir uns ab und nach etwa fünf Monaten Ausbildung an der Longe konnte ich den Hengst problemlos anreiten. Bereits nach sechs Wochen stellte ich ihn bei einem meiner Ausbildungsseminare unter dem Sattel vor und auch die erste Probe mit einem fremden Reiter bestand er gut.

Als ich mit Becarron 2001 zum Championat nach Deurne/Holland fuhr, nahm ich Sagitario als Begleitung mit und ließ ihn dort in einer leichten Aufgabe erste Veranstaltungsluft schnuppern. Er ging zwar taktmäßig und flüssig, aber er brauchte noch Zeit, um mehr Kraft in Rücken und Hinterhand aufzubauen. So besuchte ich erst anderthalb Jahre später das nächste Turnier und ritt drei Prüfungen. Sagitario belegte dort in größerem Starterfeld Platz 3 in Dressur Kl. A, Platz 5 in Kl. L und Platz 2 in einer L-Kür. Wieder ein Jahr später gewannen wir eine M-Kür und die Richterin war von dem Hengst so begeistert, dass sie mich bat, mit Sagitario bei einer Lehrvorführung für das Publikum einige Lektionen zu demonstrieren. Im Jahr 2005 besuchten wir erstmals das internationale Turnier für Vollblutaraber-Sportpferde in Stadl-Paura, Österreich, qualifizierten uns mit guten vorderen Plätzen für die EM 2006 und erreichten in einem weiteren Turnier einen 4. Platz in der M-Dressur.

Sagitario hatte eine Eigenheit: In der Bahn und auf dem Viereck war er sehr sicher, aber im Gelände konnte er sich manchmal aus unersichtlichem Grund plötzlich stark aufregen. Das Problem war, dass er sich, wenn man versuchte, ihn zu beruhigen, in diese Aufregung immer mehr hineinsteigerte und dann anfing, Dummheiten in Form von Bocken oder Davonstürmen zu machen. Damit dieser Zustand sich gar nicht erst entwickelte, ritt ich den Weg zur Halle anfangs nur heimwärts, nachdem er gearbeitet worden war. Auch fand ich schnell heraus, dass ich, wollte er panisch werden, sehr energisch werden musste, in Form von kurzem deutlichen Stellen in den Ganaschen nach rechts und links und zur Not musste ich ihn auch einmal anschreien. Das half sofort und er wurde ruhig. Es war ein seltenes Phänomen, aber beruhigendes Reden verstärkte seine Panikstimmung geradezu.

Mit dem Training auf großen, offenen Plätzen begann ich langsam. Ich longierte oft draußen auf dem Longierzirkel und auf dem großen Fahrplatz ritt ich anfangs nur, wenn Sagitario gut an den Hilfen stand.

Für das Championat in Österreich war das Reiten auf dem 20x60-Viereck erforderlich und so fuhren wir zum Üben oft in eine benachbarte 60-Meter-Halle. Auch auf dem 80 Meter langen Sandplatz von Reitlehrer Marquart auf Schloss Rosseck durfte ich trainieren. Um dorthin zu gelangen, ritt ich etwa zwei Monate vor dem Turnier zweimal die Woche durchs ansteigende Gelände zur auf der Höhe liegenden Anlage am Waldrand. Sagitarios Nervosität im Gelände war fast völlig verschwunden und die Klettertour war ein hervorragendes Rückentraining. Bereits nach einigen

Ritten, bergauf zum Training, nach Hause bergab, war eine deutliche Stärkung der Rückenmuskulatur zu erkennen und besonders die Kraft und Kondition für die vier zu reitenden Dressuraufgaben verbesserte sich durch das Klettern als Ergänzung zur Dressurarbeit erheblich.

Um einmal die Laufleistung eines Pferdes, einschließlich Training und Prüfungen, bei größeren Wettbewerben festzuhalten, füge ich hier eine ungefähre Berechnung z. B. der Trabverstärkungen an. Interessant ist, wie viel Weg allein dafür zurückgelegt wurde. So beinhalten alle vier zu reitenden Aufgaben zehn Diagonalen Trabverstärkungen à 80 Meter – also 800 Meter. Wird jede Aufgabe beim Üben etwa dreimal geritten und zusätzlich die Prüfung selbst, ergibt dies 3200 Meter, also 3,2 Kilometer nur gerittene Trabverstärkungen für dieses eine Turnier.

Durch das intensivere Training für die verschiedenen Turniere wuchsen Sagitario und ich immer mehr zusammen. Ich kannte seine Eigenheiten, behandelte ihn danach und arbeitete ihn entsprechend. Zeigte er ab und zu Ansätze, sich besonders aufzuregen, ließ er sich durch leichtes Biegen um die Schenkel und kurzes, stärkeres seitliches Abstellen in den Ganaschen nach links und rechts schnell wieder konzentrieren und davon abbringen, sich »künstlich« aufzuregen. Er akzeptierte diese Rüge sofort, achtete dann vollkommen auf mich, entspannte sich und der Bann war gebrochen. Da er immer schneller wieder vernünftig wurde und ich ihn sofort dafür lobte, verebbte die Panik und unser Vertrauen zueinander wuchs.

Im weiteren Verlauf der Ausbildung ritten wir zur Abwechslung Dressurküren als Schaueinlage bei Veranstaltungen und 2006 wurde das EM-Championat im österreichischen Stadl-Paura zu unserem persönlichen Höhepunkt. Für Reiter und Pferd ist es ein großes Glück und ein besonderes Erlebnis, an so großen Veranstaltungen wie einem Europa-Championat teilnehmen zu dürfen. Wer sich qualifiziert, für den kann das Ergebnis, welches er erreicht, auch Hilfe und Wegweiser für die weitere Ausbildung des Pferdes sein und gewiss eine eindrucksvolle Erinnerung. Vielleicht nimmt man erneut teil, versteht endlich den Sinn von »dabei sein ist alles« oder landet einmal den ganz großen Coup und gewinnt sogar eine Medaille.

Sagitarios Erfolge bei seinem ersten EM-Championat 2005 in Stadl-Paura Österreich: FEI-Vorbereitungsaufgabe: 4. Pl.; FEI Mannschaftsdressuraufgabe: 4. Pl.; FEI-Einzeldressuraufgabe: 5. Pl.; EM- Einzelwertung Grand Prix St. Georg: 6. Pl.

Sagitarios Erfolge beim EM-Championat 2006:
FEI-Vorbereitungsaufgabe: 6. Pl.; FEI-Mannschaftsdressuraufgabe: 7. Pl.; FEI-Einzelaufgabe: 7. Pl.; EM-Einzelwertung Grand Prix St. Georg: 5. Pl.

Im Jahr 2007 war ich mit Sagitario zu verschiedenen Events eingeladen. Bei den Österreichischen Meisterschaften in Wiener Neustadt erritten wir in der Kombination den Titel des ECHAO-A-Champions. Küren im Damensattel absolvierten wir beim Grand Prix-Turnier in Legelshurst sowie im Reitinstitut v. Neindorff. Bei Seminaren, Morgenarbeiten und Dressurvorführungen konnten wir fliegende Wechsel bis auf zwei Tempi und die Piaffe zeigen. Besonders in Piaffe und Passage entwickelte sich Sagitario ständig weiter durch versammelten Trab, Übergänge, Biegungen und intensive Galopparbeit. Sagitario genießt mit 34 Jahren bis heute sein Rentnerdasein auf der Koppel. Seine Leistungen und seine konstante Fitness sind der Beweis für die Richtigkeit einer langsamen, bedächtigen Ausbildung nach den Richtlinien der klassischen Reitkunst.

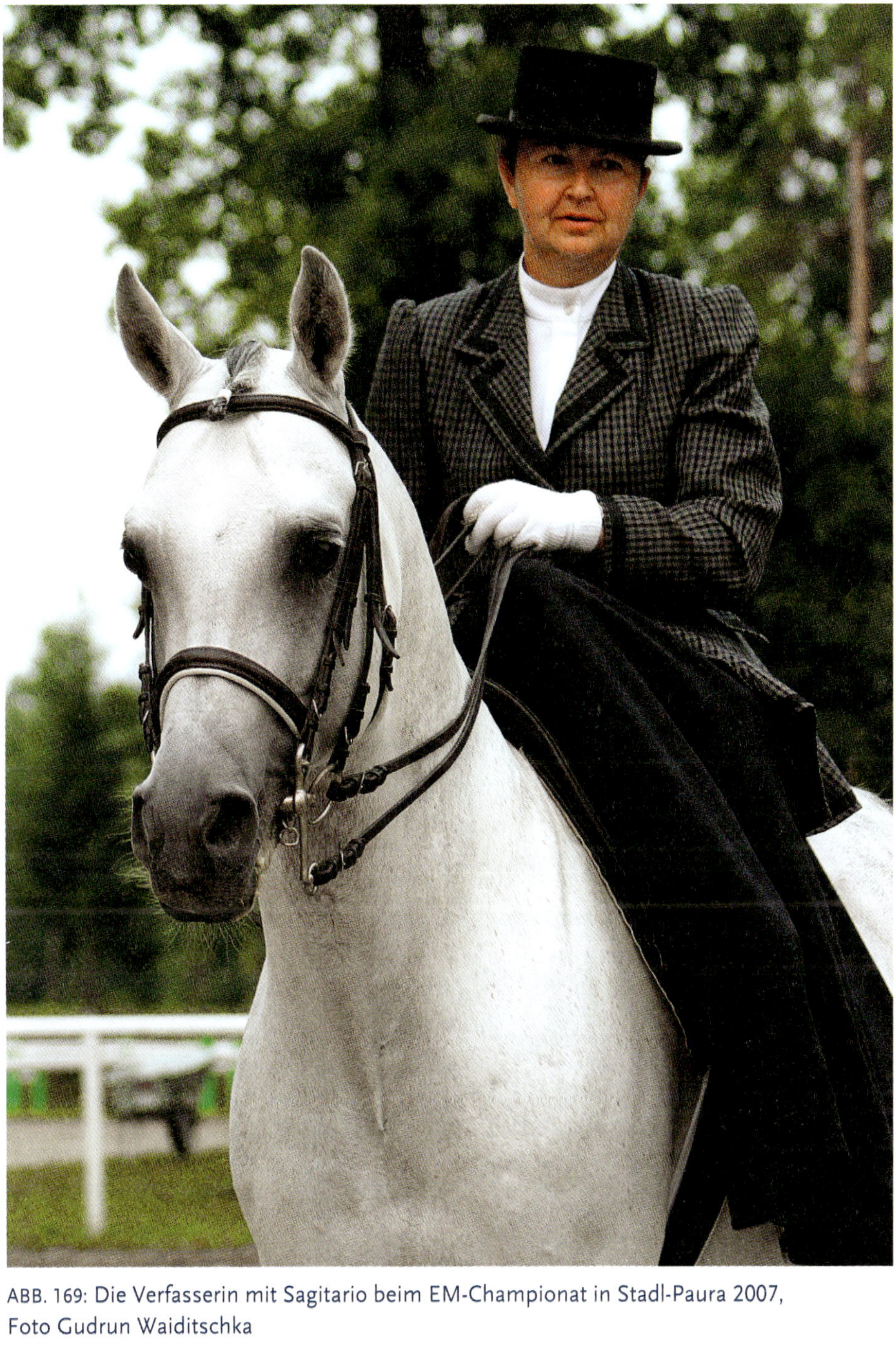

ABB. 169: Die Verfasserin mit Sagitario beim EM-Championat in Stadl-Paura 2007, Foto Gudrun Waiditschka

Schlusswort

Für die wahre Reitkunst gibt es keine Rezepte und keine Tricks, gleichgültig in welchem Sattel wir reiten. Man muss lernen, dass auf das scheinbar Einfachste am meisten Wert gelegt werden muss und eben das oft das Schwerste ist.

Einer der wichtigsten Grundsätze für einen Reiter ist, das Pferd immer an die erste Stelle zu setzen, also in Haltung, Pflege und Ausbildung auf sein Wohl bedacht zu sein.

In dem Augenblick, in dem der Mensch mit dem Pferd zu arbeiten beginnt, entscheidet es sich, ob es einmal ein großer Athlet und Künstler wird und später auf ein langes, gesundes Leben zurückblicken kann, oder ob sein Weg durch falschen Umgang und falsche Arbeit allzu früh endet.

Mit Wissen, Zeit, Disziplin und Körperbeherrschung ist es möglich, das Pferd durch ehrliche Arbeit fast ohne Hilfsmittel in eine zwanglose Haltung zu bringen. Sie müssen die höchste Stufe ja nicht unbedingt erreichen, aber immer das Gefühl haben, dass Sie das, was Sie erreicht haben, gut gemacht und sich ehrlich erarbeitet haben, dann werden Sie und Ihr Pferd immer zufrieden sein.

Je besser und je länger Sie sich als Reiterin von einem guten Lehrer schulen lassen, desto besser können Sie sich später selbst kontrollieren und desto mehr wird Ihr Pferd davon profitieren. Versuchen Sie, im Laufe der Jahre zu einer reiterlichen Persönlichkeit zu werden, das eigene Ego zurückzustellen und in Bescheidenheit der Reitkunst zu dienen.

Die Schönheit des Pferde- und Menschenkörpers wird erreicht durch systematische gymnastische Durchbildung und ist das Ergebnis jahrelanger konsequenter Arbeit. So wie die Arbeit und das Leben einer Tänzerin, die Primaballerina werden möchte, so muss auch die Arbeit und das Leben einer Reiterin Körpertraining, Kondition, Beherrschung von Körper und Geist, Härte und eisernen Willen enthalten – aber bitte, meine Damen, bewahren Sie sich trotz aller Anstrengungen immer Ihre Fraulichkeit, Ihren natürlichen Charme, die Freude an der Arbeit und die Liebe zum Pferd.

Es wäre zu begrüßen, wenn Sie gerade durch das Reiten im Damensattel zu größerer Vervollkommnung Ihres Reitens beitragen könnten. Wenn Ihre Großmütter den Damensattel einst ausmusterten, so können Sie es sich mit Ihrer heutigen Selbständigkeit erlauben, ihn wieder zu verwenden. So mögen manche Frauen im Seitsitz und andere im Herrensitz in friedlicher Gleichberechtigung in die Zukunft reiten – und für den Umgang mit der lebenden Kreatur möchte ich allen Reiterinnen und Reitern erneut folgende Worte mit auf den Weg geben:

Schließen Sie die Tür zur High-Tech-Welt immer fest hinter sich zu, gehen Sie durch einen Korridor der Entspannung und Sammlung, bevor Sie den Raum betreten, den Geschöpfe bewohnen, die der Natur noch näherstehen als viele Menschen dieser Zeit.

Literaturnachweise

Bass, Eduard: *Cirkus Humberto.* Prag 1948

Biel, Annie v.: *Das Damen-Reiten.* Berlin 1895

Binding, Rudolf G.: *Reitvorschrift für eine Geliebte.* Hamburg 1948; Hildesheim 1995

Clark, Shirley: *The Habit and the Horse.* London 1857

Corti, Caesar Conte: *Elisabeth, »Die seltsame Frau«.* Salzburg 1934

Dollmann, Hilda: *Das Reiten der Dame.* Berlin 1931

Eelking, H.M. Baron v.: *Gestiefelt und gespornt.* Berlin 1966

Fillis, James: *Grundsätze der Dressur und Reitkunst.* Stuttgart 1929; Nachdruck Hildesheim 1990 (Documenta Hippologica)

Heinze, Theodor: *Pferd und Reiter oder die Reitkunst in ihrem ganzen Umfang.* Leipzig/Berlin, 1886; Nachdruck Hildesheim 1989 (Documenta Hippologica)

Heydebrand, L. v. und der Lasa: *Die Amazone. Reitkunst für Damen.* Leipzig/Berlin 1884

Heydebreck, Hans v.: *Die deutsche Dressurprüfung.* 1928; Neuauflage Aachen 1972

Houblon, D. Archer: *Side Saddle.* London 1986

Knobloch, Hertha v.: *Plauderei über Damenreitsport.* Berlin 1911

Löhneysen, Georg Engelhard v.: *Neu eröffnete Hof-, Kriegs- und Reitschul.* Nürnberg 1729; Nachdruck Hildesheim 1977

LPO-Aufgabenheft. Warendorf 1991

Macdonald, Janet und Francis, Valerie: *Riding Side Saddle.* London 1978

Mayer, Anton: *Das Reiterbuch.* Wiesbaden, nach 1950

Maercken zu Geerath, E. Freiherr von, *Geländeprüfungen und Geländeritte,* Verlag Gerhard Stalling, Oldenburg 1911

Müseler, Wilhelm: *Reitlehre.* Berlin 1960

Otte, Michaela: *Geschichte des Reitens.* Warendorf 1994

Owen, Rosamund: *The Art of Side-Saddle.* London 1991

Pellier, Jules: *La Selle et la costume de l'Amazone.* Paris 1987

Podewitz, Graf: *R. Schoenbeck's Reit-ABC.* Berlin 1933

Podhajsky, Alois: *Die klassische Reitkunst.* Nymphenburger, München 1965

Prizelius, J.G.: *Etwas für Liebhaberinnen der Reiterey.* Leipzig 1777

Renz, Therese: *Erinnerungsblätter aus meinem Leben.* 1934

Renz, Walter: *Der wilde Falk ist mein Gesell.* Melsungen 1973

Rheiffen, Freifrau Helene v.: *Die Dame zu Pferde.* Berlin, 1907; Nachdruck Hildesheim 1992

Richtlinien für Reiten und Fahren Band I. 19. Auflage, Warendorf 1981

Schlaberg, Adolf: *Die Dame als Reiterin.* Berlin 1893

Schlüter, Karl und Wilhelm Rausch: *Sattler, Riemer, Täschner.* Weimar 1897
Schnitzer, Ulrich: *Untersuchungen zur Planung von Reitanlagen.* Darmstadt 1971
Schoenbeck, Richard: *Der Damen-Reitsport.* Leipzig o. J. (1911)
Schreiber, Georg: *Glück im Sattel oder Reiter-Brevier.* Berlin,1971
Seeger, Louis: *System der Reitkunst.* Hildesheim 1974
Seidler, Ernst Friedrich: *Die systematische Bearbeitung des Campagne- und Gebrauchspferdes.* Hildesheim 1977.
Seunig, Waldemar: *Von der Koppel bis zur Kapriole.* Zürich, 1949; Nachdruck Hildesheim, 1996
Seunig, Waldemar: *Marginalien.* Heidenheim 1961
Shahar, Shulamith: *Die Frau im Mittelalter.* Königstein 1981
Skelton, Betty: *Pferde.* Stuttgart/ Zürich 1977
Steinbrecht, Gustav: *Das Gymnasium des Pferdes.* Potsdam 1886; 4. Nachdruck Hildesheim 1996 (Documenta Hippologica)
Sueton (= Gaius Suetonius Tranquillus): *The Twelve Caesars.* London 1957
Tavard, Christian-H.: *Sattel und Zaumzeug.* Freiburg/ Köln 1975
Trench, Charles: *Geschichte der Reitkunst.* München 1970
Vallet, Louis: *Le chic à cheval.* Paris 1891
Wätjen, Richard L.: *Das Dressurreiten.* Berlin,1966
Weihmann, Dr. Armin Max: *Andere Länder andere Reiter.* Melsungen/Berlin/Basel/Wien
Wobeser, Blanka v.: *Kleine Reitinstruktion für Damen.* Berlin 1901
Wrangel, C. G. Graf: *Das Buch vom Pferde.* Stuttgart, 1928; Nachdruck Hildesheim 1996 (Documenta Hippologica)
Xenophon: *Über die Reitkunst.* Heidenheim 1977
Zapf, Gerhard: *Pferde im roten Ring.* Berlin 1980

Zeitschriftenartikel

Biener, Hans: »Oskar Fritz – Der Quadrillen-König«. Reiten und Fahren, 6/1991
Biener, Hans: »Eleganz im Damensattel«. Reiterjournal, 2/1992
Haug, Eva Maria: »Damensattelreiten – Kommentar zur Betrachtung von Uta Over«. Das Spanische Pferd, 4/1990
Hermsdorf, Gaby: »Der Damensattel«. Freizeit im Sattel, 12/1990
Janssen, Ruth: »Amazonen – Mutig, stark und rätselhaft«. Reiterrevue, 11/1994
Neindorff, Egon v.: »Kandare – ein feingeschliffenes Instrument«. St. Georg
Neindorff, Egon v.: »Der Schritt, die schwierigste Gangart«. St. Georg
Neindorff, Egon v.: »Der Trab, die wichtigste Gangart«. St. Georg
Neindorff, Egon v.: »Im klaren Dreitakt nach vorwärts-aufwärts«. St. Georg
Over, Uta: »Zum Damensattel – eine weibliche Betrachtung«. Traumpferde, 3/1990
Schaefer, Hans Georg: »Der Sankt Georg der Römer war eine Dame«. St. Georg
Scherl, Dr. Gabriele: »Die Dame im Sattel«. Equipe, 2/1970
Schlemm-Pollein: »Damensattel«. St. Georg, 2/1988
Verfasser unbekannt: »Elegant ritt Sie vorüber«. Artikel von 1898, Reiten und Fahren, 11/12/1961

Abbildungsverzeichnis

Dank

Für ihre hilfreiche Unterstützung und Zurverfügungstellung historischer Sättel, Abbildungen und Literatur danke ich folgenden Personen, Museen und Institutionen:

I. D. Fürstin Gloria von Thurn und Taxis, Fürstl. Marstall-Museum Regensburg
S. D. Fürst Moritz zu Oettingen-Wallerstein, Fürstl. Marstall-Museum zu Wallerstein
Österreichische Nationalbibliothek, Wien
Dr. Norbert Záliš, Tschechien
Dr. Bertold Schirg, Donauwörth
Deutsches Pferdemuseum Verden (Aller), Ilse Marie Mackensen
Hannelore Menzendorf, Berlin

Elke Bouctot, Brigitte Fielenbach, Ruth Giffels, Sabine Keck, Bärbel Kittel, Christine Meissner, Walburga Monn, Ute Pimpl, Ingrid Oehlert, Kurt Prangenberg, Peter und Ute Schult sowie Constanze Vollhard.

Für ihre photographischen Leistungen danke ich besonders: Angela Dohnal, Dr. Thyl Engelhardt, Luis Fuster, Bettina Herzner, Raimund Hesse, Alfred Kemper, Olav Krenz, Johannes Lächele, Walter Nieth, Daisuke Schneider, Helga Seubert, Christiane Slawik, Ulrike Stanger, Laurent Vilbert, Gudrun Waiditschka und Martina Wiesner.

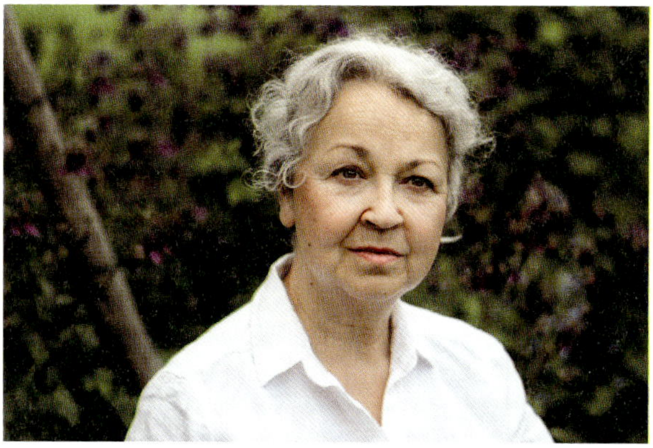

Foto: Jasmin-Michelle Sehring

DOROTHEE BAUMANN-PELLNY erhielt ihre Ausbildung im Sinne der deutschen Reitlehre bei Reitmeister Egon von Neindorff. Vor kurzem zum immateriellen Kulturerbe ernannt, war die deutsche Reitlehre für ihre Bücher stets Vorbild.

Die Reitlehrerin FN, verfügt über jahrzehntelange Erfahrung im Sattel und war auch im Turniersport erfolgreich. Sie hat hunderte verschiedene Pferde geritten und mehrere davon von der Remonte bis zu den Schulen über der Erde ausgebildet. Unter ihren vierbeinigen Schülern waren häufig auch Araber, die sie trotz ihres vermeintlich weniger passenden Exterieurs weit ausbilden konnte. Dorothee Baumann-Pellny wurde durch ihre Auftritte im In- und Ausland bekannt und ist als Ausbilderin gefragt.

Im Olms Verlag sind von ihr bereits die Bücher *Im Damensattel, Stufen der Reitkunst* und *Was die Reitbahn uns lehrt* erschienen.